U0527218

天壹文化

从书脊刻文字，分章入老曙醒

查理一世

THE
TRAGEDY
of
CHARLES
I

Leanda de Lisle

WHITE KING

［英］
琳达·德·莱尔
著

邝明艳
译

内战之火
与英国王权变革
1625 ⟷ 1649

天地出版社 | TIANDI PRESS

图书在版编目（CIP）数据

查理一世：内战之火与英国王权变革：1625—1649 /（英）琳达·德·莱尔 著；邝明艳译 .—成都：天地出版社，2021.4
书名原文：White King
ISBN 978-7-5455-6235-4

Ⅰ.①查… Ⅱ.①琳…②邝… Ⅲ.①查理一世（CharlesⅠ 1600-1649）—传记 Ⅳ.①K835.617

中国版本图书馆CIP数据核字（2021）第009291号

White King: The Tragedy of Charles I
Copyright ©2018 BY LEANDA DE LISLE
Published by arrangement with Georgina Capel Associates Ltd., through The Grayhawk Agency Ltd.
Simplified Chinese edition copyright ©2021 by Tiandi Press
All rights Reserved.

著作权登记号　图字：21-2021-28

CHALI YISHI: NEIZHAN ZHI HUO YU YINGGUO WANGQUAN BIANGE：1625—1649

查理一世：内战之火与英国王权变革：1625—1649

出 品 人	陈小雨　杨　政
作　　者	［英］琳达·德·莱尔
译　　者	邝明艳
责任编辑	程　彤
装帧设计	左左工作室
责任印制	董建臣

出版发行	天地出版社 （成都市槐树街2号　邮政编码：610014） （北京市方庄芳群园3区3号　邮政编码：100078）
网　　址	http://www.tiandiph.com
电子邮箱	tianditg@163.com
经　　销	新华文轩出版传媒股份有限公司

印　　刷	北京文昌阁彩色印刷有限责任公司
版　　次	2021年6月第1版
印　　次	2021年6月第1次印刷
开　　本	889mm×1194mm　1/32
印　　张	13.75
字　　数	320千字
插　　页	32P
定　　价	88.00元
书　　号	ISBN 978-7-5455-6235-4

版权所有◆违者必究

咨询电话：（028）87734639（总编室）
购书热线：（010）67693207（营销中心）

如有印装错误，请与本社联系调换

作者按语

本书书名中的"White King"("白国王"),取自查理的同代人为他起的绰号。对支持者而言,他是神圣的白国王,身披纯洁无瑕的王袍。对反对者而言,他是梅林*预言中的白国王,一个注定以暴力结束一生的暴君。这个绰号今天已经不太为人所知,我希望它能激起人们的好奇心:人们想知道,从这个极其不同寻常的查理一世身上,还能发现哪些出人意料的事。

新发现的手稿赋予了查理这样的形象:一位志存高远、激发臣民无限忠诚的国王,但别忘了,他也是肉体凡胎。这正是大多数人遗忘了的。朋友誉之"殉道士查理",敌人谤之"杀人犯查理",而在大众的记忆中,留下的是关于他的极端记忆。查理在史书中被钉在了失败国王的一页,他被自己的臣民处死。而现在他却像一个充满异国情调的干燥标本一样被保存起来。在很多记述

---

* 中世纪传说中的魔术师和预言家。——编者注

中，似乎他一出生就已注定失败，因为他的性格造就了其命运。

我们常常自以为抛弃了旧的偏见，但我们对查理的记忆说明，表象之下的偏见仍在影响我们的思维方式。在过去，身体残缺被视为人类堕落天性的标志。在莎士比亚笔下，理查三世扭曲的脊柱是他扭曲的灵魂的表象。我们将查理的命运回溯至他童年的身体缺陷时，发现他与理查三世有着惊人的相似之处，如他孱弱的双腿是他性格软弱的生理表现。但是，他克服身体残疾的决心和毅力而成长为一个健壮的成年人，无疑更令人感兴趣。

不过，对查理的这种错误成见导致了两种后果。一是出版商和作家对王室历史中最伟大的故事和最重要的统治漠不关心。虽然学者对查理进行了令人兴奋的学术研究，也有围绕查理情史的八卦，但是，出版商和作家依旧持续不断地为普通读者产出越来越多关于都铎王朝的作品，而对风险较大的选题敬而远之。二是不假思索地将内战的惨状归咎于查理，从而掩盖了那些对战争同样负有责任的人的踪迹——大众对过往议会英雄的记忆也需要修正。

在查理被处决之后，很多人将他视为殉道士，但本书不打算以这种视角重塑查理一世，而是赋予他生命，展示他的成长和变化，将他恰如其分地置于他的时代语境和同时代人之中。在过去，查理的故事是从十分男性的视角书写的，而当时独领风骚的女性政治人物却常常被遗忘和忽视，其实她们也是剧情的一部分。

本书引用的几封王室佚信，是首次引用，不仅让查理发声，还让他备受非议的天主教妻子亨丽埃塔·玛丽亚（Henrietta Maria）发声。在男性主导的话语体系下，她的名誉仍旧没有恢复。女人一直被视为情感的而非理智的造物，亨丽埃塔·玛丽亚也经常被描绘成歇斯底里的女孩，即便她已成长为成熟的女人，却也只有孩童水平的智力和政治头脑。是女人给世界带来了罪恶，亨丽埃塔·玛丽亚（姑且不论她那被人凭空想象出来的愚蠢）仍被视作引诱亚当查理的夏娃，是她导致国王查理偏离了正道。

在本书中，亨丽埃塔·玛丽亚将以新面目示人，她是伟大的、勇敢的法王亨利四世纤毫毕肖的女儿，是不逊于亨利八世任何一位妻子的非凡王后。

本书的前几章将带我们走进欧洲各大帝国。这是查理的姐姐，也就是波希米亚"冬后"的世界，是反宗教改革高歌猛进、清教教堂一片火海的世界，也是大仲马的《三个火枪手》的世界。此时，清教徒建立了殖民地新英格兰，而伦敦充斥着迅猛发展的新媒介，这些新兴媒介报道着议会的政治活动。

世事风云背后是关于权力和信仰的理念，它们在现代有着共振：民粹主义满足了宗教对暴力需求的正当性，君权神授论是王室向恐怖宣战的一部分。

宫廷美人露西·海（Lucy Hay），即卡莱尔伯爵夫人，她是亨利八世的情妇玛丽·博林（Mary Boleyn）的后代，自称是查理的情妇，更是其中的一位关键人物。作为最后一个博林氏女孩，露西本身就是一个举足轻重的角色，她的重要性还在于，她是历史学家约翰·亚当森（John Adamson）构建的"埃塞克斯家族谱系"的一员。

本书涉及的埃塞克斯家族成员是已逝的都铎王朝的后嗣，他们分别是伊丽莎白一世最后的宠臣——第二代埃塞克斯伯爵罗伯特·德弗罗（Robert Devereux）的儿子（第三代埃塞克斯伯爵）、外甥（罗伯特·里奇和亨利·里奇）和外甥女（露西·海）。他们贯穿于查理一世从继位到被处决的故事始终，辅助解释着这个故事。

露西的表兄罗伯特·里奇（Robert Rich），也是第二代沃里克伯爵（Earl of Warwick），他是那个时代最伟大的私掠船船长，并深度参与了清教徒开拓殖民地的活动。这个与美洲的关联意义重大——它将沃里克伯爵与内战里其他代表人物联系在一起，也将沃里克伯爵与伦敦激进的反对派联系在一起。沃里克伯爵的弟弟霍兰伯爵亨利·里奇（Earl of Holland, Henry Rich）跟他相反，与查理走得很近，他是离经叛道的法国宫廷侍女玛丽·德·谢夫勒斯（Marie de Chevreuse）的绯闻情人，也是亨丽埃塔·玛丽亚的宠臣。他和露西·卡莱尔一样，在国王夫妇身边扮演着亦敌亦友的角色，两人都没有什么信仰，可以一而再地改宗，他们的命运维系在侍奉的男主人和女主人身上。

本书第一部分的导火索是查理决定让王国参加三十年战争，为斯图亚特王朝的利益而战，为欧洲的新教事业而战。第一部分题为"父亲的'妻子'"，这里的"妻子"指的就是王室宠臣、白金汉公爵乔治·维利尔斯（George Villiers）。他是詹姆士一世政坛上迅速崛起的一颗新星，被视为美貌与邪恶的化身。他破坏了年轻的查理一世与议会的关系，支持备受争议的宗教改革，他在军事上的失败更增添了反宗教改革运动的威胁意味。本书披露的一封王室信札，提供了亨丽埃塔·玛丽亚对白金汉公爵遇刺事件的私人描述。

第二部分，"妻子的朋友"，以查理将英格兰从三十年战争中解脱了出来，拔出欧洲事务的泥沼为开端。查理的宫廷享受着"太平日子"，戴着精美的宫廷假面，粉饰出一个和谐的理想世界。这段宫中时光在范戴克（Anthony Van Dyck）的绘画中记录了下来，画中枝繁叶茂的国王一家身穿奢靡的丝绸和蕾丝。1642年这一切结束了，天翻地覆，苏格兰入侵，爱尔兰叛乱，街头暴动，查理携家眷逃离伦敦。国王的宠臣们，露西·卡莱尔和亨利·霍兰，在国王与英格兰议会之间，选择倒戈，他们相信在未来的冲突中议会将获得胜利。

第三部分，"变节的仆人"，涵盖了英国内战，"仆人"指的是亨利·霍兰。霍兰更像一只奢华的孔雀而不是虔诚的清教徒，他让我们明白敌对双方彼此各部的联系是多么紧密，各条战线是多么变动不居。查理敌人笔下的亨丽埃塔·玛丽亚张扬跋扈，他们认为天主教和教皇制是威胁。这些宣传在今天依然具有影响力，世俗社会对天主教的怀疑,仍蔓延在后新教时代。

实际上,这场战争也是新教徒与新教徒之间,围绕英格兰教会的本质和国王与议会之间确切的权力边界的战争。许多议员将为国王而战;许多议员起初反对国王,最后却反对他们以前的同道——霍兰便是其中之一。

即将来临的悲剧拥抱的不只查理一人,还包括他的臣民。内战把英格兰拖进了战败国的悲惨之中。密集的暴力和战争场面,是本书着重叙述的部分。查理竟然幸存了下来,但在本部分的结尾,他已经被议会囚禁了起来。此时,一场反抗议会铁血政策的叛乱爆发,苏格兰又发起新的入侵。

本书最后一部分,"天罚",介绍在查理的传记中鲜为人知的另一个女人:简·维尔伍德(Jane Whorwood),保王党的间谍,查理一直渴望她能做他的情妇。真实的查理既不是圣徒也不是妻子的傀儡,只是一个有功有过的男人。他酷似古希腊悲剧中的英雄:一个英勇的国王,志向远大,他的弱点和过失使他走向毁灭。[1]我们随着故事逐渐步入尾声而感到恐惧和同情,因为他引发的一切仇恨都随着他的死亡而烟消云散,而这些是他挚爱的儿子,即愤世嫉俗、无忧无虑的查理二世再也不会经历的。

本书最后一章以查理的葬礼开篇。人们认为查理是有史以来唯一一个身穿白袍加冕的国王,这种观点是他绰号的由来,然而事后证明这并不真实,而那则著名的关于他在暴风雪中下葬的描述也掺入了神秘色彩。不过,有关查理一生中和在位期间发生的感人至深的戏剧仍在上演。关于查理那饱受非议的王后、哗众取宠的政客和宗教恐怖政策的故事,关于对外战争和内战的故事,关于民间疾苦的故事,连同对一个不一样未来的种种期许和随之而来的大屠杀所留下的阴影,这些都组成了我们这个时代的史诗题材。

目 录

序　言　冒险骑士　　　　　　　　　　　　　　　　　I

第一部
父亲的"妻子"

第一章　"最亲爱的儿子"　　003
第二章　成为国王　　020
第三章　婚姻联盟　　032
第四章　"在基督教世界的眼皮底下"　　045
第五章　露西·卡莱尔伯爵夫人登场　　059
第六章　白金汉退场　　074

第二部
妻子的朋友

第七章　"和平光环笼罩下的快乐"　　089
第八章　谢夫勒斯夫人归来　　101
第九章　"最可怕的事"　　119
第十章　"破碎的杯子"　　135
第十一章　审判斯特拉福德　　144
第十二章　前功尽弃　　152
第十三章　茫茫血海　　160

第三部 变节的仆人

第十四章 "恺撒的归恺撒" 179
第十五章 埃吉山 192
第十六章 "虎狼之心" 203
第十七章 克伦威尔出场 220
第十八章 邪恶的女人 233
第十九章 金球 246
第二十章 乌云笼罩的陛下 259
第二十一章 保王党起义 272

第四部 天罚

第二十二章 红发情妇 287
第二十三章 审判国王 298
第二十四章 执行死刑 310
第二十五章 国王复活 325

后　记 338
附　录 343
注　释 345
宗　谱 410
致　谢 413

序　言

冒险骑士

德·普雷克先生（Monsieur de Preux）接受了两位英国人的觐见要求，他们正站在罗浮宫的老东门门口。时间是1623年2月22日星期六，巴黎正在经受第三个异常寒冷的冬天。德·普雷克先生，曾担任法国国王的私人教师，此时的他已经不再年轻，或许视力也已老化。总而言之，他决定对这两位英国人的假发和假胡子视而不见。从名字看，这两位英国人应是亲属关系，一个叫约翰·斯密斯，一个叫汤姆·斯密斯，但他们的长相差异之大，让人对他们的亲缘关系难免生疑，但德·普雷克先生似乎不介意这个疑点。其中一个人还是男孩，又瘦又小，他的假发盖住了高高的额头；另一个高一点儿的，体格健壮，相貌堂堂。德·普雷克只是把他们当成两个游学欧洲的时髦绅士。如此，他很乐意将他们请进富丽堂皇的波旁王宫，引见给宫廷的核心人物路易十三。

罗浮宫门口的侍卫们头戴羽毛头盔，身穿红蓝相间的制服，持着火枪，这两位英国绅士从他们身旁走过，进入了王宫。罗浮宫沿塞纳河而建，像一条混搭的项链，箭缝式样的窗户装点着中古的塔楼，塔楼内部是流光溢彩的文艺复兴画廊。你似乎永远不知道在走廊的下一个转角会有什么发现，然而最令人感到震惊的还是罗浮宫的这两位新客的真实身份。德·普雷克显然知道他们的真实身份，至少从流言中对这一惊人的真相有所耳闻。年长的男子毫无问题就是30岁的乔治·维利尔斯，白金汉公爵，英格兰海军司令（Lord High Admiral of England），国王詹姆士一世的宠臣。然而，更不同寻常的是在场的第二名男子：詹姆士一世的继承人，22岁的查理·斯图亚特，威尔士亲王。

尽管，在某种程度上，个头较小的查理是个很有吸引力的年轻人，他的长发从精致的脸庞向后梳，大大的眼睛朝外眼角斜视。他的祖母就是曾给巴黎留下深刻记忆的苏格兰女王玛丽·斯图亚特。玛丽在襁褓中继承了苏格兰王位，童年时就成为法兰西国王弗朗索瓦二世的娃娃新娘，弗朗索瓦为她的美貌和魅力所倾倒。然而，好景不长，年仅18岁的玛丽成了寡妇，信仰天主教的她从法国回到刚刚改宗新教的苏格兰，担任这个新教国家的女王。亨利八世的长姐玛格丽特·都铎（Margaret Tudor），是玛丽的祖母，她将玛丽指定为自己的第一继承人，因此，玛丽曾期望有一天自己能成为新教英格兰的女王。为了守住这份继承权，她嫁给了像她本人一样拥有英格兰王室血统的堂弟小斯图亚特。然而，1566年，查理的父亲詹姆士出生，玛丽的婚姻就变了味。几个月后，她的丈夫被人谋杀。新教贵族及其苏格兰教会的盟友,谴责玛丽并推翻了她对苏格兰的统治。她的儿子詹姆士取代她被立为国王,在这个新教国度里成长起来。玛丽向伊丽莎白一世求助,请求去英格兰避难,但是这个都铎女王却将斯图亚特家族的表侄女囚禁起来。忌惮天主教后裔继承英格兰王位的贵族们都希望将玛丽处死。近二十年后,1587年,他们终于得偿所愿。玛丽在不顾一切地逃跑失败之后,被冠以叛国罪而接受审判(尽管这并非出自伊丽莎白的旨意),并被刽子手用斧头斩首示众。消息传到巴黎时群情激愤,而彼时的伦敦却燃起了庆祝的篝火。

查理的祖母并不是欧洲宗教分裂局面的最后一个牺牲者。西方文明的断裂自宗教改革伊始,后者对整个欧洲大陆造成了剧烈的震荡,暴动、内战和暗杀此起彼伏。除了巴黎的香榭丽舍大街(名字取自希腊神话里天堂般的乐园埃律西昂)以外,欧洲的政治版图和宗教地图都在剧烈地变化着,教会处于烈焰之中,成千上万的人丧生。即便是现在,余震仍在继续。

发端于1517年德意志的宗教改革运动,诞生于一片"地狱"之中,确切说,宗教改革运动是有关如何得救的追问。天主教会教导信徒,要想得救,必须一生行义举,比如做慈善。宗教改革运动伟大的提倡者马丁·路德,呼吁信徒从天主教会在精神领域设置的繁文缛节中解脱出来,并严厉斥责教会的堕落腐败。在受到炼狱的恐吓之下行的义举，并不是真正的义举，马丁·路德质疑施舍救济其实是强权者的特权，也是他们的根基。路德宣称，上帝将天堂赐予少数拣选之人，只是对他们信仰的回报，人们无论做什么都不能换得救赎。此外，《圣经》是信仰的唯一源泉：天主教会的古老传统和主教大会宣扬的教条，都不能作为信仰的来源。[1]

然而，很快，人们在阅读《圣经》之后，开始得出相互对立的真义。人们渐渐所知的新教教义撕裂为零散的信念，这些信念仅仅是因为反对天主教才联系在一起的。路德宗在新教中最大的对手是被称为归正宗的加尔文宗。加尔文宗发端于瑞士，因神学家加尔文得名。[2]加尔文宗清除了路德宗里加尔文信徒认为含糊、折中之处。他们强调，上帝对得救拥有全部权力，意味着他预定一个选民上天堂的同时，也预定其他人下地狱，而不管其他人是否行了义举。加尔文宗区别于路德宗的最大之处在于，它拒绝相信基督的肉身存在于圣餐的红酒和面饼之中。* 他们认为祭礼和祭坛是奢侈的，甚至带有偶像崇拜的色彩。与此同时，加尔文宗用牧师取代了神职教阶，从牧师穿的黑袍可以看出，他们除了拥有

---

* 对天主教徒而言，基督在骷髅地（Calvary）被钉死在十字架上，是一桩意义非凡的事件，不受时间左右。天主教祭献最重要的仪式是弥撒，弥撒揭下了蒙在过去与现在脸上的面纱，直接来到了通往基督牺牲的时刻。既然是祭献仪式，那么仪式就要在祭坛上举行。所以，当神父在祭礼中说出灵语时，面饼和红酒就会变成基督的肉身和鲜血，该奇迹被称为"变体"（transubstantiation）。路德宗的温和派观点认为，当面饼和红酒尚未彻底变体之时，它们里面是真正存在着上帝的。在加尔文宗看来，圣餐礼是一种纪念活动，被称为"最后的晚餐"。

学历之外，没有任何特殊地位。加尔文宗信徒的宗教生活围绕着阅读《圣经》、倾听布道、自省和祷告而展开。

以上就是不列颠的新教背景。

相比于斯图亚特王朝统治的诸王国里的加尔文宗教会，苏格兰教会更加纯粹，因为英格兰教会只是部分地进行了宗教改革，仍保留了宗教改革前的司铎、助祭和主教的教阶结构。然而，英格兰新教徒仍自视为国际加尔文宗团体的领导者。加尔文宗团体分布在东欧部分地区，尤其是波兰，还分布在莱茵兰区的普法尔茨（Palatinate）选侯区、尼德兰北部省份（北部七省组成了信奉加尔文宗的荷兰共和国）和天主教的法国一小部分地区。16世纪的胡格诺战争过后，天主教的法国残存了数量不少的加尔文宗信徒，他们被称为胡格诺派，法国准许他们享有信奉新教的权利。[3]

然而，上述地区的加尔文宗团体并不一定能够存续下去。当且仅当欧洲和不列颠的统治者强制推行新教或是许可新教存在时，新教在这里才能立足。[4] 为了自保，不列颠的新教徒提出一套"反抗"理论，即统治者的权威来自人民，所以人民有权推翻乃至弑去任何一位信奉"错误"宗教的君主。这套理论为新教苏格兰推翻女王玛丽提供了正当性。不过，天主教徒，尤其是与耶稣会有联系的天主教徒，同样也提出了反抗理论。他们曾多次试图推翻或杀死迫害他们的伊丽莎白一世。实际上，伊丽莎白一世不敢再冒险让她的天主教对手活下去了，只好批准处决了这位苏格兰女

序　言　冒险骑士　　　　　　　　　　　　　　　　　　　　　v

王玛丽。

反抗论让詹姆士一世失去了母亲,他相信,这些理论也是他继位之初大多数混乱的源头,也是苏格兰加尔文宗信徒发表煽动言论的源头。作为对反抗论的回应,詹姆士一世在一次关于宗教恐怖统治正当性的论战中,鼓吹他那最著名的"君权神授"。[5]他在1598年撰写的短文《自由君主的真正法律》('The True Laws of Free Monarchy')里,主张国王的权威来自上帝而非人民,故而国王拥有统治的"神圣权利"。一位称职的国王会选择依照法律治国,但他最终高于法律,即他是"不受约束"的君主。无论是统治残暴的国王,还是不信"真正的"宗教的国王,都只有上帝能惩罚他:煽动叛乱和弑君在宗教层面站不住脚。以现代思想来看,君权神授看上去像是权欲熏心,但其可取之处是旨在维护稳定,这曾是君主制的基本作用。

当1603年3月24日伊丽莎白一死,詹姆士一世就做好了向世界发表他的宗教著作和政治著作的准备。据说,伊丽莎白的枢密院随后围绕是否有条件地邀请詹姆士一世担任英格兰国王进行了辩论——换句话说,他必须接受他的王权受限于英格兰的法律,他不能"自由"地为所欲为。这一提议被否决了。[6]

随着詹姆士继承英格兰王位的野心实现,他首次统一了不列颠,虽然此时不列颠尚未形成联合王国。令詹姆士一世难堪的是,英格兰人看不出与他们的"老对头"苏格兰人在政治上联合起来能给自己带来什么好处。[7]即便许多人原则上接受詹姆士一世的"君权神授"理论，实际上，英格兰是一个"混合君主制"国家。国王和议会共享统治权，议会则赋予国王的行动法律效力。没有议会的同意，就不会有不列颠的联合统治，议员们也不会同意联合统治。结果就是，虽然詹姆士一世自封为不列颠国王，但并不存在这样的政治实体。

查理继承英格兰王位时，也继承了其殖民地爱尔兰（有自己的议会），以及完全独立的苏格兰王国（保留自己的法律体系、议会和教会）。不管怎样，詹姆士一世在1603年的成就，令斯图亚特王朝跻身欧洲最伟大的王朝之列。作为斯图亚特家族的继承人，查理本应在巴黎接受隆重的欢迎，但是，他身肩秘密使命，想要不被察觉地从法国过境。

查理的罗浮宫之行收获巨大。他看到路易十三在侍从的簇拥下走进一条画廊：一个年轻人，黑色的卷发，微噘着嘴，有一双黑黢黢的充满戒备的眼睛。[8]路易当时21岁，几乎是查理的同龄人，却在8岁时就已经成为欧洲人口最多的王国的国王。[9]而在此之前，他的父亲，伟大的勇士亨利四世，在巴黎被一个狂热天主教徒刺杀身亡了：这意味着，国王们以及王国的稳定面临着危险，这危险甚至源于他们自己的宗教热诚。[10]玛丽·德·美第奇（Marie de' Medici）代幼子摄政，路易15岁时发动宫廷政变，他命剑士在罗

序　言　冒险骑士

浮宫的东门斩杀了她那引起众怒的宠臣，推翻了母亲的统治。此时，路易手里的法国麻烦不断：胡格诺教徒与天主教徒之间的宗教分裂；权势强大的贵族则纠结于"荣誉"问题，因决斗而丧命司空见惯，像现代黑帮谋杀似的，其背后是对法律的蔑视。事实上，杀人者来自上流社会而不是底层，因此，贵族的危险性更大，他们更愿意诉诸暴力，从而会导致大范围的叛乱。年轻的路易频繁地生病，频繁地发脾气，这足以证明他身上的压力之大。还有人说他"严重结巴，有时候，他把舌头伸出嘴巴好一阵子都说不出一个字"。[11]

很难说路易和他母亲原谅了彼此，释怀了两人之间的恩恩怨怨，他母亲甚至在1619年参与了贵族叛乱，但至少官方宣布他们之间达成了和解。查理和白金汉在国宴上看到玛丽·德·美第奇在罗浮宫享受着尊荣，她丰盈的金发勾勒出性感的脸孔，这张面庞曾数次被佛兰德斯画家鲁本斯勾勒、描绘，在鲁本斯那栩栩如生的画笔下青春不朽。[12]

在德·普雷克的安排下，查理和白金汉夜晚再次来到了罗浮宫，他们也希望一睹路易妻子的芳容。路易的妻子是奥地利哈布斯堡家族的安妮（Anne of Austria），有"碧眼美人"的美称，这桩婚姻是玛丽·德·美第奇在摄政时为路易安排的。此时，安妮正在排演一出假面舞会的寓言剧。

斯图亚特家族统治不列颠诸王国时，波旁家族统治着法兰西，欧洲除此之外的其余地区几乎全部处于哈布斯堡家族的统治之下。哈布斯堡家族源于奥地利和瑞士，因此又称奥地利家族。不过，哈布斯堡家族分裂为两支。奥地利支系的首位是斐迪南一世（Ferdinand I），他是神圣罗马帝国的皇帝，是匈牙利王国和波希米亚王国的国王，也是欧洲中部200多个独立领地的最高统治者，这些领地有的是新教区，有的是天主教区。奥地利哈布斯堡家族的统治范围最西远至法兰西，最东到达波兰，北至丹麦，南至意大利。玛丽·德·美第奇的母亲便出自奥地利支系。奥地利的安妮，她的名字容易令人误以为她来自奥地利支系，实际上，她来自更有权势的西班牙支系。这一支系当时正由她的弟弟——年仅17岁的西班牙国王腓力四世（Philip IV of Spain）统治着。他的帝国政体是绝对君主制（*La Monarchia*），统治着那不勒斯、西西里、伦巴第和尼德兰南部（今比利时），以及西班牙、葡萄牙和其殖民地。太阳永远照耀在帝国广袤的疆域之上，从不降落。帝国的统治横跨全球，从美洲到非洲、到亚洲，再到菲律宾群岛，都是它的统治范围。

当晚，德·普雷克的儿子准时护送查理和白金汉观看王后的假面舞会，路易最年幼的妹妹亨丽埃塔·玛丽（Henriette Marie）也参加了寓言剧的演出。亨丽埃塔·玛丽的名字取自她的父亲亨利四世和母亲玛丽·德·美第奇之名。尽管后世将用她的意大利语名字亨丽埃塔·玛丽亚（Henrietta Maria），来纪念这位日后将成为英格兰、苏格兰和爱尔兰王后的她，但她更喜欢用亨丽埃

序　言　冒险骑士　　　　　　　　　　　　　　　　　　　　IX

塔·玛丽作为签名。[13] 她的名声至今仍饱受厌女症、宗教偏见和她的敌人污名化宣传的玷污，但事实证明，她完全配得上她成就非凡的父母的美名。

13岁的亨丽埃塔·玛丽亚光彩照人，"黑眸棕发"，声音优美动听。她在假面剧里扮演的是希腊神话中的彩虹女神，插着双翼，穿着七彩衣服，这个角色通常由年轻的女孩扮演。亨丽埃塔·玛丽亚是这个角色的不二人选。然而，查理根本没注意到她。在写给父亲的信中，查理描述了这个夜晚，但没有提到她的名字，只是留意到有"19位美丽女士在跳舞"，其中奥地利的安妮"最光彩照人"。[14] 不过，他计划迎娶的是奥地利的安妮的妹妹——玛丽亚·安娜公主（Infanta Maria Anna of Spain），而不是尚且年幼的亨丽埃塔·玛丽亚，正如信中所写，看着安妮跳舞，查理"更加渴望"见到玛丽亚公主。[15]

翌日，查理与白金汉离开巴黎，骑马前往西南方向的马德里。[16] 查理已然做好了结婚的准备，渴望有一位妻子，但相较于找一个人当新娘，这趟旅程更重要的任务是解决一个事关家族荣誉的问题。"说到底，"提到这项任务时查理说，"这事关我的姐姐。"[17] 这是查理第一次离开父亲独立执行外交任务。在他面前还有700英里（约1126千米）才能抵达君主国西班牙的首都。一路上险象环生，对于詹姆士一世信奉加尔文宗的臣民而言，查理此行的目的地正是邪恶帝国的核心。伊丽莎白与天主教西班牙之间的战争，铸就了英格兰人对新教的认同，当时他们的家园面临着无敌舰队入侵的威胁。此时，英格兰新教身份的认同所面临的威胁，相比于往昔更是有增无减。

16世纪90年代，新教已经传播到了半个欧洲，而今它的势力范围却在收缩。天主教会在路德发起宗教改革运动之后也进行了改革，其力量比以往任何时候都更强大，教皇们因个人苦修而闻名，他们领导着一群教养不凡、意志坚定的神职人员。天主教的复兴，即反宗教改革势力的复苏，冲击着加尔文宗，与此同时，加尔文宗的内部分歧进一步削弱了自身的力量，而此时他们又要再次对抗天主教哈布斯堡的军事力量。哈布斯堡的奥地利和西班牙两个支系的军队在欧洲行进，企图用武力让新教徒重新皈依天主教。[18]

在儿子和宠臣出发之后，詹姆士一世派出一名信使，赞誉他们是"勇敢的骑士，必将书写新的传奇"。事实上，詹姆士一世也十分担忧，不知查理的西班牙之旅会通往何处。

Part One

父亲的"妻子"

第一章 "最亲爱的儿子"

第二章 成为国王

第三章 婚姻联盟

第四章 "在基督教世界的眼皮底下"

第五章 露西·卡莱尔伯爵夫人登场

第六章 白金汉退场

第一章

"最亲爱的儿子"

查理14岁时,詹姆士一世的新宠白金汉走进了他的人生。彼时,率真的乔治·维利尔斯先生22岁,还是一个普普通通的绅士,拥有上天赋予的美貌:"从头到脚,甚至每一枚指甲都长得恰到好处。他的容颜,他的每一个动作,每一次俯身,都令人惊叹。"[1]对俊美男子毫无抵抗力的詹姆士一世,给了这位宠臣一个苏格兰爱称"斯蒂尼"(Steenie),取自有着天使面孔的圣司提反(St Stephe)。像所有正常的少年一样,查理讨厌他,讨厌这个闯入他与父母之间的人。查理有一次用水喷白金汉,白金汉反而告诉王子应该"拍他的马屁"——随后扬长而去。国王对他的新宠不吝高官厚禄,封他为"寝宫侍从和嘉德骑士;在极短时间内(极短的时间内获得惊人的封赏),白金汉就被相继晋封为男爵、子爵、伯爵和侯爵,[1619年]担任英格兰海军司令"。[2]这时,白金汉只有26岁。

不过,新任海军司令逐渐意识到,他不能将自己的未来托付在年迈的詹姆士一世身上，他需要获得尚为少年的查理的青睐——白金汉开始正眼看待这位有朝一日将成为国王的王子。

* * *

1600年11月19日，查理在苏格兰出生，这天是哥特小说里的恐怖日子，却也是王室欢庆胜利的日子。这一天以两名苏格兰贵族被分尸拉开了帷幕。这两名贵族的尸体在集市路口被当众分尸，路口就在爱丁堡的圣吉尔斯大教堂（High Kirk of St Giles）附近。叛党的头被插在竿子上，尸体的四分之一用盐包裹着，被送到邓迪（Dundee）、斯特林（Stirling）和珀斯（Perth）示众。

第二天一大早，从法夫（Fife）来的信使抵达圣十字宫（Holyrood Palace），给国王詹姆士一世带来了消息，他的妻子，丹麦的安妮（Anne of Denmark）夜里11点诞下了一个儿子。欣喜的詹姆士一世赏给信使16英镑。太阳升起后，詹姆士一世迫不及待地离开爱丁堡前往邓弗姆林宫（Dunfermline Palace）去看望他的"安妮"和新生儿。[3]

在詹姆士一世的这个新生儿的有生之年，21岁的约翰·鲁思文（John Ruthven），第三代高里伯爵（3rd Earl of Gowrie）和他20岁的弟弟亚历山大·鲁思文（Alexander Ruthven）的头颅一直在爱丁堡示众。这对贵族兄弟在1600年8月被斩首，因为詹姆士一世认定他们企图联合苏格兰教会的牧师绑架他。他们之所以企图绑架，是因为担心詹姆士准备强行指派主教，凌驾于信奉加尔文宗的长老部之上，从而将苏格兰教会置于王室的严密控制之下。兄弟二人被指控犯了绑架罪，还没等回应这一指控，就被斩首了，但在他们死后，人们拖着他们腐烂的尸体，把尸体架上法庭，让尸体接受审判，定他们的罪行为叛国罪。詹姆士一世可以借此大肆宣传他是为斯图亚特王冠曾经受到的冒犯而复仇的，这些冒犯可以从他的母亲苏格兰女王玛丽被自己的臣民推翻开始算起，而他现在要粉碎所有反对他统治的残余势力。

直到詹姆士一世的远亲，即英格兰的伊丽莎白一世1603年3月24日去世时，詹姆士在苏格兰王国臭名昭著的暴力统治才消停下来。不过，据说詹姆士一世很高兴能离开苏格兰，仿若他在荒郊野外熬过了40年，现在马上就要去流着奶和蜜的地方：众所周知，英格兰有多富，苏格兰就有多穷。他的妻子和孩子也随他南下，只有查理被留在了苏格兰。

教会既不喜欢来自斯堪的纳维亚半岛的安妮举办"通宵达旦的舞会"，也不认可她信奉的路德宗。但是，这位跳舞王后，即丹麦国王克里斯蒂安（King Christian of Denmark）的姐姐，已经尽到了身为英格兰王后的责任，诞下了王嗣。查理有一个姐姐，伊丽莎白，比他大4岁，生于1596年8月19日；他还有一个哥哥，亨利，生于1594年2月19日，比他大整整6岁。而就在几个月前，查理的弟弟夭折了，而查理的身体也很脆弱。他出生时舌头畸形，

第一部 父亲的"妻子"

可能是舌强直或"舌头打结",这导致他饮食困难,2岁的查理体格偏小。就在搬往英格兰的第二年,1604年,詹姆士一世派了一名医生回到苏格兰,医生还带着100英镑用于购买药品等医疗物品,之后,查理就被带到了父亲的新王国。[4]

一年后,查理的生命受到了一次别样的威胁。1605年11月1日,皇家仪仗队的一名侍卫向查理的贴身仆人阿格尼斯·福尔顿(Agnes Fortun)打探查理的日常起居,包括"他进入寝宫的路线,何时骑马外出,如何上学等"。[5]四天后才知道,此人名叫托马斯·珀西(Thomas Percy),是一个极端主义阴谋组织的成员。这群天主教徒计划在议会召开期间炸毁威斯敏斯特宫,杀死国王詹姆士一世和11岁的王子亨利,还有上院议员和下院议员。他们还计划绑架其余的王嗣,同时担心将查理偷带出伦敦会特别困难。其中一个计划是,让查理受点轻伤,这样一来,在这群天主教徒彻底接管伦敦城之前,查理不会跑掉。庆幸的是,火药引爆计划失败,参与这场阴谋的人不是被当场杀死就是被处决。这是查理第一次亲历抵抗论造成的危险后果。

与此同时,查理仍在与他的身体缺陷做斗争。在查理有关儿时最早的记忆里,一定有他拼命说话和交流的画面。他喋喋不休的父亲曾经威胁说,要剪断查理舌头下的肌腱以帮助他发声。除了语言障碍,查理的双腿也力气不足,导致他行走困难。但是凭借着勇气和坚定的意志,他"经过节食、节欲和加强锻炼,终于拥有了与常人一样结实强健的身体"。[6]到了1609年,在哥哥亨利就任威尔士亲王的庆典上,查理已经可以跳舞了,不久后,他走得更快了,据说他简直可以跑起来了。查理还发现,学习演唱有助于控制他的口吃,后来他向其他患者建议,"最好的、最稳妥的办法是先仔细思量要讲的内容,不要想什么说什么"。[7]相比于说话结结巴巴的路易十三,查理用这个方法,可以滔滔不绝地表达自己。

查理作为次子,在世袭君主制中已经习惯了接受次好的对待。詹姆士一世为亨利买了一条价值800英镑的"宝石项链"和嘉德勋章,而给查理添置的则是一枚价值130英镑的宝石。在给亨利的信中,詹姆士一世称他"我们最亲爱的儿子",而在与查理通信时则称他"亲爱的儿子"。[8]亨利受到的礼遇,不仅体现出他与詹姆士一世之间的父子情,还反映出詹姆士一世对等级的尊重。查理享受到的安全感和家庭之爱,是他父亲永远无法了解的。他终其一生都记得双亲的温情,也从未妒忌过承担着更多责任的亨利。相反,查理仰慕并设法效仿他这个下巴有裂缝却勇敢善战的哥哥。查理与士兵们一起玩耍,并大量阅读有关战争的书籍,希望有人能称赞他对军事知识有所了解。他和亨利一样也热爱艺术。

在宗教改革之后,不列颠的艺术变成了一潭死水。对加尔文宗信徒而言,所有的宗教图像乃至十字架,都意味着偶像崇拜,英格兰和苏格兰百分之九十的宗教艺术品——绝大多数是美术作品——在宗教改革期间遭到损毁。亨利身上体现了新的时代精神,他热衷于收藏意大利和尼德兰的风格主义绘画，以及佛罗伦萨的青铜器。

得知亨利王子病重时，查理正在监督一部假面剧的准备工作，这部剧是为了庆祝他的姐姐伊丽莎白即将到来的婚礼而准备的。时间是1612年10月，伊丽莎白已经出落成16岁的金发淑女，她博闻强识，有着敏锐的判断力，备受称赞。[9]她的新郎与她同龄，是加尔文宗信徒腓特烈五世（Frederick V），他也是普法尔茨选侯，领导着德意志军事联盟——新教联盟（Protestant Union）。亨利王子的婚事也已经提上日程，婚礼最早将在次年举办，天主教新娘将从法国公主与萨伏伊公主中间产生。詹姆士一世希望家族中的这桩婚事能够融洽调和不同宗教之间的关系，提升他作为欧洲和平缔造者的重要性。然而，此时，亨利的伤寒已是晚期。查理飞奔过去看望哥哥，陪在他的床边，看着医生把死鸽子绑在亨利头上给他治病。[10]1612年11月6日，查理目睹了亨利的死亡，这距他的12岁生日只差13天。[11]

翌年春天，查理不得不告别他最后的血亲同胞，姐姐伊丽莎白登上了前往德意志新家的船。她回忆道，离别让她的内心"沉重而惶恐"[12]。查理也陷入了痛苦，作为詹姆士一世"最亲爱的、唯一的儿子"，作为英格兰斯图亚特王朝唯一的男性继承人，查理将独自挑起举国的期待这一重担。[13]

在西班牙大使贡多马尔伯爵（Conde de Gondomar）的眼里，12岁的查理是个"温和可爱的孩子"。[14]在残酷的年代，查理却厌弃残酷。后来，他观察到，"只有懦夫才冷酷无情"[15]。他发现人心难懂，相较于宫廷的钩心斗角，他更喜欢和书本打交道。在学业上，他比亨利更有长进。他擅长神学、法语和拉丁语，尤其喜欢历史、音乐和数学。他愿意花时间去权衡、比对各种论点，不信任根据直觉做出的瞬时判断，他亲笔签名的藏书上有一条他最欣赏的新斯多葛派座右铭："唯有献身理性，方可征服一切。"[16]在查理看来，过去是静态的，法则和逻辑是精确的，它们不像居心叵测的朝臣那样令人不安。

查理身上还有略微不谨慎的一面：他的身体躁动不安，他的天性"喜欢冒险"。故而，他易受信赖之人的鼓动，"容易做出极端的决定"。[17]此时，他的身份和地位要求他承担责任，责任感指引着他如何支配精力，他开始寻求新的健身方法以增强体质。到了1613年4月，亨利死后五个月，威尼斯大使注意到，查理的身体素质已有提高。九个月后，查理在他的日程中增加了跑步计划，他带着一队侍从，绕着他的"华丽悦目"的府邸圣詹姆士宫长跑，经过一幢幢漂亮的房子。很快，侍从们发现跟不上查理的脚步了，甚至不能陪他跑完全程。[18]

查理越来越强壮，开始在骑士比武中获胜，他的母亲安妮，鼓励他争夺古老的嘉德骑士勋章。他一点儿都不像父亲那样轻视女性，恰恰相反，他与母亲的关系充满温情，在她生病的时候逗她开心，从不错过和她的每次聚会，也从不错过每一次和她共进"丰盛晚餐"的时光。他们都很欣赏美丽优雅的礼仪，他发现嘉德勋章蕴含的骑士精神很有吸引力。骑士坚持的原则是捍卫教会和弱小者，尤其是女人，并忠于彼此，服从国王。嘉德勋章的图案是圣乔治屠杀巨龙，象征着战胜原罪，镇压叛乱——正是背叛上帝的原罪给世界带来了混乱*。[19]查理晚年居住在怀特霍尔宫，他的私人藏书中有30多卷都与骑士制度有关，许多是安妮送给他的礼物。

查理这个时期最亲近的童年伙伴是威尔·默里（Will Morray），"默里"在现代的拼法是"Murray"。威尔的叔叔是查理的家庭教师，他们一家人来自苏格兰，由此可以看出，这是詹姆士一世对他出生之地的臣民的奖赏，让苏格兰人民成为王室最亲近的仆人。结果是，查理讲着一口带苏格兰腔调的英语，如他把"has"拼写成"hes"。[20]也有人说威尔经常代查理受过，是他的小替罪羊：据传，如果查理表现不好，威尔就要代他挨打受罚。但是，在现代早期，欧洲宫廷里并不存在替罪羊之说。路易十三还是少年国王时就挨过打，詹姆士一世也一样。替罪羊的故事是虚构的，在詹姆士一世撰写的君权神授的英文小册子出版后，这个故事就像变

---

* 人们相信，在宇宙诞生时，上帝从混乱中创造了和平与秩序。他创造了完美的等级制度——生物链。他将人类置于地上的动物与天堂的天使之上。魔鬼反叛这一秩序，试图让世界重返混乱。他诱惑第一个女人夏娃，让她背叛上帝，而她给世界带来了苦难与不和。

戏法一样流行起来。小册子坚称任何举手反对上帝的受膏者的行为都是非法的。替罪羊的虚构故事符合我们现代人对君权神授的否定立场，在我们看来这种理论荒诞不经，因此，这个故事仅仅通过反复讲述就被我们接受了。[21]

作为詹姆士一世的继承人，查理与国王相伴随行，出席所有重要的国事场合。詹姆士一世认为查理没有必要出访苏格兰，或者确切地说是爱尔兰。英格兰王国是迄今为止他统治的最伟大的王国，詹姆士一世自诩，他只要大笔一挥，就可以统治从伦敦到苏格兰的王国，这话不无道理。然而，他还是要求查理学习他的苏格兰语著作，同时他还担任儿子的精神导师。[22]詹姆士一世在治国方面留下的最重要的作品是一本"治国之道"的小册子，小册子原本是写给亨利王子的，并题名为《国王的礼物》(*Basilikon Doron*)，意为"王室馈赠"。1600年，正是这份"礼物"的内容让鲁思文兄弟及其苏格兰教会盟友深感不安。

在《国王的礼物》中，詹姆士一世将他在苏格兰遭遇的煽动和叛乱追溯至苏格兰宗教改革伊始。在英格兰，亨利八世宣布相对于教会，"国王至上"，从而使英格兰君主有权力领导宗教变革。相反，在苏格兰，教会建立在无视王室权威的基础上，所以，詹姆士一世回顾道："民众在爆发骚乱和进行反叛时，对许多事情的处理很偏激。"詹姆士一世将此归咎于苏格兰教会"情绪激动的牧师们"，他们趁着他还是少年国王的时候，企图创建一个"民众"

政府，这样他们就可以"牵着民众的鼻子，动摇一切统治"。《国王的礼物》反复强调"民众"是危险的，詹姆士一世认为，煽动民意会导致暴乱——解决煽动民众发生骚乱的药方，是在教会和国家建立等级制。詹姆士一世并不认为他的加尔文宗信仰与他支持的主教制（即教会由主教治理）相互冲突。主教制可以追溯到基督教的最早时期，詹姆士一世将主教制视为君主制的支柱，像教皇一样，君主制强有力地控制着企图篡夺王权的丧心病狂的牧师们。

尽管詹姆士一世还不能如愿让苏格兰教会与实行主教制的英格兰教会结成联盟，不过，现在主教们的穿着与普通牧师已经没有两样，他们可以与苏格兰的长老会一起工作。

詹姆士一世的经历给查理留下了诸多启示，他因此相信英格兰教会是"世界上最好的"教会，一边是教皇领导下的"讲究排场的、专制的和迷信的"天主教会，另一边是反对主教制的新教徒犯下的"荒诞的无政府状态下的卑劣行径"，而英格兰教会在两者之间保持了"中间路线"。[23] 然而，在其他人看来，英国国教并没有将加尔文宗神学与天主教的教阶制恰到好处地糅合在一起，它不过是走了一条非常沉闷的"中间道路"：危险地将"天主教的教阶制与纯洁的教义混杂在一起"[24]。

"教皇制"（popish）这个词并不仅仅指天主教。它指的是一种宗教和政治领域的专制形式，不仅与"真正的"新教的权威基础《圣经》相悖，同时也威胁着内政外交的安全。它与天主教的反宗教改革运动有关，也能用于指路德宗或其他与加尔文宗对立的宗派。它将被用来指英国国教早已被承认的方方面面，由此可见，英格兰新教徒之间存在深刻分歧。确实，后来有人据此认定正是这里，正是"查理从他父亲手里接过来的"半改革的英国国教，埋下了查理未来麻烦的种子。[25]

通常认为，英国国教独立要从亨利八世与罗马教廷脱离关系的1533年算起。事实上，亨利只不过是将天主教进行了盎格鲁化。直到他的儿子，未成年的国王爱德华六世统治时期，发端于瑞士和斯特拉斯堡的加尔文宗才首次传布到英格兰。1553年，年仅15岁的爱德华六世去世，英格兰教会改革尚未完成。接替爱德华六世统治的是憎恨新教的天主教徒玛丽一世，在她的统治下，英格兰教会陷入了长达五年的停滞期。随后，1558年，新教徒伊丽莎白一世继位，本以为她将会继续推进英格兰宗教改革。然而，事实证明，伊丽莎白是非常保守的新教徒。[26]

在伊丽莎白统治之初，英国国教与天主教达成宗教和解，采用了天主教教阶制，同时，保留了天主教的一些元素。"清教徒"（Puritan）一词产生于16世纪60年代，用于形容那些"热忱"的新教徒，他们想废除神职人员穿的白祭服。在清教徒眼中，白祭服是天主教司铎做弥撒时穿的衣服，是天主教的残余。因而，主流的加尔文宗教徒自然会对使用白祭服有怨言。由此，有人谴责这些人是激进派，或咒骂他们是"清教徒"。对伊丽莎白而言，白祭服只是她偏好的宗教仪式的一部分，所以她的王室礼拜堂保留了白祭服的仪式，同时还保留了天主教的唱诗班，而加尔文宗教徒厌恶合唱，认为它会令祷告者分心。到了16世纪90年代，在伊丽莎白的示范下，英国国教内部产生了新的宗教运动，国教的成员有了与伊丽莎白一样的品位和鉴赏力。但是，臣民忽视了伊丽莎白领导宗教的其他方面，因而他们中的许多人对新教的基本信条一无所知。[27]而又恰恰是清教徒，这些教会中最狂热的成员，为解决这个问题费尽心力。

清教徒与其他加尔文宗教徒的区别在于，他们关注道德细节、远离不虔敬，经常结成"虔诚的"社团相互鼓励。*清教徒在布道时十分善于表演，几个世纪后的福音教奋兴运动的布道与此十分相似。清教面临着反宗教改革运动的挑战，因而吸纳了"最热诚，最敏捷，最大胆，最果决"的新成员加入，并且获得了"一大批最优秀的士兵和将领的支持"。[28]

---

* 清教徒最热衷宣扬的教义是加尔文宗提出的预定论：上帝选中"预选的"个人进入天堂，以回报他们的信仰，其他人则下地狱。清教徒自称"虔诚的"，他们用这个词指"选中的"。虽然，在世间做任何好事都不能让人成为"选中的"人，但是清教徒还可以遵循一条"朝圣之路"，这条"朝圣之路"给他们一些保证，保证他们在上帝选定的人之列。这条道路包括远离不虔敬的社团，对道德细节一丝不苟，花大量时间祈祷和聆听布道。通过这种方式接近上帝的恩典，通过恩典获得信念，从而"重生"为基督徒，过上更神圣的生活。最终，当你"知晓"你是被救赎的人之一时，这趟旅程就会抵达"赞美主"的最后阶段。

1587年英格兰与西班牙开战，支持尼德兰的加尔文宗教徒反对哈布斯堡家族对尼德兰的统治。尽管人们一直激动地怀念着1588年伊丽莎白公然挑战西班牙无敌舰队的历史，但是伊丽莎白对战争仅存的些许热情早已迅速消退。她并不喜欢协助反叛者对抗同为君主国的西班牙，也憎恶造成财政负担的庞大战争开支。这导致她的宠臣，也就是魅力十足的军事家、学者罗伯特·德弗罗（Robert Devereux）与她分道扬镳。罗伯特·德弗罗是第二代埃塞克斯伯爵（Earl of Essex）。埃塞克斯伯爵属于这样一代人——他们相信，贵族的责任不只是服从王令，还应该为共同体（commonwealth）服务。"共同体"一词源于公共福利"commonweal"一词，意思是公共利益，这意味着献身于伟大的事业。对埃塞克斯伯爵来说，英格兰与西班牙的战争就是伟大的事业：事关新教在欧洲的生死存亡。[29]

　　1600年，查理出生时，通货膨胀和持续了数代的土地买卖已经令英格兰王室入不敷出。伊丽莎白身负40万英镑的债务，因而不惜一切地要与西班牙维持和平。1601年2月3日，埃塞克斯伯爵试图号召伦敦反对女王，并希望邀请詹姆士一世作为她的继任者。然而，他的企图失败了，埃塞克斯伯爵以叛国罪被处死。[30]不过，伊丽莎白入土时，宫中依然在传唱赞颂埃塞克斯伯爵的歌谣。[31]

　　詹姆士一世刚继位便迅速着手医治伊丽莎白统治留下的创伤。

1604年初，在汉普顿王宫会议（Hampton Court Conference）上，詹姆士一世提出了改革英国国教的迫切需求。他对神学问题了如指掌，并成功地分化了温和派清教徒与激进派清教徒——温和派要求摒弃天主教的白祭服，设置固定的祈祷仪式，而激进派希望废除主教制。詹姆士一世还组织训练有素、专业高效的神职人员，命他们逐字逐句地将《圣经》精心翻译为英语，即我们现在所知的"国王钦定本"或"詹姆士一世国王本"。此外，詹姆士一世还广开言路。

詹姆士一世将埃塞克斯伯爵称作他的"殉道人"，把埃塞克斯伯爵支持的主战派先锋人物安置在亨利王子的府邸。不过，詹姆士一世与伊丽莎白一样，也对昂贵的军费心有余悸。[32]詹姆士一世生性豪奢，而王室财源却在不断缩减。他早年在苏格兰饱受暴力和动乱之苦，这段经历将他塑造为一个坚定的调解者。1604年夏，詹姆士一世与西班牙签订了和平条约，主战派将未来的希望凝聚在了亨利王子的身上。亨利王子一直以来都是海上帝国热情的鼓吹者，希望英格兰的海上力量可以与西班牙的海军匹敌。亨利死后，伊丽莎白时代的老主战派需要寻觅一位新王子做靠山。

1619年，查理的母亲安妮去世，留下了18岁的查理，他还是一个别扭的青少年，在他父亲喧哗的宫里形单影只，"像苍穹中的一颗星星"。³³ 而新任海军司令白金汉向他伸出了手,领着他进入了成人世界。这个26岁的宠臣,聪明迷人,"深谙宫廷生存之道,以及宫里遵奉的一切知识"。³⁴ 他还能调和查理与詹姆士一世的父子关系。王子则报之以感激之情,二人之间的情谊日益深厚起来。

在1619年的一封信中,查理感谢白金汉帮助他平息了自己与父亲之间的争吵,并且告诉他,他在跟一个"不能透露名字的"女人约会。斯图亚特家族天生精力旺盛,精力充沛的查理因此也有着强烈的性冲动。但是,詹姆士一世与情妇设立了严格的底线,以防王室的私生子对合法的继承人造成威胁。查理必须为这个女人保密,他还用他特有的风趣嘱咐白金汉,看完信后,把信交给"伏尔甘先生(Mr Vulcan)*保管"——换言之,烧了它。他在信后只署名"你的挚友,查理"。在写给非王室成员的信中,查理只对白金汉使用自己的教名落款。³⁵

詹姆士一世很高兴儿子和后来被称为他的"妻子"的男人改善了关系。他对查理说,他与白金汉的友谊,证明了"你对我诚挚的爱是发自内心的"。他还建议查理将白金汉视为国王亲临,这是一种政治智慧,白金汉可以替詹姆士一世观察曾经忠于他母亲苏格兰前女王玛丽的人,是否也仍忠于现任国王。³⁶

---

* 古罗马火神。——编者注

詹姆士一世写的最后一份政治小册子是为查理而作的，由白金汉代笔。小册子里的《国王加冕礼典范》一篇，仔细地研究了耶稣受难前度过的那些日子，并从这个角度检视了加冕礼。詹姆士一世将查理在未来要担任的角色比作基督王。他告诉查理，国王是上帝在世间的化身，他的臣民有责任像服从上帝一样服从他。不过，詹姆士一世也警告查理，"绝对不要期待王冠会是柔软的、安逸的，相反，王冠充满了荆棘般的痛苦"[37]。这是一位父亲和国王的肺腑之言。詹姆士一世王冠里的荆棘就包括90万英镑的债务。

王室财政亟待改革，但詹姆士一世挥霍无度地赏赐礼物和年金，尤以给白金汉公爵的赏赐为甚，议会因此认为，詹姆士一世的财政困境是他自己一手造成的。詹姆士一世的对策则是建立自主地筹集资金的渠道，尤其是他把征收关税扩展成自己的特权，这些特权就是他作为君主的专属权。但是，征收的关税也仅够詹姆士一世在和平年代的财政开支。离开议会的财政支持，他无法负担战争费用——他们筹集的每一分钱都会要他付出政治代价。

詹姆士一世忧心忡忡地看着英格兰与西班牙的和平受到欧洲大陆新冲突的威胁。1618年，神圣罗马帝国限制了波希米亚信仰新教的自由，波希米亚新教徒向其他地方的新教徒求救，这预示着战争将要爆发。一颗"扫把星"划过天际，警示着即将发生的不祥事件："令人扼腕的浪费，城市和乡村被野蛮地蹂蹦"[38]。战争持续了三十年,欧洲大陆有的国家因战争、驱逐、饥荒和疾病丧失了四分之三的人口。斯图亚特王朝没能从这场战争引发的狂热和怒火中幸免,查理姐姐的命运,就在这场欧洲悲剧的中心处上演着。

第二章

成为国王

1619年11月7日，怀有身孕的伊丽莎白·斯图亚特登上布拉格圣维图什大教堂（St Vitus Cathedral）的祭坛。身着蓝紫色祭服的波希米亚教士为她主持加冕礼，她被授予圣伊丽莎白王冠，圆环上镶嵌双拱，双拱之上镶着十字架。她的母亲丹麦的安妮，曾因她下嫁区区一个普法尔茨选侯而深感失望。就在安妮去世后八个月，伊丽莎白的丈夫成了波希米亚的国王，而她成了王后。腓特烈能统治多长时间尚有待观察。腓特烈不顾岳父詹姆士一世国王的强烈反对，从神圣罗马帝国的死对头加尔文宗信徒手里接过了王位。腓特烈的敌人、统治神圣罗马帝国的哈布斯堡王室警告他，他的统治将随着冬天的大雪一起消失。1620年9月，哈布斯堡联军整装向布拉格进发，去兑现这一警告。

伊丽莎白向"自己唯一的亲弟弟"发出绝望的请求，请求他"促动陛下（国王詹姆士一世）援助我们"。[1]查理想象着他尚武的哥哥亨利王子倘若在世会如何回应这一请求，然后他也如自己的哥哥一样，承诺从自己的收入中拨一万英镑援助姐姐，并主动要求亲自领军出征。詹姆士一世不准他这样做。1620年11月，哈布斯堡联军在白山之役（Battle of White Mountain）中击败腓特烈，伊丽莎白被哥萨克骑兵紧追不舍，终于逃出了布拉格。传说，她刚出生的孩子，普法尔茨的鲁珀特亲王（Prince Rupert of the Rhine）当时差点儿被落下，在最后一分钟被扔进了伊丽莎白乘坐的马车，襁褓都掉在了她的脚下。莱茵兰地区的下普法尔茨领地很快也落入了西班牙哈布斯堡及其姻亲奥地利之手。伊丽莎白与腓特烈被放逐至海牙，而海牙是反抗西班牙统治并信奉加尔文宗的荷兰共和国的首都。哈布斯堡的威胁兑现了。腓特烈昙花一现的统治，带给查理姐姐的只有"冬后"这个苦涩的绰号。

成千上万的波希米亚人被杀。新教信仰遭禁，而普法尔茨则被分给天主教徒巴伐利亚公爵马克西米利安（Maximilian of Bavaria），后者为哈布斯堡王朝效劳。德意志和荷兰的新教区一直在与哈布斯堡王朝和马克西米利安领导的"神圣同盟"交战不休，由此，信奉路德宗的斯堪的纳维亚半岛上的诸王国和信奉加尔文宗的不列颠半岛卷入战争，似乎只是时间问题。然而，詹姆士一世执意要寻求外交手段解决这一危机。

詹姆士一世自信可以说服哈布斯堡王室从普法尔茨撤军，以此作为查理与西班牙公主玛丽亚联姻的条件之一。詹姆士一世能从联姻中获得的额外好处是西班牙公主巨额的嫁妆，那可以让他

第一部 父亲的"妻子" 021

摆脱对议会的财政依赖。作为回报，詹姆士一世将与哈布斯堡王室结盟，对抗他们在欧洲大陆的对手法国。但是，詹姆士一世首先得让哈布斯堡王室相信，如果他们拒绝他的提议，他就会向哈布斯堡宣战。为此，他在1621年召集议会索要他需要的津贴。

詹姆士一世的议员们却反过来要求查理娶一个新教徒。下院居然敢违抗王室特权的决定，詹姆士一世非常愤怒。实际上，他们还抨击他绕开议会而征收关税，在他看来，议会"除了铸币权"[2]以外，没有给王室主权留下一点儿余地。詹姆士一世解散了议会，不过，清教徒继续抨击英国与西班牙联姻就是与撒旦结盟。

伊丽莎白一世被塑造成对抗西班牙的好战典范，这一神话也被用来批判热爱和平的詹姆士一世。同时，尚武的亨利王子则被当成伊丽莎白一世真正的继承人。亨利在身后享有美好的声誉，他活到了让人寄予厚望的年纪，却没有活到寿则多辱的年纪。由于查理被视作詹姆士一世的孝子，旧日的主战派甚至寻找合法依据，企图从都铎家族的次级后裔中挑出人选，以取代斯图亚特王朝。[3]

面对清教徒的反对浪潮，詹姆士一世开始积极地支持英国国教中的反清教教士。* 令他沮丧的是，西班牙对他的示好迟迟没有

---

* 在清教徒看来，欧陆的战争意味着末日来临。英格兰是赫赫有名的信奉加尔文宗的王国，有神授的责任来领导这场抵抗敌基督的决战——他们相信这个恶魔实体就体现为教皇的统治。应该排除任何与哈布斯堡王朝求和或妥协的可能，哈布斯堡王朝被视为反宗教改革的军事武装。对新教徒里的温和派而言，教皇并不是魔鬼，只是需要新教来革新的天主教教会的无能领导人而已。由此，与清教徒不同，温和派对和平抱持开放的态度。

回应。联姻一拖再拖，查理救姐心切，于是他决定微服穿越欧陆，亲自赢得西班牙公主的芳心以打破僵局。查理引用了一句谚语，"善谈者都不是善行者"。[4] 他的父亲是一个善谈者，但查理想要采取行动。白金汉公爵支持查理的计划，其他人则担心王子会在西班牙被绑架，甚至遇害。

在查理这个年纪，人人都希望可以成长为一个不同于自己父亲的人。白金汉此行承担的风险在于，当查理成为国王时，为了标示自己的自主性，他很可能要让父亲的宠臣退隐。查理一定会面临这样的压力。

1621年，议会见证了中世纪"检举之风"的复兴。在检举之风下，廷臣们被控有罪，接受议会的审判和惩罚。议会曾成功地弹劾检举了詹姆士一世的大法官弗兰西斯·培根，白金汉因此唯恐自己成为议会弹劾的下一个对象。众人深深厌恶着他对权力的垄断，厌恶他"把自己的荣誉凌驾在其他伟人之上"。还有人担心他与国王究竟是什么关系。听说欧陆的人们对詹姆士一世与白金汉之间超出人之常情的爱如数家珍。"鸡奸罪"在伦敦频频发生，"男孩们越长越邪恶"，他们把脸画得像女人，整个王国即将面临上帝的惩罚。[5] 白金汉需要获得下一任君主的庇护，于是在查理首次独自冒险之时，他让自己在其中扮演不可或缺的角色，尽力换取国王的支持。白金汉告诉詹姆士一世，查理的计划将令西班牙下不了台，这样一来，詹姆士一世"可以一劳永逸地了解他们在普法尔茨这桩交易中想要什么条件才能满意"[6]。

詹姆士一世勉为其难地准许了这两位勇敢的骑士前往巴黎。他们在罗浮宫有了新鲜的经历,在骑马前往西班牙之前,查理第一次见到了亨丽埃塔·玛丽亚。他和白金汉二人一路躲开了野狼和（更艰难的）决斗,于1623年3月7日抵达马德里。

查理和白金汉路过一座座带有漂亮花园的郊区宫殿,骑马穿过大街小巷,两旁都是砖砌的高大房屋,房子正面仅装饰着花岗岩门廊和铁围栏阳台。当时的一本旅游手册上说,巴黎人走得"又快又急,好像法律在后面追着他们",而马德里的西班牙人如此"悠闲平和","一看到他们就会想到他们是大病初愈"[7]。然而,查理来到马德里这个惊人的消息传开后,马德里的平静被打破了。

西班牙的哈布斯堡国王,17岁的腓力四世,被奉为活着的偶像。腓力四世极少在公开场合露面,他身材高挑,一头金发,有着家族近亲结婚遗传的前凸下颚。[8]大多数时候,一道礼节性的屏障将他与外面的世界隔开,一群精挑细选出来的贵族和大臣小心翼翼地护卫着他。受邀而来的使节们被导引着来到塞维利亚王宫（Alcazar）觐见,塞维利亚王宫曾是摩尔人建造的幽暗堡垒。使节们在侍卫的陪伴下穿过一间间昏暗而奢华的房间,来到了觐见室,这时年轻的国王正独自一人站在一张小小的木几旁。他会抬帽致礼，在使节开口讲话时保持静默。[9]随后，腓力会用礼貌的只言片语结束觐见。所有到访的亲王或王子都必须接受更加盛大的礼节和仪式，以维护君主制的神圣形象。腓力没有料到查理和白金汉兴高采烈地进了城。二人一心渴望拜倒在腓力精心呵护的妹妹脚下。

当十几岁的腓力发现要接待一位威尔士亲王时，他感到非常震惊，也很兴奋。两年前的腓力在刚刚继位时，坦承自己尚未完全做好承担一国之主责任的准备，在"迷惑和难题的海洋中"浮浮沉沉。[10]他知道查理接受过高等教育，骑术精湛，是一个有品位的年轻人。腓力既想向他学习，又想打动他。

腓力四世习惯穿一袭全黑的宫装，除了一圈小小的白色立领以外，身上不戴任何装饰。这一次，他决定打破惯例。虽然，他没有过分到穿得色彩斑斓，但是为了表示对查理到访的尊重，他以金线缝制外套并装饰了丰厚的珠宝。查理提出想要与玛丽亚公主私下会面，这个提议遭到了拒绝，但腓力在王宫为他准备了一间套房。除此之外，还指派了一对侍从服侍他。他们服侍的方式，自都铎王朝以来就在英格兰宫廷消失了。

詹姆士一世将宽松的苏格兰宫廷风格带到了英格兰，在苏格兰宫廷里，他可以一边用餐一边与周围的人交谈。在马德里，贵族跪着服侍查理，注视着他进餐，那样子仿佛在见证圣餐礼。查理从马德里宫廷的画像和礼仪上，理解了父亲论述的神圣君权的理论和本质。他被深深打动了，夏日的炎热像一张厚重的毯子笼罩着马德里，时间一周一周过去，转眼就过去了数月。

尽管宫规烦琐，腓力的宫廷仍充满欢乐和活力。这里有烟花，斗牛，火炬游行和骑士游戏。在游戏中，腓力身着华服，指挥着一队骏马。这里也少不了球赛、射击和戏剧，舞台上设置了精巧的机关，可以根据剧情快速地切换布景。最重要的是，这里有艺术。这是西班牙的黄金时期，查理想抓住这里提供的一切。他追逐文艺复兴时期的提香、拉斐尔和其他画家的作品。作为收藏家，他独具只眼，既投资前沿的现代艺术也投资古典杰作。仅仅18个月后，鲁本斯便称"世间亲王中，查理是艺术最杰出的学生"[11]。白金汉公爵——已在5月被詹姆士一世封为公爵——与查理品味相投，在艺术收藏和鉴赏方面，同查理天生一对。

白金汉公爵坐着，王子站着，公爵甚至连帽子都没摘，两个人用"戏谑的名字"称呼对方，看到这幅景象，西班牙人目瞪口呆。他们两人看起来是普通的兄弟而不是主仆关系。詹姆士一世或许无意中鼓励了这种关系——尽管白金汉是"我的浑小子"，但他和查理都是他的"宝贝们"。[12]腓力的首席大臣奥利瓦雷斯伯爵（Count of Olivares）担心，倘若公主嫁给查理，倘若不立即制止这种"不当的放纵"，那么"她本人将承受恶劣的后果"[13]。然而，事情不会发展到这一步，很明显，查理与玛丽亚的信仰差异如此之大，二人是不可能结为夫妻的。西班牙的哈布斯堡公主，像日耳曼娃娃一样，有着粉红的脸颊和饱满的双唇，她认为嫁给一个新教徒会危及她的灵魂，与此同时，查理又愤然拒绝了腓力让他改宗天主教的提议。

1623年10月，查理与白金汉公爵返回英格兰。国民们长舒一口气，总算查理安然无恙，仍保持着新教信仰。教堂敲响了钟声，从朴次茅斯到伦敦的一路上，人们夹道欢迎王子归来。查理却因马德里一行的失利而愤愤不平。在他看来，白金汉公爵的建议是对的，西班牙一直在敷衍他的父亲和他本人，把他们当成傻瓜一样愚弄。

同时，白金汉公爵致信詹姆士一世，告诉他自己是多么地期盼与他重聚，并承诺再也不与他分开。"唯愿笃诚侍奉，"他写道，"快快让我将您的腿拥入怀中。"[14]然而，与西班牙王室联姻落空，在他与主和的詹姆士一世之间撕开了一道裂痕。数月以来，王子与白金汉公爵朝夕相处，加上议亲的压力，这些铸就了王子对这位朋友的深情厚谊，同时，白金汉公爵还继续加深二人之间的情谊。查理放弃了他父亲与西班牙王室联姻的梦想，但并没有放弃援助姐姐的计划。他相信，如果普法尔茨不能通过和平手段夺回来，那就必须付诸战争。

冬后和她的孩子们都是查理的亲属。如果有朝一日她的长子继位斯图亚特王朝，那么普法尔茨地区将归英格兰和苏格兰国王统治。对查理而言，恢复伊丽莎白丈夫的地位，既是斯图亚特王朝的当务之急，也是国家的责任。查理向父亲施压，要求与哈布斯堡家族开战，而白金汉公爵又一次地支持了他的策略，向国王进一步施压。

查理对抗哈布斯堡家族的政策，赢得了部分最激烈批评白金汉公爵的人支持，其中许多是旧主战派，今天通常被称为"爱国派"，他们期待与哈布斯堡家族开战能够有所回报，但这样的期待真的现实吗？一名法国观察家认为，斯图亚特王朝的统治"岌岌可危，无钱，无友，无名"[15]。单是卡斯蒂利亚王室的收入就是英格兰的6倍。[16]哈布斯堡家族驻军于波希米亚，而詹姆士一世却没有任何武装力量。在詹姆士一世1604年签署和平协议后，英格兰的军队已名存实亡，食品、衣物和武器等后勤供应系统也不复存在。[17]

既没有常备军又没有钱，查理需要一个盟友能为他提供兵马钱粮。显而易见，这个盟友在法国。每当新教符合波旁王朝的统治利益时，它就选择支持新教。如果与路易十三的妹妹，年轻漂亮的亨丽埃塔·玛丽亚结婚，那么，斯图亚特王朝就能获得路易提供的强有力的军事支持，同时亨丽埃塔·玛丽亚丰厚的嫁妆，则可用来培养一支斯图亚特王朝自己的军队。查理还向他父亲的臣民寻求税赋支持，请国王召集议会，向议会要求必要的资金补贴。1624年，他正式以威尔士亲王的身份入主上院，俨然已是"爱国派"强有力的领袖。[18]有人担心,与法国联姻将迫使詹姆士一世"取消或放宽"压制英格兰天主教的刑事法规(Penal Laws)。这些法律强迫天主教徒参加新教仪式,否则处以高额罚金,并拒绝给予他们参与天主教崇拜的自由。尽管英格兰的天主教徒已少之又少,但欧洲大陆对新教的威胁让英国清教徒认为,根绝不列颠的天主教对不列颠新教的存续至关重要。詹姆士一世签署下院请愿书,承诺继续执行压制英格兰天主教的这些法律后,议员们投票通过了20万英镑的税收补贴。詹姆士一世拿这笔钱请了一支由雇佣兵和贫民组成的军队,依照计划,这支军队在德意志将军恩斯特·冯·曼斯费尔德(Ernst von Mansfeld)的率领下前往尼德兰,与尼德兰起义军一起对抗哈布斯堡家族。

为了不被派往英吉利海峡对岸的战场,有些被强制入伍的英格兰穷人,把盐揉进眼睛里躲过一遭。詹姆士一世对此没什么多余的热情,1625年2月中旬,他呼吁停战。白金汉公爵下令解救被困布雷达的尼德兰驻军,但詹姆士一世反对,他禁止曼斯费尔德与西班牙军队交战。曼斯费尔德的军队待命期间因湿冷的天气而受到疾病的侵袭,供给也日渐缩减。如果这支军队不能受命立即进发的话,议会的钱就会白白浪费——白金汉公爵与查理一同鼓吹的战争策略就会以失败告终。更让白金汉公爵忧虑的是,西班牙前大使贡多马尔伯爵提出返回英格兰,为詹姆士一世恢复英—西和平争取支持。

与此同时，英格兰的天气也很糟糕。伦敦暴发洪水，威斯敏斯特宫积水达2英尺（约70厘米）深，这对老年人尤其危险，1625年3月初，住在西奥波兹府（位于赫特福德郡，建于伊丽莎白时代）的詹姆士一世染上了"间日疟"。体重超标和过量饮酒，进一步削弱了58岁国王的健康。不过，他以前几次都平安地从高烧中脱险。据说，国王一度痊愈，却在3月21日又"病得非常严重"，似乎是因为白金汉公爵带来的药膏和甜果汁加重了病情。[19]国王突然剧烈腹泻，他的苏格兰侍从们吵闹了起来，有人担心白金汉公爵无意中给国王下了毒。国王拒绝再喝甜果汁了。[20]3月25日，哈布斯堡王室在西奥波兹府里的间谍报告，他怀疑白金汉公爵企图谋杀国王。曼斯费尔德12000人的军队中，仅有5000人可以服役。詹姆士一世仍在等待贡多马尔的到来，但中间人告诉他，白金汉公爵冒用国王印鉴，签署了阻止贡多马尔来英格兰的王令。[21]

两天后，查理坐在弥留的父亲身旁。詹姆士一世试着跟儿子讲话，但"没有力气表达自己的想法"[22]。1625年3月27日中午，苏格兰国王詹姆士六世、英格兰国王詹姆士一世驾崩，临终前，白金汉公爵一直紧紧握着国王的手。

詹姆士一世或许是最伟大的苏格兰国王，但他在英格兰是一个外人，这一点显而易见。他给儿子留下了一份艰难而棘手的遗产。他对待金钱挥霍无度，与英格兰议会龃龉，以及与西班牙失之交臂的联姻，这些都引发了新教徒的愤怒，致使国民和议会对他产生了不信任。同时，国王依赖的中古君主的税收也在日益缩减，王室财政状况依然岌岌可危。詹姆士统治的其他王国也积累了大量隐患。他没能整合不同的信仰：在爱尔兰，仍是天主教占主导地位，而苏格兰则坚持他们与众不同的苏格兰教会。国王认为，在宗教事务上与他不一致的臣民，不可能完全地服从并忠诚于他。如果查理想要他的人民在背后支持他应对前方的冲突和战争，他就需要与各地重修旧好，加强沟通，这是当务之急。

接下来的几天，暴风雨依旧肆虐。当查理继位的公告在剑桥被宣读的时候，天空传来了炮弹轰鸣般的雷声，小镇居民都被搞得惴惴不安。[23] 轰隆的雷声似乎预兆着，詹姆士一世统治的二十年和平岁月即将终结，新国王支持的战争即将打响。

第三章

婚姻联盟

詹姆士一世的灵柩抵达伦敦时天已近黄昏。黑浓的煤烟从高高的烟囱升入黑暗中。25万臣民和移民劳工居住在查理的首都。街上通常挤满了人和手推车，还有新获执照的出租马车。[1]然而，1625年4月3日晚上，灵车车队行进的道路畅通无阻。人群聚在栏杆后面，看着市长和高级市政官们迎接新国王。新国王在一队步兵和骑兵的护卫下，骑着马走在父亲的灵柩前。一组长长的马车载着"许多大人物"跟在卫兵身后。[2]在火把的映照下，灵柩车队进入斯特兰德大街的丹麦宫，这座古典宫殿是詹姆士一世为妻子修建的，他的棺木便停放在这里。

一周后，查理便解除了詹姆士一世限制曼斯费尔德将军的命令，批准继续开战。军队前往解救困在布雷达的驻军，查理则积极推进与亨丽埃塔·玛丽亚的联姻，敲定与法国结盟这件事。不幸的是，他的新娘显然不受欢迎。女性一度是天主教在英格兰存续的关键。如果拒绝参加新教仪式，那么天主教男性将被剥夺财产（事实也是如此），但他们的妻子本身没有财产，因此更具反抗性。她们庇护司铎，把孩子养育成天主教徒。更何况，亨丽埃塔·玛丽亚不是普通的天主教徒，她的哥哥自诩是"所有国王中最纯正的天主教国王"。[3]

还有传闻说，法国的联姻条约明确约定，要查理结束迫害自己的天主教臣民。传闻是有事实依据的。查理不得已做出了让步——英法达成密约，天主教徒在自己家中敬神不受惩罚。他现在必须采取行动消除新教徒的忧惧。他不让身穿黑色丧服的天主教大人物参加5月7日他父亲的葬礼。这一冷落表明天主教徒仍处于次等地位。虽然，查理留在英格兰准备葬礼，但他派人代为参加了定于5月1日在巴黎举行的婚礼，这让新教徒对这段联姻一直存有焦虑。

亨丽埃塔·玛丽亚刚满15岁，就年龄而言她还小，也不过才"穿上女人的裙子"。[4]换句话说，她只是个青春期的孩子。在此之前，她的期望都是嫁给法国王室一个旁支，所以她受的教育仅限于宗教信仰和宫廷礼仪，由此她学到了"性灵"和"矜持"，不过，在一名法国廷臣看来，"最重要的是，她有着高贵骄傲的人格。在所有公主中，她最像她的父亲"，即亨利四世；"像他一样，她有一颗高贵的心，一颗满是温柔和怜悯，宽厚无畏的心"。[5]

主教座堂前修建了一条空中步道，悬挂着紫色绸缎，围观的人从这里可以有一个最佳视野。在新娘被护送至巴黎圣母院大教堂短短的距离中，人们可以一睹她的风姿。最先走出来的是"法

第一部 父亲的"妻子" 033

国的亲王，王室最高军务官，公爵和贵族们"，各个身着"价值连城的长袍"，这真是一幕华丽动人的场景。亨丽埃塔·玛丽亚紧随其后，她穿着金百合花婚纱，罩着银色薄纱，戴着嵌满钻石的皇冠，熠熠夺目。她的身材"比例匀称"，"肤色绝佳"，"黑色眸子""温和，灵动，顾盼生辉"，一头乌发，"齿若编贝"，"嘴型宽大而匀称"。[6]国王路易陪伴在妹妹的右侧，他披着天鹅绒和貂皮做的长袍。其他的公主们披着天鹅绒斗篷，斗篷上还绣着一大朵百合花，身后是她们的母亲，玛丽·德·美第奇，法国的前摄政王后。她的在场提醒人们，国王的配偶，不仅仅是妻子和母亲的角色，她们还可以是政治上重要的掌权者。

在大教堂的西门口，路易挽着亨丽埃塔·玛丽亚走向查理的代表，他是查理的亲戚，法国的谢夫勒斯公爵（Duc de Chevreuse）。他同查理的外曾祖母，苏格兰国王詹姆士五世的法国妻子玛丽·吉斯（Mary of Guise）一样，都来自吉斯家族。由于查理还在哀悼他的父亲，公爵便穿了一身黑，厚重黑斗篷上绣着金线和钻石，"他看上去像在燃烧，背上有熊熊的火焰"[7]。婚礼宣誓是在一个金色华盖下的平台上进行的。公爵尽管自己是天主教徒，但由于查理不能参加天主教仪式，因此，他也不能进入大教堂参加天主教的婚礼弥撒。查理年轻的妻子独自穿过重重叠叠的烛火，教堂看上去像"奥维德《变形记》第二卷中描绘的太阳宫"。新娘的身后是绣满金银线的华丽挂毯，她独自站在高耸的哥特式拱门下接受圣餐。[8]不过,那天晚上,谢夫勒斯最后一次扮演了查理,躺在亨丽埃塔·玛丽亚的身边,一条腿轻触了一下她,以此象征完婚。[9]

查理渴望亲眼看到自己的妻子,他闲下来时,就久久地凝视她的画像,哀叹"自己不能有幸看到她本人"。[10]同样地,亨丽埃塔·玛丽亚对新郎也十分好奇。不管怎样,在二人相见之前,必须先举行詹姆士一世的葬礼。

詹姆士一世经防腐处理的尸身还停在丹麦宫,棺椁覆盖着天鹅绒,天鹅绒上栩栩如生地绣着一幅穿着王袍的詹姆士一世的肖像,这是君主权威永恒的宣言。君权永恒,也正是葬礼重点突出的主题。查理史无前例地借了5万英镑操办了这场"有史以来最盛大的葬礼"。[11]数千名身穿黑色丧服的送葬者组成了一支队伍,护送着詹姆士一世的灵柩走了1英里(约1.6千米),来到了中世纪时期修建的壮丽的威斯敏斯特教堂。每名送葬者都严格依照所属等级列队。象征着骑士美德和伟大王朝的家族徽章旗帜,在深色河水的映衬下十分夺目。白金汉公爵骑马走在灵柩后方,此行担任送葬队的御马官。据说,"最耀眼的是查理的出场"。查理身穿黑色长袍,戴着兜帽,紧跟在詹姆士一世灵车后面——这样做的英格兰国王只有三位,人们认为,查理此举彰显了他对父亲的爱。

在威斯敏斯特教堂里,会众们聆听了两个小时的布道,缅怀詹姆士一世多次化险为夷，成功整合苏格兰王国与不列颠王国的事迹，并缅怀他坚定支持主教制的宗教政策。詹姆士一世曾经主张，主教跟国王一样，从上帝那里获得权力，否定主教的神圣地位就是否定君权神授，如他所言，"没有主教，就没有国王"。布道最后总结道，詹姆士一世作为国王的政治之体，现在活在他的儿子身上。鉴于此，查理迈步向前接受他父亲的菱形丧徽，同时接过了詹姆士一世的徽章。这样的仪式具有继承的合法性，宣示了权力已平稳转移。

葬礼结束后，查理便派白金汉公爵前往巴黎接回他的新娘，同时命他坚定与法国的联盟。此时，拉罗谢尔（La Rochelle）爆发叛乱。这里是法国西南部的重要港口，胡格诺派的大本营。查理担心路易想要与西班牙的腓力谈和，以便抽身镇压国内加尔文宗信徒的叛乱。查理只能依靠白金汉公爵，让路易坚持既定的战争路线。

白金汉公爵已经做好了让波旁王朝印象深刻的充分准备。他预订了三辆装饰天鹅绒和金色蕾丝的马车载着他观光巴黎；乘船时，随行带着22名船工，每个船工都穿着绣金线的天蓝色塔夫绸衣服。不过，即便如此，这些也无法与他自己的打扮相比。白金汉公爵代表查理出访巴黎，准备了27套奢华的套装。其中有一件，白色天鹅绒上镶着闪耀的钻石，据说价值"8万英镑"，这个价格超过了一名富裕骑士十几年的收入总和。[12]

白金汉公爵在巴黎一露面,就被誉为"世界上最英俊、最健美的男人"。他衣着"华丽,令人艳羡,女士们满心欢喜——芳心暗许;时髦男子们则满心妒忌,而丈夫们则感觉更糟"。[13]

玛丽·德·美第奇催促鲁本斯赶在婚礼前完成了她的21幅全身像组画,以便在婚礼仪式上颂扬她的成就。画像刚被安置在新建的卢森堡宫(Luxembourg Palace),她就带着白金汉公爵去参观。面对雄伟壮观的宫殿、银框镶嵌的水晶窗和鲁本斯的杰作(现保存在罗浮宫),白金汉公爵不可能不被打动。鲁本斯是极具创造力的艺术家,他强烈地反对宗教改革,他笔下生动而丰腴的裸体,为英语贡献了术语"丰满的、鲁本斯风格的"(Rubenesque)。画中玛丽面无表情,性感丰满,在形象上压倒了她的丈夫和儿子。其中一幅画的是玛丽生育路易的场景,玛丽坐在王座样式的分娩椅上,周围的环境在画里被想象成广阔的户外。玛丽淡褐色的眼睛凝视着护士怀中的婴儿路易,但是,路易并没有盖过她的光彩,蹲在她脚边的哈巴狗也一样。[14]

白金汉公爵随即委托鲁本斯为他伦敦的宅邸绘制穹顶画。他设想的主题是:画中他挣脱嫉妒女神的力量,走进美德和富足的神庙——他心之所向。嫉妒白金汉公爵的势力前所未有的强大,因为"他既是父亲的又是儿子的宠臣"[15],这一点让嫉妒他的许多人感到挫败和沮丧。

与此同时,巴黎为欢迎白金汉公爵的到来张灯结彩。晚宴、音乐晚会和假面舞会,都扑向了公爵和同行的英格兰、苏格兰朝臣。路易十三的新任首相、红衣主教黎塞留,在他位于鲁尔的乡间小别宫为他们举办了一场舞会。[16]黎塞留精瘦结实,穿着主教的鲜红色教袍,全身散发着紧绷的气息。有人这样评价黎塞留:你要么爱他,要么就恨他。他并不是能够唤起中间立场的人。他在玛丽·德·美第奇摄政时期,担任国务大臣(Secretary of State)。玛丽·德·美第奇退位后与路易的敌人密谋失败,是黎塞留帮助母子二人达成了和解。在前一年,路易任命黎塞留担任首相,此时的他正着手将法国打造为欧洲最强国。不管是不是红衣主教,在一切世俗事务上,他都只忠于国王,而不是教皇;只要他认为联合新教异教徒反抗天主教西班牙对法国有利,他就会支持结盟。

黎塞留的那些花园是他休闲放松的地方,[17]花园里植满了常绿树木,步道旁建有精致的喷泉。其中一座喷泉,可以向空中喷出一道蛇状的水柱,高达60英尺(约18米),水柱会急速扭转,似要抓住不经意的路人。不过,在跟黎塞留打交道时,白金汉公爵有了比这更令人不安的感受。在二人的私下会面中,这位红衣主教拒绝公开反对哈布斯堡王朝,他认为正式的军事联盟只会激怒中立国。白金汉公爵提出,路易至少应该给查理一份书面承诺,保证法国不会单方面与西班牙谈和。但是,黎塞留认为没有这个必要。看上去,他确实更关心镇压胡格诺派叛乱这件事。就连鲁本斯都在白金汉公爵端坐着让他画像的时候,擅自向他宣传与西班牙谈和的好处。

白金汉公爵并不是唯一一个在黎塞留那里碰壁的英国人，还有主持联姻谈判的外交官霍兰伯爵亨利·里奇（Henry Rich, Earl of Holland）。34岁的霍兰伯爵是"一个英俊的男人，风度翩翩，惹人欢心"。他天性随和，慷慨，还喜欢玩弄阴谋，当下他打起了黎塞留的主意。

与法国结盟对霍兰伯爵而言还有私人层面的意义。他的家族与西班牙之间存有宿怨，且支持欧洲加尔文宗的发展。他的母亲，佩内洛普·德弗罗（Penelope Devereux）是第二代埃塞克斯伯爵最喜爱的姐姐。霍兰10岁时，目睹母亲被捕入狱，她的罪名是怂恿霍兰的舅舅在1601年反叛伊丽莎白一世。霍兰的哥哥罗伯特·里奇（Robert Rich），即沃里克伯爵（Earl of Warwick），继承了家族的传统，他是当时劫掠西班牙最出名的海盗，在西班牙统治的美洲深度参与了殖民和贸易活动。[18]譬如，沃里克是著名的《皮尔斯特许状》（Pierce Patent）签署人之一。《皮尔斯特许状》确认了乘坐"五月花"号的清教徒在新英格兰普利茅斯地区拥有种植和经营土地的权利。[19]

霍兰在反对詹姆士一世与西班牙谈和时，必须比沃里克更加深思熟虑。作为小儿子，他不能像哥哥一样继承大量的土地遗产，因此，他需要在宫廷里获得国王的青睐，以便能够享受奢华的生活。近来，他凭借一些成绩，获得了伯爵称号。无论如何，霍兰不仅共享了家族的反西班牙价值观，就连对女人的审美偏好也以自己的母亲为标准：聪明，诱人，危险。他现在的情人，据说是查理婚礼的代表人谢夫勒斯公爵的妻子，24岁的玛丽·德·罗昂（Marie de Rohan）。她也是个头面人物，即众所周知的谢夫勒斯夫人。按计划，她以王后最亲密的侍女身份随同亨丽埃塔·玛丽亚赴英。[20]同时，她也很高兴能参与霍兰的密谋计划。

谢夫勒斯夫人皮肤白皙，身材娇小，看上去天真无邪。她有一张婴儿般的圆脸，满头长长的"蛇形"卷发，表情"高贵又甜美"。在这些表象下，隐藏的是一个残忍的政治动物。黎塞留在回忆录中，勉强对她保留了些许敬意：她头脑清晰，美貌无比，知道如何利用自己的长处，从来不会因任何不幸而灰心，始终心平气和。[21]相反，谢夫勒斯夫人则对这位红衣大主教不屑一顾，因为他出身于一个低级贵族家庭。*高级贵族相信他们有权主宰国王的议事会，因此，谢夫勒斯夫人将路易重用黎塞留这一决定视为对高级贵族的侮辱。至于路易，她则认为是"一个白痴"。[22]她相信，要是没有黎塞留挡路，法兰西国王会更容易受高级贵族的控制。她向霍兰和白金汉公爵建议，路易的王后，碧眼的奥地利的安妮，是削弱红衣大主教权势的最有效工具。

谢夫勒斯夫人与王后安妮是闺蜜。三年前的一场悲剧，令二

---

* 谢夫勒斯夫人的家庭格言反映了她对自己地位的理解："我虽非王，亦不屈就于亲王，我就是我——罗昂。"（"Roi ne puis, Prince ne daigne, Rohan suis."）

人的亲密关系变得更加深厚。三年前，年轻的夫人们在罗浮宫的拱廊玩一种活蹦乱跳的游戏，结果导致王后的第一个孩子流产。路易一怒之下将谢夫勒斯夫人驱逐出境，这让她对路易深恶痛绝，而路易对妻子的愤怒也毁了他的婚姻。谢夫勒斯夫人回宫后与安妮的关系更加亲近。没人比她更适合帮白金汉公爵讨好王后了，法国人也永远不会忘了他的好处。白金汉公爵魅力四射，他与法国王后调情，与黎塞留不和，这些都启发了大仲马创作小说《三个火枪手》。[23]

亨丽埃塔·玛丽亚在加尔默罗会（Carmelite）女修道院度过了离开巴黎的前夜。这座修道院是一个静修之处，为新晋的英格兰王后提供简单的饮食和内省时间。[24]在遥远的将来，亨丽埃塔会有更多的时间来欣赏它的宁静，甚至提出将她的心葬于此地。

5月23日，她乘马车离开巴黎，身穿红色天鹅绒，"成千上万的人""大声欢呼"。[25]她的送嫁队伍里有4000名侍从，他们"都是法兰西最出色的侍臣"；还有仆役，外交官及其家人；白金汉公爵带领的迎亲队伍也在其中。车轮镀着金的猩红色马车在崎岖不平的路上颠簸前进，男仆们穿着斯图亚特家族的红色制服，马匹行进缓慢，白色的羽饰在头顶摇曳。装载嫁妆的马车跟在后面：几车床品，礼拜堂里的家私，一大箱衣物——绣花鞋，内衬着貂皮的红天鹅绒靴子，熏香的手套，镂空雕花的手帕，深紫色的皇家斗篷，一条"伊莎贝拉"式金色点缀的淡褐色衬裙，一条绣花的银色连衣裙，等等。[26]

在随行的一个英国人眼里，年轻的亨丽埃塔·玛丽亚是"一个甜美可爱的造物"，也是"一名充满智慧"的"勇敢女士"[27]。霍兰也发现了她的聪明才智，注意到她的谈吐显示出"不同寻常的谨慎和机敏"。尽管白金汉公爵的注意力还在奥地利的安妮身上，威尼斯大使们口中关于这二人的绯闻也越来越多，但是，这些八卦都在亨丽埃塔·玛丽亚正式进入亚眠教堂的盛大场面中，被遗忘得差不多了。[28]城门上悬挂着英格兰旗帜，巨资修建的7座凯旋门导引着她进入大教堂。最后一座凯旋门，高达15米，刻着5位英格兰王后的美德。[29]白金汉公爵感到肩上的担子很重，英法反西班牙联盟的失败已初露端倪，在这种压力下，他与查理的年轻妻子发生了争吵。

英格兰新教徒对即将废除针对天主教的法规一事感到愤怒，同时也对另一件事感到愤怒——法国天主教徒希望英格兰天主教徒能够享有一些宗教信仰自由。1622年，教皇格列高利十五世建立了一个新的部门——传信部（Propaganda Fide）——以宣传天主教信仰，该机构后来发展成遍布全球的强大势力。在亨丽埃塔·玛丽亚的随从中有28名司祭，每个人都随时准备成为反宗教改革的传教士。这些身着天主教教袍的人，注定会在英格兰引起深刻的不安。白金汉公爵深知，自己签署了准许英格兰天主教徒享有部分宗教信仰自由的条约,必将成为众矢之的。随着教皇使节抵达亚眠,他的忧虑越发明显。

亨丽埃塔·玛丽亚致信教皇乌尔班八世,承诺婚后会忠于教会,并致力于"英格兰天主教徒的自由",即致力于解除对他们的迫害。[30]不做这种承诺,教皇就不会提供必要的特许,许允她嫁给一个异端国王。教皇使节传达了教皇对她的承诺感到喜悦,并授予亨丽埃塔·玛丽亚金玫瑰的荣誉,这个古老的天主教符号象征着悲伤后的喜悦。在一份附文中,教皇督促她成为一朵玫瑰花,一朵"根源于耶稣的花,在希伯来罪孽的荆棘中开放",在英格兰的异教徒中传播真正的天主教信仰。[31]

婚礼结束后,白金汉公爵斥责亨丽埃塔·玛丽亚,不应该热烈欢迎教皇使节。对于一个年轻姑娘来说,被白金汉公爵这样魁梧的人教训是挺可怕的,何况他还代表着尚未谋面的丈夫。然而,亨丽埃塔·玛丽亚为自己辩护,提醒他"她有责任尊重代表她的信仰领袖的使节"[32]。二人的关系就这样糟糕地开了头,他们在亚眠的暂住便在这句令人不快的话中结束了。

玛丽·德·美第奇身体已经抱恙多日,病得无法支撑这趟行程,于是她在城外与亨丽埃塔·玛丽亚告别。玛丽很享受自己对幼年丧父的女儿施加强有力的影响,她亲笔给亨丽埃塔·玛丽亚书写了最后一封指导信,"这样你会觉得更亲切和珍贵"。信中提醒王后要对上帝赋予她的特权心存感激,谨记她被置于世间是为了上帝的荣耀。在现存的一份较完整的信件里，玛丽鼓励女儿要爱她的丈夫，善待他的臣民，并且谨记她对受迫害的教友负有责任，"上帝派你进入这个国家，是为了他们……他们已受难多年"。[33]年轻的王后十分郑重而严肃地接受了这个角色。王后为受谴责的人说情、请愿是一种传统。她还能希望由谁来为她的教友所受的惩罚说情呢？两天后，亨丽埃塔·玛丽亚抵达布洛涅海岸，"身体康健，心情愉悦"。

上一位从法兰西嫁到英格兰的王后，是安茹的玛格丽特，她也在15岁的年纪离开了家乡。1445年，兰开斯特的亨利六世统治着英格兰，当时的英格兰在百年战争中输给了法国，于是，英格兰人就视安茹的玛格丽特为敌人的孩子。战败后不久，玫瑰战争爆发，玛格丽特为了丈夫的事业而英勇奋战，但英格兰对她的偏见从未有过一丝一毫的改变。莎士比亚说她是"法兰西母狼"，"女人的皮相下包藏着一颗虎狼之心"。180年后的现在，英格兰的新教徒又将亨丽埃塔·玛丽亚视为强大的天主教敌人的孩子。不过，她"天性喜乐"，兴奋不已地想要乘船离开法国。[34]这晚，有人看见亨丽埃塔·玛丽亚冲到海边，任海浪拍打着鞋子，无忧无虑的童年萦绕在她的脑海里。此时，海风尚未吹胀英国船只的帆。这艘船将把她带向另一个新海岸。[35]

第四章

"在基督教世界的眼皮底下"

亨丽埃塔·玛丽亚在多佛城堡度过了来英格兰的第一晚。白金汉公爵从多个王宫拿来物件装点了城堡,但许多是旧家具。她的仆人们对此表示很失望。不论是在政治上还是经济上,查理都无力提供奢华的迎接排场,他的迎接仪式无法媲美亨丽埃塔·玛丽亚从巴黎到布洛涅一路上享受的盛大迎接仪式。如果亨丽埃塔·玛丽亚从城堡远眺大洋对岸,就能清楚地看到法国,哀悼过往的时光。"再见,甜蜜的塞纳河岸,我享受过无数的欢乐和嬉戏……喷泉们,再见,我再也不能以你们晶莹剔透的水波为镜。"[1]然而,如果她转向内陆,也会看见她未来的王国,有着美丽的"起起伏伏"的乡村,"秀美的森林,一排排树木掩映着漂亮的屋舍"。[2]

年轻的王后本应该第二天在17英里(约27千米)外的坎特伯雷与查理相见。然而,查理却在第二天早上10点便抵达了多佛城堡,来的时候没有举行任何仪式。当时,亨丽埃塔·玛丽亚正在吃早餐,得知查理到来后,她"轻快地"冲下楼迎接他。第一次见到丈夫时,她双膝跪地。查理已经长出了胡须,留着短短的"王室"胡子,虽然他穿着休闲的骑装和高筒靴,但"他的样貌仍高贵威严"。亨丽埃塔·玛丽亚很是紧张,突然哭了起来:在用法语发表了事先排练的关于爱和义务的演讲之后,她都还没讲过一句英语。查理将她扶起来,拥她进怀里并亲吻了她。

查理已经得知妻子年纪很小,但吃惊地发现她居然齐他肩高了。[3]他向下瞥了一眼,想看看她是否穿了高跟鞋。亨丽埃塔·玛丽亚立刻注意到了这个细节,于是提起裙子的下摆,向查理保证,"陛下,我自己站着,没有借助什么技巧。我本就这么高,既不高也不矮"[4]。查理的父亲曾建议,对待妻子,你必须"像对学生一般驾驭她"。[5]这样看来,很明显亨丽埃塔不是一个迟钝或悖逆的学生。

当晚,查理与妻子在坎特伯雷大教堂度过新婚之夜。谢夫勒斯夫人正式将睡衣呈给亨丽埃塔·玛丽亚,并为她的新娘夜做准备。查理来到了王后的寝宫,将侍从们遣退。随后,他将通向王后卧室的七扇门都闩上。与圣詹姆士宫的婚礼不同,没有侍臣们在床边开玩笑。这是一个私密的夜晚。对于第一次性生活会发生什么,亨丽埃塔·玛丽亚也有所了解。她的导师谢夫勒斯夫人做得很好。在夏天返回法国时,谢夫勒斯夫人赢得了亨丽埃塔·玛丽亚的喜爱和查理的感激。[6]

第二天,查理从王后的卧室出来时"非常愉悦"。亨丽埃塔·玛丽亚则表现得更加克制。她在为朋友们忧心。渐渐崩溃的英法军事联盟已经产生了影响。紧绷的民族主义情绪在去坎特伯雷的路上已有显现,两方就哪些女士可以与王后同乘一辆马车,发生了一次争吵。[7]英国人支持英国女士,而他们的法国对手则轻蔑地形容英国女士们是"可怜的、卑微的女人们"。有人认为,只有谢夫勒斯夫人值得一看,也有人说"虽然她皮肤白皙",但她"涂脂抹粉"。[8]

玛丽亚一直藏在她熟悉的朋友之中,但是,这天晚上,她邀请查理从屏风后观看她在烛光下缓缓地跳萨拉班德舞。[9]舞蹈是"一种无声的修辞",一位舞蹈老师曾经说过,这些动作暗示跳舞的人值得你"赞叹、钦佩和钟爱"。[10]查理目不转睛地看着,就像1623年看她表演假面剧时一样,但是,当她跳起改编自古老而性感的西班牙舞蹈的法国舞时,他才有机会看到他的妻子出落得多么美。白金汉公爵当晚在写给路易的信中夸耀,用不了多久查理就会跟王后生个孩子。[11]6月16日,查理携亨丽埃塔·玛丽亚乘驳船抵达伦敦时,他仍是一脸的幸福。

国王与王后身穿相近的绿色服装,绿色象征着他们的爱和年轻的生育力。伦敦的天际线笼罩在大雨之中,隐约可见无数的教堂尖顶和高耸的烟囱。但是,大雨并没有阻挡人群出来围观。詹姆士一世告诉查理,人民的爱是他"最大的"保险,但也告诫他,赢得这种爱的最佳方法是有序地治理社会:这意味着要制服暴民,而不是迎合大众,助长他们的气焰。[12]遵照父亲的建议,查理指示他的臣民"切勿公开展示激情、欢愉和欣喜"。[13]但是,人们还是沿着河岸欢呼,一个朝臣说,"从来没见国王这么快乐过"[14]。河边的一艘船摇摇欲坠地倾向水面,上百人都挤在船上围观,从这里观看国王夫妇,视野最好不过了。随着人越挤越多,船整个儿地翻了,一股脑儿把船上的人扔进了河里。无数条小船冲过去把他们捞起来。[15]

这天晚上,伦敦人向国王夫妇敬酒,点燃篝火,亨丽埃塔·玛丽亚被引入白厅。一个法国人这样描述查理在伦敦的居所:这是"欧洲最大、最丑的宫殿";另一个人则说,这"是一堆不同时代修建的房子"。[16]查理仓促地把2000间陈旧的都铎式房间改装成干净的、有着时髦线条的宫殿,这是伊尼戈·琼斯设计的宴会厅,就建在他父亲宫殿的隔壁。不幸的是,这个工程花光了他与西班牙开战所需的军费。查理转而尽力去改造宫廷中的生活。

无论是权力还是美德,都应该从国王经由他的宫廷流向人民。在詹姆士一世的加冕礼上,坎特伯雷大主教祝祷"王室的荣耀"将"如最明亮的闪电般耀眼"[17]。然而,事实恰恰相反。詹姆士一世的宫廷因狂饮烂醉和伤风败俗而声名狼藉。查理一早就宣布,他决心"整顿宫廷风气,建立宫廷秩序,让更多的秩序遍及整个王土"。[18]詹姆士一世宫中嗜酒和放纵的风气,的确在查理手中走向了终结,而"伊丽莎白后期严格推行的规范和行为准则"也得以恢复。查理要求贵族"不能再像以前那样神志不清地进入他的宫殿"。[19]每个等级都有指定的会见地点,就像在詹姆士一世的葬礼上一样。这强化了詹姆士一世在《国王的礼物》里描述的等级制。不过,对查理而言,等级制与其说是为了提升权利感,毋宁说是为了鼓励服务意识,不仅服务于地位比自己高的人,而且应服务于地位比自己低的人,贵族有责任关照比自己等级低的人并培养他们的才能。查理将自己的形象塑造得不亚于欧洲同时代国王的形象,同时也设计出更多繁复的仪式来强化形象。外国观察家对此印象深刻,认为查理"聪明,积极,果敢"。

现在,为维护斯图亚特家族的荣誉,反抗哈布斯堡家族的势力,查理也在积极做准备。为了开战,他每年需要100万英镑。为了筹集资金,他重新召集议会,这是他当政以来第一次召集议会。

数周以来,威斯敏斯特宫忙前忙后,准备接待即将蜂拥而至的600名下院议员和150位贵族。工匠们整修窗户,从王国的其他宫邸搬来家具,挂上窗帘,用羊毛和帆布缝制座椅,为欧洲规模最大的一场代表集会做准备。

英格兰的日常政务以国王为核心。国王的右手边是顾问,他们都是侍臣,因为他们必须在国王所在之处。国王不定期召集议会——有时数年不召集一次,但是,议会仍是英格兰最高的立法机构,是实际上的征税机构,宗教改革之后其重要性剧增。议会

第一部 父亲的"妻子"

立法已经成了象征君主合法性的橡皮图章,被君主三番五次地用来改变宗教信仰。根据伊丽莎白的理论,国王的权力并不单单属于君主自身,而与议会的权力"混合"在一起。伊丽莎白的理论进一步增强了君主的自主性——如此看来,这样解释不一定对国王不利。*

"事实是,"后来的一位保王党观察说,"国王的荣耀、国王的光彩和国王至高无上的权威,从来不曾笼罩英格兰的君主,笼罩君主的是议会。征税的权力在哪儿?……立法权在哪儿?……在议会之外,国王拥有有限的、受制约的管辖权。要不是有个等着君主做出决策的议事会,东方的君主们也不会拥有那样绝对的权力。"[20]

查理重视国王与臣民通过议会良好合作的潜在价值。为了迎接摆在他面前的军事挑战,他需要动员国家意志,筹集钱款。

议会中最有权势的人物是坐在上院的贵族。他们分别是英国国教的主教和世袭贵族;前者是上帝的精神代言人,后者是世俗的领主。他们家族势力庞大,处于地方政治统治的核心,他们决定由谁来当选下院议员。下院议员大多来自有土地的家庭(即便本人没有土地)。有些人接受教育后成为律师,这是乡绅阶层小儿子们普遍从事的职业。他们通常充当贵族的代理人,但仍需要赢

---

* 16世纪60年代,新教徒提出《圣经》禁止女性统治。信奉新教的伊丽莎白成为女王后,为了应对这一问题,做出解释说,王室的统治权与议会的自主权是"结合"在一起的,所以,并不是"她在统治,而是法律在统治"。

取选民对自己的支持。

凡是财产估值超过2镑的自由民都拥有投票权，按照这样的标准，40%的成年男子拥有投票权。[21]对于许多人来说，何谓英格兰的、何谓新教、何谓自由，这些几乎都由议会来定。但是，在"混合"君主制下，国王与下院议员之间并无确切的权力平衡的边界。在詹姆士一世统治时期，君主与议会使用的语言，都变得越来越具有防御色彩。下院议员感到的威胁，不仅来自詹姆士一世的言辞——他坚持君权神授，国王不受法律约束——还来自他的所作所为。

詹姆士一世将手伸向了关税，以王室特权的名义提出加征关税，因而不必再因王室缺钱而定期召集议会。此举对"臣民的自由"造成了威胁，因为议会的辩论和议会对财产权的保护都是"臣民的自由"的体现。下院的律师主张只有议会有权管理关税而不是国王，以此反击国王，捍卫自由。这一攻击反过来引发了王室的担心，如果王座过于软弱，那么国王早晚会受制于下院中占主导地位的议员的钱袋子。强大的国王让王国免于民粹主义的暴政，其统治超越了派系之争和政治利益的分歧。

而这次重新召集的议会，面对的是一个急需用钱却缺乏经验的年轻国王，对于"臣民的自由"的拥护者而言，这次议会意味着一个新机会。查理曾经目睹父亲在1621年议会上的窘境，但他相信下院议员会支持他打这场威胁王国安全的战争，毕竟1624年

第一部 父亲的"妻子" 051

他们投票赞成打这场战争,"故而必定坚持打下去"。[22]

6月18日,查理身穿天鹅绒和貂皮外袍,坐在上院王座上,准备致开幕词。他下面的长椅用红色的长绳圈了起来,长椅上坐着"穿长袍的上院议员,下院议员们则坐在围栏下"。[23]白金汉公爵注视着查理,随驾的还有霍兰伯爵亨利·里奇,他将在下个月进入枢密院。霍兰的哥哥沃里克此时也在场。

在丹尼尔·迈滕斯（Daniel Mytens）画的一幅肖像画中,沃里克面带微笑,留着山羊胡,穿着布满花朵的紧身上衣和鲜艳的红马裤。就连他的敌人,都认为他是"一个和善、机智风趣又快乐的人"[24]。不过,在这种轻松的表象背后,是一名虔诚的加尔文宗信徒——过着反思和祈祷的内心生活,也是一个冷酷的政治谋略家。[25]

沃里克在埃塞克斯几乎被视为国王,他拥有2万英亩（8094公顷）土地,并受封22处宅邸,这些宅邸是供神职人员使用的住所——在这里他影响并组织杰出的清教徒。[26]他在新世界的殖民活动,使他与伦敦新兴的商业阶层产生了联系,这一新兴阶层出身于店主和水手,他们没有足够的财产加入在欧洲、地中海和远东地区开展贸易的黎凡特公司和东印度公司等大型商业公司。[27]因此,他们只好在新世界发展商业,而沃里克则帮助清教徒在新世界建立教区。[28]

沃里克是议会里众所周知的"最受欢迎的贵族之一","致力于公共自由"和限制王室权力。另一个受欢迎的贵族则是他的表弟，34岁的罗伯特·德弗罗，第三代埃塞克斯伯爵，也是伊丽莎白一世宠臣的儿子。埃塞克斯因患天花落下了一身的麻点，有过一段不幸而痛苦的婚姻，最终以离婚结束了这段婚姻。埃塞克斯给自己在暖季找到了事情做，他要为欧洲的新教事业而奋斗。[29]到了冬天，他则回国招募人手或参加议会。这次，他从刚被西班牙包围的布雷达返回。两个月前，查理派去营救布雷达驻军的7000人，最终只有600人活了下来。[30]

坐在王座上的查理承认，"我不擅长说太多"，讲的话紧扣主题。[31]战争所需的经费必须尽快投票通过。伦敦北部和东部暴发鼠疫，并迅速向威斯敏斯特蔓延。

鼠疫在夏季很常见，但这次流行病已经传染了老弱妇孺。廉价的进口羊毛布料导致英格兰极高的失业率，大雨冲毁了夏季的收成，在这种情况下，伦敦的穷人开始忍饥挨饿，滋生疾病。议会里的一位贵族比大多数人更了解这些危险：当天早上，他让鞋匠帮他穿靴子，不料，却目睹了那人在他眼前倒地身亡。[32]

查理提醒听众，及时保障战争补给对于国家和王室的荣誉同样至关重要。"这是我的第一次行动，"他说，"整个基督教世界都在关注着我。"[33]

遗憾的是，这件事关国家和王室荣誉的大事，在下院议员的眼中远没有查理所期待得那样重要。布雷达解围失利，对白金汉公爵的不信任，都扼杀了议会的信心。一名议员观察说："我们已经给了波希米亚'冬后'三次补给和20%的津贴，但仍于事无补。"[34]议会这次通过的钱款金额根本不足以应付战争。[35]更糟糕的是，议会随后将议题转向暂缓推行针对天主教的刑事条例，这使得英法联盟受到了威胁。清教徒议员约翰·皮姆（John Pym）认为这是耶稣会的阴谋，他们不仅想破坏"我们和我们的宗教信仰……还想自己篡夺国家的全部权力"。如果天主教徒"得到了纵容，他们就会急着要求宽容，进而就想争取平等，最后就会渴望获得至高无上的优势，反过来消灭我们和我们的宗教"[36]。

亨利埃塔·玛丽亚害怕允诺给她的宗教自由会被夺走。她到伦敦的第一个早晨，就有人奚落在白厅举行的弥撒，"王后陛下自言自语"，以及她"头戴面纱"。[37]为了安抚新教徒焦虑的情绪，查理禁止臣民进入妻子的天主教礼拜堂，但是牢骚仍在继续。查理在新教教堂做了一次短暂的尝试，邀请会众为他们的"亨利王后"（Queen Henry）祈祷，然而这于事无补，亨利埃塔·玛丽亚的名字之后就被英语化为"玛丽王后"（Queen Mary），不幸地与英格兰的前一任女王玛丽——烧死新教徒的玛丽·都铎——联系在了一起。[38]

这个夏天，在新教徒充满敌意的注视下，玛丽亚在她的寝宫压抑得喘不过气来。宫里总有成群的来客。大臣们或是到宫里处理政务，或是观看娱乐节目，或是只为了逃避"乡间的野蛮和沉闷"[39]。进宫只需穿着体面，就可以在大厅进餐，费用由国王支付——这是古老的"好贵族"的责任之一；或是在大厅观看王后用膳。一位下院议员对王后着了迷，"一位精致无比的女士……她脸上的每个表情都因那明亮闪烁的黑眼睛而活泼生动起来"，她的举止"甜美而谦和"。[40]然而，另一个访客注意到了王后的另一面。熊熊燃烧的烈火，人群的拥挤推搡，让这个15岁的孩子失去了镇静，"她皱了皱眉头……把我们全赶了出去"。"虽然身材娇小"，但她拥有"勇气、魄力"和"超乎寻常的决断力"；"我想只有王后才会有那样的怒容"。[41]

白金汉公爵努力让议会重新讨论战争津贴问题，不料此举激怒了下院议员，他们认为他想趁着此时出席议会的议员较少而钻空子。绝大多数议员都逃出了伦敦，这里每周死于鼠疫的人数已升至上千。一个刚到伦敦的人"发现城里只有死亡和恐惧，空气中弥漫着死亡的气息"。[42]但是，英格兰还在打仗，查理需要钱才能继续打下去。他命议会休会，又于8月1日在远离鼠疫的牛津重新召开议会。一位侍臣乘坐亨丽埃塔·玛丽亚的驳船前往牛津，途经伯克希尔郡，眼瞅着小镇居民在路边用石头砸死了一个身体有恙的人。[43]他们担心鼠疫会跟着侍臣蔓延开来。实际上，7月27日牛津已有首例因鼠疫死亡的病人：一位从伦敦来的骑士与一名医生在同一间屋子里死去。

这起暴毙的病例，让牛津的气氛异常紧张起来，然而，查理还是在这一触即发的气氛下，向议员们传达自己对战争进展的担忧。他解释说，钱是用来支持他的舅舅，即丹麦国王、信奉路德宗的克里斯蒂安四世，袭击德意志北部的天主教军队的。[44]曼斯费尔德的残军还等着付饷。与此同时，英格兰军队即将作为主力，在最新展开的一次军事行动中联合荷兰，对加的斯（Cadiz）发起一场海上攻击，借以摧毁西班牙舰队，打击西班牙的海上贸易，迫使西班牙走上谈判桌。这次联合军事行动的财政预算和计划已详细地制定了出来。埃塞克斯终于从布雷达回到了英格兰，查理要他跟随作战经验丰富的军人爱德华·塞西尔（Edward Cecil）爵士，在其手下担任海军中将。

不过，白金汉公爵的诚信和担任海军司令的能力遭到了质疑，还有人攻击他独断专权，对法国的联姻谈判处置不当，散播了天主教的影响。亨丽埃塔·玛丽亚很清楚查理正承受着重新实施针对天主教的刑事法规的压力，白金汉公爵为了减轻他人对自己的攻击，也一直在劝说查理重新实施针对天主教的刑事法规。英法关系的恶化，也让两国王室的婚姻变得不和，亨丽埃塔·玛丽亚开始"不太尊重"甚至"有些轻慢"查理。*不知所措的查理向白金汉公爵诉苦，将王后的不敬归咎于"她仆人的奸计"，而亨丽

---

* 查理指示她，家庭内务要遵守他已故母亲宫中的规矩，但她公开违逆指示，提出希望查理允许她按照自己认为合适的方式管理家事。查理以为她不是有意地粗鲁行事，于是对她提起此事，"冷静地"跟她解释，说她不应该当众冒犯他，告诉她不遵循查理母亲定下的家规究竟错在哪里。她明确地表达了想法，并且要求查理若想见她，必须提前预约。见《国王查理一世信札》(*Letters of King Charles I*)，查理·佩特里爵士编（Sir Charles Petrie ed.），1935年，第43页。

埃塔·玛丽亚也认定是白金汉公爵挑起了他们的龃龉。[45] 据当时的一个人说，白金汉公爵甚至提醒她，"英格兰好几个王后都掉了脑袋"。[46]

查理重新恢复了针对天主教的刑事法规，然而，对白金汉公爵的攻击并没有停止。在查理眼中，这些议员在战争的考验面前，背叛了自己应负的支持国王的责任，有些还试图剥夺国王任命大臣的权力。眼看寻求财政支持无望，查理8月12日解散了议会。与西班牙的战争只能靠他手里仅有的现金去维持——法国也靠不住，正忙于镇压胡格诺叛乱。10月，加的斯远征军起航，一共5000名水手和1000名士兵，总计花费25万英镑。[47] 这笔钱是王后嫁妆总值的2倍，但海军还是供给不足，很多船只状况堪忧。

鲁本斯在为白金汉绘制肖像画时，十分反感他在这场冲突中的角色。"考虑到白金汉公爵的傲慢无礼和反复无常，我很同情年轻的国王，他信错了人，以致毫无必要地将自己和王国拖入了如此的绝境。"[48]

海军抵达加的斯后，英荷联军成功地攻占了一座小城堡，但之后却只攻占了一个大酒窖。很多士兵喝得酩酊大醉，酒后施暴。待英格兰的船驶走后，西班牙人趁英国士兵醉得不省人事之时，割破了他们的喉咙。西班牙人嘲讽道："只要朝英国人扔一大桶烈酒，1000个西班牙士兵的战斗力都抵不过这桶烈酒的杀伤力。"[49] 事实证明，白金汉公爵任用的指挥官爱德华·塞西尔（Edward

Cecil）指挥无能，领导无方，手下纪律涣散。

11月24日，查理25岁生日过后几天，他在温莎城堡第一次举行了嘉德勋位典礼。国王在金色的天篷下，带领他的骑士们两两地走下高坛。[50]等级制、亲缘、赞助人和友谊，与非人格的制度一样，这些在英格兰同样为人所珍视。骑士的荣誉、责任和忠诚，以及虔信和英勇等品质也一样重要。[51]勋章上刻着："心怀邪念者可耻。"（Honi soit qui mal y pense）嘉德勋章代表着上述一切，诠释着查理心目中理想的君主政体。查理从授勋仪式观众的大声闲聊中了解到，随着加的斯远征军节节败退，"在基督教世界的眼皮子底下"，一场悲剧正在展开。

在远离嘉德礼堂的音乐和仪式的地方，逆风正在摧毁查理的海军。船只撞击着英格兰海岸，有些船甚至撞碎在苏格兰海岸。毫无疑问，随后的战役中将有更多人丧生："任何随心所欲发起战争的人，"鲁本斯说，"都无法轻易结束战争。"[52]

第五章

露西·卡莱尔伯爵夫人登场

1626年2月2日星期四是加冕日,一位年轻的律师想在威斯敏斯特教堂找一处座位。尽管他早早就到了,但根本进不了教堂,只好在外观看加冕仪仗队列队仪式。这是晴朗的冬季里"一个美好的日子"。仪仗队按计划要从威斯敏斯特教堂门口开始仪式表演,亨丽埃塔·玛丽亚就在教堂门旁静候。她在一间隐蔽的房间里,视野很好。查理原本打算与妻子一起加冕,但是,由于针对天主教的刑事法规已恢复,玛丽亚觉得自己必须向她的宗教同人做出保证:她不会被诱惑而改宗。因此,她拒绝了从新教主教手中接受王冠。[1]查理非常失望,他原本希望加冕仪式的每处细节都能与父母的加冕礼分毫不差。

仪仗队列队出发时,教堂内外秩序井然。查理走在贵族举着的一顶银杖华盖之下,唱诗班为他唱诵长生祷文,一如他们为詹姆士一世所唱。后来有人说,查理身穿白色长袍,是自古以来第一个这样穿的国王。对一些人来说,白袍形象让人想起"可怖的死人"的预言：有位身穿白衣的王子逐渐"从世界的眼中……从人民的热爱和钟爱里消失不见了"[2]。对其他人来说，白袍标志着一位王子"毫无瑕疵"：王室圣徒，灵魂如白雪一般纯洁。白色加冕袍的传说为查理冠上了"白国王"（White King）的称号。事实上，查理在紫色斗篷下穿的是白色缎衣，因为他父亲就是这样穿的。

当仪仗队进入教堂西门时，观礼的律师注意到另一扇大门"只有一个人看守，围观的人也不多"。于是，他乘机溜了进去，"立刻坐上摆着王座的高台"。主持加冕礼的大主教开始将查理作为国王向教众介绍，并要求他们"全体鼓掌"。随后，精心编排的仪式忽然中断了。人们不知道该做什么。在一阵极其难堪的沉默之后，阿伦德尔伯爵（Earl of Arundel）走上前去，"告诉他们应该高呼'天佑吾王查理！'"，"接着有那么点儿呼声"。阿伦德尔又重复了一次。终于，教堂里响起了"天佑吾王"[3]的呼声。

这位律师见证的加冕仪式，是英格兰最后一次采用中世纪服饰，使用"忏悔者"爱德华遗物的加冕仪式。

查理宣读了他父亲宣读过的誓言，并接受了这套中世纪的服饰。詹姆士一世曾经为他写下了这些仪式背后的意义。王冠象征人民的爱；权杖——由埃塞克斯伯爵递给查理——代表王室权威。王袍与主教的教袍相似，因为国王"坐在王座上……是一个混合人格……必然为臣民的灵魂和肉体向上帝负责"[4]。最后是涂膏礼,画上十字符号,在国王身上留下上帝的印记。查理为这一极具象征意味的时刻定制了由橙花和茉莉花炼成的新油。这是他合法性的宣言,也是君权神授的宣言,宣示着他身为英格兰的基督的地位。

两天后,查理召开了第二次议会。此时,他正在筹募另一支舰队,因此前所未有地急需一笔钱。查理提名(专挑)牛津议会中的领头反对者担任治安官,以使他们无法就任下院议员。不过,加的斯港的败绩又为针对白金汉公爵的指控添了重重的一笔。布雷达和加的斯的军事失利,加剧了英格兰对反宗教改革威胁的恐慌。正在议会召集之际,这位宠臣却给自己招来了更多敌人。他支持英国国教内部的革新运动,即"阿明尼乌主义"(Arminianism)运动。

"阿明尼乌派"(Arminian),与"清教徒"一样,本是蔑称,以荷兰神学家阿明尼乌(Jacobus Arminius)的名字命名。阿明尼乌反对加尔文宗神学理论"上帝预定论"(无论一个人在世时行了多少善,他是上天堂还是下地狱,都是由上帝预定的,与他行了多少善没有关系)。[5]事实上,不是所有的阿明尼乌派都对"上帝预定论"深恶痛绝。反清教领袖、坎特伯雷大主教威廉·劳德(William Laud)则认为在现世人生无法参透这一奥秘。不过,阿明尼乌派确实希望"以圣洁之美虔敬上帝",相比于加尔文宗的即兴祈祷和布道,他们更青睐祭典与仪式。[6]

第一部 父亲的"妻子" 061

伊丽莎白一世的御用经堂所开先例，鼓励了阿明尼乌主义运动的发展。但是，伊丽莎白将其限制为自己宫中的个人爱好和倾向，而查理则明显突破了私人层面，意图改革整个英国国教，使之遵照御用的这些喜好。他相信，在装点美丽的教堂内举行的秩序井然的新教礼拜，提供的不只是感官的愉悦。礼拜是一堂宗教课，他希望在自己的王国灌输这堂课包含的价值：崇敬已经树立的神圣权威，并崇敬权威制度框架下要求的责任和义务。

一位名叫理查德·蒙塔古（Richard Montague）的阿明尼乌教徒的作品，点燃了白金汉公爵与清教徒之间一触即发的矛盾。理查德·蒙塔古是王室教堂的牧师，他在作品里淡化了英国国教与天主教的差异，并为使用宗教形象辩护。应沃里克伯爵的请求，2月11日和17日在白金汉公爵府邸举行蒙塔古论著讨论会。会议原本期待白金汉公爵可以强有力地确认英国国教的加尔文宗传统（该传统之后将使查理走上更加保守的道路）。然而，事与愿违，会议结束时，白金汉公爵并没有公开驳斥蒙塔古的理论，沃里克伯爵等狂热的新教徒因此对白金汉公爵的态度有了质的转变。若白金汉公爵不支持，那么查理几乎是不会改变宗教政策的。既然他不改变，那么，毁灭白金汉公爵就变成了当务之急。

这些狂热的新教徒原计划检举白金汉公爵腐败，难点在于找不到人提供针对这个强大宠臣的证据。不过，到了1626年4月，有人提出了一项全新的耸人听闻的指控。

坊间出现了一本小册子指控白金汉公爵在詹姆士一世最后的时日，一直为他提供药膏和糖浆，毒害了詹姆士一世。写这本小册子的是一个苏格兰天主教医生，这是哈布斯堡别有用心的宣传，为的是在敌人英格兰人中间制造不和与混乱。它极其巧妙地迎合了由来已久的猜忌——在鲁本斯笔下那张漂亮脸孔后面，隐藏着堕落和邪恶。[7]小册子卖得飞快，里面的内容又被其他小报迅速复制、传播。英格兰文艺复兴剧作家本·琼森（Ben Jonson）创作的流行一时的喜剧《报纸要闻》(The Staple of News)，讽刺了小报这一迅速发展的新媒体，剧中的角色都是声名狼藉的办报人和目无法纪的写手。然而，小报满足了当时人们对评论和绯闻的渴望，并且它的影响力远比查理意识到的更强。

议会特别委员会立即开始盘查詹姆士一世的医生们，发现了引人遐想的证据。白金汉公爵曾两次打破只有王室医生才可以开处方和给药的规矩，有位医生坚称白金汉公爵给詹姆士一世服用的"不亚于毒药"。[8]尽管，没有证据表明这是谋杀，但这些暗示着白金汉公爵身上还有更阴险的秘密有待揭露。

1626年5月8日，下院向上院提出对白金汉公爵的正式指控。与此同时，议员约翰·皮姆在幕后千方百计地使指控尽可能坐实。相较于沃里克钟爱蕾丝和丝绸，42岁体格健壮的清教徒皮姆更喜欢简单的深色布料和白色亚麻领。他的职业生涯始于财政署（Exchequer）的一名记账员，后来有人说，在财政署，他是靠着勤奋而不是天分获得晋升的。不管怎样,人们注意到他这位议员"十分关切并热衷宗教妒忌的情绪"[9]。在政治立场和私人关系上,他与沃里克走得很近,此外,也参与了不少类似的殖民冒险活动。[10]

指控列出了13项罪行。白金汉公爵集英国王室所有形式的腐败于一身,有人说,这些指控像"一条接一条的线一样绕成圈"。[11]指控的最后一项罪行是他"伤害"詹姆士一世,"其行为超乎想象,后果极其严重"。[12]这不仅威胁到白金汉公爵的事业和名誉,还潜在威胁他的性命。然而,白金汉公爵送给詹姆士一世的药膏和果汁,是一位德高望重的医生制作的,而这位医生也受雇于沃里克。

查理赶在针对白金汉公爵的检举送达上院之前,于6月15日解散了议会。他不仅没有得到预想的补贴金,下院议员还拒绝提供他传统上终身享受的吨税和磅税,并且将另一项被称为附加税(Impositions)的关税描述成一桩"冤案"。这令他原本入不敷出的财政更加捉襟见肘。不过,查理认为检举白金汉公爵就是在含沙射影地攻击君主权威。虽然拿到他想要的补贴金至关重要,但这并不是最重要的。他相信,海外战争在国内开辟了一条新战线,他在国内面对的敌人,是对战争消极怠工又想对国王的政策和任命指手画脚的人。他们为一己私利企图大肆操纵舆论,狭隘解读新教教义,这些都助长了他们煽动叛乱和蛊惑人心的气焰。君主有责任坚决抵制这些破坏势力。

查理如果想急迫地推进战争,就必须找新的方法筹钱。路易十三签署了对英国构成长远威胁的法西和平协议。哈布斯堡家族现在只会越来越强。

与此同时，为了报复年轻国王对天主教徒的迫害，亨丽埃塔·玛丽亚的司铎劝服王后在教会的多个圣日拒绝与国王同房。他们还尽可能地大声祝祷，声音盖过了查理的新教牧师，他的用餐时间也因此被毁了。[13]更严重的是，随着战争的临近，查理担心在亨丽埃塔·玛丽亚的家仆里遍布着间谍。

1626年6月，亨丽埃塔·玛丽亚来到英格兰的一年后，查理决定将她的法国仆人换成英国仆人。这本是惯例，许多英格兰家族都渴望他们的亲戚能进宫侍奉王后，忙着让女儿们练习法语。不过，白金汉公爵说服查理应该优先考虑他的朋友和亲戚。他开列的名单中包括查理后来的情妇：21岁的露西·海，卡莱尔伯爵夫人。[14]这样的安排将给16岁的王后造成可怕的威胁。

露西·卡莱尔是亨利八世的王后安妮·博林（Anne Boleyn）姐姐的继承人，正如安妮·博林一样，露西·卡莱尔"顾盼生辉"，征服了很多男人。[15]诗人约翰·萨克林（John Suckling）坦承自己有偷窥的性幻想，他在诗中描绘了自己如何看着她在汉普顿宫（Hampton Court）花园散步："我脱下她的全部衣裙／她走开了却又一次转身／夏娃首次出现时并不曾／更裸露或看上去更毫无遮饰。"但是，露西并不仅仅是那个时代的"蛇蝎美人"这么简单。有权有势的男人都"敬佩她的聪慧",有人甚至有点儿害怕她无情的奚落。其中一个为情所困的"受害人"将她描绘为"一切邪恶造物中最有魅力的人,大自然前所未有的快活毒药"。[16]

露西·卡莱尔的母亲来自德弗罗家族,她因此成为里奇兄弟,即霍兰伯爵和沃里克伯爵的第一位表亲,也是埃塞克斯伯爵的表亲,而她的亲弟弟则是出身于伟大的珀西家族的诺森伯兰伯爵(Earl of Northumberland)的长子。至于她与白金汉公爵的关系——据说她是他的情人。

亨利埃塔·玛丽亚警告查理,"她绝不会信任白金汉公爵给出的名单","尤其反感"露西·卡莱尔。[17]接下来的几周里,亨利埃塔·玛丽亚的法国仆人故意阻止新来的英国仆人侍奉她。[18]到了8月,查理的耐心耗尽了。他吩咐白金汉公爵"把所有法国人送回英吉利海峡对岸去,要像运送一群野兽一样对待他们"[19]。查理只准许亨利埃塔·玛丽亚身边留下几个她信赖的司铎,意在说明她还保有信仰天主教的权利。但是,亨利埃塔·玛丽亚失去了她视之为"家人"的仆人,脾气变得暴躁起来,时常感到心烦意乱。查理口中的"野兽",就包括亨利埃塔·玛丽亚的贴身侍女,让娜·德·阿尔莱(Jeanne de Harlay),阿尔莱从她襁褓时起就像母亲一样照顾着她。

贝尔沃城堡(Belvoir Castle)未开放的私人档案馆,藏有世界上最丰富的内战手稿。其中许多手稿不为历史学家所知，还有不少王室信札。有一封亨丽埃塔·玛丽亚当时写给芒德主教（Bishop of Mende）的信函。芒德主教是那一群被驱逐的教会侍从的首领。她被禁止与任何人交流，除非英国仆人在场。[20] 她向芒德抱怨，她不得不偷偷给他写信，"像囚犯一样不能跟人说话，不能倾诉我的不幸，也不能祈求上帝怜悯一个可怜的受虐的公主，援手减轻她的痛苦"。她可怜兮兮地说："我是世界上最受苦的人。请你跟我的母后［玛丽·德·美第奇］谈起我，告诉她我的不幸。我向你告别，还向我可怜的仆人们、我的朋友让娜·德·阿尔莱、蒂利埃伯爵夫人（Countess of Tillières），以及（我认识的）所有还记得我的女性告别。"最后，她以一个少女能想出的带有戏剧效果的一段话结尾："世界上有什么方法能疗愈我所受的苦？我快要死了。再见了，苦难。再见了，那些害我至死的人，如果上帝不可怜我。再见了，我祈祷的贤明的神父和我永远的朋友们。"[21]

亨丽埃塔·玛丽亚花了一段时间让查理相信她"实在难以适应卡莱尔伯爵夫人的幽默"。然而，几个月后，露西就成了王后身边最重要的心腹。

亨丽埃塔·玛丽亚烦透了白金汉公爵挑选出的拘谨女性。不像查理，她对严守等级制度不感兴趣，而且习惯了与法国朋友相处的轻松氛围。现在他们都走了,她不由地开始享受露西为她举办的亲密的晚餐会。在她看来,整个宫里满是"口蜜腹剑"*,露西反而显得心直口快。她爱说笑,爱讲八卦,如果发现自己的话好笑,就会假装意外地高高挑起眉毛。亨丽埃塔·玛丽亚也喜欢逗趣,最后她居然喜欢上了露西做伴。[22]但是,玛丽亚与露西还有一个更重要的共同点——两个女人都是政治动物,利用彼此达到自己的政治目的。

对露西·卡莱尔而言,异性的倾慕是获得权力和影响力的途径之一。比如,詹姆斯·海(James Hay),卡莱尔伯爵,她嫁的这个苏格兰男人,比她年长很多,远谈不上英俊。查理的姐姐"冬后"伊丽莎白,管他叫"骆驼脸"[23]。然而,他却是一个极有建树的外交官。露西唯一的孩子在襁褓中夭折之后,卡莱尔参与的国际政治世界就成了她生活的焦点。她想办法与白金汉公爵保持亲近,因为他是英格兰权势仅次于国王的人。由于查理恪守国王的责任,不将她收作正式的情妇,露西转而与王后结谊。

正如谢夫勒斯夫人在巴黎的影响所示,王后的宠爱是一个有用的权力基础,露西希望加以利用。不过,亨丽埃塔·玛丽亚不只是一个傀儡。王后虽然只有16岁,但她将露西变成心腹,也有自己实际的动机。

---

* 多年后,王后回忆,在一场暴风雨中她与侍女们被困在一艘船上,有几个侍女在风中大声忏悔她们的罪愆。待她们安全返岸后,王后仁慈地嘲讽了她们罪恶的秘密。

查理在欧洲的事业越来越糟。到了8月,他的舅舅丹麦国王克里斯蒂安四世的军队遭遇重创。白金汉公爵又在此时鼓动查理与法国开战,这将使不列颠王国腹背受敌——被法国和西班牙两个欧洲最强的国家双面夹攻。担任海军司令的白金汉推测,黎塞留在法国组建的海军对英格兰构成了威胁。查理感到焦躁不安,"我们的敌人和误入歧途的朋友,主要意图就是夺取自古以来我们的祖先享有的海上主导权"[24]。就连白金汉公爵的母亲都怀疑,他对法国海军的忧心忡忡里掺杂着不少与红衣主教的私人恩怨。

1627年春天,英法的船只在公海相遇,贸易战爆发。[25]白金汉公爵希望查理积极迎战。[26]亨丽埃塔·玛丽亚却相信查理将更加妥善地改善他与路易的关系,这样法国才会援助他对哈布斯堡的作战。她向支持她政策的廷臣寻求和解并示好。其中最主要的廷臣就是露西及其丈夫卡莱尔伯爵,他们长期以来都亲法反西,一如露西的表兄,霍兰伯爵亨利·里奇的立场。

露西与白金汉公爵的政见分歧随后引发了一系列谣传,说她与黎塞留密谋反对她的前情人。这些恶意的(和不真实的)流言随后又出现在大仲马的小说《三个火枪手》中,露西被塑造成虚构的米莱狄·德·温特(Milady de Winter)。[27]事实上,白金汉公爵与露西·卡莱尔远不是死敌,反而保持着正当的关系。既然与法国的战争在所难免,那么他需要露西充当他与亨丽埃塔·玛丽

第一部 父亲的"妻子"

亚之间的联络人。

* * *

鼓动查理与法国开战的不只白金汉公爵一人。查理的教父，苏比斯公爵（Duke de Soubise）也请求他帮助胡格诺教徒反抗路易。英国曾经把船租借给法国，供其与西班牙作战，结果，法国反而利用这批船只去镇压加尔文教徒的叛乱，随后，法国又违反了1627年2月签订的协议，协议同意解除对拉罗谢尔的胡格诺据点的围攻。4月，查理前往朴次茅斯亲自督战，他希望这次进攻可以解救被围困的拉罗谢尔。

为了支付他的两场战争开销，查理采取了绝望的手段，使用在法律上非常有嫌疑的筹款方法。他利用王室特权向臣民提出强制贷款，引起了大范围的违令不从。几个"爱国派"贵族要么拒绝支付，要么给点儿钱应付了事。其中就有埃塞克斯和沃里克，还有沃里克做殖民贸易的贵族同伴——"傲慢，阴郁，沉闷"的威廉·法因斯（William Fiennes），塞伊－塞尔子爵（Viscount Saye and Sele）及其女婿林肯伯爵西奥菲勒斯·克林顿（Theophilus Clinton, Earl of Lincoln）[28]。"爱国派"提出，强制贷款是查理"打压议会"计划的一部分。"爱国派"在自己的领地组织抵抗活动并警告说，提供贷款就是"自甘堕落为奴"。[29]

查理的阿明尼乌教徒在布道台上支持他，而清教的神职人员则支持"爱国派"贵族的政治主张。其中一位极端的清教布道者被沃里克从埃塞克斯带到了伦敦,名叫休·彼得（Hugh Peter）。他身材中等,长着一个大鼻子,黑色的眼睛分得很开。彼得是康沃尔郡（Cornwall）商人之子,喜欢美食、浪女和豪饮。或许,他不是一个典型的清教徒,但他的布道流畅、风趣,极富说服力,他向上帝发出挑衅性的请求,向国王揭示"对统治……必要的事",让王后"放弃偶像崇拜"。

查理威胁说,不愿支付贷款的贵族将难逃牢狱之灾,并解除了四位贵族的地方官职。76名乡绅受到更严厉的惩罚。他们因拒绝出资而被捕,查理还驳回5名骑士的保释请求以儆效尤。至于下层社会,全国各地的镇民和市民都遭到威胁,如果不同意贷款就拆掉他们的房子,而伦敦许多的手工业者、店主和新商人,在休·彼得这样的布道者怂恿下也起来反抗国王。[30]

查理在战争中采取的其他不得人心的措施包括:安排士兵在私人家庭扎营;出于国家安全的考虑宣布戒严。然而,对查理来说,如果对法战争取得胜利,沉重的政治代价就能全部收回。同时,亨丽埃塔·玛丽亚向白金汉公爵保证,虽然她一直在寻求和平,但大战在即,"她必须在全世界面前优先考虑丈夫的荣誉"。

6月27日,查理发动了英国对法国有史以来最大的海上进攻。上百艘战船在白金汉公爵的指挥下穿过英吉利海峡,于7月12日

第一部 父亲的"妻子"

在拉罗谢尔附近的雷岛（Île de Ré）登陆。法国方面则由红衣主教黎塞留亲自负责反击。在19世纪法国画家亨利·莫特（Henri Motte）的一幅画作里，黎塞留身着戎装和红色绸衣，面朝波涛汹涌的大海。实际的战事进行得并没有这么戏剧化。事实证明，白金汉公爵军队的大炮又少又小，根本无法攻破岛上的要塞。公爵和他的军队困在大雨中几个星期，兵员成为疾病的牺牲品。由于路易十三本人在欧陆作战，因此，他将卢瓦尔河（Loire）以北地区的统治权委托给了玛丽·德·美第奇，自己则与黎塞留一起督战。

到了10月，白金汉公爵请求增援，但是军费短缺和强大的逆风阻碍了亨利·霍兰指挥的援兵抵达。最终，10月27日，在法国的攻击下，白金汉公爵命军队由岛上的盐沼撤退。据说，"没有人比他们更无所畏惧，更愿意暴露在最危险的地方了"[31]。但是，他们的伤亡十分惨重。11月，白金汉公爵率领的7000人中只有3000人抵达朴次茅斯。死亡人员中有查理·里奇爵士（Sir Charles Rich），他是沃里克伯爵和霍兰伯爵的弟弟。

这是一次历史性的战败，比布雷达和加的斯两次灾难加起来还要失败。一个康沃尔郡人写道，"自英格兰成为英格兰以来，它还从未遭受过如此可耻的打击"。有关白金汉公爵英勇作战的报道丝毫不能化解民众的愤怒之情。民谣和小报指责他"背信弃义，玩忽职守，懦弱无能"。最愤怒的应数在他手下服役却一直没拿到军饷的士兵。这次战役中，白金汉花了一万多英镑武装自己和他的侍卫。他的军需品中还有一只价值367英镑8先令6便士的香氛银盘。人们或许真的期望一位公爵应该维持仪表，甚至应该清香怡人，即便是在战争期间。但是，他的许多手下及其家人都在忍饥挨饿，1628年2月，一队水手袭击了他伦敦的府邸。

查理的钱都花光了，债务却在激增。召开议会，是筹款还债最快速有效的途径。查理的很多顾问都急盼召开议会，以修补因强制贷款而造成的伤害。查理责怪自己和议会援兵雷岛失败，并对白金汉公爵家门口的暴行表示震惊。如果是亨利八世或伊丽莎白一世的话，早就把白金汉公爵扔去喂狼了。[32]查理此时还不明白，作为一国之君，更重要的任务是激发忠心而不是保持忠诚。查理认为承担个人责任是光荣的，他很担心自己的朋友，但同时他还为法国新教徒操心。"路易决心摧毁拉罗谢尔，我就决心支持拉罗谢尔，"他向威尼斯大使保证，"否则我就是言而无信，我绝不允许这样的事发生。"[33]

1628年2月20日，查理极不情愿地按时召开了他在位期间第三次议会。

第六章

白金汉退场

"议会的危急时刻到了,"一位下院议员评论道,"议会是存是亡,这一次议会就会见分晓。"[1]1628年3月17日,议会开幕,查理警告他的议员们,如果他们不能为战争筹集经费,他就采取"其他手段"。[2]在荷兰画家丹尼尔·迈滕斯的画里,查理身穿镶金边的巧克力色绸衣,表情坚毅。下院议员们很清楚,如果查理被迫动用紧急征税权,议会就会面临法国议会的命运。法国议会就是熟知的三级会议,曾在1614年提案减税,而不是依国王的意愿增税。于是,三级会议被解散了——之后再也没有召开。距离法国国王停止召开三级会议,也已经过去了几代人的时间。[3]查理依然承认与议会合作大有裨益,但他开始怀疑是否还有与议会合作的可能。

国王和议员两方都急于达成和解。议会投票通过了一项为查理提供30万英镑的议案。作为交换,查理要适时地体察议员的"不满之情"——这是传统上国王与议会之间的舍与得。强制贷款、强制居民为士兵提供食宿，以及对平民动用军事管制，查理承认这些行为全都是"不合法"的。不过，他坚持认为国王有权利无理由地拒绝保释——正如他驳回了拒绝提供强制贷款的五位骑士的保释请求。他说，有时候国王特权的使用对国家安全而言是必要的。上院的法官们表示同意。下院的议员们却不同意，他们抗议说，查理宣称自己"拥有高于王国法律和法规的主权"，这正在使他的臣民一步步沦为"奴隶"。[4]

议会起草了一份《权利请愿书》(A Petition of Right)，阐明下院议员认为的国王的臣民应享有的正当自由。请愿书措辞谨慎，避免任何否定国王特权的词语，只是促动查理做战略性让步。下院议员们将请愿书付梓后，国王与议会的全部争论便公之于众了。

在过去，主要由王室负责印刷出版政治文件。现在，议会内部的辩论内容则在各个地区印刷和发行。有六份描述下院关于臣民自由的观点被单独带到了布里斯托。《权利请愿书》的出版进一步推动了事件的发展。实际上，下院议员们是揣着宪法章程计划去乡下的，如果查理不接受，他们就发动民众暴动加以威胁。查理愤怒地指责"议会的某些议员被民众的掌声蒙蔽了双眼"，企图"摧毁我们公正的至高无上的君主权力"。不管怎样，6月7日，他同意了请愿书。

不过，查理在另一件事上没有屈服。

议员们发表了一份名为"抗议书"的申辩书，要求将白金汉公爵撤职。查理则认为军事失败的原因在于臣民不服从命令,在于议会在国家危亡之际拒绝提供战争经费。抗议书则指出,应该追究政府无能和"教皇制"的责任。有人担心,最近的宗教和政府层面的革新和改革威胁到了教会、议会和法律,并暗示这些才是导致内政外交灾难的原因,甚至"一时间内我们的信仰几乎在基督教世界消失殆尽"[5]。对此,查理的回应是命令下院不要干涉与其无关的事务——国王有权选择自己的廷臣和顾问。

查理回答完毕后,随之而来的是"在这样的会议中罕见的激情场面"。有哭泣声、喊叫声,甚至还有更过分的疯狂控诉。一位下院议员称白金汉公爵密谋把国王从王座"赶下去",将王座据为己有。另一项指控说白金汉公爵"把我们的全部商铺和堡垒都弄到自己手里",还让"士兵们到处割我们的喉咙"。[6]随着这些言论在英格兰的传播,民众对白金汉公爵的怨恨情绪一触即发。讽刺诗和民谣甚至指责他与魔鬼结盟。一首诗夸张地说他用黑魔法"毒害这片土地上的君主"——詹姆士一世,却能全身而退。[7]他的占星师约翰·拉姆(John Lambe)也被说成是他的"密友"——类似女巫的助手,最早在伊丽莎白女王时期密友的这一身份为人所知。

一场真实的谋杀随之而来。

6月13日,拉姆在齐普赛街(Cheapside)遭到一个暴徒的袭击,暴徒高喊着:"公爵的魔鬼!"拉姆在殴打中瞎了一只眼睛,几天后就死去了。很快，一首歌谣里的唱词警告：

> 让查理和乔治做他们能做的事，
> 公爵应该像拉姆医生那样去死。

白金汉公爵要求伸张正义。伦敦城的执法部门并没有尽职尽责，虽然宫廷法官的两个仆人目睹了谋杀，并且一清二楚凶手是谁。[8]查理本可以将事件扩大化，随后有人主张他原本应该处决滥用私刑的暴徒魁首，以儆效尤。但他的注意力转到了别处。1628年6月26日，议会夏季休会，查理离开伦敦前往朴次茅斯，准备另派舰队救援拉罗谢尔的胡格诺教徒。这座被围困的城市生活条件令人瞠目，狗肉都成了奢侈品，人们只能用动物油脂煮皮革吃。

胡格诺教徒担心如果他们投降，就会面临波希米亚在白山之役后的命运。波希米亚人丧失了昔日在神圣罗马帝国治下享有的特权，贵族被驱逐，财富被没收，现在他们正被无情地再度天主教化。胡格诺教徒们绝望地等待着查理的舰队和救援。

与此同时，亨丽埃塔·玛丽亚秘密致信母后，请求她促成和平。她唯恐另一场灾难很快会降临在英格兰和她丈夫身上。[9]

现年18岁的亨丽埃塔·玛丽亚与查理过上了更加幸福的婚姻

第一部 父亲的"妻子" 077

生活。人们谈论着他们对彼此的爱。她仍然不喜欢白金汉公爵，态度一如既往，即便白金汉公爵送了一份不寻常的礼物讨她欢心：一个8岁大的孩子，身材比例完美，但身高只有18英寸（约45厘米）。他被称为杰弗里·赫德森（Jeffrey Hudson）。亨丽埃塔·玛丽亚曾委托迈滕斯画了好几幅她和这个微型男孩的肖像画，将之作为礼物送给海外的朋友和亲戚。[10]我们不知道这其中是否有为玛丽·德·美第奇定制的画，但是王太后确实问女儿要过画像，贝尔沃档案中的一封信透露说，亨丽埃塔·玛丽亚找机会送了母亲一幅画像。

亨丽埃塔·玛丽亚提醒母亲，画像画得很仓促，衣服画得很糟糕。王后理应仪表得体。当时她最喜欢的夏装是用被称为"热那亚斑猫"的波纹丝绸制成的，有白色、黑色和草绿色，装饰着金线和银线。[11]她求母亲把画像改一下，让画中的衣服"看上去更漂亮"——这样来看，今天的我们对那些作品挂在各大博物馆的大艺术家的态度，其实很值得玩味。[12]

就在这封信寄出后不久，亨丽埃塔·玛丽亚收到了来自朴次茅斯的惊人消息。

白金汉公爵一直住在灰狗客栈（Greyhound Inn），8月23日，他收到情报，英格兰的先遣队已经解除了拉罗谢尔的困境。他高兴得手舞足蹈起来。在饱尝了一顿舒心的早餐后，他预订了一辆马车，去觐见住在镇外的国王。白金汉甚至没有来得及亲吻妻子，怀有身孕的她正疲惫地躺在楼上的房间里。姑且不论他过去与詹姆士国王和露西·卡莱尔的关系究竟如何，他的婚姻其实是相当美满的。

旅馆已经挤满了人，他走向大堂驻足跟一位上校说话。他们向对方行屈膝礼，一只脚迈向前。*白金汉公爵站直时，见一个人斜靠在上校一侧低下去的肩上，紧接着猛遭了这个人一拳。"恶棍！"白金汉大叫，踉跄地退后，从胸口上拔出了一把匕首。他试图拔出佩剑回击凶手，却倒在了大堂的另一个贫民身上。他们又惊又吓，把他抬到一张桌子上。

楼上，白金汉公爵的妻子听到骚乱，马上叫一个朋友到楼上开放走廊去看看怎么回事。这位朋友从走廊上看见白金汉公爵躺在桌上，周围人头攒动，他的脸朝上，鲜血从嘴里喷涌出来。[13]他还未满36岁。

亨丽埃塔·玛丽亚急忙写信告诉玛丽·德·美第奇，她刚刚得知"公爵死了"。她猜想，信件送达母亲手里时，想必她也知道了白金汉公爵遇刺的消息，"但不了解具体的细节"。她告诉玛丽·德·美第奇，他"是被匕首刺死的"。她当时的印象是他独自一人面对凶手，而且事发突然，他只留下了一句"我要死了"，而那无情的杀手却说这场谋杀"干得漂亮"[14]。

---

* 他们并没有弯腰曲背，因为马裤和紧身衣扣得很紧。

第一部 父亲的"妻子"

玛丽·德·美第奇把信转给黎塞留，希望他呈给路易看。"你看她现在的处境，"她说她的女儿，"多么值得同情"[15]。鉴于白金汉公爵不在了，玛丽·德·美第奇希望她的孩子们能够和平相处，彼此对战中的王国能够实现和平。

很快，刺杀白金汉的凶手身份得到确认，是一个在雷岛战役中负伤的满腹牢骚的士兵，白金汉公爵还欠他80英镑军饷。被捕时他正躲在灰狗客栈的厨房。谋杀公爵逃跑时他遗失了一顶帽子，帽子里藏着几页议会要求罢黜白金汉公爵的请愿书。

信使低声告知查理凶案时，他正在聆听神的旨意。随着恐惧逐渐蔓延，他"还是一动不动，表情没有丝毫变化，直到祷告结束，他才猛地跑回房间，躺在床上，哀号恸哭"[16]。他的朋友死了，他有些后怕，凶手"离我这么近"，他也很可能用匕首对准我的胸口。更痛苦的是，查理不得不在夜里为白金汉公爵举行葬礼，这样，白金汉就可以不被打扰地在威斯敏斯特修道院下葬。

查理深切哀悼着白金汉公爵。这是他的朋友，"天性正直、坦诚、开明、大方、慷慨"，再加上"其他禀赋，这些使他成为国王的杰出宠臣"。查理将他葬在亨利七世的墓堂，这里原是留给王室的墓堂，邻近他父亲的墓穴，那位曾经深爱白金汉公爵的国王詹姆士一世。[17]

已经27岁的查理再也不需要导师了，不过，他也再没有犯过这样的错误——扶持一位如此强势的、令人厌恶的宠臣。

白金汉公爵遇刺前想要带给查理的消息被证实是假的。拉罗谢尔没有解困，1628年10月，胡格诺教徒向路易十三投降。27000名被困人员中，只有8000人活了下来，据说他们又瘦又弱，看上去像幽灵。11月1日是万圣节，路易进入港口。饥肠辘辘的居民跪在他行进的道路两旁，哭喊着"国王万岁"。前一天，主教堂举行了净化仪式，将其从新教教堂转变为天主教教堂，"感恩赞"——一首天主教的赞美颂歌唱了起来。反宗教改革运动又一次赢了。

亨丽埃塔·玛丽亚现在把爱倾注在她悲伤的丈夫身上。她还放下了与白金汉公爵之间的恩怨，亲自看望他的遗孀和母亲，向她们致哀。她自己的宠臣露西·卡莱尔，对于凶手曾是她情人的说法，并没有为后人留下任何回应。这个夏天露西·卡莱尔感染天花差点儿死去，然而，她活了下来，身上奇迹般地没有留下半点疤痕。有人一直劝王后在露西痊愈之前远离她，但亨丽埃塔·玛丽亚是第一个探望她的人，她的确准备为她甘冒生命的危险。[18]

露西在王后心中的地位，如今对卡莱尔家族而言比以往都更有价值。到了12月，露西的丈夫预测，"王后的影响力曾因白金汉公爵受宠而被遮蔽……如今将会闪耀它应有的光芒"。[19] 露西因此成为权势正在增强的王后所信赖的宠臣。

白金汉公爵主导宫廷的时代终结了，这意味着他人的机会来临了。白金汉公爵一死，霍兰伯爵亨利·里奇耐着性子勉强等了24小时之后，立马写信向查理讨要公爵生前的一个职位。[20]很快，他被授予白金汉公爵生前担任的御马官一职，这一职务确保他可以随时照料侍候在查理左右。其他人也满心希望借着白金汉公爵的死，可以修复国王与下院议员之间破碎的关系。

只有上帝——或者说是上帝的职责——才能确保人们的希望不会落空。尽管一个可恨的仆人死了，但是另一个更具争议的人物却被提拔上来。在议会夏季休会期间，查理擢升臭名昭著的反加尔文宗神职人员理查德·蒙塔古为奇切斯特主教（Bishop of Chichester）。

查理打算利用教区的教堂来宣扬服从法律权威、推崇君权神授理论。他很清楚1625年以来的军事失利损害了君主制，导致不服从和违逆这样的堕落产生，因此才会发生议会拒绝帮助筹措战款的事情。有些下院议员想"完全剥夺他的权力"，查理怒斥他们是"清教徒""国王的敌人"和"共和分子"。[21]他不得不加倍地努力扭转他们的反叛文化。

查理颁布了一项禁令，禁止布道和公开讨论预定论教义，随后指控了阿明尼乌教义。不过，查理颁布禁令只是因为担心讨论会扰乱公共秩序。有人认为，如果努力工作对拯救灵魂毫无价值的话，那不如随心所欲地生活。查理在意的是信仰实践而不是宗教理论。正如他的一位司铎所说，"虔信即礼仪"。[22]

与加尔文宗的布道不同，查理重视固定姿势，跪或站。教堂也逐渐被重新布置。木质的圣餐桌原来一直放在教堂中央，供教区居民举行主晚餐，现在圣餐桌慢慢地被布置得如祭坛一般，摆在东向的窗下，由护栏围着以营造敬畏感。[23]彩绘玻璃取代透明的窗玻璃，以提供有价值的宗教训诫。在牛津林肯学院教堂新绘的东窗上，基督的脸换成了查理的脸：提示人们他是上帝在尘世的化身。詹姆士一世用语言推崇君权神授，查理则诉诸视觉效果。

有些教区居民欢迎这些改变。圣餐桌用护栏围起来，就不会有人把帽子放在上面，这让他们松了一口气。他们也喜欢教堂的精美装饰和新的宗教仪式。然而，其他人担心用类似天主教的祭坛取代新教圣餐桌，只是将桌子用作祭坛的第一步，而且教堂里所有图画都是偶像崇拜。清教徒愤怒地反对"华美的图画，巴巴罗斯式的法衣，点燃过量的蜡烛，尤其是用各式音乐亵渎这两种圣礼——这些都是俗气的诱惑和诱饵"。[24]

当查理试图强行统一宗教仪式时，那些更加活跃地反对查理改造措施的清教徒在教会法庭受到了惩罚。虔信的"爱国派"贵族中庇护清教徒的人，为了对抗查理，密谋利用美洲殖民地作为反抗运动的基地。[25]不管怎样，目前清教徒及其盟友都把议会作为运动的舞台——宗教问题成为1629年1月议会重新召开时第一场论辩的焦点。

自伊丽莎白统治以来，下院对日益增长的教皇主义有很多不满。不过据说，议员们对英国国教应该具备什么特质，从来没有达成一致。大多数议员希望保留教会的加尔文宗特质；有些人则积极支持查理鼓励的新教崇拜仪式；还有少数激进的议员想推进加尔文宗改革，从而废除主教制。最后，因内斗而筋疲力尽的议员们又回到了至关重要的关税问题上。

过去的两百年中，吨税和磅税是国王终身享有的税收。只有查理被拒绝享有这一权利。"爱国派"希望继续剥夺查理的这一权利，以便让他在财政上更加依赖议会。国王的支持者则担心这样下去王权会被架空，他们现在也有了名号——"保王党"。议员之间的分歧形成了对立党派，这是一个令人不安的发展趋势——下院现场的激烈争辩，随时可能一触即发。

* * *

1629年3月1日，9名"爱国派"议员在伦敦桥西边的三吊车酒馆的桥牌室聚会。*他们确信查理准备解散议会，这次可能要永久解散。五官深刻的29岁议员邓齐尔·霍利斯（Denzil Holles）对同人说，身为议员，有责任让选民相信"我们不会像散养在外的羊，而要向世人证明我们关心他们的安全"。其他人表示赞同。

---

* 三吊车的名字来源于用来起吊酒桶的木板，木板取自酒馆外河上的船只。这里的酒很便宜，剧作家本·琼森把酒馆的常客称作"自作聪明的人"，根本没有"真材实料"。见《巴塞洛缪集市》（*Bartholomew Fair*）第一幕，第一场。后来，塞缪尔·佩皮斯（Samuel Pepys）也抱怨说，这里最好的房间跟"狭窄的狗洞"差不多。

翌日早晨，议会召开，9名议员准备实施计划。

在宗教改革前，下院议事厅原本用作王室的小教堂。议员们坐在古老的唱诗班的隔间，改革后的议事厅增加了一圈马蹄形楼座，仿若一个剧场。[26] 小教堂哥特式高窗下是中心舞台，站在那儿的是议长约翰·芬奇爵士（Sir John Finch）。40多岁的他是公认的"好议长"和"老好人"。[27] 查理命令芬奇将议会休会8天，如此一来，他可以在休会期间就国王的特权税达成幕后交易。查理并不像那9名议员担心的那样准备解散议会。但是，芬奇刚要宣布休会，他的声音就被叫喊声盖住了。他刚想起身，霍利斯和另一名议员就抓住他，强迫他坐在椅子里。下院的大门被砰地关上，还上了锁。

爱国派和保王党朝彼此扔锤子，霍利斯在这时高喊出下院的决议，任何支持"宗教革新"，提议征收吨税和磅税，交纳这两种税的人，都应被斥为"王国和公共利益的大敌"。[28]

这届议会在混乱中结束了。查理决意此时必须解散议会。在上院的一次发言中，他描述了对过去一年发生事件的理解。他看到少数激进议员操控议程，试图"让我们的政府名誉扫地，结果一切事务都被无政府状态和混乱笼罩"。第一步，他们攻击白金汉公爵是"谗臣"。第二步，白金汉公爵遇刺身亡后不久，他们暗示和鼓动"无厘头的恐慌……目的是遮蔽我们人民的美好情感"。现在看来，"这些议员打击的目标显然不单单是公爵"。白金汉公爵只是他们向王权发起攻击的一只替罪羊。"毫无疑问，"查理说，

第一部 父亲的"妻子" 085

"我们应该寻求光荣、公正的途径，稳固我们的事业，捍卫我们至高无上的权力，保全上帝交到我们手里的权威。"29

都铎王朝通过恐吓、棘手的妥协和甜言蜜语来运作议会。对查理而言，调动民众的情绪带有民粹主义色彩。他的敌人们利用这种伎俩促涨"新的无缘无故的恐慌"，让他的人民与他作对。他发现自己很难体察民众的情感和动机，所以，他没有信心能像都铎诸君主那样控制他的议员们。他可以理解等级制度塑造出来的君臣关系，但也同时强烈地感受到那些质疑他权威的人对他构成了严峻威胁。不幸的是，他的质疑者们同样感到了威胁，从而加剧了违逆情绪。

实行无议会统治，现已事关王室政策。然而，没有议会，查理便无力在三十年战争中进一步发挥影响力。英格兰是时候退出欧洲了，也是时候与法国谈和了，如果可能的话，也是时候与西班牙谈和了。

Part Two

妻子的朋友

第七章 "和平光环笼罩下的快乐"

第八章 谢夫勒斯夫人归来

第九章 "最可怕的事"

第十章 "破碎的杯子"

第十一章 审判斯特拉福德

第十二章 前功尽弃

第十三章 茫茫血海

第七章

"和平光环笼罩下的快乐"

亨丽埃塔·玛丽亚已有6个月的身孕,正在分娩。格林尼治镇上的产婆替她检查身体时,发现胎儿臀部朝下,亨丽埃塔·玛丽亚听到后立刻晕了过去。产婆把她从产房背了出来,玛丽亚疼痛万分,查理只留下了自己的外科医生独自处理。医生问查理,是救母亲还是救孩子。查理回答救母亲。他们的儿子两小时后死亡。随后,查理守在玛丽亚的床边,写信给她的母亲,告诉她这个不幸的消息。[1]此时距上届议会解散才两月有余。他无力再继续与路易的战争,这是自三周前与法兰西签订和平协议后,他第一次与玛丽·德·美第奇联系。当晚,婴儿被安葬在威斯敏斯特修道院,这一天是1629年5月12日。六名伯爵的儿子抬着棺材,小小的棺材上覆盖着黑色的天鹅绒。

亨丽埃塔·玛丽亚结婚时只有15岁,看上去比实际年龄还小。四年后,她生下了这个短命的儿子。可能她的身体还不够成熟,无法承受早孕。在另一批王室佚信的首封信中,玛丽亚向黎塞留伤心地提起婴儿夭折带来的痛苦。[2]她的朋友露西·卡莱尔和她的姐姐克里斯蒂娜（Christine）都很了解丧失幼子的痛苦。克里斯蒂娜是皮埃蒙特公主，对她的遭遇深表同情。不过，克里斯蒂娜在信中告知，她最近刚刚顺利产子。查理替他的妻子回信，并不由自主地展示了自己的宽厚。他安慰克里斯蒂娜，她的好消息缓解了他们的伤痛，并乐观地预言，"发生在妻子身上的不幸"将预兆未来会有好消息传来。[3]

第二年，亨丽埃塔·玛丽亚再次怀孕，这一次她坚持要求替她母亲接生的佩隆夫人（Mme Peronne）来英格兰为她接生。佩隆要穿越整个欧洲来迎接玛丽·德·美第奇的外孙出生，亨丽埃塔·玛丽亚派小矮人杰弗里·赫德森前往欧洲大陆去接她，航行途中，他们的船被荷兰海盗截获。当时，这个消息"在宫中引发的不安，比他们损失一支舰队还要大"[4]。好在，荷兰海盗很快就放了佩隆和赫德森，而这位产婆也证明了她此行不虚。1630年5月29日中午，亨丽埃塔·玛丽亚在圣詹姆士宫生下了一个健康的男婴。由此，她完成了王室配偶的主要任务——生育男性继承人。查理非常高兴，妻子躺在绣着金银线的绿色绸缎床上休息时，他就坐在她身边，又一次给玛丽·德·美第奇写信。

"夫人，我无比欢欣地、迫不及待地告知您我妻子分娩的好消息，感谢上帝，母子平安。"他亲笔签名："您最亲爱的儿子和仆人，查理·R。"亨丽埃塔·玛丽亚让他附上一句："我的妻子要我以她的名义写这封信,为了向您展示她身体状况良好,她要以手写向您证明一切属实。"随后这位疲惫不堪的新母亲歪歪扭扭地亲笔写下了法语签名:"您最谦卑最恭顺的女儿和仆人,亨丽埃塔·玛丽亚。"[5]

伦敦城的平民们欢欣鼓舞地庆祝他们的王子诞生,趁机享受"买醉自娱自乐……直到两眼昏昏,站也站不稳"[6]。婴儿名叫查理,名字取自父亲,虽然他俩长得一点儿都不像。四个月后,亨丽埃塔·玛丽亚在一封给朋友的信中描述她儿子"又胖又高,看上去有一岁了",不过,他遗传了母亲的黑眼睛。实际上,她还写道,王子"皮肤那么黑,我都替他羞愧"[7]。小查理因此有了"黑男孩"这个绰号。

未来的查理二世的出生,使英格兰与西班牙之间的新和谈变得顺利了一些。既然查理的姐姐冬后伊丽莎白及其儿子已不再是他的继承人,那么收复普法尔茨就不再迫在眉睫了——查理迫切地需要和平。若继续战争,就需要再次召开议会筹措战款,此举反而会制造机会重新讨论打压阿明尼乌教派在英格兰教会中的影响。宫廷分化成水火不容的两股势力,一派希望不列颠王国彻底摆脱战争,一派希望英法之间的和平能够拉开遏制哈布斯堡家族新旧世界势力的战役序幕。[8]

亨丽埃塔·玛丽亚支持与法国联盟。腓力四世的帝国在欧洲如同一头老迈的大象。西班牙的人口逐步减少,成功的对外征服

第二部 妻子的朋友

的代价是国内的贫困。法国，人口数量庞大且不断增长，正准备击倒这头笨重的受伤的野兽——法国仍是斯图亚特王朝未来的强大盟友。

不过，令人意外的是，一直反西班牙的卡莱尔（相应地，他支持法国）却持反对意见，希望与腓力四世议和。1626年以来，政治成为露西与王后友谊的基础。政治立场的不同，即将导致她们的关系出现第一次重大分歧。

早在1628年12月，就有人散布谣言，说"骆驼脸"卡莱尔变成了"彻头彻尾的西班牙人"。露西要求她的丈夫向她保证并非如此，同时想方设法保护他不被王后迁怒。露西虽然在床上对丈夫丝毫不贞，但在政治上却对他忠心耿耿。毕竟，卡莱尔在宫中的成败关乎她的地位。[9]

谣言所传非虚。

卡莱尔尽管由衷地投身于普法尔茨的事业，但确实是"彻头彻尾的西班牙人"。法国与西班牙在意大利有利益冲突，双方越闹越僵，卡莱尔判断，如果他们开战，西班牙和法国都将想尽一切办法避免与不列颠王国开战，而不列颠保持中立的战利品将是收复普法尔茨。卡莱尔与"亲法派"的分歧只在手段不在目的。但是，这分歧却愈演愈烈，变成了不可调和的冲突。

1629年6月，画家兼临时外交官鲁本斯以腓力四世公使的身份来到伦敦，此时宫廷的气氛已经剑拔弩张了。时年52岁，满脸卷须的鲁本斯因绘画上的成功而十分富有，"他出现时，不似一个画家，而像一位显赫的骑士出行，身后跟着一众训练有素的仆人，良驹，马车，马夫，等等"。[10]腓力四世"对绘画极其欣赏"，继玛丽·德·美第奇之后成为鲁本斯最重要的赞助人。1628年8月至1629年4月，整整八个月，腓力四世几乎每天都会到他的住处拜访。

这位西班牙国王已经成长为勤于政务、尽职尽责的君主，但他焦虑不安，郁郁寡欢，优柔寡断。他在性爱和情人中寻求安慰，自甘笼罩在权倾朝野的首相奥利瓦雷斯伯爵-公爵（Count-Duke Olivarez）的阴影之下，后者致力于重建伟大的腓力二世展望的西班牙君主制荣耀。"我很同情国王本人，"鲁本斯如是观感，"在与他的日常谈话中，我对他非常了解，无论是外形还是灵魂，他都天赋异禀。要不是他不够自信又听信他人，他完全有能力在任何条件下统治国家。"[11]如今，鲁本斯也有机会去了解查理了。

英格兰国王查理身为收藏家的眼光，鲁本斯早有耳闻，即便如此，当他目睹查理"多得不可思议的精美绘画、雕塑和古代碑刻"时，[12]仍十分震惊。重要的是，不管怎样，鲁本斯都爱上了英格兰的"乡间美景"，爱上了这个"和平时期富足而幸福的民族……的迷人气度"。鲁本斯此行的任务，是在查理与腓力四世之间互遣大使达成和平协议。但是同月，黎塞留已经派出了法国大使，沙托纳夫侯爵（Marquis de Chateauneuf）查尔斯·德·奥贝潘（Charles de l'Aubespine），他受命游说查理联盟法国对抗腓力四世，向西班牙开战。

这个头号阴谋家沙托纳夫侯爵落脚在布鲁克勋爵（Lord Brooke）在伦敦霍本（Holborn）街的宅邸，布鲁克勋爵是沃里克伯爵的朋友和邻居，他的宅邸是反西班牙游说活动的大本营。沃里克的弟弟霍兰伯爵，是沙托纳夫在宫廷里的重要同谋。霍兰伯爵既是王后的大总管，又是查理的御马官，地位举足轻重。[13]沙托纳夫猜测，年轻貌美的亨丽埃塔·玛丽亚对世界大事毫无兴趣。不过，他还是担心她的潜在危险。很明显，查理爱她，所以沙托纳夫和鲁本斯都担心她通过性爱来操控查理。人们相信女人的性欲比男人强烈，而她们诱惑男人、制造祸端的能力更是世人皆知。[14]自夏娃在伊甸园引诱亚当偷吃禁果以来，女人就总是给世间带来罪恶。

让亲法反西的势力围绕在亨丽埃塔·玛丽亚的身边，对于沙托纳夫而言至关重要，因为这可以让霍兰在王后宫中被擢升，也可以让卡莱尔"聪明机智的"妻子露西被冷落。为达此目的，有人告诉亨丽埃塔·玛丽亚，露西"恃宠而骄……甚至还嘲笑她的行为"。王后对此深信不疑。露西在"放纵"的时候或心情"愉悦"时，经常展示她朋友们的书信，并在背后笑话他们。[15]露西要求觐见亨丽埃塔·玛丽亚为自己辩护。但是有人劝阻王后不要见她，说与一个仆人进行这种对话不成体统。1630年1月，查理建议露西离开宫廷"直到王后消气"。[16]她如约离开了一个月。然而，等她回宫后却发现，亨丽埃塔·玛丽亚有了一个新密友：霍兰。有人看见，他早晨"陪同国王和王后在圣詹姆士公园乘坐双轮敞篷马车"，他们的关系十分亲密，以至于他可以不用脱帽。[17]

鲁本斯被霍兰的奢侈震惊了——只有"骆驼脸"卡莱尔对精美饰品和华丽服饰的追求能与霍兰媲美。由此之故，霍兰伯爵逐渐负债累累，所以对他而言，与天主教西班牙作战，不仅仅是宗教和爱国层面的责任，更是一桩好买卖。一年前，他成了他哥哥众多私掠产业中的一位管家。*他们成立了普罗维登斯岛公司（Providence Island Company），在距今尼加拉瓜海岸不远处建立了一个清教殖民地。沃里克多位从事殖民的朋友都有参与，其中有约翰·皮姆，塞伊-塞尔子爵，还有布鲁克勋爵。他们计划以普罗维登斯岛公司为基地，发起对西班牙舰队的劫掠。1628年，荷兰抢占了西班牙宝藏船，缴获400金币。1628年12月，荷兰舰队带着战利品在朴次茅斯和法尔茅斯（Falmouth）港口停靠，这让英格兰更加确信，在加勒比海与西班牙进行海战很划得来。[18]这笔钱也可以给亨利·霍兰买很多套礼服。

鲁本斯只等成功安排查理与腓力的大使会面后就离开英格兰。但是，他致力于和平的努力究竟前景如何，目前仍不明朗。1630年2月22日，他正式离开了王宫，亨丽埃塔·玛丽亚故意冷落他，

---

* 沃里克几乎赞助了1626年以来半数以上对西班牙的劫掠活动。

第二部　妻子的朋友

称他"不够资格要求……〔一场〕她等身份贵重的女士们出席的隆重接待宴"[19]。鲁本斯担心亨丽埃塔·玛丽亚可能会劝服查理与法国结盟,让他的努力功亏一篑。不过,他没有必要这么灰心。他跟沙托纳夫一样高估了她在查理那里的政治影响力。查理想要和平,因为和平能够让他不必急于重新召集议会,另外,亨丽埃塔·玛丽亚在1630年5月为他诞下了一个继承人,他有了全新的动力去缔结和约。

英格兰与西班牙的和平协议,最终于1630年11月签订。鲁本斯为和平而付出的努力得到了奖赏,包括赐予他骑士的勋位和价值500英镑的钻石。还有来自查理本人的恩惠,查理允许他把英格兰王室盾形纹章的一部分,添加到自己的盾形纹章图案里。[20]卡莱尔与鲁本斯一样对和平有功,被封为国王的"马桶随扈"(Groom of the Stool),这意味着他成为寝宫第一近侍,并控制着觐见国王的通道。[21]亨丽埃塔·玛丽亚接受了查理的决定,于是,露西与王后此前的亲密关系得以恢复。

"有新消息吗?"一篇日记问道,"每个人都在问有新消息吗?"[22]每天大量的战报铺天盖地而来,来自波希米亚,奥地利,巴拉丁以及尼德兰,等等。人们试图从小报里了解海外加尔文宗教会和团体的命运,"把它们看作英国国教会的护城墙和外围工事"。只要其中一个教会受到威胁,英格兰和苏格兰就会受到威胁,"恐惧引发激烈的情绪,激烈的情绪导致极端的行为和判断"。[23]

英格兰、苏格兰和爱尔兰的大批志愿者不顾查理达成的和平协议,前往欧洲支援他们的教友。惨烈的故事招揽了不少新人加入,这也充分说明查理常常面临重新介入冲突的巨大压力。最具标志性的事件是1631年5月20日,德意志城市马格德堡(Magdeburg)被哈布斯堡军队攻陷。至少两万人被哈布斯堡士兵"残忍而邪恶地"杀死,还有的在敌军焚烧城市时躲在地窖里被烧死。马格德堡市长哀叹道:"这些恶行简直罄竹难书。"[24]大量描绘战争惨烈场景的小册子付梓,一年之内英格兰出现了至少205种小册子。

后来,新教的复仇终于来了。四个月后,瑞典国王路德宗信徒古斯塔夫二世(Gustavus Adolphus,古斯塔夫·阿道夫)在莱比锡附近的布赖滕费尔德(Breitenfeld)重创天主教联军,这是天主教联军遭遇的首次大败。很快,他成了新教世界的英雄,被誉为"北方雄狮",有预言说他将自北方而来打败哈布斯堡联军。[25]查理的廷臣纷纷蓄起了瑞典国王那样的髭须。查理按例派出一支远征军到欧洲辅助瑞典国王作战,但没有再节外生枝——事后证明他的谨慎是明智的:次年,1632年11月,古斯塔夫二世在吕岑(Lützen)战役中阵亡。同月,查理的姐夫"冬王"腓特烈感染"恶性高热",在瑞典占领的美因茨病逝。

自伊丽莎白嫁给腓特烈后，时间已过去了19年，查理与姐姐也有19年未曾相见了。这位后来的冬后曾在她的婚礼上笑得那样明媚，"几乎大笑出声"。[26]现在，她对查理说，她是"这个世上最悲惨的人"。[27]腓特烈称伊丽莎白是他的"心之魂"，伊丽莎白也报之以同样的爱。[28]查理请求他"最亲爱的，也是唯一的姐姐"返回伦敦，"尽快来见我"。"她未出嫁时"怀特霍尔宫里的闺房，已经为她准备好了。然而，伊丽莎白拒绝了他的好意。腓特烈给她的信件，有一些上面还粘着吸墨的沙子。他在信中描绘了他所见的日耳曼风尚，以此鼓励伊丽莎白实现他们返回普法尔茨的梦想。她不允许这个梦想随她丈夫一起消亡。

伊丽莎白的长子查理·路易，尚未成年。在他成年之前，她会秘密地为他在欧洲的事业筹集资金，并以他的名义展开外交和军事行动。"我……已经成为一个女政客了。"她承认。[29]查理也继续尽可能地为姐姐及其孩子们提供资金支持，但他并不会给予军事援助。据他的一位大臣观察，"抛开血缘关系不谈……普法尔茨离英格兰有多远，查理对普法尔茨的兴趣就有多寡淡"[30]。

查理在白厅挂了一幅醒目的反战油画，这幅画是鲁本斯送他的礼物。战神马尔斯被推到了后方，而性感裸体的和平女神哺育着象征丰厚馈赠的幼儿，画面前景处，是孩子们在嬉戏。如果和平女神能够占据上风，那么孩子们在未来就会拥有这些丰厚的馈赠。

查理的子嗣不断繁衍。他们的女儿玛丽·亨丽埃塔（Mary Henrietta）于1631年出生。露西·卡莱尔被选为公主的教母。露西与表兄霍兰伯爵之间的分歧得以化解，甚至有人说他们二人有婚外情。1633年的新年，亨丽埃塔·玛丽亚又怀孕了。这将是她和查理的第二个儿子，名叫詹姆士。

查理将鲁本斯的画挂在了画廊，画作俯瞰着古老的持矛骑士比武场。过去挥霍在骑马比武和持矛比武上面的钱，转而花在了宴会厅的假面剧上。[31]这是一种精致华丽的戏剧，本·琼森的台词和伊尼戈·琼斯的镀金布景，在烛光下摇曳生姿。查理经常出现在这类戏剧的演出班底中，扮演一位骑士集团的最高权力人，这位英明的统治者创造了秩序与和谐。实际上，这些戏剧是精心构建的政治宣传，旨在通过高雅艺术激发某种渴望。查理依然希望被看作英雄的君主，但是在议会不提供经费，无法打几场真实战争的情况下，查理将上述渴望投向了英格兰的守护圣人圣乔治的想象世界：一个充满情欲快感的世外桃源，在这片乐土上，骑士杀死了巨龙，赢得了贵妇的芳心。

回到安特卫普后，鲁本斯完成了新作，纪念他访英的最终成就。巨幅的油画布上是圣乔治和巨龙，背景是英格兰，画中圣乔治和公主的脸变成了查理和亨丽埃塔·玛丽亚的面孔。死去的巨龙躺在地上，代表着纷争和混乱终结，这对夫妻迎来了一个和平安宁的时代。鲁本斯十分了解他的客户,查理很快就收藏了这幅画。

诗人托马斯·卡鲁(Thomas Carew)形容这些年的和平是英国的"宁静日"。当德意志人敲响战鼓,高呼"为了自由和复仇"的时候,查理的王国却进入了全盛期。尽管新教徒依然在欧陆遭受痛苦,但是英国人却享受着"和平时代快乐而富足"的日子。

第八章

谢夫勒斯夫人归来

露西·卡莱尔的丈夫于1636年3月体面地死去了。他突然中风，在弥留之际，定制了几套新装，"凛然面对赤裸而卑鄙的死亡"[1]。失去丈夫令露西伤心，但她的悲痛并不深刻也不长久。实际上，她很快就"高兴了起来"，忙着磨炼政治才能。[2] 身为寡妇的她，以斯特兰德大街为基地，实现了17世纪女性难以实现的梦想——独立自主。"谁能控制我？"当时的剧作家詹姆斯·雪利（James Shirley）创作的《欢乐女士》(*The Lady of Pleasure*)里的一个角色问道，"我住在斯特兰德大街，那儿女士很罕见/不要只顾着追逐好名声，要去好好生活"。露西所拥有的确实比好名声更有价值：她拥有影响力。

"快乐的、聪明的、时髦的、严肃的男男女女"都蜂拥至露西的府邸。[3] 诗人们称赞她的美貌比珠宝还耀眼，她的举手投足都留下"光的痕迹"。霍兰甚至加入了众多激烈的竞争者队列，也写了几首类似的诗，不过，这些诗被断定是"有史以来最烂的诗"。[4] 他采取了更进一步的做法,送了她一颗价值1500英镑的钻石。[5]露西配得上这份礼物。有权有势的爱尔兰总督观察到,她"极为谙熟如何巧妙地为她信赖的朋友锲而不舍地争取利益",为了他们的晋升,她替他们在实权人物面前说好话,她也熟谙如何向大人物说真话。[6]

露西获得的成功对她的性格阴暗面毫无补益。她姐姐多萝西,莱斯特伯爵夫人(Dorothy, Countess of Leicester)抱怨露西还是喜欢在"大多数朋友的背后"奚落他们。实际上,她已经变得"前所未有地自负"。[7]露西的追求者们是她的奴隶,哪怕是在王后面前,她也不喜欢屈居人下。亨丽埃塔·玛丽亚几乎从不敢邀请她出演假面剧,担心被她拒绝。[8]不管她是否招人喜欢,露西的影响力很大程度上都源于她在王后寝宫的地位,同时,亨丽埃塔·玛丽亚的自信心也在日益增强,她的丈夫查理亦如是。

1637年10月,直率的威尼斯大使形容36岁的查理"风华正茂"。他身材苗条,肌肉发达,挥舞起武器来像"骑士",骑起马来像"骑师"。他的头发剪成时下流行的右短左长的耳边曲垂发绺。清教徒小册子宣传家威廉·普林(William Prynne)警告说,魔鬼拖着留耳边曲垂发绺的人下地狱,以惩罚他们"可耻而丑陋的虚荣心"。[9]查理在服饰上丝毫不在意新教倡导的节制思想。他将衬领由詹姆士一世时期流行的飞边改为繁复的蕾丝边,丝绸外套搭配着撞色长袜：他买的袜子足够每周不重样地穿四次。他衣橱中最醒目的配饰是嘉德骑士的盾形饰牌，查理之前将嘉德勋章的花纹绣在了斗篷上。他戴着一枚圣乔治十字架，十字架四周绣满了闪闪发亮的银线，他一走动，十字架就会闪现耀眼的光芒。按规矩，嘉德骑士"无论何时……无论何地"都应佩戴圣乔治屠龙的徽章，与他们的守护神"乔治"同在。[10]

此时宫中已没有重要的宠臣。威尼斯大使赞许道，在政治事务上，查理对"大臣唯才是用，不凭个人好恶"；在学识上，他表现得"文雅博识而谦和有礼，具备了一位国王应有的品质"。他谨慎地遵守着宗教礼仪，树立了谨遵教仪的榜样形象，他的"宗教实践也树立了楷模"，而他自己也表现得"无欲无求，完美无缺"。[11]查理和妻子对彼此肉体和精神的深深依恋，是宫廷关注的焦点，廷臣们担心她对查理施加影响力。查理对玛丽·德·美第奇说："现在我们之间唯一的冲突就是彼此用感情去征服对方。"[12]

1637年11月，年满28岁的亨丽埃塔·玛丽亚是"最幸福的女人"。她喜爱"漂亮的衣服，优雅的体态，以及风趣的谈话"，并在抚育子女的过程中找到了快乐。[13]7岁的王子查理，精力充沛，充满好奇心。国王打算隔年封他为嘉德骑士，以"鼓励你追求英雄的荣耀，"他这样对他儿子说。[14]露西6岁的教女玛丽，有着她父亲那双忧郁的眼睛和倔强的脾性。4岁的约克公爵詹姆士，金发碧眼（他哥哥却是黑发），"不关心怎么玩游戏"，而"喜欢敏捷灵活的

第二部 妻子的朋友

娱乐活动"。[15]只待他5岁可以穿马裤后,他就会被任命为荣誉海军司令。浅棕色头发的伊丽莎白才刚满2岁,还是个幼儿,安妮——用查理母亲的名字命名——刚刚8个月大。

按照斯图亚特家族传统,孩子们被当作未来的统治者培养,但是,从王室的标准来看,斯图亚特家族是一个关系紧密的家族。冬后的孩子们后来抱怨,比起陪伴他们,他们的母亲更愿意与狗做伴。相反,她的弟弟查理则喜欢用银质的尺子量孩子们的身高,还喜欢与妻子和孩子们在圣詹姆士公园玩耍。反过来,他们也非常崇拜父亲,在父亲"面带最动人、最天真的笑容"[16]离开后,他们会向他致意。查理把孩子们的画像放在他每天都能看见的地方。他委托鲁本斯的前助手——一位安特卫普的天主教画家,38岁的范戴克——画了几幅肖像画。查理参与了画像的很多细节,曾经他问范戴克,为什么没有给最小的孩子画上保护他们昂贵衣服的围裙。[17]小女儿玛丽不乐意一动不动地被人画像,不过,查理对画的效果还是十分满意的。他把一组肖像画挂在早餐桌的上方,另一幅他与亨丽埃塔·玛丽亚以及长子、次子的画像,挂在怀特霍尔宫查理私人寝宫的入口处。这些画是查理彰显自己延续斯图亚特王朝血脉的成就的体现。

范戴克还画了许多幅国王治国安邦的画。国王将他安顿在黑衣修士桥附近的一所房子里,每年给他提供200英镑的年金。在画室的协助下,他每周赶制一幅画,然而,并不是所有范戴克的赞助者都对他的作品满意。某位伯爵夫人要他把她画得"苗条一些，因为画里的她实际上太胖了"。甚至在他修改之后，她还称"脸真大"，看起来像"被狂风"吹肿了似的。[18] 不过，大部分人还是很喜欢范戴克的画的。本土的新教画家不愿意画裸露的形体，失去了这一块的委托业务。宫里的女士们喜欢范戴克笔下"甜美而紊乱的衣裙"，天蓝色的丝带从她们胸前和裸露的胳膊上垂落。[19] 同时，男士们首次被画家安排与朋友和兄弟出现在一张画里，他们都摆出轻松自如的贵族姿态，蕾丝从宽松的衬衣领垂坠而下，覆盖着高筒皮靴：这些形象逐渐成为查理时期宫廷的标志。

但是，范戴克并不是查理唯一赞助的艺术家。罗马的教廷大使帮助查理收集藏品，以此来讨好他。这些藏品日后终将成为英格兰王室历史上最伟大的收藏。*新的画作在圣诞节送达时，查理高兴得像个孩子。一位教廷大使描述了查理带着伊尼戈·琼斯和霍兰迫不及待地打开新包裹的情景。"琼斯看到画作的一刻，对它们大加赞赏，"教廷大使报告说，"为了能更好地研究它们，他扔掉斗篷，戴上眼镜，跟国王一起开始仔细地探究，并对此赞叹不已。"[20]

伊尼戈·琼斯20岁之前的第一份职业是伦敦的一个细木匠，而在20岁到30岁的大部分时间里，他都在意大利学习艺术和建筑。他

---

* 亨丽埃塔·玛丽亚尤其感激教廷大使向当时最伟大的雕塑家贝尔尼尼引荐了查理和自己。范戴克从三个角度画出国王的头部，贝尔尼尼可以此作为参考，为查理雕一个半身像。

第二部　妻子的朋友

在宫廷里是一位假面剧布景师和服装设计师。本·琼森抱怨他简直就是个控制狂，都已经65岁了，还坚持"事无巨细，事事都要管"。但是，查理却很感激"他夜以继日地教导工匠要效忠于王室"。[21]

查理委托鲁本斯为伊尼戈·琼斯所设计建筑的宴会厅绘制九幅穹顶画。这座新古典主义建筑始建于1619年，琼斯的灵感来自在意大利见过的由建筑师帕拉迪奥（Palladio）和斯卡莫齐（Scamozzi）所设计的城市宫殿。宴会厅的外墙是淡金色的牛津郡石与焦红金的北安普敦郡石相间构成的条纹图案。[22]尚未完工的穹顶画描绘了上帝在人间的前任代表詹姆士一世飞升天堂的景象，颂扬查理治下的平安祥和。穹顶下面是纪念嘉德骑士历史的挂毯。[23]

1629年解散最后一届议会以后，查理的财政状况得到了改善。此时，欧洲战乱四起，而不列颠王国一片和平安宁，因此，尽管查理征收高额关税，商人们也只能通过英格兰港口运输货物。此外，英格兰与南欧、地中海和近东的贸易也出现了前所未有的增长。查理90万英镑的收入中，有40万英镑来自关税。[24]对查理税收贡献最多的是已恢复的中世纪特权税，名为船税，用于海军的开支。

风帆战列舰中有11艘战舰是用这笔船税建造的，其中的"海洋主权"号（Sovereign of the Seas）装备了102门黄铜大炮，是当时世界上武装最完备的战船。正如查理预料的，皇家海军是不列颠未来攫取财富和权势的关键。不过，传统上船税只在战时向沿海地区征收，然而查理却在和平时期征收，而且在没有议会监督的情况下，将征收范围扩大至内陆地区。实际上，有了这笔钱，查理可以彻底绕过议会治理国家。船税被视为对财产权和"臣民自由"的威胁，有些反对者拒绝纳税。

查理想抓一个屡次拒不纳税的典型：沃里克美洲殖民圈的成员之一约翰·汉普登（John Hampden）。[25]以前的所谓"爱国派"，非常希望案子呈交法庭时，法庭会判和平时期征收船税为非法。1637年11月，法官把案子呈给国王。当时，有人说查理"比法国国王和托斯卡纳大公更加专制独裁"。[26]

然而，约翰·汉普登被众人视为英雄，查理的未来岌岌可危。即将动身离开英格兰的威尼斯大使认为，查理"要是没有遭遇动乱，那就是万幸"[27]。他不仅提到"人民的自由受损"，还提到查理的宗教改革。这场宗教改革由查理1633年任命的坎特伯雷大主教威廉·劳德带头在英格兰推行。[28]

威廉·劳德是一个有使命感却不够老练的教士，社会地位比威廉·劳德高的人说他是"又矮又小的红脸人"，"出身卑微，接受了大学教育"。劳德是雷丁（Reading）衣料商的儿子，私下是一个温和的学者，宠爱他的猫，有一本记梦录，其中提到他梦见与已故的白金汉公爵有一场色情邂逅。但是，在公开场合，他"傲慢自大"，"机智犀利得令人不悦"，是一个"不能心平气和地与之论道"的人。[29]他不喜欢与女人相处，培植露西·卡莱尔的努力也落空了。但是，查理确实对他言听计从。

查理为劳德安排的世俗职位是枢密院大臣，这赋予了大主教更大的政治权力。自亨利八世以来，英格兰还没有哪一位神职人员拥有如此之大的权力。劳德对沃尔西红衣主教（Cardinal Wolsey）煊赫的生活方式不感兴趣。他衣着端庄，嘲笑那些追求优渥生活的神职人员，自诩为"教会凯旋者"，即已经抵达天堂的人。不过，他真心希望英国国教能恢复英格兰教会改革之前的某些地位。为此，他试图恢复作为社会公共机构的教会所拥有的财产，这意味着归还教会某些已失去的土地。土地意味着权力，而劳德相信英国国教不仅可以为国王提供来自教会的政治支持，它还可以是一种为"善"服务的权力。

劳德想根除社会的腐败堕落，这必须从根除教士的堕落开始。劳德很愿意利用教会的高等宗教事务委员会（Court of High Commission）来对付主教和初级神职人员。他也对有钱有势的乡绅阶层下手，引发了更多的争议。扶助弱小是基督教的责任，劳德在这一精神的指引下，向星室法庭（Star Chamber）起诉乡绅在饥荒时囤积粮食牟取暴利，起诉他们圈出原本供穷人喂养牲畜的公共土地。教区也鼓励神职人员站出来向大地主争取公共利益。不过，乡绅在当地社区中的传统角色依然受到保护。射箭和跳舞这类"合法娱乐"通常由当地的大地主赞助在周日举行，这类活动有助于密切社区联系，而这正是查理希望培育的，因此他当着极力反对这些娱乐的清教徒的面,准许继续举行这类活动。

清教徒还想革新信奉新教的乡民的道德,旨在将英格兰改造成另一个耶路撒冷,这意味着督促新教徒严守安息日,反对新的宗教仪式。查理想采取措施建立一个更加顺从的社会,而新的宗教仪式正是这些措施的关键。劳德毫不留情地镇压了异见,审查新闻出版界,并利用高等宗教事务委员会和星室法庭逼迫清教徒让步。即使如此,劳德对这些捣乱分子的惩罚力度,远远不及亨利八世对宗教改革反对者的惩罚力度。没有人未经审判就被处决,没有人在囚室饿死,没有人被活活烧死。不过,也有罚款、监禁和可怕的体罚,比如割掉男人们的双耳。

清教徒陆陆续续地逃往海外,进入新英格兰殖民地,他们希望他们的社区可以如虔信的灯塔,如"山巅之城"[30],成为故乡精神上的榜样。与此同时,国内民众都目睹了清教徒所遭受的折磨。有些人站出来反对,主要是因为同情清教徒的宗教信仰。有些人更加担心查理绕过议会进行统治,背后又有劳德在布道坛上提供支持。据说信奉天主教的王后亨丽埃塔·玛丽亚对查理的影响力在不断增加,很多人对此感到担忧。

1625年,查理禁止臣民进入亨丽埃塔·玛丽亚的礼拜堂。不过,亨丽埃塔·玛丽亚现在又有了一个华丽的新礼拜堂,1635年12月启用时,教堂举办了三天的庆祝活动,吸引了许多非天主教徒。查理甚至捐赠了一幅鲁本斯画的耶稣受难图。从此之后,在出于好奇而参加天主教弥撒的平民中，产生了不少皈依者。同时，亨丽埃塔·玛丽亚宫中那些衣着简朴的方济各会教士促成了大量皈依，尤其是她的女侍臣。

在清教徒看来，幕后指使查理改革宗教政策的是他的王后，天主教阴谋把英国彻底变成罗马暴政，而阴谋的一部分就包括查理推行的新宗教政策。"到了晚上，普通女人都可以说服丈夫给她们买新长袍"，难道亨丽埃塔·玛丽亚就不能"通过夜里的谈话，让国王倾向天主教？"[31]实际上，查理对皈依天主教的现象感到震惊，于是采取威逼利诱的方式鼓励反向皈依——从天主教改信英国国教。他强行向拒绝参加英国国教宗教仪式的人征收罚金，同时继续推行宗教改革，他相信当新教仪式像天主教仪式一样变得庄重起来时，那时候他就可以"像摔跤手对付对手那样对付教皇，把他高高举起，重重摔下"[32]。

伊丽莎白一世的《三十九条信纲》(Thirty-nine Articles)保留了英国国教信条的关键宣言，查理并没有修改《三十九条信纲》的念头。威尼斯大使注意到，人们焦虑的是，查理和劳德越美化英国国教的礼拜仪式，"清教徒就越固守他们信仰的纯粹性，更糟的是，还有许多新教徒对新制度感到震惊，他们担心自己堕落成天主教徒，因而变成了清教徒"。[33]

好在，时间站在了查理这一边。查理还年轻，又有了多位继承人。面对改革的反对者，他没有却步，而是扩大改革范围，决定完成父亲未竟的事业——完成三个王国的宗教统一。1637年7月，为促使苏格兰教会与英格兰教会成为更密切的联盟，他将一部新的祈祷书介绍到苏格兰。不料，此举却释放出令他惊悚的力量。

常有人说，内战中，查理遭遇的首次打击是一个女人扔了一张凳子，这话也不无道理。1637年7月23日，爱丁堡的圣吉尔斯大教堂的教长诵读新祈祷书的祷文时，一排坐在会众前面折叠凳上的妇女开始拍手大声喊叫。她们叫他撒旦的后裔，而坐在教长旁边肥壮的爱丁堡主教，则被蔑称为"饕餮之徒"。就在教长继续诵读祷文之时，凳子扔了过来。他成功躲开了，但第二次阻挡攻击时被击中了，"他的长袍撕破了，祈祷书被抢走了，身上也被打肿了，很是可怜"。肥胖的主教逃到街上，一群妇女在身后一边追一边骂，朝他扔泥巴，威胁要割断他的喉咙。

扔凳子是一次有预谋的抗议，组织人是苏格兰教会里信仰最坚定的长老会牧师，此外也有一些大贵族，他们怨恨主教日益扩大的世俗权力，担心返还教会土地会牺牲他们的利益。尽管如此，暴乱中爱丁堡妇女表达的激愤之情是真实的，不是人为煽动的。查理低估了朴素的加尔文宗教义与苏格兰民族认同乃至个人身份认同之间联系的紧密程度。他唯一一次以国王身份访问爱丁堡，是在1633年举行加冕典礼之时，然而，加冕礼上摆满的蜡烛和十字架，护栏圈起来的圣餐桌和穿白色法衣的主教们，这些已经冒犯了许多苏格兰人。

查理开始逐步剥夺令他感到棘手的贵族的高级官职，转而将高级官职授予乖顺的律师和知恩图报的主教，苏格兰民众于是开始猜测这位英格兰的外来者接下来会给苏格兰带来什么。

然后，他们等来了苏格兰祈祷书。

祈祷书由苏格兰主教委员会起草，经苏格兰枢密院审查。但是，祈祷书仅凭王室特权推行，并没有咨询苏格兰议会，也没有就近召开苏格兰国教会代表大会（General Assembly）进行讨论。现在，苏格兰人普遍认为它甚至比英格兰的祈祷书更具"教皇制"色彩，而英格兰的祈祷书早已为苏格兰人所不齿。最引人注意的是，这版祈祷书省略了否认基督与圣餐同体的信条——这一条正是路德宗教义与加尔文宗教义最本质的区别。

更大范围的暴乱，连同反对祈祷书和主教的请愿活动一并袭来。这既是贵族反叛和民族主义的反叛，也是宗教意义上的反叛。1638年初，苏格兰异见者大体组建了临时政府，[34]目的是限制王室特权的推行，用传统的统治精英取代出身低微的主教、律师和其他"邪恶的"议员。

王室不得不镇压叛乱。1638年2月，查理宣布，凡是反对苏格兰新祈祷书的人都将被定为叛国罪。此举在边境以南地区掀起了巨浪，曾经的都铎王朝就对宗教改革反对者采取了野蛮至极的手段。沃里克伯爵等殖民贵族开始考虑，是否到了加入移民新英格兰队伍的时候了。

就在殖民贵族犹豫不决之时，苏格兰异见者开始积极反击，他们发布了一份公共契约，即后世所知的《国民誓约》（National Covenant）。签署这份契约的异见者受《旧约》中上帝与人所立之约的启发，发誓捍卫他们信奉加尔文宗的苏格兰教会不受天主教的影响，发誓只效忠守约的国王，实际上只效忠于是长老会教友的国王，这位国王根据王国的法律统治国家。这份契约席卷了中部和南部的苏格兰低地，前所未有地提高了当地的政治意识。签名者，无论等级高低，在这场上帝为他们的民族安排的推翻天主教统治的事件中，都发挥了政治作用。然而，查理却认为，这些都只是一小撮勾结路易十三和红衣主教黎塞留的危险分子制造的。

早在苏格兰宗教改革之初，暴躁的大臣和地主就组成了类似的反叛同盟。詹姆士一世在他的"治国之法"——《国王的礼物》一书中描述了反叛者的下场，所举的最后一例是查理出生当天被处决的鲁思文兄弟。法国插手苏格兰事务由来已久。几个世纪以来，法国都视苏格兰为牵制英格兰的"缰绳"，在苏格兰煽动反英格兰情绪，迫使英格兰国王们不得不一边将资源转投到北境，一边在南境与法国对峙。在查理看来，路易在耍老把戏。

法国与西班牙自1635年起一直在交战。没想到，作为"（天

第二部　妻子的朋友

主教）教会长子"的路易和红衣主教首相黎塞留，在对抗哈布斯堡王朝的战斗中，为欧洲新教徒所做的一切要远远多于斯图亚特王朝至今所做的一切。[35]1637年，构建英法反西班牙联盟的希望又重新在巴黎燃起，然而，随后又破灭。[36]路易还担心查理可能掉头与西班牙结盟。愤怒的查理热情地取悦一位黎塞留的宿敌，这让路易更加担忧。这位宿敌正是霍兰传闻中的前情妇，满头卷发的迷人阴谋家，谢夫勒斯夫人。

* * *

1637年9月7日，谢夫勒斯夫人离开卢瓦尔前往法西边境。与黎塞留无休无止的争论迫使她逃离法国。她扮装成一个男孩，身边只带了两个马夫，安全地抵达了比利牛斯山脉，在一所偏僻的简朴救济院里，换回了她精美的衣服，随后从这里取道前往马德里。身为奥地利的安妮的宠臣，她在安妮的弟弟腓力四世的宫中受到了友好的接待，在一场场盛宴中度过了12月和1月。1638年2月，她离开马德里前往英格兰避难。

查理很难忘记这位为他的妻子亨丽埃塔·玛丽亚准备新婚夜的女人。1625年8月离开英格兰时，她留下了一幅肖像画，画中的她装扮成性感的牧羊女，裸露着一侧乳房。[37]之后，她不仅与英国朝臣纠缠不清，还在反黎塞留的密谋中把亨丽埃塔·玛丽亚卷了进来。黎塞留与亨丽埃塔·玛丽亚的关系直到最近几年才有所缓和。路易担心，谢夫勒斯夫人在英格兰会对他的统治"开展不友善的行动"。[38]事实上，1638年4月谢夫勒斯夫人在朴次茅斯登岸时，正有此意。

谢夫勒斯夫人相信，法国可以从与西班牙的和平中受益，正如英国一样，而黎塞留恰恰是这种希望的障碍，但是，如果英国与西班牙结盟，那么这将迫使黎塞留垮台，到时候，她的盟友就能将法国带上谈判桌。

查理派她的前情人亨利·霍兰带领25驾马车组成的车队迎接她进入白厅。霍兰在宫中很受宠信，继露西已故的丈夫担任了查理的"马桶随扈"一职。在强制推行中世纪的森林法（Forest Laws）为国王筹集资金的活动中，他发挥了关键作用。在宫中，谢夫勒斯夫人被赋予在王室面前就座的特权，而与此同时，法国大使的夫人却被公开褫夺了类似殊荣——因为她的丈夫是路易十三的代表，这是查理对路易十三不怀好意的怠慢。查理还在白厅花园借了一幢房子给谢夫勒斯夫人居住。房子里挂了一幅意大利画家圭多·雷尼（Guido Reni）的巴洛克画作，描绘了《圣经》里的人物犹滴（Judith）手持斩下的亚述大将的头颅。兴许谢夫勒斯夫人也想这样处置黎塞留：这是查理跟她开的一个玩笑。

谢夫勒斯夫人很快就将自己沉浸在快乐中。查理为她提供花销，亨丽埃塔·玛丽亚为她提供时髦的服装。"她与以前的熟人重修旧好，结交新友，"一位外交官写道，"高官权贵都巴结她，她

第二部　妻子的朋友　　115

过得非常愉快。"[39]尽管亨丽埃塔·玛丽亚本人是虔诚的信徒，但她的朋友们却十分放荡，其中不乏酒鬼、赌徒和淫棍。谢夫勒斯夫人也喜欢惊世骇俗，一天，她在泰晤士河游泳，诗人们被她激发了灵感，将她喻为一个星系，如银河系一般穿进水中。[40]她还花了大量时间参演王后的假面剧。这些剧大多讲述亨丽埃塔·玛丽亚与查理之间深厚的情分，继而反映查理为王国带来了和平与秩序。

假面剧虽然看起来很有价值，但对狂热的新教徒而言，戏剧表现出的道德败坏丝毫不亚于谢夫勒斯夫人在大庭广众之下游泳。亨丽埃塔·玛丽亚让女性在剧中讲话和演唱，为英格兰舞台剧带来了革新。然而，清教徒威廉·普林对此深恶痛绝，认为女人站在舞台上，"穿男装，剪头发"，颠覆了女人对男人神圣的服从，她们是"臭名昭著的妓女，"他写道，既"罪孽深重又令人憎恶"。他因此获罪，双耳被割，而短暂的王国假面剧还在继续上演。大材小用的本·琼森嘲讽道："哦，演出！演出！强大的演出！/假面剧的雄辩术！/需要散文/需要诗歌……/你是国家的奇观！"[41]

宫里的改宗也在继续。1638年5月，有旁观者抱怨说："我们高贵的女人中，每天都有（从新教信仰）堕落（到天主教）的。"[42]谢夫勒斯夫人与王后上演了一出大戏，试图让霍兰改宗。谢夫勒斯夫人心知肚明，霍兰虽不是清教徒，但绝不可能改宗成为天主教徒。他对清教徒的支持,既出于家族渊源,也出于对天主教的真正恐惧。但是,在宫中,像霍兰这类加尔文宗信徒是英国国教里的保守派,严格来说并不赞成查理的革新,他们与彻头彻尾的清教徒和活跃的异见者之间的区别,其实是模糊不清的。露西的弟弟诺森伯兰伯爵曾抱怨:"一个人但凡认真思考一下新教,就足以与大主教为敌。"[43]谢夫勒斯夫人劝说霍兰改宗之所以"失败",其实是因为她故意给他涂上清教徒–异见者的色彩,以此让王后意识到,谢夫勒斯夫人才是她的天主教同道和故交。霍兰内心仍然反对西班牙,但谢夫勒斯夫人并不希望他靠近王后并对其施加影响力。

谢夫勒斯夫人一方面把霍兰踢出了亨丽埃塔·玛丽亚的圈子,一方面忙着结交信奉天主教的廷臣,并"巧妙地抛出一个让玛丽公主……与西班牙王子联姻的计划",开始组建联盟。[44]此外,还找来了王后的母亲,向王后施压。

自1630年的反黎塞留政变失败后,玛丽·德·美第奇就一直住在西属尼德兰。亨丽埃塔·玛丽亚很牵挂她,谢夫勒斯夫人劝说王后对查理施压,邀请她母亲来英格兰。劳德对这一变故感到震惊。玛丽·德·美第奇因她的反宗教改革信念而闻名,而劳德对宫中的改宗情势已束手无策。据他观察,谢夫勒斯夫人是"一个狡猾的虔诚的女人",而玛丽·德·美第奇即将带着她"煽动的、虔诚的队伍"来到英格兰,这将是一场极为"悲惨的意外。"[45]

同时，查理也担心花销问题。他既要负担玛丽·德·美第奇自己和其家务的开销，又要资助他姐姐及其子普法尔茨亲王查理·路易，财政上已经捉襟见肘。不过，谢夫勒斯夫人这一计划的好处是进一步激怒了法国。随着苏格兰的动乱持续恶化，查理最终同意了妻子的要求，邀请玛丽·德·美第奇来访英格兰。

第九章

"最可怕的事"

岳母已经到了,一场风暴的来临,预示着她即将抵达英格兰海岸。伦敦人把1638年10月的这场大风称为"王后母亲的天气"。下船后,玛丽·德·美第奇"服药并上床休息,缓解海上航行带来的不适"[1]。此时,亨丽埃塔·玛丽亚正在宫中焦急地等待母亲的到来。玛丽亚常常告诫她的小女儿们要顺从,用她带着托斯卡纳口音的法语,要求她们"乖巧听话"。[2]虽然严于律己,但亨丽埃塔·玛丽亚仍像一个想取悦母亲的孩子。

达官显贵们组织了一场迎接玛丽到访伦敦的国事活动,活动的规模与玛丽的"三王之母"地位相称,她是法王路易十三的母亲,是西班牙的腓力四世和不列颠的查理一世的岳母。查理的廷臣护送她至齐普赛街(Cheapside),随行的有她自己的6驾马车,以及70匹马和160名扈从,还有教士、侏儒、狗和贵族。围观人群希望至少能一睹王后母亲的风采。她年轻时,是鲁本斯理想中美的化身,有着丰满的曲线和栗金色长发。即便是现在,她凹凸有致的身材还能让人联想到巴洛克教堂里绘着的仪表堂堂的圣徒和天使,他们在翻涌的大理石浪涛中奔向天堂——实际上,她几乎就是反宗教改革运动的化身。亨丽埃塔·玛丽亚带着她的五个孩子迎候母亲,全然不顾有孕在身,匍匐在玛丽的脚下。

尽管玛丽下榻的圣詹姆士宫已经准备妥当,但是亨丽埃塔·玛丽亚仍然监督改造升级了她母亲卧室与天主教礼拜堂之间的一条通道。玛丽对此表示出了"超乎寻常的满意",并表示"她们神圣的天主教信仰在曾经遭受迫害的王国里取得了巨大的进展"。[3]亨丽埃塔·玛丽亚很好地完成了她离开法国时母亲给的书面指示。

查理每天都去看望玛丽,表现得十分慷慨。[4]11月5日,他签署授权令,给玛丽提供一份每天100英镑的津贴。[5]不过,他中断了廷臣的年金。查理需要用这笔钱去对付苏格兰人。

同月,苏格兰国教会代表大会正式对国民誓约派表示支持,谴责苏格兰新祈祷书带有教皇制色彩,并宣布主教制违法。这意味着挑战查理统御三个王国的权威,因为一旦主教制在苏格兰被视作"违法",就会有人提出它在英格兰和爱尔兰也是违法的。国王在宗教上的至高地位,赋予他制定宗教政策的权利,然而这一权利受到了威胁,也就意味着他的世俗权力会受到威胁。国民誓约派的先锋,如苏格兰高地的领袖,即第八代阿尔盖尔伯爵阿奇博尔德·坎贝尔(Archibald Campbell, Earl of Argyll),正在通过苏格兰议会推行改革，以解除查理的"特权"，使定期召集议会制度化，剥夺查理对立法的否决权——如此他们自己便可以不经王室同意制定法律，其中包括废除主教制。查理与他父亲一样，相信主教制早在基督教最初时期就已确立，是君主制的支柱。

查理察觉到，"这些人的目的并不像他们假装和宣传的那样是为了宗教，而是要动摇整个君主统治，诋毁合法传给我们而不是他们的王权"[6]。至于他们"该死的盟约"：一旦"生效，我在苏格兰的权力就会连威尼斯公爵都不如，我宁死也不接受"。[7]

范戴克已经开始为查理绘制其身为军事领袖的肖像画。有几幅画里的查理全身戎装地站着，一只手搭在一副头盔上。有一幅画的原作遗失了，现存的一组复本同样展现了一身戎装的查理，但在这些画中，查理一只手搭在了一个透明球体上。画作的灵感来自查理收藏的提香作品——《婚姻的寓言》(An Allegory of Marriage)，画中一个女人拿着一个透明的球体，球体象征着人类幸福的脆弱易碎。[8]通常，球体被用来象征尘世的权力，加冕王冠上沉重的小金球象征着君主的权力。然而，查理手下这枚象征权力的小球如玻璃一般易碎，如泡沫一般转瞬即逝。[9]

1639年1月3日，36岁的约克郡西区的郡军事总长助理(deputy lieutenant)亨利·斯林斯比爵士(Sir Henry Slingsby)前往布拉默姆荒原(Bramham Moor)观看轻骑兵实战训练。他捐了两匹马，

第二部 妻子的朋友　　　　　　　　　　　　　　　121

用于国王与苏格兰即将到来的战争。但当他看到自己的马被训练时,并没有感到自豪。他在日记中写道,"在这个长久没有枪声和战鼓的和平时代,这些景象对这个国家来说简直是怪得不能再怪了",英格兰人被迫与同胞和同是国王的子民作战,这是"最可怕的事",这就好比仰望天空中"一大群鸟……与另一群鸟相互撕咬"。[10]

即将到来的冲突对查理的影响也不可低估。国王的存在就是保证和平、繁荣和公正,为全体国民治国,超越狭隘的派系利益之争。在宫廷上演的假面剧中,他承诺要确保四方和谐。然而,这些反叛却宣告了王政的失败。100年前,1536年,在另一场由宗教引发的反叛过后,亨利八世修改了他的后事安排,安葬地点由原计划的威斯敏斯特修道院改为温莎的圣乔治教堂。他这样做是为了与玫瑰战争的主要参加者葬在一起,为了后世能将他描述为弥合两个敌对的王室家族之间矛盾的化身,而且他宣称自己是兰开斯特家族和约克家族共同的继承人。从亨利八世此举可以看出,在面对由他开启的新的分裂时他内心受到了创伤。这场苏格兰的反叛也对查理的自尊心造成了沉重的打击。即便他打败了苏格兰叛军,他也痛惜"这样一来,我自己的子民都要毁于一时"。[11]然而,一场双方都不想打的战争即将降临在他们身上。

为了支付军饷,国民誓约派开始征税,远超查理对苏格兰臣民的征收范围。身经百战的苏格兰老兵被从欧洲召回,荷兰和瑞典允许苏格兰商人购买武器并运输回国。国民誓约派还在英格兰寻求加尔文宗教友的支持。在英格兰愿意并有实力支持国民誓约派的人中,最重要的人物是沃里克伯爵罗伯特·里奇,还有和他交好的殖民贵族及其盟友。如果暗中与苏格兰叛军来往的事情败露,他们就计划将清教新英格兰作为避难所。他们正在康涅狄格河河口加固一座城堡,以防万一要抵御王室的进攻。[12]

与此同时,在伦敦,谢夫勒斯夫人和玛丽·德·美第奇在劝告亨丽埃塔·玛丽亚联合西班牙对抗路易十三对英格兰有好处。报告此事的第一个人是露西·卡莱尔,她"听到王后强有力地劝说国王,诸如此类的劝说定会立即导致我们与法国交恶"。法国大使十分担忧,他鼓动路易"煽动苏格兰的战争",反正查理已经认为路易正在煽动叛乱了。[13]瑞典、荷兰联合法国一起站在了国民誓约派一边,王后,可能还有国王,则站在西班牙一边,苏格兰反叛将三十年战争的危险带进了英格兰。这场战争已经不是天主教与新教的争斗,而是为日后苏格兰践行的新教教义而战——苏格兰践行的新教教义最终也在英格兰得到了实践。

在如此紧张的氛围中,1639年1月20日,亨丽埃塔·玛丽亚在怀特霍尔宫诞下一个女婴。这个女婴名叫凯瑟琳,虽然只活了几个小时,获得的爱却不比其他孩子少。正如今天的父母纪念夭折的孩子一样,国王和王后也委托艺术家写作挽歌和诗歌纪念凯

第二部 妻子的朋友　　123

瑟琳。[14]几天后，心神不宁的查理离开了正在伤心的妻子的卧室，召集战争委员会。只待道路干燥，能够通过大量的马匹和重型装备，战役就会打响。查理打算率军亲征，亨丽埃塔·玛丽亚努力从丧女之痛中振作起来，尽其所能地为战争筹款。她在英格兰天主教徒中发起了筹款活动，在她的府邸每周组织一次斋戒，并要求全体天主教徒一致效仿，借此证明英格兰天主教社群从道德和实践层面支持国王镇压反叛。然而，在宫廷之外的地方，英格兰的天主教徒惊恐地发现自己成了众矢之的。

无论哈布斯堡家族在欧洲的势力有多强大，英格兰的天主教徒在本土始终都是一个弱小的少数派，四面楚歌。他们能幸存下来，是因为一直以来以低姿态与新教邻居们相处融洽。筹款和斋戒让他们高调了起来，导致人们怀疑天主教徒会从镇压苏格兰加尔文教徒的反叛中获利。

当然，在英格兰，不只天主教徒有嫌疑，英国国教的主教们也有嫌疑。许多主教都为国王的战役筹款，据说，大主教劳德个人为国王捐款3000英镑。这些行动与其说是忠于国王的爱国行为，不如说是支持专制，因为给王室军队筹款有助于查理不必召集议会筹措军费——哪怕是以温和、低调的方式。这是英格兰自1323年以来，首次未经召集议会就发动了战争。

就在鲁本斯为宴会厅绘制颂扬君权神授与和平富饶的穹顶画

之时，叛军发起了进攻。15000余名士兵组成的国民誓约派军队围攻了爱丁堡和邓巴顿的王室城堡。尽管英格兰人向来瞧不起苏格兰人，但英格兰清教徒还是对苏格兰的胜利表示了祝贺。威尼斯大使认为，伦敦"全体都支持苏格兰人忠实于自己的信仰，支持苏格兰人的利益"。不过，这是夸张之语，还有大量非清教徒赞同约克郡人亨利·斯林斯比的话，苏格兰人"用宗教做伪装，掩盖了邪恶"：他们的真实目的是把国王的权力据为己有。[15]

斯林斯比随亨利·霍兰指挥的王军向北进发至苏格兰。霍兰曾建议查理不要开战，却又游说查理委托他担任王军的副指挥。其他贵族也积极响应查理发布的战斗号令，与他们同来的还有若干随从，"有的10个，有的20个，有的更多"。[16]郡属民兵是和平时期英格兰唯一的武装部队，为保证王军的数量能与苏格兰军队的相当，郡属民兵也应征入伍，然而他们的装备简陋，许多民兵是贫民。一位军官说："我敢说，从没有见过如此未经训练、毫无作战技巧和不愿打仗的军队，他们似乎像敌人一样想要杀死自己的同伴。"[17]

查理仍希望可以避免战争。他坚信，如果他以苏格兰国王的身份在爱丁堡现身，"展示我自己，展示本色"，就足以终结叛军的"愚蠢""无礼"和"疯狂行为"。[18]苏格兰其实很畏惧与英格兰开战，在过去的几个世纪中，他们在英格兰手下屡战屡败。

6月4日，查理率军驻扎在贝里克（Berwick）附近，收到情报称,一支国民誓约派军队将抵达边境小镇凯尔索(Kelso)。他命令霍兰侦察苏格兰军的位置并将他们驱逐出去。霍兰不出所料地遭遇了一支一万人的军队。敌军排列成一个狭长的阵形,看上去人数多得惊人,霍兰因此高估了国民誓约派军队的实力,迅速撤退。也许,霍兰看到的只是他想看到的——给查理一个停止行动的理由。到第二天夜晚,当同一支军队出现在国王营帐的视野内时,已经有传言说他们的队伍有45000人。王军整装了三个小时,决策的责任压在了国王的肩头。

如果查理能果断地挫败苏格兰叛军,就可以平息动乱,也可以挫败英格兰国内批评者的气焰。另一方面,深陷战争的后果不堪设想。查理派出了一名侍从官前去谈和。同月,双方签署了和约。可悲的是,查理后来发现国民誓约派的后勤和财政都有问题,如果他迎战,英格兰很有可能取得胜利。然而,现在他只赢得了时间。[19]

1640年新年,查理参与了在宴会厅举办的首场宫廷假面剧,剧场上方正是鲁本斯绘制的穹顶。戏剧的开场是"不和"的愤怒女神降临,她声称要让整个世界陷入混乱。与之相对,查理扮演的是受人爱戴的国王(King Philogenes)。他击退了不和女神,之后上场的是王后及其侍女。假面剧最后一幕描绘了彩云之下的伦敦,一支歌队唱道:"一切残酷,一切粗鲁/都被你的和谐征服。"[20]

这是一场梦。

现实是，国民誓约派与国王都已经准备发动第二次主教战争。霍兰被降职，查理提拔了他最看重的硬汉负责即将到来的战争：高大的46岁爱尔兰副总督托马斯·温特沃思（Thomas Wentworth）。1640年1月，查理封他为斯特拉福德伯爵（Earl of Strafford），以示王室对他的信任。[21]

斯特拉福德给人的印象是"头脑冷静"，"极具观察力，对人对事都有敏锐的判断力"。但是，他"总是耷拉着脑袋"，说明他的精神饱受压力，即使他在休息，也"面容阴沉"。[22]

七年前，斯特拉福德一直在爱尔兰为国王服务，用铁棒政策管理殖民地。爱尔兰四分之三的人口是土生土长的信仰天主教的爱尔兰人，他们因宗教信仰而受到迫害，因民族而遭受歧视。生活在这片土地上的第二大群体是盎格鲁-诺曼人，他们早在中世纪时就已定居爱尔兰，绝大多数也是天主教徒。由此，在都铎王朝统治中期，他们一直以来担任的高级职务被剥夺，转而被授予英格兰和苏格兰的新教移民。詹姆士一世和查理都鼓励这些移民，允许他们侵占天主教徒的土地，尤以阿尔斯特（Ulster）和芒斯特（Munster）两地为甚。斯特拉福德更是大力支持这一政策，将其视为进一步压制爱尔兰天主教徒的手段，"因为他们对英格兰统治的憎恨早已不是一天两天了"。[23]

斯特拉福德还主张，国王应该想办法在王国境内建立数量庞大的常备军，军费从爱尔兰的税收里支出。照他的计划，从长远来看，当压制住爱尔兰后，查理可以将这支军队派往"基督教世界的任何地方"，至少可以用来对付国内的叛乱。[24]与此同时，斯特拉福德不仅利用王权打压爱尔兰的天主教徒，还从经济（确保爱尔兰为此付出代价）和宗教正统（他是劳德的密友）两方面打压异见的新教徒。他将这种政策形容为"全面"（thorough）政策，而爱尔兰几乎每一个人都彻头彻尾地（thorough）憎恶他。同时，英格兰人也没觉得斯特拉福德好到哪里去。他妨碍了那些牺牲国王利益而中饱私囊的廷臣们，他"阴郁的性情"也令许多人敬而远之。[25]霍兰尤其讨厌他。

有流言说，狂放不羁的霍兰伯爵近来卷入了一场决斗，斯特拉福德建议国王将其处决。现在，霍兰对王后说，斯特拉福德疯了。斯特拉福德得知后抱怨霍兰，霍兰则狡辩说自己指的是斯特拉福德的老毛病。霍兰评论说他患有"疑病症者的幽默"并冷嘲道，"假如我没有误解这句英语的话"，它的意思就是"斯文地默默地发疯"。[26]不过，斯特拉福德在宫里至少还有一个朋友，此人也是霍兰爱慕的对象：露西·卡莱尔。铁骨硬汉与宫廷美人甚至相互交换了全身肖像画。

斯特拉福德支持露西在爱尔兰的利益，并援手提拔她的亲戚在政府里担任更高的职务。[27]作为回报，露西为他提供情报，帮他联络关系。她的姐姐莱斯特伯爵夫人汇报说，露西目前"比以往更受［王后］宠信"。[28] 这或许是露西经常与亨丽埃塔·玛丽亚的密友谢夫勒斯夫人待在一起的缘故。尽管她们不是天然的盟友，但是露西有着新教加尔文宗信徒的身份，是促成斯特拉福德与谢夫勒斯夫人结交的关键人物。

查理不仅需要为进发苏格兰的军队提供经费，还需要为英格兰与荷兰之间在所难免的一场战役筹措经费。去年10月，多佛、迪尔（Deal）和沃尔默（Walmer）城堡的驻军眼睁睁地看着荷兰袭击了一支西班牙舰队，荷兰的行为显然损害了查理宣称的英吉利海峡的主权。谢夫勒斯夫人向斯特拉福德保证，腓力四世可以向查理提供10万英镑的贷款，"条件非常优惠"。[29] 不过，斯特拉福德认为查理还需要一笔钱，这笔钱可以从议会的津贴里支出。为此，他鼓励查理以最近在爱尔兰的胜利为由，召开新议会。1640年3月，下院议员们在都柏林为军队拨款9万英镑。斯特拉福德相信他在伦敦也能如法炮制。鉴于斯特拉福德有着出色的执行力，查理被说服了。1640年4月，他召开了十一年来的首次议会。

1640年4月15日议会召开，下院中出现了许多新面孔。但是，查理的不幸在于，议员中有一些他的宿敌，如上院的沃里克，下院的皮姆。双方积怨已久，随着时间的流逝，矛盾变得更加尖锐。人们对十一年来自由的丧失感到愤怒，国家被个人统治了十一年，国王不经议会同意就可以肆意征税。查理与教皇建立了外交关系，以便购买画作；还容许天主教贵族在王后的礼拜堂举行宗教仪式；现在又准备花西班牙的钱，用爱尔兰军队（包括天主教和新教士兵）镇压苏格兰的加尔文宗信徒。如此一来，查理又让议员们有理由担心他阴谋推行"教皇制"的反宗教改革了。

沃里克和皮姆打算通过议会向查理施压，彻底扭转他的政策。对外，他们希望与查理的敌人苏格兰国民誓约派维持友好关系，发动积极的反西班牙战争，重点夺取西班牙在西印度群岛的殖民地。对内，他们希望将查理的宗教改革方向调整为支持更加彻底的加尔文宗教义，并且剥夺国王多项王室特权。皮姆是资深的老议员，因而切实"了解这个王国的情感和性情……洞察政府的失策和错误，深谙让问题看起来比本来面貌更加严重之道"。[30]多数议员决定，国王如果不修正他的"滥权"，议会就停止拨款。皮姆将这些问题拉了一张36项的清单，并要求对清单各项展开彻底的审查，以便消磨战备行动，在议会针对筹募战款打击苏格兰军队进行表决前，尽可能地拖延时间。

1640年5月4日，查理承诺，放弃最受憎恶的专制税之一船税，以交换12笔价值65万英镑的补贴。即便补贴的价值低于船税，他的补贴提议还是被否决了。早在五天前，斯特拉福德会见了腓力四世的特使，信心满满地以为查理可以从西班牙获得足够的资助，不必非要议会提供补贴。霍兰反对查理解散议会，露西·卡莱尔有权势的弟弟诺森伯兰伯爵也附议。[31]斯特拉福德却支持解散议会。他鼓励国王"勇往直前",既然议会没有履行职责,那么国王"在如此削减用度的情况下进行统治,是没有任何责任和罪过的","您有一支军队在爱尔兰,您可以通过它来将王国踩在脚下。[我]对世间万事充满信心,苏格兰坚持不了五个月"。[32]

5月5日,查理解散了后人所称的"短期议会"。他不顾所有先例,坚持保留英国国教会的审议机构,即教牧人员代表会议(Convocation)。查理希望获得主教们的支持,他们也及时给予了支持。查理向神职人员发布了要求,要求他们定期在布道中宣扬国王的神圣权力,并宣示效忠于英国国教会的"大主教、主教、教长、大执事等等"。清教的捣乱分子暗示,"等等"可能还包括对教皇宣誓。[33]

5月,有迹象表明西班牙的资助应该是泡汤了。加泰罗尼亚爆发了大规模起义,腓力四世急需用钱。这意味着,查理承担不起对抗法国的费用了。有人催促谢夫勒斯夫人离开王宫。6月,她前往佛兰德(Flanders),一路上"乘坐着王室马车,由西班牙大使陪同着,携带着亨丽埃塔·玛丽亚赠送的临别礼——价值1.2万克朗的珠宝"。[34]此时,查理不得不依靠自愿捐款、贷款、变卖财物,以及进一步利用特权来筹措军费。对照之下,亨丽埃塔·玛丽亚的这份临别礼真是大手笔。伦敦城里的亲王室势力,包括一流的商业公司,借给查理25万英镑,还提供了5万英镑的现金贷款。

议会不支持对抗苏格兰的战争,查理的臣民深受其苦。议会

第二部 妻子的朋友　　　　　　　　　　　　　　　　　　131

机制是英格兰政治文化不可分割的一部分，然而，出生于苏格兰的斯图亚特家族从来都不能理解这一点。在多赛特（Dorset），士兵们一听说议会解散，就自行回家了。[35]同时，谣言四散，国王行动的背后暗藏着黑暗力量——阴谋勾结西班牙镇压新教。暴民开始捣毁教堂里的祭坛护栏和画像，捣毁行为很快就演变成暴力活动。两名涉嫌勾结罗马天主教的官员被自己人杀害，对于任何一个倾向天主教或支持查理宗教改革的人来说，伦敦尤其危险。

沃里克等从事美洲殖民活动的异见贵族，煽动伦敦的小商贩、"新商人"阶层和清教神职人员，获取他们的激进支持。英国贵族虽已不再拥有中世纪的封地追随者，但他们准备动用大众运动这只老虎。

5月10日，伦敦多个重要地点张贴告示，号召人们捍卫自由，刺杀劳德和斯特拉福德。在1628年拉姆博士之死中出现的滥用私刑的暴徒，又回来了。[36]

翌日，数百个年轻人冲进兰贝思宫（Lambeth Palace）寻觅大主教，"目的是杀死他"。这些年轻人大多是学徒，信仰清教，"他们的师傅默许了这一行为"。[37]部分骚乱是自发的，也不乏预谋行动，如1637年爱丁堡发生的反对苏格兰祈祷书的扔凳子骚乱。由苏格兰首发的骚乱，被英格兰反对派追随，不过，后者在英格兰造成的后果更致命。

劳德为躲避暴民而渡河前往白厅，王宫外竖起了几块警示标牌，警告说，国王本人有可能不能庇护劳德和斯特拉福德。查理被迫对此做出回应。

5月12日，有报道称沃里克伯爵、塞伊-塞尔子爵、布鲁克勋爵、约翰·皮姆和反对船税的约翰·汉普登被捕，他们的文件被查封。查理想搜集他们勾结苏格兰叛军的卖国证据，将他们投入监狱。可惜，除了一位新英格兰的牧师批判过英国国教礼拜仪式外，什么证据也没找到，于是只能释放他们。[38]但查理的怀疑并没有消除——他有充分的理由怀疑他们。这群异见贵族已经在邀请苏格兰国民誓约派贵族领袖们来入侵自己的国土了。

亨利八世、玛丽一世和伊丽莎白一世都尝试过进行重大的宗教改革。但是，他们都是在议会赋予的合法权力范围内去行动，威逼利诱议员支持他们。历史上将查理这段绕过议会的统治期称为"'十一年'暴政"（'Eleven Years' Tyranny），其实，这个时期并没有出现政治迫害和宗教迫害。对当时的人来说，查理的"十一年暴政"似乎没有那么暴虐。在英格兰，"一个王子的坏名声"，总是"远比他的合法或不合法的法令更有说服力"。[39]查理一向十分仁慈。现在，他面前这群胆大包天的叛徒，不仅来自苏格兰，还来自英格兰。

1640年8月中旬，在伦敦的战争委员会得到消息，苏格兰人打算跨越边境。查理立刻宣布，他本人将挺身站在恐慌的人民的最前面。8月20日，他前往约克郡。同日，苏格兰人渡过了特威德河（River Tweed）。英军指挥官诺森伯兰伯爵称病无力参战，结果，由于沃里克及其盟友出卖了军队，军队也只能组织有限的抵抗。8月28日，经过短暂的遭遇战，苏格兰军队攻占了纽卡斯尔（Newcastle），第二次主教战争以国王的失败而告终。斯特拉福德对严峻的形势做了总结："令我们所有人都深深恐惧的事实是：从贝里克到约克的广大地区都在苏格兰控制下。"[40]

由于查理身在约克，伦敦的战争委员会于是命令王室卫队保护王后和孩子们，防范藏匿在宫中的叛党。亨丽埃塔·玛丽亚新生的婴儿——亨利——还不足两个月。几天后，一份由12位贵族联名签署的手写请愿书广为流传。[41]签名者包括沃里克、塞伊-塞尔、布鲁克、埃塞克斯和埃塞克斯的连襟——赫特福德伯爵威廉·西摩（Earl of Hertford, William Seymour）。[42]请愿书列出了针对宗教和"十一年暴政"的"一堆控诉"，其中还提出一项险恶的要求，请国王将"邪恶的"大臣交给新议会，以便做出"相应"惩罚。对斯特拉福德来说，这意味着死罪，劳德也一样。

现在，无论是另外组织军队抵抗苏格兰人，还是支付军饷让士兵回家，都只有议会才能筹集必要的经费。查理是北方政变和伦敦政变的受害人，他对此心知肚明。

第十章

"破碎的杯子"

1640年10月31日,查理从约克返回伦敦时,天已近黄昏。他与苏格兰人签署了一份屈辱的停战协议。根据协议条款,英格兰承诺每天支付国民誓约派850英镑,维持后者在英格兰境内的驻军。纽卡斯尔、北部的诺森伯兰郡和达勒姆郡(County Durham),连同泰恩赛德(Tyneside)煤矿,仍留在敌人手中。然而,凛冬将至,这意味着伦敦人冬日取暖必需的燃料煤块,掌握在苏格兰人手里。

查理的枢密院加强了白厅的防御力量,夹道布满了大炮。此外,宫门之内,大殿之中,护卫们或后世所称的"绅士"(caballeros)或"骑士党"(Cavaliers)恭候着国王,他们头戴宽檐帽,脚蹬高筒靴。[*]护卫有的骑马,有的徒步,时刻保护国王不受臣民的伤害。[1]

---

[*] 莎士比亚在《亨利四世》下篇用的是"cavaleros",与法语词"chevalier"有相同的拉丁词根。

第二部 妻子的朋友

反对派亮出的最新政治武器是大众请愿书。查理在约克时收到一份文件,文件在原有的12名贵族请愿书开列的"一堆控诉"基础上,内容有所扩充,还附上了一万名伦敦市民的签名。并非所有的签名都代表真正的民怨,有的签名是通过流氓手段获得的——在深夜被有权有势的邻居叫到家里,这在日后会变得司空见惯,没有在最新的请愿书上签名的人,将被告知他们"既不是虔诚的基督徒,也不是诚实之人",有可能被社会摈弃——下场可能更糟糕。[2]

查理也十分清楚身不由己对他而言意味着什么。

虽然,国王在约克已宣称"我决心召集议会",事实上,他别无选择。后来所谓的长期议会(Long Parliament),定于1640年11月3日星期二开幕。沃里克向朋友们传达了这一消息,并欢呼"游戏开始了!"[3]在这场权力游戏中,反对派的下一步就是挑起人们对国内天主教的恐慌,这有助于鼓动下院议员帮助他们篡夺国王的权力。传播恐慌和诋毁名誉并非难事——反对派可以通过印刷品和讲坛向成千上万的人发表意见——但有时候,行动的声音和力量远比语言大得多。

11月2日深夜,反对派以搜查私藏武器为名,对天主教徒的家进行搜查。他们想借这一行动传达这样的信息——天主教徒打算起义,准备用私藏的武器对付酣睡的新教徒。一则传闻像野火般蔓延开来,它称玛丽·德·美第奇曾"暗中建议国王剥夺国民的自由和信仰"，由此可见，国王本人不可信。[4]在这样的形势下，查理不敢冒险像平日一样穿街前往议会大厦主持开幕，只好于11月3日乘驳船抵达威斯敏斯特，避免人们看见他：这恰好遂了敌人的愿望。

查理在议会有敌人，也有朋友。一位贵族事先致信一位上院议员，叮嘱他"带上热诚和善辩的剑"参加议会，"把清教徒们劈成两半，砍断反对君主制分子的头"。[5]另一个贵族把请愿的上院议员称作"叛徒"，声称"国民誓约派应该被绞死"。[6]这些朋友们期待查理的领导。

上院挤满了下院议员和贵族，露西·卡莱尔等廷臣都来旁听议事。国王坐在王座上，披着貂皮长袍，10岁的继承人坐在他右手边。查理有一张感伤的面孔。在不少肖像画上，他的脸颊旁挂着他最喜欢的一枚巴洛克风格的珍珠耳饰，这枚耳饰看上去仿若一颗坠落的泪珠。他忧郁的双眸透露着坚毅——他曾经说："如果公平手段不能［达到我的目的］，那就采取武力。"[7]

查理向聚集的下院议员发表演讲，建议他们应当为生活在苏格兰铁蹄之下的乡民考虑一下。为了解放北方，第三次战争势在必行。查理并没有将话题指向背叛英军而倒向苏军的人，但已计划对他们采取行动。斯特拉福德被从约克召回伦敦，讨论如何利用北方和爱尔兰的王军摧毁苏格兰及其英格兰同盟。

斯特拉福德于11月10日抵达伦敦。次日晨，他建议查理公开

第二部 妻子的朋友　　　　　　　　　　　　　　　　　　137

以叛国罪审判邀请苏格兰军进入英格兰的人。然而,就在距白厅不远的议会,针对斯特拉福德的指控已经启动,约翰·皮姆在下院就指控做总结呈词。斯特拉福德和国王决定得太迟了。

皮姆的"语言庄重优雅,词汇丰富,用词自然、得体",[8]议员们都聚精会神地听着。他揭露斯特拉福德是教皇的密探,阴谋"挑动国王发动英格兰与苏格兰的战争,让我们互相消耗";他以英格兰与苏格兰开战为由,调爱尔兰军进入英格兰,加上英格兰天主教徒和国外势力的帮助,他就可以彻底控制英格兰,"将天主教党徒带进来了"。[9]

为了应对这一威胁,议会委员会开始着手起草一项计划,加紧对天主教徒的管控。皮姆则进一步建议,强制天主教徒穿特殊服装以示区别。早在中世纪,欧洲的犹太人就佩戴过耻辱的标记。[10]

事实上,斯特拉福德是正宗的新教徒,妻子来自清教徒家庭。指控他企图恢复天主教十分荒谬,但是在狂热的氛围中,人们相信了皮姆歪曲的事实。

傍晚时分,对指控议项毫不知情的斯特拉福德进入议院。霍兰已在现场。[11]据说,如果沃里克是清教徒明面上的领袖,那么霍兰就是"暗地里的"领袖,这"并不是说他忠奸难辨",而是他认为自己在未来充当反对派与国王沟通的中间人更具有骑士精神。[12]斯特拉福德进入议院时,关于指控的辩论还在进行,议员们对他大喊"退场！退场！"，他吓得马上离开，直到辩论结束才回到会场。随后，他被告知，在对指控做进一步调查期间，他将被监禁。

亨丽埃塔·玛丽亚后来回忆说，斯特拉福德的手，是她见过的最漂亮的手。不知当交出佩剑时，这双手是否在颤抖？斯特拉福德在卫兵的护送下离开了议院，"众目睽睽之下"，没有人摘帽，以示对他的轻蔑，而就在"这个早晨之前，他还是英格兰最位高权重的人"。[13]

露西·卡莱尔到伦敦塔探视斯特拉福德时，他已经恢复了镇静。她告诉每一个人，斯特拉福德"非常有信心驳倒全部指控"，"我未曾见过他哪怕有一分钟的不安"。[14]但是，暗中勾结苏格兰的人清楚，要想自己性命无忧，就必须摧毁斯特拉福德。除非查理已在他们的掌控中，否则他们不相信查理会赦免他们的叛国罪。这意味着，他们不仅要剥夺查理的权力，还要取代查理身边的高级顾问，以毁灭、监禁或处死等手段，剥夺站在国王一方的王室随从的反击力量。

查理的国务大臣弗朗西斯·温德班克爵士（Sir Francis Windebank）担心有被捕之险，逃到了法国。大法官（Lord Chancellor）约翰·芬奇紧随其后。劳德留了下来。他计划增强英国国教权威的激进愿景如果能实现，原本会改变英国社会的面貌。他比查理更清楚，在亨利八世时期，有些人从修道院释放的土地中获利，成为地主，劳德的激进愿景对他们而言，可能是个人命运的一次潜在逆转，

第二部 妻子的朋友

也是对宗教改革运动的威胁。劳德早料到他们会报复。

12月18日，劳德在下院因叛国罪被控告。针对他的指控包括：企图建立专制统治，离间国王与臣民的关系，妨碍司法公正，挑起与苏格兰的战争，混淆真正的宗教信仰，迫害虔诚的教士，与罗马教廷暗中勾结。

劳德没有被关进伦敦塔，而是被关押在门役室，以便适时接受审判。这位身材矮小，头发灰白的大主教不是一个领兵打仗的人。他对反对派造成的威胁不同于斯特拉福德，后者是武力的主要倡导者。

王后也有危险。反对派对教皇制威胁的描述里，有部分就是针对她的。清教徒在讲坛上发出"法国的教皇制小人"这类言语上的攻击，紧随而来的是暴力行动。她写信给朋友说，一个清教暴徒闯进"我自己的房子"，攻击在她的礼拜堂参加弥撒的人，"疯狂地挥舞着石头和武器"。[15] 即便1640年12月16日3岁的公主安妮被宣布夭折时，亨丽埃塔·玛丽亚也没有时间过分悲痛。心碎的国王和王后虽然对婴儿夭折已经不感到陌生，但从来没有失去过他们量过身高并相伴玩耍的孩子。这只是"短暂的伤痛"，威尼斯大使描述了他们的"悲恸"。[16]

失去一个孩子的同时，他们不得不送走另一个孩子：9岁的玛丽，那个在范戴克作画时不愿意安静站着的小女孩。查理需要钱和盟友。玛丽·德·美第奇为玛丽张罗的一桩婚姻可以兼而得之，还能取悦他的国民：嫁给14岁的新教徒，奥兰治家族的威廉，统治荷兰的家族继承人。他是加尔文宗信徒，因此不会被指控是教皇派，而且财力十足。玛丽·德·美第奇提出，他可以实打实地为查理提供一支两万人的军队。[17]

对英格兰的掌控权已经从查理的手中滑走。议会的绝大多数选民对他的专制主义统治感到不安。选民们希望能够重新确立议会在"古老宪法"中的地位，希望议员能向他们保证"臣民的自由"是有保障的。同样，不少人还希望恢复伊丽莎白时期教会的加尔文宗色彩，恢复加尔文宗的政治势力。这些目标相当保守，为了实现这些目标，大多数议员准备支持带头使用新手段制约国王的人。

议会通过一项新法案，规定必须每三年召开一次议会。如此一来，不会再出现十一年的个人专制。同时，法案还否决国王利用王室特权征税的权力。未经召集代表，不得提高征税额，因此，国王在财政上只能依靠议会。清教的绅士们不会再被割掉耳朵，牧师们也不会因为反对英国国教的反加尔文宗改革而受罚。议会委员会被委任废除一切不遵守普通法的法庭。这些法庭包括星室法庭（用于审判煽动叛乱罪）和高等宗教事务委员会（用于镇压异见的神职人员），以及北部委员会（Council of the North）和威尔士边区委员会（Council of the Marches of Wales）等地区性司法机构。

不过，回归有效运作的"混合君主制"和回归解放清教徒的努力，依旧在暗处开展着。尽管查理颁布了针对天主教徒的更加严苛的刑事法规，甚至下令将天主教神父驱逐出英格兰，但是针对无辜的普通天主教徒，尤其是对亨丽埃塔·玛丽亚的攻击仍在继续。在贝尔沃城堡未开放的档案里，保存着一封王室佚信，信中，亨丽埃塔·玛丽亚害怕面临"彻底毁灭"的命运。这封信是写给法国负责外交的国务大臣德·沙维尼伯爵（Secretary of State for Foreign Affairs, Comte de Chavigny）的，它为亨丽埃塔·玛丽亚未来逃亡巴黎埋下了伏笔。[18]

查理主要对手和盟友的权势此时正如日·中天，他们被称为"秘密政治团体"（Junto），很多人也感觉他们是个麻烦。秘密政治团体表面上是新兴的寡头政治集团，有着激进的计划。沃里克的伦敦府邸变成国家的新财政部，钱款由此流向苏格兰占领军。他的苏格兰朋友打算乘胜将苏格兰的宗教观念推向整个不列颠和爱尔兰。同他们的英格兰盟友一样，国民誓约派也需要确保自己在未来不会因叛国罪而接受审判。只要主教制不被公认为是真正错误的，他们就无法确保查理在未来不会对他们展开报复。因此，他们要求三个王国都必须废除主教制。但是，他们在这么做的同时，也就已经在向查理要求某些他绝不会给的东西。

在加冕礼宣誓仪式上，查理宣誓捍卫"忏悔者"爱德华赋予神职人员的权利，"遵照上帝的律法，福音书的信仰在吾国坚定不移"。[19]他不会违背这一誓言,也不会否认作为上帝在尘世的代理的神圣君权。当他得知与苏格兰议和的最新代价时,有人说,国王简直气得"要疯了"。苏格兰人的要求着实令人震惊,却也让英格兰奄奄一息的保王党得以振作起来。

议会的多数派与国王一样,都将主教制和亨利八世时期王权对宗教的至尊权,视为英格兰宪法结构中不可或缺的部分。颠覆它们有可能动摇法治和整个社会秩序。[20]通过立法限制国王在不与地主合作的情况下任意行动的自由,这才是议会的目的。他们并不想将苏格兰的长老会制度引进英格兰。苏格兰的另一项要求也引起普遍反感:苏格兰人希望在两个王国之间达成新的符合宪法的联盟协议,以便对爱尔兰天主教徒采取军事行动。没有几个英格兰议员想与苏格兰结成政治联盟。

在秘密政治团体内部,强硬派与温和派也产生了分歧,[21]但至少他们都部分地依赖追求彻底变革的伦敦激进分子的支持。[22]激进分子做出的最引人注目的行动,是向议会提交了一份两万人的激进请愿书,要求废除主教制,将其"连根拔起"。诸如此类的请愿书,背后都有群众的暴力支持。温和派议员甚至反对考虑该请愿书,担心请愿书会"引起混乱"。[23]

查理在海牙的姐姐从朋友的信中得知了"议会的消息",这封信就是一则冷酷的内战故事:"我们满目疮痍,像一只破碎的杯子,"这位朋友写道,"我们的幸福世界即将终结。"[24]

第二部 妻子的朋友 143

第十一章

审判斯特拉福德

1641年3月22日，宽敞的威斯敏斯特大厦挤满了观众，旁观针对斯特拉福德指控的审判。这场审判前所未有地对外公开售票。门票供不应求，没有票的观众挤在门口。据威尼斯大使观察，秘密政治团体的目的，是要目睹斯特拉福德"成为民众偿愿祭坛上的祭品"。[1]审判室的一切见闻以口头、文字和印刷品的形式传向全国。

大厦南翼的布局与英格兰的终级法庭——上院议会厅的矩形布局相同。议员们穿着深红色毛皮大衣面对面坐在排成长列的板凳上，法官们不戴假发，坐在他们中间。霍兰被作为控方证人传唤，但他没有出席，也许他是想充当国王与秘密政治团体温和派之间沟通的桥梁。下院议员第一次全体出席审判，他们坐在陡峭台阶上的大看台上，与两边的上院议员并排。[2]

斯特拉福德站在大看台之间的镶板坞里，未经打理的头发显出了他的愁苦，黑色的外套上只别了一枚圣乔治徽章，这是嘉德骑士勋章的标志，徽章的图案是圣乔治斩杀叛乱的巨龙。[3]他面朝高耸的讲台，上面摆着国王的空王座，在它旁边，是威尔士亲王的座位。几天前，塞伊-塞尔子爵提出，国王的最高权力在两院议会召开期间属于议会，若国王本人出席议会则有违这一原则。据此，上院委员会决定，查理不应坐在王座上，但可以坐在王座旁边类似剧院包间的屋子里，藏在格子屏风后面。法官们也不向国王鞠躬，而是向代表"国家"的空椅子鞠躬。[4]

上午9点，查理走进大厅，他的妻子和长子随行，长子身材修长，沉默寡言。查理斗篷上的嘉德勋章闪闪发亮，王子举止优雅，走向自己的座位旁，站在王座的右侧。查理与王后一起走过讲台，来到为他专设的包厢，与妻子一同坐下，并命人撤掉了格子屏风。人们现在可以看得见他了，从他的面容可以一目了然地看出，他决定支持他的仆人。

苏格兰人和仇视斯特拉福德的爱尔兰人，努力四处游说来攻击斯特拉福德，不过，在这个司法审判的场所，这场审判绝不仅仅是走过场。但是，斯特拉福德的敌人尚且没有能够控制法官、贵族和上院议员。与此同时，斯特拉福德已经准备好为了性命背水一战。他的妻子、儿子和三个女儿还在家里等着他。他也相信自己有强大的辩护理由，露西·卡莱尔评论道，"他有充分的理由，因为他本身无罪，而且对他的指控不堪一击"。[5]

第一天早上，宣读了针对斯特拉福德的28项指控。第二天，

第二部　妻子的朋友

诉讼开始，由皮姆主导。为什么选中皮姆，不难理解。他"在当时最受欢迎，也最有能力伤害活人"。[6]他是下院有权势的发言人，他极具正义的发言很有说服力，他的演讲因此带有强烈的感染力。不过，他毫无幽默感，不善于观察听众，对听众的情绪变化不敏感。与此同时，斯特拉福德也不会让自己被皮姆的言辞击倒。

斯特拉福德面临的最严重指控，是企图建立非法的专制政府。在这一点上，控方遭遇了异乎寻常的难题。皮姆论证说，斯特拉福德背叛了国家。但是，在英格兰法律中，叛国罪指的是背叛国王，而查理的公开支持却提醒人们，斯特拉福德是为国王效力的。斯特拉福德说："这真难熬，我的一生和荣誉竟然在此受到质疑，而质疑的根据却是一条并不存在的、拿不出来的法律。"[7]

两个半星期以来，斯特拉福德心平气和地、有礼有节地一一化解了对他的指控，偶尔带嘲讽地幽默一下。就连某位敌视他的旁观者都承认，"他发言时，非常勇敢……赢得了所有在场者的敬意"。[8]与之对照，皮姆的"一言一行"更像是在报"私仇"，而不是寻求正义。[9]这一次，皮姆的表现与他的信念背道而驰。

苏格兰人及其盟友担心斯特拉福德可能被判无罪。如果是这样，他将官复原职，并在查理的支持下进行反击。爱尔兰军队和受辱的英格兰军队还在坚守，士兵没拿到军饷，而钱却流入了苏格兰的国库。英格兰军官们请愿，渴望派遣他们反击入侵者，"只要某些人［叛徒们］的阴谋诡计不挡我们的路"[10]。秘密政治团体清楚，必须采取激烈行动结束审判，得到他们需要的有罪判决。

指控斯特拉福德的关键证人，是枢密院前顾问老亨利·范内爵士（Sir Henry Vane），他们之间有私怨。范内宣称，斯特拉福德企图利用爱尔兰军队控制英格兰人，而不只是镇压苏格兰叛乱这么简单。范内的证词未经证实，且与其他大臣的证词互相矛盾。范内有个同名的儿子，年纪轻轻就当选马萨诸塞的总督，他找到了他父亲的一份议会开会笔记，将其转交给皮姆。随着控方优势逐渐丧失，皮姆决定利用范内的儿子提交的这份文件。

4月10日，控方律师提出增加新证据。斯特拉福德提出反对，如果这样的话，那么也应该允许他增加为自己辩护的新证据。这势必会延长审判，鉴于斯特拉福德迄今占上风的表现，控方很可能会败诉。上院接受了斯特拉福德的申请，大看台上的下院议员们愤怒地站了起来。皮姆派朝控方律师大喊："退出！退出！"在这一触即发的时刻，许多下院议员听成了"拔出！拔出！"，于是去拿剑。为了平息混乱，南安普敦伯爵（Earl of Southampton）提出上院休会，当上院议员们离开大厅时，跟在后面的下院议员们仍"迷惑不解"，"没头没脑"地挤在门口。

斯特拉福德微笑地看着这一切，他知道他现在有可能得救了。包厢里的查理则笑出了声。[11]然而，他们的胜利转瞬即逝。

斯特拉福德的敌人已经找到了解决审判难题的方法。在门前

第二部　妻子的朋友　　　　　　　　　　　　　　　　147

的混乱中，布鲁克勋爵的姐夫亚瑟·赫西里奇爵士（Sir Arthur Hesilrige）走向下院。[12]他的口袋里装着一份白色纸卷，上面是重新起草的对斯特拉福德的指控，原先的指控被改为剥夺权利法案（a bill of attainder，不经审判便定罪——译者注）。新指控就是要取消对斯特拉福德做进一步听证。审判虽然不利于斯特拉福德的敌人们，但他现在可以直接被判有罪，并接受《议会法案》（Act of Parliament）的谴责。一名下院议员菲利普·斯塔皮尔顿爵士（Sir Philip Stapilton）当天下午才向下院介绍了这一法案。[13]

然而，剥夺公民权利并不可以被用于起诉任何遵守普通法的公民，所以，有些议员认为这是可怕的"依法谋杀"。[14]斯特拉福德一方还有时间。反苏格兰和反秘密政治团体的情绪正在酝酿，尤其是在苏格兰要求英格兰废除主教制问题上。多数英格兰人都希望"由英格兰人自己制定法律，用不着苏格兰人指手画脚"，他们祈祷"上帝保佑教会免受苏格兰长老会的伤害"。[15]

查理致信斯特拉福德，安抚他道："我以国王之言向你保证，你的生命、财产和荣誉都不会蒙受损失。"这"就是正义，也是主人所能给予一位忠诚能干的仆人最吝啬的奖励"。国王在信后的落款是"你一如既往的、忠诚的查理"。[16]

查理希望能争取秘密政治团体内部温和派的支持，找到折中方案，保住斯特拉福德的性命。亨丽埃塔·玛丽亚在霍兰的劝说下，也积极施以援手，不仅因为她本人的安全受到来自秘密政治团体内激进分子的威胁，而且她也有责任保护受到威胁的天主教臣民。在一封未出版的致黎塞留的信中，她向黎塞留推荐一名被驱逐的天主教徒，她形容说，"一场暴风雨降临在这片土地上的天主教徒身上"。[17] 王后的传统职责之一就是充当调解人。亨丽埃塔·玛丽亚抓住机会发挥调解人的作用。几年后，当她已身在法国时，夸张地描述了她与最"凶狠"的反对派成员的夜会——她说的是皮姆。王后与皮姆在通往某位侍女房间的楼梯角会面，他们举着火把，脸上泛着火把的光。[18]

皮姆不只是密会王后，他还见到了国王。查理向秘密政治团体成员许以高级官职，作为交换，议会应保证王室充足的岁入以换取他的征税权，应保留英格兰的主教制，还应保证斯特拉福德的人身安全。秘密政治团体温和派打算接受这些条件。不幸的是，有些人与苏格兰人的意见一致，认为唯一能确保斯特拉福德不会东山再起的方法，就是砍掉他的头。正如埃塞克斯所说，"只有死人才没有同伴"。[19]

14岁的奥兰治王子威廉抵达伦敦，本应接受举国欢庆。他是英勇反抗西班牙哈布斯堡统治的荷兰军队代表，也是拥有"长公主"封号的玛丽的新郎。据报道，威廉带来了价值2.3万英镑的礼物，还有一大笔黄金。如此慷慨的礼物，引起了秘密政治团体强硬派的担忧，查理很可能会用这笔钱支付士兵的欠饷。有谣言说，心怀不满的军官们正在筹划一个保王阴谋。如果议会此时休会去准备婚礼庆典,那么军方有可能让议会再也无法召开。[20]

4月21日,"随时听命于"强硬派"发出警告"的一万名群众突然冲向威斯敏斯特。[21]伦敦民兵的三名军官提交了一份两万人签名的请愿书,请愿书呼吁处死斯特拉福德。暴民堵在大门口,下院通过了针对斯特拉福德的剥夺权利法案,并将其呈交上院。斯特拉福德请求宽恕,希望"回到自己的私宅,处理家务事,教育子女"。然而,他也说道,如果不能退隐,如果"万一我死于这些证据,那么,我宁愿当受难者,也不愿当审判我的法官"。[22]

4月26日,上院通过了剥夺权利法案的第一次宣读。同时,军官们发表了一份新请愿书,控诉"某些居心叵测的人"利用暴民,武力恐吓议会和威胁国王。一位外交官紧张地说:"每个人都担心,如果不小心翼翼地扑灭分歧的火苗,这些分歧最终可能引发可怕的内战。"[23]

5月1日,再一次尝试接触强硬派失败后,查理前往议会亲自介入这场决定斯特拉福德命运的论辩。

查理再一次寻求妥协。他承认斯特拉福德有轻微过失,应该接受惩罚,但并不承认他犯了叛国罪。查理还说,国王直接对上帝负责,给一个无辜的人签署死刑令,是深重的罪恶。他对上院说:"我希望你们能够知道,良知是脆弱的,但是,任何恐吓或尊敬都不能使我违背良知。"[24]随后,他发出警告:不会解散爱尔兰军队，除非苏格兰人离开英格兰。这一声明说明他或许已经在英格兰调度爱尔兰军队了。一位下院议员记录说，国王的发言"令我们震惊"。或许，这正是查理的目的。他在表明自己的立场。

第二天是玛丽公主的婚礼。伦敦沉浸在可怕的气氛中，查理暗自做了一个"极端的决定"[25]：用婚礼庆典掩护斯特拉福德逃出伦敦塔。

第十二章

前功尽弃

星期天早上,威廉王子乘坐四轮马车,由骑乘队护卫着,沿斯特兰德大街前往怀特霍尔宫。威廉是一个英俊的男孩,留着棕色长发,身着红金两色的外套。他的同伴霍兰伯爵亨利·里奇穿金戴银,毫不逊色。其实,本应由沃里克陪同威廉,但他借口忙于"国事"无法出席婚礼。[1]对查理来说,这次缺席令人不安,也是一种出乎意料的怠慢,就在几天前,查理刚刚任命沃里克为枢密院顾问。

此时,在圣保罗大教堂附近的白马酒馆,约翰·萨克林爵士正在集结一支预先准备好的队伍,由100名武装人员组成。对此,沃里克是否知情呢?[2]诗人萨克林曾写诗幻想在露西·卡莱尔进入荷兰公园(Holland Park)时脱光她的衣服。这位32岁的骑兵,身材中等、苗条,小脑袋上留着长长的卷发,"模样明快优雅"。[3]他是王后当前的宠臣亨利·杰明(Henry Jermyn)的表弟。不过,他并不盲目地支持查理的政策。萨克林提出,查理应该按照英格

查理一世

兰君主制的传统方式讨好人民，伊丽莎白就做得非常成功。[4]但是，他也认为沃里克和皮姆这类人假公济私，非常危险，必须阻止他们行动。

趁着公众的注意力都在婚礼上，萨克林计划带着他的100人向伦敦塔行进，守塔的中卫会发出口头指令给他们放行。进去后，他们有望制服看守，救出斯特拉福德。

与此同时，威廉王子抵达怀特霍尔宫，被护送进入王室小教堂。他站在带护栏的平台上等候新娘，旁边是圣餐桌。9岁的长公主身穿银色礼服，护送她的是两位兄弟：10岁的威尔士亲王和7岁的约克公爵詹姆士。当威廉初次见到玛丽时，还未获准亲吻她，但他认为她"很美"。玛丽佩戴了一条她母亲借给她的大珍珠项链。威廉曾对自己的父母说："我非常爱她，相信她也爱我。"玛丽和她兄弟跟在16个同龄的小伴娘后面，小伴娘们由玛丽的家庭教师、上了年纪的罗克斯伯勒伯爵夫人（Countess of Roxburghe）带领着。[5]随后，国王进场。接着是亨丽埃塔·玛丽亚和端庄的玛丽·德·美第奇，她们是以观礼者而非同宗信徒的身份参加婚礼的。

由于查理在财政上依赖议会拨款，因而玛丽·德·美第奇的津贴被叫停，这位"三王之母"迫不得已遣散了家仆，包括小矮人和身边的贵族，过着"平民女士的简朴生活"。[6]另外，她的健康也出了问题。在英格兰，她的性命受到持续的威胁，精神上的压力损害了健康。霍兰曾向上院提议，出钱为她提供护卫，他

第二部　妻子的朋友

提醒议员，如果这位高贵的客人有什么闪失，将会"有辱国家名誉"。[7]然而，上院否决了他的提议，于是，玛丽·德·美第奇继续面临被追杀的危险，很可能像她的丈夫亨利四世一样，死于狂热分子之手。

孩子们的婚礼由伊利主教马修·雷恩（Bishop of Ely, Matthew Wren）主持，他与查理的私人关系甚至比劳德更亲密，他提倡的祈祷仪式风格也比劳德大主教的更接近于繁复的天主教仪式。阳光透过241英尺（约73.4米）高的现代彩绘玻璃照了进来，华丽的风琴演奏着乐曲。查理将新娘交给新郎，威廉把戒指戴在了玛丽的手指上。[8]

查理并不十分中意女儿的这桩婚事。奥兰治王子是荷兰行省的执政，也就是说，他只是荷兰共和国一个州的世袭领导人。他更希望玛丽嫁给法国或西班牙的国王，要不是急需荷兰的钱，他绝不会答应这桩婚事。不过，亨丽埃塔·玛丽亚告诉姐姐克里斯蒂娜："尽管［威廉］不会成为国王，但我坚信玛丽会十分幸福。我很清楚王国并不能带来幸福。"[9]

婚礼结束时，萨克林在白马酒馆只召集到60人：人数只有最初期望的三分之二。他决定将行动推迟到第二天晚上。就在查理与家人在客厅享用婚礼早餐时，关于这支蠢蠢欲动的队伍的消息就在伦敦传开了。[10]随后就有了沃里克引人注目的缺席婚礼。查理的长外甥，23岁的普法尔茨亲王——查理·路易，于2月抵达伦敦，希望阻止英格兰与荷兰联姻，让玛丽嫁给自己。[11]查理曾经花了几年时间为这个外甥找一个富有的新娘。[12]查理对姐姐伊丽莎白一家向来非常慷慨，但现在连他自己都深陷财务危机。查理·路易此时却忘恩负义地想要玛丽做他的新娘，不过他的伦敦之行也于事无补。过去几年来，仍有清教徒相信，坚定的加尔文宗信徒查理·路易，要比查理自己以及查理和天主教徒亨丽埃塔·玛丽亚生的儿子们，更有资格做英格兰的国王。

晚上10点钟左右，使臣们返回怀特霍尔宫见证婚礼仪式完成，确认婚姻不可撤销。使臣们在侍卫的陪同下从客厅来到寝宫。威廉和玛丽在查理和亨丽埃塔·玛丽亚的看护下，躺在一起。因为玛丽只有9岁，正如威尼斯大使所说，只要看到两个孩子有"接触"就够了。[13]王后的侏儒杰弗里·赫德森为这一仪式准备了戏剧性的场面，他定制了一把巨大的剪刀，剪开了新娘缝上的睡袍。威廉碰了碰玛丽的腿——肉体碰肉体，意味着完成了仪式。随后，威廉被送回自己的住处。月底，他将返回荷兰。按计划，玛丽在12岁之前不会离开父母前往海牙。查理和亨丽埃塔·玛丽亚不希望她在生理成熟之前发生性行为，查理更希望她至少在14岁之前不要有性行为。

晚上11点，婚礼结束后，查理得知解救斯特拉福德的计划失败了。计划已泄露，一万名群众深夜聚集在伦敦塔外，到了早上，

第二部 妻子的朋友

他们拥向了威斯敏斯特，不断有人加入。下院议员们已得知伦敦塔的密谋，还得知另有阴谋要将北部英格兰军队带进伦敦发动政变。沃里克这次是真的忙了起来。下院议员们立即起草了一份辩护书，捍卫新教信仰。随后几天，几个涉嫌伦敦塔阴谋而被通缉的人逃往国外，其中有王后宠信的亨利·杰明和萨克林。莱斯特伯爵夫人——露西·卡莱尔的姐姐——不久后在巴黎见到了萨克林，称他仍然"是一个好伴儿，但脸上的欢乐少了许多"。[14]一年后，萨克林消失了，有传言说，他不愿忍受贫困潦倒的生活，服毒自尽了。

露西·卡莱尔在下院委员会面前接受了关于伦敦塔计划的问讯。[15]她从他们那里了解的信息，比他们从她身上了解的更多——由此，她得到的教训是，是时候让自己远离斯特拉福德的关系网了。皮姆和露西·卡莱尔的两个表亲——沃里克、埃塞克斯，才是这个国家的新兴势力。与此同时，议会通过立法规定，未经议会同意，不得解散议会。查理的权力因而继续萎缩。[16]后来，亨丽埃塔·玛丽亚狡黠地把议会称作"永久议会"，因为议员们怎么会投票解散自己呢？有了这项法律，谁控制议会，谁就打开了绝对权力的大门。现在，控制议会的，正是秘密政治团体和他们领导的暴徒。

在针对斯特拉福德的剥夺权利法案投票中弃权的议员，被公开点名羞辱，新闻小报和小册子对他们进行文字攻击，将他们称为"国家公敌"。[17]他们还被堵在新宫苑（New Palace Yard）门口的群众辱骂，那些还没进行最后投票的上院议员不得不从朝他们大喊"公正！公正！"的人群中间挤过去，人群"粗鲁无礼地向这群他们怀疑不会赞成法案的上院议员施压"。[18]上院议员的出席人数从70人下降至45人左右。天主教议员尤其敬而远之，不愿意签署辩护书，却又担心如果反对剥夺权利法案，群众就会打破他们的脑袋"。[19]

5月8日，是个星期六，剥夺权利法案通过第三次宣读，查理必须就是否赞成处死斯特拉福德给出意见。他能听到堵在怀特霍尔宫门口的1.2万人的喊声，他们威胁要杀死他和"整个王室"。[20]现在已经来不及护送他的家人离开了。法国使者警告亨丽埃塔·玛丽亚，路上十分危险。

林肯主教约翰·威廉斯（Bishop of Lincoln, John Williams）宽慰查理说，签署剥夺斯特拉福德权利法案，是"身为国王的他，出于公共良知必须要做的事，虽然这会违背他的个人良知"，但是，为了"保住他的王国……他的妻子……他的孩子"，他必须这么做。[21]在基督教教义中，政府有权行使个人不能行使的权责，例如，当公共利益需要时，政府要处死罪犯。但是，关键词是"有罪"——查理不认可斯特拉福德有罪。然而，斯特拉福德本人却致信查理，力劝他为了公共利益和保全王国，必须签署死刑状。

第二天，星期天——玛丽婚礼一周后——查理·路易看见他

第二部 妻子的朋友　　　　　　　　　　　　　　　　157

的舅舅在会议桌前犹豫不决,流下了眼泪。到了夜晚,伦敦塔外又发生了暴力冲突,护卫不得不开枪压制暴乱,造成三人死亡。查理担心如果他继续坚持下去,他的人民和家人将被消耗得精疲力竭;到了晚上9点,他的内心崩溃了,他终于在剥夺权利法案上签了字。查理说,如果只是他的生命有危险,他"十分乐意赴险",救出斯特拉福德,但是,"看到妻子、孩子和整个王国都性命攸关,我不得不让步"。[22] "这件事表明他本人是一个好君主,好基督徒,甚至也是个好国王。"查理·路易在给母亲伊丽莎白的信中沾沾自喜地说道。[23]

查理剩下的唯一希望是能说服上院宽恕斯特拉福德。5月11日,处决日的前一天,查理派长子前去求情,请求上院将斯特拉福德的斩首改为无期徒刑。王子走进上院,尽责地传达了关乎一个人生死的消息。上院里坐着的是他父亲"天然的辅臣",查理通知他们,他派了他的儿子来,因为"他也是上院的人,是我最亲的人",请他们接受他的请求,宽恕斯特拉福德。事后,一名保王党成员认为,"查理本人屈服于子民的权力",这有损国王的威严。[24] 查理的委曲求全徒劳无功。当天晚些时候,议会给出了回应,驳回宽恕的请求,理由是"除非[国王]本人,他最亲爱的伴侣王后和他们的孩子——年轻的王子们身处险境",[25] 否则,不能赦免斯特拉福德的性命。斯特拉福德的命运已经注定。

查理后来回忆道:"我被我以为对我好的人说服了,在安全与公正之间,我选择了前者。"[26]他的双手沾上了斯特拉福德的血。他永远都不会原谅自己。

* * *

斯特拉福德给他14岁的儿子威廉留了一张便条,上面写道,这是"来自挚爱你的父亲的最后几行字"。他表达了对女儿们的祝福,嘱托儿子与继母一起照顾好她们。

断头台建在塔丘上,天还没亮,人群就开始聚集。5月12日,太阳升起,估计有一万多人蜂拥而来,观看斯特拉福德的死刑。伦敦塔卫军中尉担心他的犯人在从伦敦塔大门到山顶的路上被私刑杀死,所以派军队护送斯特拉福德。旁观者坐在一层层的板凳上,就像鸟群停落在巨树的枝干上。他们从高处俯瞰斯特拉福德,一个黑衣人,走向断头台,说着话,祷告着。之后,他匍匐在石头上,消失在了坐在低处的观众视线里。然后,斧头挥落,掉下来的头颅被举起示众,在伦敦塔的阴影下,在春日的清晨中,响起了他们欢呼的凶恶之歌。

第二部 妻子的朋友

第十三章

茫茫血海

爱丁堡虽然不大但很美,"地势陡峭,土壤肥沃,空气清新"。[1]受限于抵御英格兰入侵的护墙,以及人口的不断增长,许多房子盖得非常高,有的甚至高达11层至14层。1641年8月17日,身穿猩红貂皮大衣的查理经过高街前往议会大厦,街道两侧的高大房屋形成了一个相对封闭的空间。由苏格兰圣吉尔斯教会新建的议会大楼,是一幢带有悬臂托梁式屋顶的壮丽建筑。查理把王冠放在面前以展示王权,然而,此时的他是一个败军之王,需要仰仗苏格兰臣民的仁慈。八天后签订的条约,为了换取苏格兰军队撤出英格兰,几乎满足了国民誓约派想要的一切条件。[2]无论如何,查理计划赢回失去的一切。一旦他在英格兰东山再起,就回来对付苏格兰人。终于,秘密政治团体在这里的地位正在削弱。

人们逐渐意识到秘密政治团体对国家稳定和英格兰教会传统造成的危害。沃里克、塞伊-塞尔、布鲁克、埃塞克斯、皮姆等人都自诩是法律的保护者,反对国王的专制统治,但是,他们不仅在伦敦还在各省推动暴力示威,清教暴徒开始破坏地方教堂。英国国教也面临来自激进派和以前的秘密会众的新威胁,这个秘密会众团体由极端清教徒运作,他们被称为"教派成员"(sectaries)。在许多对查理的政治和宗教改革持保守态度的人看来,秘密政治团体的做法更糟:"一群愚蠢的贵族"党同伐异,"煽动叛乱",排挤"所有可敬的牧师"。[3]

9月,秘密政治团体经议会颁布圣像破坏和祭坛护栏破坏规范条例,试图重新控制教堂的偶像破坏运动。但是,这在并不反感宗教艺术的教区激起了公愤。在英格兰中西部的基德明斯特(Kidderminster),"穷苦的工人和仆人一起""拿起武器"四处奔走,保卫十字架和教堂圣像——这无疑是个提醒,说明查理的改革在英国国教的会众中也有支持者。

秘密政治团体将人民团结在身后的最有效手段,依旧是坚称只有秘密政治团体才能保护人民,才能抵制教皇制的阴谋。为表明立场,他们把玛丽·德·美第奇赶出了英格兰。玛丽·德·美第奇于6月抵达敦刻尔克,身体虚弱,病入膏肓。这位曾经光彩照人的摄政女王撑不过一年了,她住在一间曾属于鲁本斯的房子里,仆人们焚烧家具给她取暖,之后她便去世了。普通天主教徒也处在水深火热之中,受到严重的迫害,后来甚至连许多新教徒都认为自己受到的迫害"荒唐无稽,严苛残酷"。[4]议会随后接连发布命令,令所有神父离开英格兰。但是,作为天主教宗教仪式核心的弥撒,不能没有神父主持,有一些神父留了下来服务社区。

首位被处决的神父是年迈的学者威廉·沃德(William Ward)。他没有在最后期限到来前离开英格兰,根据伊丽莎白时代的法律,他被定为叛国罪,仅仅因为他在英格兰做神父。他在泰伯恩(Tyburn)被执行绞刑,濒死之际,有人砍断绞索,他掉了下来,被人拖着脚踝拉到火堆旁,肚子被开膛,心脏被挖出来扔进火里。然后,他的头颅被砍下,尸体被肢解,尸体肢解后的各个部分被置于伦敦城门。沃德已经81岁了。

还有另外七名神父的处决令已经拟好,只待查理从苏格兰回伦敦后签字。

与此同时,查理的家人仍持续遭到攻击,伦敦大街小巷贴满了攻击亨丽埃塔·玛丽亚的"恶劣讽刺文"。[5]斯特拉福德的审判结束之前,亨丽埃塔·玛丽亚曾是国王与秘密政治团体之间重要的调解人,因为她与霍兰长期以来建立了稳定的友谊,霍兰是她的高级幕僚。拯救斯特拉福德是双方有望达成妥协的关键,而现在这希望随着他的死而破灭。秘密政治团体对王后展开了攻击。自古以来,王后们的敌人总是会质疑她们的贞洁。有人指控亨丽埃塔·玛丽亚与宠臣亨利·杰明通奸。她承认感觉"命运的突变几乎让我发疯"。[6]她的体重骤降,还患上了头痛和风湿,医生不得不给她开鸦片助眠。由药物带来的梦境中会有什么?是这个5月在宫门外的暴民？是心肝被掏出胸膛时尖叫的老神父？还是很久以前出席被谋杀的父亲的葬礼时，尚在襁褓里的她？

病重的王后向议会提请由她护送长公主去荷兰，她可以去那里的温泉疗养。她暗地里还想从欧洲大陆为查理筹集钱款。不过，她的通行护照被拒签，取而代之的是议会向她保证尽一切可能缓解她的压力。她连讽带刺地回复："两院如此关照我的健康，不胜感激，我静待后效。"[7]既然不能去欧洲大陆为查理求援，她便答应查理在国内为他尽力。17世纪30年代，亨丽埃塔·玛丽亚还能"畅想一下未来，全心全意地相信国王"。[8]到了此时，他的枢密院里充斥着秘密政治团体成员，查理需要一个值得信赖的亲近之人，此人还能发挥政治作用。

查理嘱咐英格兰代理国务大臣爱德华·尼古拉斯（Edward Nicholas），当国王在苏格兰时，请咨询亨丽埃塔·玛丽亚的意见。查理解释道，亨丽埃塔·玛丽亚已经得到详尽的指示，而且"完全了解我的想法"。[9]查理每周至少从爱丁堡给王后写三封信。10月23日，就在他与苏格兰签订和平条约两个月后，令人震惊的消息传来，他的第三个王国爱尔兰爆发了叛乱。

爱尔兰天主教徒惊恐地看着爱尔兰海对岸的英格兰教友受难，担心他们自己迟早也将面临更坏的境遇——大屠杀。他们的担心是有根据的。苏格兰人寻求与英格兰建立联盟，就是计划军事镇压爱尔兰天主教徒，而且英格兰已经有人在做诱导性宣传，主张

第二部 妻子的朋友

将屠杀作为征服殖民地的合法工具。*

爱尔兰人宣称他们的起义是一场保王起义："为了维护君主的荣誉，捍卫良知自由，保卫神圣的陛下统治的王国之自由。"[10]但是，他们的"良知自由"和"王国之自由"，反过来意味着对王室权威的挑战。叛乱的目的是迫使查理赋予他们与苏格兰同等的宗教自主权和相同的政治权利。不过，查理绝不可能允许天主教徒享有与英格兰国教徒同等的践行信仰自由。在这个问题上，查理与秘密政治团体的立场是一致的：英格兰需要供养一支军队来控制爱尔兰。

在北爱尔兰的阿尔斯特（Ulster），新教移民被相识多年的本地邻居刺死、吊死或烧死在家中。爱尔兰天主教徒经常扒光新教移民的衣服羞辱他们，在严冬时节，让他们暴露在大庭广众之下。一个英格兰水手描述说，他的小女儿浑身赤裸着，冻得发僵，还在竭力宽慰瑟瑟发抖的父母，坚持说"不冷，绝不会哭"。当晚，小女儿因体温过低而死去。这对父母在一间"破旧的小屋"躲了起来，赤裸着躺在孩子们身上，"给他们保温，让他们活下去"，[11]就这样才救下了剩下的四个孩子。

---

* 伊丽莎白时代的殖民者埃德蒙·斯宾塞（Edmund Spenser，《仙后》的作者）在《爱尔兰短笺》（'A Brief Note on Ireland'）中称，剑绝不可能清除爱尔兰天主教徒，所以"必须要用饥荒"。在共和国统治时期，爱尔兰20%的人口死于饥荒和接踵而至的疾病。

查理一世

殖民当局对叛乱的镇压同样野蛮。在蒙斯特，200名天主教犯人因"恐怖"而未经审判就被绞死；在莱斯特，天主教徒还在床上就被杀死。殖民者还明目张胆地鼓励士兵将目标对准妇女，因为"她们显然深度参与了这场叛乱，"[12]一位英格兰军官在日记中麻木不仁地记录道，"我们烧了房子，杀死了一两个女人，继续前进。"[13]

查理把爱尔兰叛乱称为"血海"。对秘密政治团体而言，叛乱是一个强有力的宣传工具：证实了天主教阴谋确实具有危险性。尽管事实已经足够耸人听闻，但是，秘密政治团体及其同盟仍夸大迫害移民的暴行，以促使议会采取更极端的手段削弱查理的权力。10月12日，王室有一瞬间亮出了獠牙，他们计划引诱爱丁堡的国民誓约派领袖进入圣十字宫（Holyrood Palace）并将其逮捕（可能杀死），不过，计划败露了。随后，查理否认事前知情，但是没有人再相信他，因为此事牵涉他儿时的朋友威尔·默里，也让人想起那个夏天军队的阴谋。这次意外及其潜在的谋杀结局，倒是提醒了秘密政治团体，如果他们没能成功地胁迫国王，将会落得被谋杀的下场。

秘密政治团体现在主要关心能否控制组建起来的粉碎爱尔兰叛乱的军队。传统上，必须以国王的名义组建军队。然而，如果要确保查理之后不会用这支军队对付他们，就必须阻止这种情况。

为了计划下一步行动，秘密政治团体在亨利·霍兰位于肯辛

第二部 妻子的朋友

顿（Kensington）的宅邸会面。宅子由伊尼戈·琼斯建造，屋内至少悬挂着五幅极其昂贵的莫特莱克产的挂毯，还摆设着其他艺术品：亨利·霍兰经常在这座别致的宅邸举行家庭聚会。与会者有霍兰从事私掠生意的哥哥沃里克，还有他们俩那正在从军的、阴郁的表弟埃塞克斯，以及他们三人共同的表妹，可爱的露西·卡莱尔。据说，斯特拉福德去世后，露西·卡莱尔又收服了一个新的崇拜者皮姆，变成了清教徒的"女圣徒"。甚至有人看见她在聆听布道时记笔记。[14]不过，她仍然与王后保持着亲密关系。

露西是一个间谍，至于她站在哪一方，还有待观察。

另一方面，霍兰肯定不再是王室宠臣了。在短期议会解散后，他投奔了哥哥的阵营。他的大部分收入依靠国王赠予的津贴和俸禄，现在收入岌岌可危，至少在秘密政治团体按计划剥夺查理的任命权之前是如此。其他人也算过账，查理再也没有能力封赏有权势的仆人们了，比如露西的弟弟诺森伯兰。[15]当然，将霍兰转变立场的原因全都归结为金钱，并不公平。按他自己的说法，他从"骨子里"反对天主教。爱尔兰叛乱给了他最后的动力，将他推向了叛军最残酷的对手——秘密政治团体。

议会计划用抗辩性质的文件——抗辩书来攻击国王，这就是后来所知的《大抗议书》（'Grand Remonstrance'），上面列出了200项针对个人"治理失当"的控告，意欲表明宗教、自由和法律相互缠绕在一起，故此，他们必须联合起来反对天主教企图破坏新教的阴谋。这个假想中的狡诈的"策划人和鼓吹者"包括英国国教的主教,"还有那些崇尚虚礼和迷信的堕落神职人员"。[16]一旦下院通过,《大抗议书》就会印刷发行,如此一来,秘密政治团体就可以理直气壮地带着早已安排好的节目立即动员受到极大惊吓的英格兰民族。这些节目包括:将主教和天主教徒逐出上院;对英格兰教会进行大规模的加尔文宗改革;只任用经议会认可的王室顾问。

亨丽埃塔·玛丽亚丝毫不知道爱尔兰叛乱对她意味着什么。11月,已经有人点名她有煽动爱尔兰叛乱的嫌疑,要对新教移民的死负责。她很清楚这些罪名会被用来对付她的丈夫。考虑到家人的安危,短期内她最好将男性继承人——威尔士亲王和约克公爵詹姆士——偷偷送出国。为此,她将儿子们从里士满宫(Richmond Palace)带到8英里(约12.8千米)外萨里的奥特兰兹宫(Oatlands Palace)。秘密政治团体立即派霍兰通知她把孩子们送回家庭教师身边。

霍兰将秘密政治团体的命令粉饰得冠冕堂皇:他们担心王子们不上课,教育会受影响。亨丽埃塔·玛丽亚按照他们的要求让儿子们回到了家庭教师身边,但她送儿子们出国的企图,很快受到了惩罚。[17]两位王子离开奥特兰兹宫时,她的告解神父——她的精神向导和良师——被带走了,接受"涉嫌"爱尔兰叛乱的讯问,并被控告企图教唆威尔士亲王改宗。随后,神父拒绝向新教《圣

第二部 妻子的朋友

经》起誓，于是被囚入伦敦塔。失去这位神父，对王后个人而言是一次沉重的打击，与此同时，她曾将保护普通天主教徒视为己任，但是他们的命运却越来越令她担忧。议会发布了一项公告，要求所有天主教徒向议会报到，天主教徒猜想，自己随后会像1290年的犹太人那样被驱逐，至少会被剥夺财产。[18]

好在，查理写信告知王后，他已经在从苏格兰回伦敦的路上了。他11月4日离开爱丁堡，一路骑行经过北英格兰各镇，街道两旁布满鲜花，群众夹道欢呼，这些都在提醒他：秘密政治团体只代表了国家的一部分人。查理和亨丽埃塔·玛丽亚在共同运作一个在英格兰曾行之有效的策略：国王声势浩大地进入伦敦，博得人民的爱戴。这一策略曾在都铎王朝面临来自不满臣民的威胁时，获得了成功。[19]王室的反击即将开始。

11月22日，距离查理回到伦敦还有几天，关于《大抗议书》的讨论就已在下院开始。《大抗议书》遭到了强烈反对。[20]议员们抱怨说，查理已经回应了那么多的不满，现在却要用"一大堆针对他人的指责和他本人改革措施的指责"来欢迎他从爱丁堡回家，这种做法"不合时宜"。[21]凌晨2点，当大多数下院议员还在睡梦中时，《大抗议书》就仅以11票通过了。当天早上晚些时候，就是否要出版《大抗议书》，又爆发了一场冲突。这次是公然滋事。一位议员反感地说："我做梦都没想到我们会欺上瞒下，用第三人称谈论国王。"最后，下院临时决定以手稿而非印刷品形式公布《大抗议书》。

11月24日，查理抵达伦敦城外的西奥波尔斯（Theobalds）。亨丽埃塔·玛丽亚组织了一场盛大的欢迎会，忠心的贵族和他们年长的儿子排成了一列壮观的欢迎队伍。第二天，他们全体陪同国王进入伦敦。在距城门4英里（约1609米）的地方，市长和高级市政官以及600位有地位的市民，盛装骑马，迎候查理。

市长把城门钥匙呈给查理，查理发表了演讲。他将今年早些时候的暴乱归咎于"卑鄙无耻"，并发誓捍卫新教信仰。随后，他和王子们骑马进城。

教堂的钟声响起，喷泉涌出红酒，查理"所到之处人们无不称颂恭迎"。[22] 他致以"挥手和问候"，人群爆发出"此起彼伏的欢呼声"。[23] 高级市政官们在伦敦市政厅（Guildhall）准备了宴席，随后，国王和王后在火把的照耀下进入白厅，群众山呼迎接。在王宫旁古老的斜坡庭院里，上百名全副武装的骑兵恭候查理，他们的铠甲在烛光的照耀下熠熠生辉，当国王进门时，骑兵们齐声高呼"上帝保佑吾王查理"。[24]

同一天，埃塞克斯作为南方军总司令的任命被撤销，同时，霍兰作为特伦特北部军司令的任命也作废了。查理当初擢升他们担任这些职务，是希望赢得他们的善意。但是现在，他不再想去争取和收买秘密政治团体的支持了。国王的下一步是争夺派往爱

第二部 妻子的朋友　　　　　　　　　　　　　　　　169

尔兰英军的控制权。

根据在爱丁堡签订的和约,英格兰军队被解散了。按理说,重组这支军队对抗爱尔兰本来是相对简单的事情。然而,士兵们把秘密政治团体视作叛徒,所以,秘密政治团体更想组建一支贫民构成的军队,也就是征兵——由他们亲自挑选的军官统领。为此,他们首先需要通过征兵法案。查理决定动员议会中的保王党阻止他们。

多亏主教们出席,保王党在上院占了多数,然而,在下院,秘密政治团体凭借恐吓取得多数席位:暴徒阻止了温和派出席下院议会。查理必须把温和派请回来。为此,12月12日,查理发布公告传召"议会两院所有成员"遵照王令,最迟不得晚于1642年1月12日当天返回威斯敏斯特。如果温和派必须奉命出席,皮姆所宣称的代表人民的主张到时候就会露出马脚。他对权力的诉求已经为自己赢得了具有讽刺意味的绰号"国王皮姆"。是时候结束皮姆的统治了。

可惜,距1月12日还有一个月。

城里的激进派还在赶印大批小册子,小册子里充斥着来自爱尔兰的传闻,婴儿被长矛刺死,新教徒被烧死在家中。[25]不识字的人从新教徒讲坛听到了相同的故事。清教牧师们常常夸大受害人数,甚至称受害人数超过爱尔兰新教徒总数。[26]皮姆提交的《大抗议书》描述了一个被反宗教改革势力收买和控制的英格兰,现在他们将这份文件印刷出版，四处传发，造成了伦敦城的恐慌，恐慌随后蔓延到伦敦以外的地区。在约克，未来的议会法官托马斯·费尔法克斯爵士（Sir Thomas Fairfax）写信给他在威斯敏斯特的父亲，描述他生活在天主教徒的恐惧中，约克郡的所有人家都暗藏着这些天主教徒，因此，托马斯·费尔法克斯准备利用圣诞季，趁这个"欢乐祥和、忧虑散去"的时刻，袭击毫无防备的平民。[27]

与此同时，在威斯敏斯特，"逞凶斗狠"的暴徒仍在持续向下院议员施压，他们"几百人一伙，手持利剑"，冲向议会大厦。当首都伦敦布满了骑兵后，城市的气氛变得更加暴力。某一日，王宫遭到攻击，"市民拿着棍棒和剑"，在门外大喊大叫，"宫里的绅士举剑越过护栏刺向他们"。[28] 约克大主教约翰·威廉斯，是一位温和的加尔文宗信徒，曾与秘密政治团体交好，1月27日这天，当他在威斯敏斯特下马车时，不得不挥拳击退暴徒。主教们前往上院的路已经不安全了，这致使保王党在上院失去了多数席位，温和派下院议员也还未回应查理召集他们出席议会的诏令。因此，秘密政治团体重新取得了下院的多数席位。他们可以随意通过他们想要的任何法令。

威廉斯大主教紧急动议国王暂停议会进程，认为没有主教出席，上院的组织结构是不完整的。秘密政治团体独占下院，他们迅速下令将12位动议的主教中的10位，以叛国罪的名义投入伦敦

第二部　妻子的朋友

塔。[29]现在，查理最后的权力可能在1月12日温和派返回议会前就被剥夺。他孤注一掷地向他的敌人伸出橄榄枝，给皮姆提供了财政大臣（Chancellor of the Exchequer）这个诱人的职位，而皮姆却拒绝了他。

查理如果不想沦为傀儡国王，就必须采取极端手段。他决定采用熟悉的弹劾程序，以叛国罪起诉秘密政治团体的六名成员，比如"煽动学徒发起请愿示威"。这六名成员中有五名是下院议员：约翰·皮姆，亚瑟·赫西里奇，登齐尔·霍利斯，约翰·汉普登，以及一个叫威廉·斯特罗德（William Strode）的狂热分子。第六名成员是一个贵族，曼德维尔子爵（Viscount Mandeville），沃里克的女婿。沃里克本人和其他大贵族，留待查理实力增强时再来处置。同时，查理希望弹劾程序能将议会议程拖延至关键的1月12日这个日子。

1月3日星期一，检察总长（Attorney General）正式向上院递交指控罪状。按惯例，上院下一步通常会查问目击证人，就像他们审理斯特拉福德时所做的那样。然而，他们却任命了一个委员会裁定这些指控是否合法。当武官到下院逮捕上面提到的五名议员时，却被拒之门外。随后秘密政治团体继续攻击，竟对国王步步紧逼。[30]

当晚，查理得到消息，议会打算驱逐王后宫中的绝大多数神职人员。亨丽埃塔·玛丽认为这是她被捕的前奏。谣言早已编织完毕，有人指控她企图"颠覆王国的法律和信仰"，甚至有人说，

"王后只是一个臣子"——如此,她就可以像之前的其他王后一样接受审判和处决。[31]

晚上10点,查理下令伦敦塔上的大炮装备炮弹,并做好威慑首都的准备。第二天早晨,伦敦出奇地安静。到了下午3点,查理忽然从白厅走出来,号召身边全副武装的保王党绅士:"跟我走,我最忠心的大臣和将士们。"他们跟随在查理身后。查理大步迈出王宫,征用了街上的一辆马车,要求马夫带他去议会。陪他一起去的是他的外甥查理·路易和70岁的罗克斯伯勒伯爵(Earl of Roxburghe)。苏格兰贵族一直在催促查理·路易直接介入。然而,查理·路易并非心甘情愿地同行。查理将这位未来有可能替代他的外甥带在身边,如此这位亲王才会配合他的行动。

下院议员们无视查理派来的武官传达的五位成员逮捕令,但是,查理相信他们总不至于无视他亲口发出的命令。现在他打算亲自下令。

查理的马车驶向威斯敏斯特之时,亨丽埃塔·玛丽亚正向露西·卡莱尔保证,国王已做好准备,要求收回他的王土,"因为皮姆和他们的同谋很快就要被捕了"[32]。亨丽埃塔·玛丽亚担心,如果不逮捕这五名下院议员,她就要为了自保被迫逃离英格兰。就在前一天晚上,她警告查理:"扯着他们的耳朵,把暴徒拖出来——否则你就再也见不到我了!"[33]她不知道的是,露西在此之

第二部 妻子的朋友

前已经背叛了她，向一位下院朋友通风报信——可能是皮姆，告诉他有一个针对五名议员的计划，但她还不知道具体是什么。[34]

国王的马车继续沿街行驶，身后跟着四五百名武装人员。一个曾参加过白金汉指挥的对法战役的士兵，询问发生了什么事。得知情况后，他挤出骑士队伍，跑去提醒下院。

听到士兵的报信后，五名议员被要求离开会议室以免"在下院被捕"。斯特罗德想留下来，但被一个朋友拉了出去。就在此时，国王进入了新宫苑，就在威斯敏斯特议会大厦外。查理的骑士先进入大厦，在长屋两边列队，以便国王在两队之间穿过。坐在下院的议员听到了国王迈上阶梯的脚步声，后面跟着他的随从。查理独自走进下院，引起一片沉默。五名议员正躲在隔壁的王座法庭（Court of the King's Bench）。在座的议员可以看得见躲在国王身后的老罗克斯伯勒，他拉住通向楼梯的门，楼上站满了士兵。其中一个士兵拿着手枪，已经扣上扳机，只要他手指一动，议员们就会血洒当场。

查理走向会场中央的发言席，向下院发表讲话。他要求五名议员放弃抵抗，并环顾四周，想看看他们躲在何处，"我谁都没看见，我想我应该熟悉他们。"他说。[35]但是，鸟都飞走了，他只能一无所获地离开。查理身为国王，蒙了羞。当他走出大厦时，沉默让位给了"特权！特权！"的喊声。雷鸣般的声音沿着楼梯追在他的身后。[36]

查理一世

1月7日，市议会（City Council）向国王递交了一份请愿书，告知查理爱尔兰叛乱所引发的恐慌，"因陛下之前带大批武装人员进入下院而大大加剧。他们看到"新教信仰和他全体臣民的生命、自由将被摧毁"。查理采取的行动看来影响恶劣。一位保王党成员伤心地回忆："之前还有人嘲讽〔秘密政治团体〕散播的查理针对议会的计划和阴谋，而现在证明他们所说的都是真的。"[37] 亨丽埃塔·玛丽亚因这个逮捕计划而备受指责，她的生命面临前所未有的危险。

为了妻子和孩子们的安全考虑，查理通知秘密政治团体，王室一家将要离开伦敦。霍兰和埃塞克斯劝说查理留下来，同时露西·卡莱尔去劝亨丽埃塔·玛丽亚。露西已经公开表示支持秘密政治团体，一段时间里都在跟秘密政治团体交流"她所知道的一切，尤其是关于王后和国王的动向"。[38] 露西一直都喜欢赢家，与霍兰一样，她也对查理近来财政的紧张而感到沮丧。英格兰的钱袋似乎掌握在秘密政治团体手中。她可能还觉得斯特拉福德背叛了她，她已经得知，斯特拉福德在说服她将爱尔兰的大量土地卖给国王之后，他本人从中渔利上千英镑。

无论如何，亨丽埃塔·玛丽亚都不接受卡莱尔这位背信弃义的侍女的劝告。后来，王后在为保王党挑选代号，用敌人的名字来迷惑那些截获他们信件的人时，选择了"卡莱尔"作为自己的

第二部　妻子的朋友　　　175

代号，以示自己对这位曾经的宠臣、如今的敌人的轻蔑。查理也愤恨"那些忘恩负义的人"，他们"吃着我的面包，受我们的赏赐而致富，却敢对我们无礼"。[39] 国王尤为痛苦霍兰背弃了自己：他曾是荣获嘉德勋章的骑士之一，卫兵队前队长和马桶随扈，也是王后的老朋友。不过，霍兰的建议值得一听。查理离开王国的"根基和中心"——伦敦，就是一个严重的错误。

王室于1月10日星期一离开白厅，乘坐驳船前往汉普顿宫，随行的朝臣寥寥无几，但有大批已解散的英格兰军队中的军官随行。[40] 一位保王党看见英格兰国王抵达的时候，"郁郁寡欢，困惑迷茫，比以往任何时候都需要安慰和忠告"。[41] 汉普顿宫冰冷刺骨，床榻都还没有铺好。查理、亨丽埃塔·玛丽亚和孩子们睡在一起。在这个1月的夜晚，他们相互依偎在一起，这无疑给了他们一些慰藉。不久，他们就会永远分离。

Part Three

变节的仆人

第十四章 "恺撒的归恺撒"

第十五章 埃吉山

第十六章 "虎狼之心"

第十七章 克伦威尔出场

第十八章 邪恶的女人

第十九章 金球

第二十章 乌云笼罩的陛下

第二十一章 保王党起义

第十四章

"恺撒的归恺撒"

1642年2月23日,查理在多弗尔(Dover)同亨丽埃塔·玛丽亚道别,似乎他并"不知道如何能忍痛离开她"。[1]他将主教逐出上院,并签署了预付款法案,如此议会才批准王后陪同女儿玛丽前往海牙。即便如此,他也不忍看着她离开。他站着"跟她甜蜜地交谈,深情地拥抱",两人都"泪流不止"。[2]"为我向上帝祈祷吧,"亨丽埃塔·玛丽亚向一个朋友提出请求,"世界上没有比我更可怜的人了,远离我的国王,远离我的孩子们和我的国家。"[3]距离她作为娃娃新娘从法国来到英格兰快十七年了,这里已经成了她的家。船起航后,查理骑着马沿着海岸向她挥手,直到船桅消失不见,留下他"孤身一人"。[4]

王嗣中最年幼的孩子——亨利只有19个月;伊丽莎白,7岁——被安顿在圣詹姆士宫由议会监护。他们不仅失去了他们的母亲和姐姐玛丽,还失去了他们的家庭教师罗克斯伯勒伯爵夫人,她被派往荷兰照顾玛丽。显然,年长一些的公主也"因为与母亲和姐姐分别而伤心"。[5] 3月9日，威尔士亲王致信玛丽，用寥寥几行"悲伤的话"告知自己的近况。

此时，亲王在纽马基特（Newmarket），他的父亲在此处"郁郁寡欢，十分苦恼"[6]。此前，亨利·霍兰到达后递交给国王一份声明，其中提到海外有些"宣传"，说查理"正着手改宗并制订捏断议会脖子的伟大计划"。突然，国王钢铁般的自制力崩溃了："这是假的！"他大声叫喊，"这是谎言！"他更担心的是"身为真正清教徒的责任，我的人民和法律，而不是我自身的权利和安危"。[7] 亲王向他妹妹保证，无论如何，他们的父亲都有一小群追随者，他们"喜我们所喜，忧我们所忧，毕竟我们无法改变目前这些困难时刻的蔓延"。现在他们将出发去王国的第二大城市约克，"去看看这些坏事的前因后果"。[8]

普法尔茨亲王查理·路易向母亲冬后抱怨，他不得不卖掉一条钻石吊袜带支付自己的路费。[9] 他根本不习惯自己掏腰包，但别无他法。国王太穷了，一个廷臣写信给妻子说，有些夜里国王连酒都没有，有些夜里连蜡烛都没有，"他养活不了追随者"。他满怀同情地说，国王"虽然冷漠无情，却没有丝毫恶习"。在这位廷臣看来，麻烦的是，查理"本性太过敦厚"了。查理孤注一掷向皮姆提供财政大臣的职位，似乎毫无效果。另一位保王党人大胆地说："如果他生性专横残暴，或许能得到更多的尊重和敬意。"[10]

查理本人也同意，"如果我少让步一些，反对我的就少一些，如果我多拒绝一些，服从我的就多一些"。[11]

离开纽马基特之前，查理与霍兰又见了一面。伯爵带来了一个议会代表团，他因处事圆滑和了解国王而被选为代表团领导。他的任务是说服查理将民兵控制权交给秘密政治团体。这是英格兰和平时期唯一的武装力量，当有军事需要时，由各郡的最高军事长官以国王的名义征集。霍兰骗得他团团转。查理说，议会在索要东西，"以前从来没有人跟国王索要这些东西，我不愿意将妻儿托付给议会"。身为国王，他要孤身一人去领导镇压爱尔兰的叛军。议会拒绝提供经费支持，而他断然声明："我可以自己找钱！"[12]

查理一直对自己在压力下控制情绪的能力感到骄傲。但是，现在他"从世界的眼中消失不见……失去了人民的爱戴"，他的统治跌落谷底，他本能地愤怒起来。[13]查理和一小队追随者在去往约克的路上停在了剑桥。女人们朝他们扔石头，冲着查理大喊大叫，叫他回到他的议会去。另一个臣民写道："可怜的国王，他越来越受轻视和侮慢。"[14]

此时，亨丽埃塔·玛丽亚抵达海牙，她女儿的公公奥兰治亲王弗雷德里克·亨利（Frederick Henry, Prince of Orange）准备了奢华的宴饮款待她们。查理的姐姐伊丽莎白的态度则稍显冷淡，

第三部　变节的仆人

她儿子查理·路易在家书里一直将亨丽埃塔·玛丽亚形容成一个悍妇，说她操纵着查理，并下定决心开战。伊丽莎白深信他"亲爱的弟弟"的所有麻烦都源自他的妻子。另外，查理·路易的姐妹们对亨丽埃塔·玛丽亚几个月来的身体不适和消瘦不闻不问，更不会在意护送她来荷兰的船只中有一艘已沉没。[15]查理的外甥女，莱茵的索菲（Sophie of the Rhine），冷漠地在信中描述了她瘦削的手臂和松动的牙齿，"像乌鸦从鸟巢出来一样突出她的嘴"。现在还有人引用这段描写，暗示亨丽埃塔·玛丽亚长相平庸。事实上，当她赢得了索菲的青睐后，这个女孩很快就发现王后"有漂亮的眼睛、挺拔的鼻子和迷人的肤色"。[16]查理深信亨丽埃塔·玛丽亚定将凭借自己的魅力，与"我的姐姐成为好朋友"。[17]事实上，冬后承认她的弟妹"与我和孩子们相处得极其融洽"，表现出"良好的教养和善意"。[18]

亨丽埃塔·玛丽亚身在欧洲，不过，并不是只为自保。她有任务要完成。在理顺了家庭关系后，亨丽埃塔·玛丽亚扮演起她的新角色——查理在欧洲的大使和保王党领袖，也是他的军火买手。对双方而言，爱尔兰的局势，现在不过是充当在英格兰本土集结武器和兵力的借口。亨丽埃塔·玛丽亚的任务十分艰巨，在荷兰共和国，她要应付针对保王党的偏见。她尝试卖掉带来的王室珠宝，但并不顺利。在一封给查理的佚信中她提醒说："亲爱的心肝……能否给我发一份出自你手的搜查令，让我全权处理我的珠宝？这里的商人说，女人在丈夫活着的时候不能售卖珠宝。"这些宝石包括王室的珠宝，例如，著名的勃艮第宝石"三联珠"，一枚镶嵌着红宝石和钻石的胸针，查理1623年曾在马德里向西班牙人炫耀过这枚胸针。[19]她相信卖掉这些珠宝就可以"就地购买黑火药、武器和火炮"。[20]

查理很快回了信，随后又收到妻子的另一封信。她把他的珍珠纽扣"从黄金底座上取下来制成项链"。事实证明这很成功，"你想象不到你的珍珠多么漂亮"。但是，布雷达的商人毫不留情地砍价，这些纽扣卖的钱只是自身实际价值的一半。[21]她一边用钱购买武器，一边施展政治手腕破坏议会争取欧洲支持的活动。在另一封佚信中，亨丽埃塔·玛丽亚向法国负责外交的国务大臣沙维尼透露，"英格兰叛军以议会的名义"，向荷兰派了一名间谍，声称"国王和我"想在英格兰重建天主教信仰，"我听说他们还派了一个间谍以同样的宗教借口前往法国。不管他是谁，我都希望不要有人听信他的话，也不要接见他，因为他来自违逆上帝和国王的叛军"。[22]在后来的一封信中她感谢沙维尼的"帮助"。[23]几个月后，她在一封信里说明了他给她的帮助是什么，她感谢沙维尼帮助拦截了一艘"给叛军运送武器"的船。[24]

3月19日，查理带着威尔士亲王和三四十名绅士抵达约克。他意识到，如果他要招兵买马，就不得不接受议会给他的诸多新

第三部 变节的仆人

限制。与此同时，他还面临一个真正严峻的抉择。在约克，关于圣诞节有天主教徒躲在居民家中的恐慌传开后，国王需要向居民保证，他将竭尽全力保护他们免受教皇派阴谋的伤害。这让他必须判处一位约克的天主教司铎死刑。这个不幸的人在4月13日被吊死、拖拽和分尸，与他同时被处死的还有另一位司铎，一个土生土长的约克郡人，年近87岁。[25]至少，对这个人的指控属实——他确实是一位司铎，而且是在英格兰境内。

在这些死亡的笼罩下，查理计划举办今年的嘉德典礼。典礼上，查理想让自己的骑士组成光彩夺目的分列式，目的是彰显他领导下的贵族对他的忠心和情谊，也是在戏剧性地提醒人们不要忘记秩序精神，同时也在保护王权的神秘性。[26]但是，只来了四名骑士。不过，这场典礼还是有所收获：受封为嘉德骑士的约克公爵詹姆士在赫特福德侯爵的护送下到来，还带来了900多匹马。[27]这标志着赫特福德与一度十分亲近的连襟埃塞克斯彻底决裂。很多朋友和家人之间都开始出现类似分裂。但是，查理需要更努力地招募保王党。他的下一步行动是宣传他身为法律的真正捍卫者形象，他要抵制激进派给英格兰造成的混乱和恐怖。

秘密政治团体控制下的议会在未经王室必须同意的情况下发布命令，将第二次主教战争滞留在赫尔（Hull）的弹药运送至伦敦。[28]亨丽埃塔·玛丽亚催促查理尽快行动，夺取这批弹药补给他未来的军队。查理还寄希望于妥协，因而犹豫不决，王后警告他说：" 你绝不要心慈手软。你以前总是这样，虎头蛇尾。"[29]她的话一针见血。查理总是被冒险和进取所吸引，但他与生俱来的多疑谨慎的一面，以及对暴力的厌恶，又会让他退缩不前。结果就是，他一边接受大胆行动的建议，一边又往往没有魄力亲自掌控实施过程，也没有将建议贯彻到底的果敢决绝。然而，面对这一次机会，查理克制的背后有充足的理由。

查理希望制造一幕戏剧性的场景，让秘密政治团体的叛乱行径昭然若揭。他不顾妻子叫他带兵去夺武器的建议，反而在1642年4月22日，嘉德典礼结束两天后，把詹姆士派去了赫尔。年方8岁的詹姆士，得意扬扬地戴着崭新的圣乔治勋章，彬彬有礼地告知市政官约翰·霍瑟姆爵士（Sir John Hotham），国王正在路上，希望获准进城。霍瑟姆以议会的名义"客气周到"地接待了这位年幼的约克公爵，但是，当国王抵达时，他却拒绝让国王进城。这是彻头彻尾的背叛。

4月30日，查理向约克的贵族求助，请他们为他个人辩护，"为自己的名誉平反"。[30]5月12日他发出进一步武装召集令。"你看，我的武器（是我自己的物品）马上就要从我手中被夺走了，这完全违背我的意愿……我认为如果有卫队，我或许能保护你们，保护法律和真正的新教信仰。"为此他需要他们的"同意和支持"。[31]

大量兵源拥向约克的王军，查理发布决议，宣布解除所有天主教徒的武装，重申他对"真正信仰"的承诺，并表达了他对有争议问题持开放态度。他还给每位贵族发私人信函，要求每个向他宣誓效忠的人向他进谏。贵族们开始准时源源不断地向北进发。而秘密政治团体的一次失误决策反而帮了国王的忙。议会向国王递交了19项提案，他如果想避免内战，就必须接受这些提案。一旦接受，这些提案就会让他沦为傀儡国王，甚至失去对自己孩子的监护权。这些提案与温和派的观点截然对立，查理将之称为"恐怖怪谈"，他6月份对提案的正式"答复"是宣传上的一次重大胜利。[32] 他在答复中警告说，议会已经变成了"暴发户权威"，他们正走在篡夺王权以破坏宪法平衡的路上。如果国王不受保护，整个社会秩序都会崩溃，社会将陷入"一片混乱动荡的黑暗"。

各种版本的查理"答复"被印刷成册，四处分发。这份答复触及一种深层的焦虑，即权力已经落入与极端分子勾结的寡头手中。事实上，这种焦虑是有一定根据的。反对派先锋的政治生涯和政治纲领，依赖于推行长老会制的苏格兰人，也依赖于伦敦群众运动里的激进分子。这个正在上演党派政治的国家里的大多数人并不支持极端分子和长老会的观点，自1641年夏天处理煽动叛乱罪的星室法庭被废除后，人们对去年以来的极端主义宗教文献的暴增感到惊恐。多数人对于教会组织做出的最大胆设想，也就是一种"更低阶的"或权力更小的主教制，而不是彻底废除它。他们准备保卫国王和英国国教，抵抗长老会、公理会信徒和充满教派分歧的新教内部边缘狂热分子的攻击。

支持主教制的请愿书开始在各郡传播，国王周围洋溢着新的乐观情绪。有人形容查理和他的儿子们"欣悦、美好，宫里满是贵族，有许多下院议员，还有很多勇敢的绅士"。[33]

到了7月，大约只有三分之一的下院议员和四分之一的上院议员出席了议会。[34]正如查理所强调的，议会几乎不像是一个合法主体了。不管怎样，霍兰、沃里克和埃塞克斯都已经成功地为议会军筹集了一大笔钱。[35]移民也从清教殖民地陆续返回故乡，推动着政体的变革。其中有沃里克那嗜酒如命的门生休·彼得，他在新英格兰待了六年，担任塞勒姆（Salem）牧师和哈佛学院（Harvard College）的监理。这些"美洲人"发现，"成为新英格兰人是一种充满伟大而崇高敬意的理念"。这里欢迎他们回来做下院议员、神职人员和士兵。[36]与此同时，在伦敦城的宪政革命中，下院夺取上院的权力，保王党兼上院议员的伦敦市长被送去受审。[37]对这个政体的反对者而言，伦敦成了一个恐怖之所。一半法官被抓进监狱，一并关押的还有保王党的律师、牧师和主教。

他们准备开战的时候，秘密政治团体利用"国王的两个身体"理论为自己反对国王的行为——叛国罪正是以此定义的——辩护。这个理论将国王的肉体（有可能衰亡）与作为权威主体的王权区分开来。根据秘密政治团体的论点，在国王丧失理智的时候，作为最高法院的议会有权代替国王行事。这个理论不如保王党呼吁效忠国王的口号那样有凝聚力。但秘密政治团体能够也确实继续利用传自爱尔兰的残暴故事宣扬教皇制的威胁。*讽刺的是，当初因保护爱尔兰的新教移民而召集的一万人，现在又被反过来用于对付国王。但在当时，恐怕教皇制威胁的是英格兰本土。

在英格兰天主教徒看来，秘密政治团体对宗教偏见和种族偏见的挑动产生了可怕的后果。天主教徒的房屋和货品遭暴徒劫掠，还有大量的司铎被绞死、拖死和肢解。在多切斯特（Dorchester）附近，一位神职人员在持续半个小时的开膛破肚中受尽折磨。目击者称："他的额头被汗水和鲜血浸湿，眼泪和鼻涕横流。"一个女人看到他的肝脏被拉出来后，恳求结束他的痛苦。最后，他那被砍下的头颅在人群中像足球一样被踢来踢去。[38]

埃塞克斯被任命为议会军总司令。虽然这位51岁贵族的军事生涯早在17年前的欧洲战场上就结束了，军衔也只是上校，但他父亲的名字仍然有磁铁般的号召力。这位"英勇的骑士"，是伊丽莎白一世时期王室不公的牺牲品，他的传说在儿子身上延续，赋予他的儿子持久不衰的权威，吸引了大批民间追随者。实际上，一位议员后来断言，如果他"拒绝这一任命，我们的前途极有可能［或者已经］完蛋"。[39]

沃里克是议会获取军事力量的关键人物。他是继埃塞克斯之

---

* 6月，爱尔兰天主教领袖已经组建了具备最高裁决会议和最高政务委员会的联合会。这个联合会在之后的七年统治着天主教爱尔兰，还培养了自己的陆军和海军以应对英格兰入侵的威胁。与此同时，信奉新教的上院法官也发布了命令，他们的人可以不经军事管制法（martial law）的审判而处决他人。

后英格兰最功勋卓著的实战贵族，二十多年间，他几乎是凭一己之力扛起了与西班牙在美洲的战争。许多水手被他的名望所吸引，当他在唐斯海军基地（位于麦德韦河畔北肯特郡查塔姆）现身时，除了五艘皇家船舰外，其余船舰都立刻向他驶来。当天晚上，他说服了其中一艘皇家船舰的舰长加入议会军。第二天，沃里克围攻剩下的四艘船舰。他向皮姆讲述了他怎样向最后两艘负隅顽抗的船舰开炮，然后，他放出消息说，"我用沙漏给他们计时"。沙子漏完了，时间就到了。他发动了进攻，登上船舰，逮捕了敌方舰长。[40] 由此，沃里克成功地为议会赢得了海军控制权。

内战双方都开始在英格兰和威尔士为己方军队征兵。从乡村到城镇，到处都是"激烈的冲突和争论"。[41]"骑士"这一称号被用来骂人，因为它让人联想到教皇派的绅士，"圆颅"则将议会和清教徒联系起来，因为清教徒的短发"紧紧地贴着头沿，有许多发尖，看上去好像头顶着滑稽可笑的东西"。[42] 考文垂（Coventry）市政当局是努力保持中立的机构之一，北德文郡（Devon）的平民对不折不挠的征兵拒绝不从。人们确信，战争会在一场大战中开始和结束，就像玫瑰战争期间常见的那样。没有人愿意公开发表意见讨论哪一方将从中迅速胜出。

此外，如果抛开教皇制威胁的说法，英格兰和威尔士内部其实并没有深刻的种族和宗教仇恨。天主教徒的人数实在稀少。这是一场新教徒与新教徒之间关于英国国教本质的战争，是一场如何在"混合"君主制中确立国王与议会之间的权力平衡点的战争。保王党与议会党想要的结果并不一致。渐渐地，王国走向分裂，每一方内部都包含进一步分裂的必然性，即保王党与保王党斗，议会派与议会派斗。[43]问题是，温和派会赢，还是某个极端派会赢？

查理想证明自己并不情愿开战，这延宕了他的决策。一位王室随从在6月发现，"国王更愿意在一旁静静地看着，更愿意走一条和平的道路"。[44]这是一步险棋。议会已经牢牢控制了伦敦和东南部、东盎格利亚（East Anglia）以及米德兰德东部和南部等最富庶、人口最稠密的地区。[45]8月，查理终于命令支持者集结在诺丁汉城堡他的军旗下。* 查理·路易立即抛弃了舅舅，回到荷兰。随后，他公开呼吁查理与议会和解，还谴责他莱茵的弟弟鲁珀特和莫里斯在他刚离开后就登陆英格兰加入国王的阵营。[46]

8月22日傍晚6点，天下着雨，查理的儿子威尔士亲王和约克公爵詹姆士，跟他们的父亲一起骑马登上诺丁汉城堡的山顶升王旗。王旗是三角形，外缘是锯齿状。旗上绣着象征国王的徽纹，一只血淋淋的手指着一个王冠，旁边写着："恺撒的归恺撒。"[47]这句话的典故，是基督指示"把恺撒的东西交给恺撒"，暗示服从国

---

* 在一封之前未记录在案的查理8月4日的信中，他命令纹章官威廉·达格代尔（William Dugdale）解除由布鲁克勋爵控制的沃里克和班伯里（Banbury）城堡的武装，如遇反抗，就宣布他们叛国。我已经将细节转述给莎拉·波因廷（Sarah Poynting），她正在编辑一部查理作品全集。这封信由达格代尔的后人保管。

王神圣的权威是每个臣民的义务。然而，它却是历史上最不能激动人心的口号之一。墨黑的天空下，王旗飘扬在血红的旗杆上，大雨倾盆而下，声如擂鼓。王旗竖在地上，号角吹响，一千名骑士高呼："上帝保佑吾王。"

在海牙，亨丽埃塔·玛丽亚自称她这两年来处事更自如了。她为查理的前线提供火药、步枪、手枪和卡宾枪，还有野战物资和现金。胜利是他们的，"那么，打倒敌人！"[48]她安慰查理：她和"亲爱的心肝""一个月内"就会重逢。[49]

但是，在诺丁汉，查理却一脸愁苦。

保王党指挥官亨利·斯林斯比同国王一样，瞥见了前方的恐怖。"战争双方都别指望从中获利，"他预言，"药方将比疾病更糟糕。"[50]

第十五章

埃吉山

伍斯特及周围的乡村"极度崇敬天主教，又混合着无神论，令人憎恶，像极了所多玛，也像极了娥摩拉"。[1]至少，在一个圆颅党人眼里是如此。因此，当这位圆颅党人全副武装的战友们1642年9月23日抵达波伊克桥（Powick Bridge）旁的威克战区（Wick Field）时，本应该时刻提高警惕，注意是否有麻烦。然而，他们却不慎遭遇了莱茵的鲁珀特亲王率领的一组保王党骑兵。据说，22岁身高6英尺（约1.82米）的鲁珀特长着天使的面孔，却有着恶魔的脾气。实际上是他的弟弟，21岁魁梧的莫里斯亲王，立刻开枪射死了一个圆颅党人。在一片混战中，两位亲王的头部都受了伤，最终他们打败了圆颅党人。大约有150人丧生，有些伤兵被匕首刺死，尸体被肢解。[2]

鲁珀特是三十年战争期间出生的，现在已经是一名骁勇的骑士了。13岁的时候，他就在加尔文宗信徒奥兰治亲王的率领下同哈布斯堡王朝作战，19岁时被俘，直到一年前才被释放，他"身体健康，但十分瘦弱，神色疲倦"[3]。他随身带着一只罕见的大型白色猎犬，名叫"勃伊"（Boy）：它是保王党阿伦德尔伯爵从一只名叫"水洼"的母狗生的狗仔中选出来送给他的礼物。[4]作为释放他的条件，鲁珀特曾发誓不再与哈布斯堡作战，由于从军是他唯一的事业，所以他还是带着猎犬勃伊和莫里斯来到英格兰为舅舅而战。戎马为伴的鲁珀特身上没有丝毫宫廷情趣和高雅品位，但查理任命他掌管战马，于是精力最充沛和最有才华的骑士纷至沓来，为他效力。在接受任命的几个星期内，鲁珀特麾下集合了12500人，骑兵就占2500人。波伊克桥一役，树立了他在骑士中的声威。

当晚，鲁珀特的战友们尝到了胜利的滋味，"发出了最恶毒的诅咒"。鲁珀特致信议会军总司令埃塞克斯伯爵，向他挑衅——要么决斗，要么战斗。议会给埃塞克斯下达正式命令，命他将查理从他的奸臣手里抓捕过来。鲁珀特指控伯爵企图夺权篡位："我无所畏惧，因为我的所作所为符合上帝之法和人类的律法，我捍卫真正的信仰［鲁珀特是加尔文宗信徒］，捍卫国王的特权，捍卫舅舅的权利和王国的安全"，正义"会通过我的剑，而不是我的笔，在远比这小纸片广阔得多的大地上传播"。[5]

话很大胆。但是，因为没有好用的地图，双方的军队都在盲目行军。在英格兰中部泥泞的路上东倒西歪地行进着，"两边的军队都不知道对方在哪儿"，而且他们"一点儿都不担心……彼此"[6]。

第三部　变节的仆人　193

同时，圆颅党和加尔文宗信徒都又饿又累，每个士兵都背着60磅（约27千克）重的装备，头盔，剑和背包。火枪手们背着他们的火枪，挂在肩上，还带着装满火药的捆扎带。身强力壮的长矛兵，因为要携带16英尺（约4.8米）长的武器，所以格外引人注目，长矛随着他们的行进步伐一晃一颠。[7]保王党以法律保护人的身份，反抗圆颅党的暴政，为国王而战；而圆颅党为保护他们的公正自由而对抗国王的专制，为议会而战。埃塞克斯随身带着一副棺材，以此向属下表明他准备与他们共存亡的意志。不过，双方许多人参战图的是军饷、战利品和新奇。当时一首民谣表达了农夫的愿望："我将学会诅咒、饮酒和咆哮／（风流的）我要养一个妓女。"一个从军的农夫一天中从一个死去的绅士身上掠来的钱，比他一年里在农场赚到的多得多。这些农夫没几个有从军经验，有些在敌方军队里还有朋友和家人。

10月22日傍晚，鲁珀特和手下在沃里克郡（Warwickshire）沃姆莱顿村遭遇了一小群埃塞克斯麾下的军需官，他们正在此地为队伍寻找扎营地。鲁珀特如此走运，就连圆颅党都开始怀疑他是不是真的会魔法。将圆颅党人俘虏后，鲁珀特派出一名巡逻兵去搜索敌方主力部队所在位置。巡逻兵报告说，他们驻扎在西边7英里（约11.2千米）的凯恩顿（Kineton）。鲁珀特向查理派出一名信使，建议在300英尺（约91.4米）高的埃吉山（Edgehill）阻击埃塞克斯的军队。埃吉山从高地向北延伸出一片草地，当地人称之为红马谷（Vale of the Red Horse）。对鲁珀特的骑兵来说，这里是完美的战场，但他的建议引起了查理与王军总司令——59岁的林齐伯爵罗伯特·伯蒂（Robert Bertie, Earl of Lindsey）的一阵争吵。国王表示支持鲁珀特，于是林齐便辞职了。他宣布，既然他被认为不适合统兵打仗，那么他将"以上校团长的身份战死在国王的军团前"。*

这天凌晨4点，鲁珀特终于收到了查理的答复："外甥，我的命令如你所愿。"[8]

查理的军队立即向山脊进发。到了早上，他们的位置引起了埃塞克斯的注意，对他本人及其部队造成了直接挑战。中午时分，埃塞克斯下令回击。他将阵地选在凯恩顿正南方的一块小陡坡上，面向埃吉山。相较而言，他的部队装备精良。他得到了赫尔的全部军用物资，还能充分获得伦敦和东南部的财力支持和军工制造的支持。另外，亨丽埃塔·玛丽亚从荷兰发给查理的军火被沃里克的海军拦截。查理的一些步兵只用短棒作为武器，骑兵们如果有"手枪或卡宾枪供其两三支前锋队伍使用，其余的则用刀剑"，那就算走运了。[9]保王党主要占据了心理优势：国王亲自出征，与士兵同在。

---

* 林齐普与查理的陆军元帅（field marshal），即苏格兰人福斯伯爵帕特里克·鲁思文（Patrick Ruthven, Earl of Forth）争论是否使用瑞典或荷兰的雇佣军，他在这次争论中已经失败了一次，查理支持使用雇佣军。

第三部 变节的仆人　　195

埃塞克斯必须尽量避免让部下看到，他们正拿着武器与他们的国王作战——不过，想要避免并不容易。这天"是今年此季中最晴朗的日子"。[10]在夺目的阳光下，可以清楚地看到查理骑着他的战马"冲锋在军队的最前线"。他对部下发表演讲："朋友们和战士们，我无比欣悦地看着你们，你们组成了英格兰国王有史以来拥有的最强大军队。"查理感谢大家站在他的阵营，"以崇高的决心坚定不移地捍卫你们的国王、议会和我所有忠心的臣民"。

虽然，反对派军队被称为"议会军"，但是最初当选长期议会的下院议员中几乎有一半选择支持国王，而且大多数上院议员也支持国王。[11]查理一直都声称他是议会真正的捍卫者。"愿上帝护佑你们胜利"，国王祈祷。接下来，最后阶段的备战工作开始了。[12]

下午3点整，埃塞克斯下令众炮齐发。"以上帝之名前进，"他向部下承诺，"我将与你们同生共死。"[13]他的军中，大多数人没听过比教堂钟声更大的声音，现在却听到了"隆隆的炮鸣声"。炮弹在保王党阵地上炸裂。[14]有人回忆说，"太可怕了，大脑和肠子炸在我们脸上"。[15]国王的第一波炮火开始反击，但没有打中，炮弹落在了犁过的田里。[16]不过，鲁珀特此时正在准备发起英格兰自中世纪以来第一次大型骑军冲锋。他骑着马从阵列的一侧绕到了另一侧，之后下令骑士们"尽可能靠紧，拿着剑保持阵形，不能用卡宾枪或手枪开火回应敌人的射击"，只有他下令后才可以开火反击。骑兵缓慢地前进，然后突然加速慢跑。面对马蹄无情的踢踏声和骑士们冲锋的呐喊声，毫无作战经验的议会军惊慌失措。有几个士兵在逃跑前开了几枪，还有一支步兵旅"四散溃逃，甚至没有抵抗，或者根本就没与敌人正面交锋"。[17]

接下来轮到保王党步兵前进了。一位指挥官跪下祷告："哦，主啊，您知道我今天一定很忙。我若忘了您，您一定不要忘了我。"然后，他站起来，高喊："前进，孩子们！"[18]几天前刚过9岁生日的约克公爵詹姆士，入迷地看着将士们走向敌人，"步伐缓慢沉稳，果敢坚毅"。只有埃塞克斯部队的中坚还坚守不动。埃塞克斯亲自下马。后来，他向露西·卡莱尔描述他如何"手持长矛，站在步兵团的最前面"，像一名普通士兵一样。[19]他期盼战斗到死。保王党骑兵本应该协助步兵完成他们发起的冲锋，却继续盲目地向前冲。他们不受指挥官的控制，与国王的后备战马杂混在一起，"马刺和松散的缰绳"相互缠绕。[20]这是查理首次作战，他无法阻止他的贴身护卫，这些身穿猩红制服的内近卫骑士团正沉浸在胜利的兴奋中，奔袭追逐逃跑的敌人，其中有查理斯图亚特家族的堂弟，30岁的里士满公爵（Duke of Richmond）及其幼弟们：伯纳德·斯图亚特勋爵（Lord Bernard Stuart）、约翰·斯图亚特勋爵（Lord John Stuart）和奥比尼勋爵（Lord Aubigny）。

双方的步兵开始遭遇时，埃塞克斯盼咐骑兵加入混战。头戴橙色披巾的是圆颅党，红色的则是保王党。他们在身后拥挤的战友和敌人散乱的队形之间横冲直撞，有人开了枪，冒出令人眼花缭乱的烟雾，还有人挥舞着剑和棍棒互相攻击。*眼前的奇观让保王党士兵们陷入迷惘和惊愕，因为烟雾扭曲了敌人的身高，让敌人看起来比本身更加高大，像极了从噩梦里的迷雾中升起的食尸鬼。在保王党阵列，手里没有合适武器的士兵踩踏着地上的尸体，"捡起被杀死的邻居身上留给他们的武器"。[21]

议会军这边，随行牧师们"骑马在战场穿梭，穿过重重危机……劝诫士兵英勇作战，不做逃兵"。[22] 步兵卫队守护着王旗，在猛烈的攻击下畏畏缩缩。旗手埃德蒙·弗尼爵士（Sir Edmund Verney）杀死了砍杀他近侍的议会军，然而，弗尼接着也被杀死了。那天早上，他不愿意"穿上盔甲和皮外套"：他为这场与敌人的会面所准备的衣装，就好像是他要与家人见面似的——在某一方面而言他确实是见家人。他的长子在敌方军队服役。弗尼的尸体损毁严重，再也没有找到。王旗被敌方夺走，经过6分钟激烈的争夺，最终一名叫史密斯的上尉夺回了王旗。

在战场另一处，另一个老兵，前指挥官林齐伯爵大腿中弹被俘，血流不止，之后被抬下了战场。他的儿子威洛比勋爵（Lord Willoughby）冲过去援救父亲，结果一并被俘。

查理不顾子弹在头顶飞过，尽管部下在他周围纷纷倒下，他

---

* 两个世纪后，在大西洋彼岸发生的另一场内战，即葛底斯堡（Gettysburg）战役中，有人发现，在战斗中，心脏因受到压力可导致士兵陷入睡眠状态。

仍拒绝离开战场，展示出了"与所有人同样的敏捷、镇定和勇敢"。他的在场大大鼓舞了士气，另一个亲历者认为，"如果他不在战场，我们会表现得更糟糕"。[23]

无论如何，他要确保两个年幼的儿子威尔士亲王查理和约克公爵詹姆士免于受伤和俘虏。此时他们已然遭到炮火攻击，于是查理命令私人护卫和几个信赖的士兵带孩子们"撤退到山上去"。

黄昏时分，孩子们看到一支马队向他们移动，难辨敌友。一位侍从武官骑马上前确认，然而，威尔士亲王目击侍从武官被击落马下，敌人杀死了他又扒光了他的衣服。王子等一行人立即改变了路线。[24]詹姆士后来回忆："我们躲到了距离敌人不远的小谷仓，谷仓外面有一圈围栏，几个保王党的伤兵正躲在那里。"对孩子而言，这是一幅恐怖的景象，伴随着垂死的哀号。他还意识到，如果他们遭到进攻，就会惨遭践踏。查理也明白这一点，命令他的儿子们向埃奇科特（Edgecote）附近移动。不过，在命令发出前，詹姆士已经目睹了战役的结局。

令詹姆士难以置信的是，精疲力竭又冻得僵硬的双方士兵居然还在坚守阵地。铁匠和染布工，乡绅和贵族，全都"继续朝对方开火，直至深夜"。[25]最后，黑暗终结了战斗。这天夜里，寒冷的天气让很多伤兵丧生。不过，寒冷还保住了至少两位重伤的军官。他们已遭抢劫，衣服被人扒掉了，而医生认为恰恰是低温的"止血效果好过医生和药物对他们的治疗效果"。保王党随军医生

第三部　变节的仆人　　　　　　　　　　　　　　　　199

威廉·哈维（William Harvey），在发现血液循环系统后证实了上述猜测。[26]

被关押在"破房子里"避寒的老将军林齐却没有那么幸运。他因大腿失血过多休克死亡。他的保王党战友们伤亡更加惨重，尤其是军衔较高的军官。据伯纳德·斯图亚特勋爵统计，"死亡和逃跑人数大约有2500人"。对他来说，最悲痛的也许是失去了他的哥哥，24岁的奥比尼。这是一个"温和可亲"的年轻人，一名荷兰雇佣兵射中了他的后背，这位雇佣兵正是奥比尼之前因其军纪散漫而惩罚的那个。[27]

这一晚，查理待在山上，坐在谷仓外的火堆旁。他能听见垂死之人的呻吟，"为血流成河而哀悼"。[28]一个骑兵写信给母亲说："这天夜里的战场充满了恐惧和苦痛。"有一个士兵在战斗结束后受到刺激，他发现自己虽然很饿，但下巴却紧紧咬着，根本吃不了东西。议会军的一位下院议员也有同感。结果，"我们差点儿饿死，"他回忆道。[29]星期一太阳升起后，两军伤兵还处于昏迷中。

> 埃吉山，满目白色的坟茔，
> 满目殷红的鲜血，
> 死者知多少。

骑士诗人爱德华·本洛斯（Edward Benlowes）如是作诗。

好几个小时里，士兵们一动不动地隔着战场盯着对方。据说，议会军阵营这边"埃塞克斯伯爵和他身边主要军官要面对更多的麻烦和混乱，普通士兵也非常沮丧，似乎除了保命，没别的野心"。[30]双方都相信，这一役将结束战争，但是现在明显没有绝对的赢家。

埃塞克斯已经濒临崩溃。按惯例，这天晚上他应该撰写正式的战争报告，但他什么都没做。6名下级军官自告奋勇完成了这一任务。只有年轻的鲁珀特意识到战后松懈的危险，建议查理应该立即向伦敦压进。但另一些人则认为"攻占"伦敦并不可取，他们担心鲁珀特会像1631年哈布斯堡对马格德堡所做的那样——"焚城"。

查理决定推进和平进程，但也随时准备继续开战。

1642年10月24日，亨利·霍兰和表弟诺森伯兰率领议会代表团前往伦敦市政机构，发表了内容"凝练却牵强的演讲"。伦敦市民此前一直向议会施压，要求他们求和。亨利·霍兰和诺森伯兰向市政机构保证，议会"对国王绝没有恶意"，但是，他们警告说，他的大臣和顾问们会毁灭真信，而且"查理还意图将善良的人民，尤其是伦敦市民的财富，任由他的骑士和士兵劫掠蹂躏"。[31]

11月12日，鲁珀特渡过泰晤士河，解除了议会在布伦特福德（Brentford）的驻军，之后掠夺了该镇。胆战心惊的伦敦人不知道鲁珀特下一步还会采取什么行动，于是准备自己保卫他们的城市。

第三部　变节的仆人

国王两个最年幼的孩子——6岁的伊丽莎白和2岁的格洛斯特公爵亨利（Henry, Duke of Gloucester）——在亨丽埃塔前往荷兰之后，就一直被议会控制着，议会把他们从圣詹姆士宫转移至布罗德街的科廷厄姆勋爵（Lord Cottingham）府邸，用作人质或人肉盾牌。[32] 如果鲁珀特要焚毁伦敦，他的小表弟和小表妹就会被烧死。

第二天，双方武装力量在伦敦西面通往特兰姆格林村（Turnham Green）的街上遭遇。议会此时有了"训练有素的队伍"。伦敦的民兵组编成团，多达上千人，是王军规模的两倍。

鲁珀特建议查理避免交战，向南进军，从肯特郡折返进攻伦敦。但是，查理急于避免平民大量伤亡，反而沿泰晤士河谷前往牛津。伦敦逃过了一劫，查理却丧失了一次至关重要的机会。

临近新年，查理的姐姐伊丽莎白在海牙从一个老朋友那里收到了最新的战况报告："我但愿我无话可写，"他告诉她，"因为没有消息就是好消息。"国王"重兵驻守牛津；埃塞克斯伯爵在温莎，双方军队像火龙一样四处奔袭，所掠之处一片灰烬"。在英格兰西部和南威尔士，一支王军在加强对康沃尔、威尔士和边境各郡的布防。在北方，保王党纽卡斯尔伯爵（Earl of Newcastle，不久后被封为侯爵）的军队攻占了约克郡大部分，并在英格兰中部的纽瓦克（Newark）修筑了桥头堡。不过，英格兰各地也遍布议会军的身影。速战速决的希望破灭了。

第十六章

"虎狼之心"

16艘战船乘着北海的巨浪在追捕亨丽埃塔·玛丽亚。时间是1643年2月,沃里克伯爵罗伯特·里奇担任议会军海军司令,下令抓捕亨丽埃塔·玛丽亚,生死不论。[1]暴风雨帮她甩掉了追捕者,低能见度掩护了她在约克郡海岸布里德灵顿湾(Bridlington Bay)登陆。她在码头上的村舍里过了一夜。第二天凌晨5点,天还黑着,沃里克手下的船长们锁定了她。四艘议会军的战船开进海湾,向村舍开火。亨丽埃塔·玛丽亚还躺在床上,后来她对查理说,"警铃在我上方响起,你不用想也知道我不喜欢这种铃声"。[2]她抓过衣服,双臂还夹着她的狗,跟侍女一起冲进深处的隐蔽间。这只又丑又小的狗叫米特。枪声"在我们周围呼啸而过",一名军士在距她不到20步远处中弹身亡,"身中多枪,破碎得不成人形",女士们躺在深沟的时候,"炮弹从头顶呼啸而过,时而掀起的阵阵尘土把我们埋起来了"。两个小时后,潮退了,沃里克的船被迫返回海里。

查理公开谴责沃里克蓄意杀死他的妻子，指责布里德灵顿湾的炮火"不是意外，纯属蓄意"。[3]没有哪一位在蜜罐里长大的欧洲公主必须面对她所处的险境。但是，亨丽埃塔·玛丽亚不愧是伟大的勇士法王亨利四世的女儿，她冒险达到了自己的目的。炮火一停，她就下令一队卫兵保护运来的武器。她开玩笑说："我必须扮演船长，虽然个子矮了点儿。"[4]她带来的士兵、钱和武器与她一起在约克郡会合，有了这些帮助，保王党很快在约克郡取得了压倒性优势。

同时，谈和的工作也在推进。如果谈和失败，亨丽埃塔·玛丽亚就会为千夫所指，被认为"她暴躁的法国人脾气刺激国王……采取坚决措施"。[5]甚至有人将她比作另一位法国出生的英格兰王后，安茹王朝的玛格丽特（Margaret of Anjou），"女人的皮囊里包裹着一颗老虎的心"，她被指作流血无数的玫瑰战争的罪魁祸首。然而，事实并非如此。

许多人都期待埃塞克斯与国王首次作战时能取得决定性胜利。1642年，查理到达约克时只有三四十个追随者。此后，查理的成绩非凡。他不仅挺过了埃吉山战役，现在还率军主动进攻。议会派的未来，要么是被国王彻底击败，要么陷入长期内战，而长期内战势必威胁现存秩序，导致国家破产和军方专权。议会派内部就此分裂为主战派和主和派，霍兰和沃里克两兄弟各自成为对立两派的领袖。

霍兰的一部分收入掌握在国王和议会的手中，哪怕战争延长一点点，都足以让他在经济上陷入窘境。霍兰与诺森伯兰和其他几名上院贵族一样，还担心战争的延长有引起国家持续动乱的危险。因此，他们正在与下院的温和派共同草拟一份和平协议，保留国王绝大部分特权，保留英国国教的主教。查理很有可能会接受这份和平协议。沃里克和其他主战派领袖，是曾经共同谋划苏格兰1640年入侵英格兰的人，查理一日不被剥夺实权，他们就一日性命难保。他们都不想要——也要不起——这种"温和"的和平。下院的皮姆和沃里克上院的老盟友——塞伊－塞尔子爵与布鲁克勋爵也是其中的成员。

广大英格兰平民站在主和派一边，与霍兰一样渴望结束战争。但是，他们在议会里再也没有真正的代表了。由于短期内不必考虑连任的压力，议员们对普通选民少了一份责任感，反而受到主战派与主和派领袖，即现在所谓的"魁首"的操控。魁首支配的"执行常务委员会"暗中制定政策，发放赞助。主和派魁首派出一个议和代表团前去牛津与查理谈判。[6]但是主战派魁首早已确保协议里的条款远比国王有可能接受的条款严苛得多。条款要求查理在和谈之前解散军队，将查理身边发挥关键作用的朋友们送去审判，换句话说，就是处死。这是蓄意"提出不可能的条件来阻止和平"。[7]

不过，主战派魁首意识到，他们还必须说服占下院大多数的温和派追随他们。此时，唤起人们对教皇制的恐慌，仍是最奏效的游说手段。因此，他们发起对教皇制首脑亨丽埃塔·玛丽亚的新一轮攻击。

1643年3月，沃里克过去的扈从，一位名叫约翰·克洛特沃西（John Clotworthy）的爱尔兰人，领着一队人捣毁了王后丹麦宫小教堂里的神像和书籍。他还亲手划破了查理送给王后的礼物——鲁本斯的杰作《基督受难》中的人脸，然后"将他的戟钩插在受难的基督脚下，把画撕成了碎片"。[8]这是这场战争中单笔损失最大的一件艺术作品。毁坏天主教绘画仅仅是表象，真正重要的是消灭真实存在的天主教徒。故此，难怪亨丽埃塔·玛丽亚急切地要丈夫坚定拒不接受主战派条件的决心："如果你求和，并在终结这个永久议会之前解散军队，我就义无反顾地回到法国，"她告诉查理，"我相信，只要权力还在他们手里，我在英格兰的日子就不会好过。"[9]

在牛津，保王党也像霍兰一样急切地希望促成和平，他们催促查理在与议会谈判时处理方式要灵活变通。1643年3月24日，查理用密文和褐色墨水端正地写了一封信，告诉亨丽埃塔·玛丽亚他正在"竭尽全力同意议会停战的基础条款"，一些大臣们反应特别"激烈"。但是，"我很确信一点，我为了停战条约所做的一切，不会让你感到不悦"。[10]主战派魁首们的目的达到了。议会提出的条件查理无法接受。1643年4月，他终于公开地拒绝了这些条件。王后松了一口气。

不到两个月之后，下院开始以叛国罪之名调查亨丽埃塔·玛丽亚，并起草弹劾提案指控她"挑拨反对议会和王国的战争"。[11]一份保王党的时事通讯质疑"生活在不幸时代的善良女人，不能为她的丈夫提供必需品……对皮姆大人和两院某些忠心的议员而言无疑是叛徒"。[12]查理同意一点：亨丽埃塔·玛丽亚唯一真正的罪行是"她是我的妻子"。[13]

在约克基地，亨丽埃塔·玛丽亚与王军一起分享胜利的喜悦，一起哀悼死去的战友。她经常在士兵看得见的地方进餐。她以她的干劲、勇气和魅力吸引了新的兵源。但是，1643年6月底，议会"铆足了劲儿"加紧对她的弹劾，她对查理说，她正遵照他的命令去牛津与他会合，已经在路上了。[14]她写道，"我带来了3000名步兵，30队马匹和龙骑兵，6门加农炮和2门迫击炮"。她列出了指挥官的名单后，还自嘲地补充说，这样一来，我这个"王后陛下、大元帅"也只好负责"管理行李"了。其实，这并不是一件轻松的任务，这是150车的必需品。

王后逃脱了埃塞克斯骑兵的追击，正如2月份她在公海逃出沃里克的追捕一样。就在前往牛津的路上，她甚至还抽时间占领了特伦特河畔的伯顿（Trent upon Burton），打了一场"血腥"而"绝望"的恶战，俘虏了400多名议会军官兵。她向查理坦白，她

第三部 变节的仆人

的士兵缴获的"战利品太多,无法带着辎重行军",必须留出一天时间把东西卖掉,才能轻装前进。[15]她累得腰酸背痛,连续多天夜里睡眠不足3小时,饥肠辘辘地赶路。她诚实地告诉查理,疲劳和饥饿"让我快乐,因为这一切是为了你;我所做的一切都是为了让你见证,我唯一的快乐就是为你效劳"。[16]

自1642年2月在多佛与妻子分别后,已经过去了17个月,查理"无比渴望"与她相见。[17]7月13日,得胜归来的亨丽埃塔·玛丽亚在埃吉山见到了丈夫和两个儿子。两个儿子正是在这里目睹了战败,这些记忆连同只有部分家人相聚的现实,冲淡了他们之间重逢的喜悦。此外,最年幼的两个孩子——伊丽莎白和亨利——还在议会手里。不过,还是有很多值得庆祝的事情。查理的军队最近取得了一系列胜利。就在当天,他的军队在威尔特郡迪韦齐斯(Devizes, Wiltshire)附近打了一次胜仗。为纪念胜利,专门定制了一枚奖章,打算刻上查理和亨丽埃塔·玛丽亚的形象,他们的脚下卧倒着一条被长矛刺中的龙,寓意——圣乔治和他的妻子战胜了罪恶的叛乱。[18]查理似乎对最终战胜议会胜券在握。

国王与王后、威尔士亲王和约克公爵詹姆士进入牛津时,教堂敲响了庆祝的钟声,人们沿街夹道欢迎。

牛津是查理战时的首都,这里的人们过着一种陌生的新常态生活。学院镇上有一家造币厂,铸造国王的新币;镇子上的印刷厂还大量印刷诙谐报纸，报纸流露出的对议会的"反感"，丝毫不亚于"任何一支王军"；牛津圣马利亚教堂附近有一副绞刑架，用于处死议会派来的间谍。[19]整个镇都充当了王室的武器库；牛津大学新学院则贮藏了大量军火。[20]亨丽埃塔·玛丽亚和家人住在默顿学院，查理则住在基督教堂，教堂的方院也被用作牛栏。本科生们在课余时间帮忙建造防御工事，或者与士兵一起在曾经冷清的草地上进行军事训练。年轻美丽的安·范肖夫人（Ann, Lady Fanshawe），在士兵鸣枪向她致礼时，险些吓破胆，"一发子弹从我头上不到2英寸（约5厘米）的地方划过"。[21]

越是身经百战的骑士党，"外表越利落、热情"，但还是"自负、空虚和轻率"。[22]决斗、酗酒斗殴、杀人和强奸这样的恶行对他们来说司空见惯。这种风气甚至感染了查理近身的高级近卫。军队的司库和出纳员约翰·阿什伯纳姆（John Ashburnham）与查理的堂弟约翰·斯图亚特勋爵进行了一场决斗。[23]这也反映出另一个问题：保王党激烈内讧。高风险让每个人都处在压力之下。正如查理所见，控制一个和平时期的宫廷，要比控制内战中目无法纪且混乱的武装集团轻松得多。任何人都可能会去整顿这些易怒的士兵，但查理手里既没有大棒也没有胡萝卜使他有能力去规范军纪。尤其在他丢掉伦敦后，他所能提供的赞助和奖赏有限，也很难去惩罚忠心有用的追随者的不当行为。查理没有将阿什伯纳姆赶出近卫队，而是选择了无视这场决斗。查理的国务大臣爱德华·尼古拉斯爵士（Sir Edward Nicholas）抱怨说，查理这样的宽厚仁慈"只会导致混乱无序"，并告知查理的信使，最近又发生了一起私斗伤人的枪击事件。[24]

即便如此，保王党人仍然来到牛津支持国王，并在这里住了下来。大街上挤满了贵族，他们从漂亮的大宅搬到了狭窄的阁楼。安·范肖回忆，他们就像"鱼离开了水……像约伯一样贫困，随身只带了一两件衣服"。他们谈论的都是关于"夺取或失去城镇，以及人员的伤亡"，同时他们从窗户看到外面"战争造成的惨景，有时是因为瘟疫，有时是因人员过于集中而导致的其他疾病"。在阿尔达特街（St Aldate）上最小的一栋只有上下两个房间的二层楼里，居然睡着若干名士兵，他们像沙丁鱼一样挤在一起。不过，安·范肖观察到，大多数人以开朗的心态承受着痛苦。[25]

1643年7月26日，鲁珀特亲王率领亨丽埃塔·玛丽亚从北方带来的援兵，攻占了布里斯托尔（Bristol），这是查理取得的又一重大胜利。查理迅速发表声明，宣传他致力于推进新的和平进程。他把战争的所有责任都归咎于"少数人委员会"——实际上就是主战派首脑和他们的激进盟友。[26]他对其他人承诺，如果他们恢复对国王的忠心，他将宽恕他们。

8月2日，霍兰和他的议会盟友做出了回应，鼓吹成立一个议会委员会准备新的初步和平提案。[27]霍兰希望能将表弟埃塞克斯争取过来，让其加入主和派阵营。如果埃塞克斯加入主和派，那么埃塞克斯的军队将确保主战派遵守和平条款。情势对主战派魁首而言十分危险，伦敦又一次酝酿着被压制的暴力。主战派在首都四处散发讽刺谩骂的文章，煽动"情绪激动的公民"，后者呼吁逮捕并惩罚霍兰及其同盟。8月5日下院投票表决是否考虑上院此前草拟的和平提案。8月7日，又是在主战派的伦敦城朋友的煽动下，5000名暴徒堵在了威斯敏斯特宫外。心惊胆战的下院议员随后以7票多数否决了和平提案。当霍兰和另外两名贵族一同离开上院时，他们遭到暴徒的大喊大骂和拳头攻击。

第二天，轮到主和派自己的支持者来到议会大厦。一群女人堵着下院的大门，敲了一个小时门，要求把皮姆、斯特罗德和其他圆颅党人扔进泰晤士河。主和派可能希望利用女人来防止流血事件，但希望终究破灭。8月9日，女人们又一次来到议会大厦，用鹅卵石和砖块投向警卫，士兵则朝暴徒发射真枪实弹，打死了两名意图行凶的男子。女人们一刻不停地叫喊"把狗皮姆交给我们！"接着，一队骑兵"在威斯敏斯特宫后院上上下下地追捕上述妇女，用剑和枪打伤了她们，同残忍的野兽一般毫无人性"。[28]受害者中有一个在威斯敏斯特宫外卖眼镜的男子的女儿，她在附近路过时无辜中枪身亡。[29]

许多主和派议员因为害怕再也不敢回到下院。主和派的六名

第三部　变节的仆人　　211

贵族则走得更远，投诚了保王党。其中就有霍兰，他赌的是他以前与国王和王后关系亲密，认为这可以让他很快重获欢心。诺森伯兰赋闲在家，更愿意作壁上观。他后来很庆幸自己这样做了。霍兰很快就发现，牛津没有"宰杀肥牛犊"（举行盛宴）欢迎他们这些挥霍无度的贵族到来。查理勉为其难表现得合乎礼节，但他的老朋友们将霍兰视为犹大。这是一个错误的态度——欢迎的态度会鼓励诺森伯兰等潜在的投诚贵族追随查理。

霍兰拒绝为过去的事向国王道歉，他自己并没有从中捞到任何好处。霍兰相信，从一开始自己就遵循着高尚的原则行事。他希望查理采纳伊丽莎白时代对加尔文宗的政策，并且巩固宪法自由。在他看来，他过往的所有不忠，"因他此时投靠国王，带来了如此可观的人员［其他五位贵族］，有助于其他人［比如诺森伯兰］投诚，都可以就此一笔勾销"，功过相抵。[30]尽管如此，霍兰还是准备向国王证明他言而有信，乃至跟着国王上战场。为此，霍兰随查理和年长的王子们向西进军围攻格洛斯特城。

亨丽埃塔·玛丽亚劝说查理，应趁主和派与主战派之间有分歧之时拿下伦敦。自从主和派失势以来，伦敦陷入了反对征兵的骚乱，已有五人丧生。埃塞克斯的兵员也在减少，有因为欠饷而逃亡的，有死于疾病的。在王后看来，夺取伦敦的时机已经成熟。不论上述情况是否属实，国王围攻格洛斯特都给了议会喘息之机，让埃塞克斯得以重整军队。埃塞克斯于是能够在9月5日率15000

人支援格洛斯特，之后他带着这支军队返回了伦敦，保王党很清楚，如果能够在埃塞克斯抵达伦敦之前截断他的部队，他们就可以进攻防御薄弱的伦敦——很有可能就此赢得这场战争。不过，首先，查理必须找到埃塞克斯。查理形容这个过程就像是在猎狐。

9月14日，查理写道，"还没能把埃塞克斯伯爵从树林和洞穴赶到开阔的平地上，他一直躲在偏僻的小路上"。[31]9月20日，狐狸被发现了——两军在纽伯里（Newbury）开战。霍兰与查理的骑兵团一同作战，"展现出了对敌人的蔑视"和"巨大的勇气"。[32]不过，纽伯里战役是一场炮火战，炮弹被冠以"甜蜜的嘴唇"之名，以纪念赫尔一个臭名昭著的妓女。一位保王党上尉形容他们的死亡之吻："一整排人，足足有六人之多，我们的一发炮弹就击飞了他们的头。"[33]直到保王党的弹药打完，战斗才结束。

第二天，有人看见几个保王党贵族骑着马在战场四处"查看死者，寻找阵亡的勋爵和伯爵"。[34]阵亡者中有年轻的卡那封伯爵（Earl of Carnarvon）罗伯特·多默（Robert Dormer），他也是王后的宠臣，在战斗的后期中弹，最后死在国王怀里。查理命令纽伯里市长照顾剩下的伤员，包括圆颅党人，"尽管他们犯上作乱，理应以叛国罪受处"。[35]

查理已经无力阻止埃塞克斯继续前往伦敦。更坏的消息传来——议会主战派竭尽全力游说苏格兰誓约派加入军事联盟。我们会在之后看到，苏格兰人将站在议会军一方加入内战。

第三部 变节的仆人 213

鉴于查理此时在军事上失利,霍兰又一次敦促他开启和平谈判。在亨丽埃塔·玛丽亚的驻地默顿(Merton),人们经常看到衣着光鲜的霍兰一个人在窗边与查理谈话。查理非常惊讶,霍兰的"一举一动,同他最受宠信时一样地自信,一样地厚颜无耻"。霍兰似乎期待着立即"重新拥有[成为近侍]的钥匙"。[36]查理打消了霍兰的念头,他将霍兰以前担任的"马桶随扈"一职给了赫特福德侯爵,后者自1642年起就是保王党人。查理明确表示,他不会在处于弱势时谈和,如果苏格兰参战,王军的规模将远远落后于议会军,他无疑会陷入弱势。

王后周围聚集的保王党更加好战,他们希望查理调用驻扎在爱尔兰的军队对抗苏格兰军。查理驻扎在爱尔兰的军队在镇压天主教叛乱中并没有发挥多大作用,而且他也无法提供军费支持,军队损失惨重。另一方面,如果查理能与叛军政府,即爱尔兰天主教联盟(Confederate Catholics of Ireland)达成停火协议,不仅可以缓解爱尔兰天主教徒对忠诚于国王的新教徒的迫害,而且可以将爱尔兰驻军抽调回英格兰增援保王党。然而,对其他人来说,与爱尔兰天主教达成一致,实在令人无法接受。

当查理真正与爱尔兰天主教联盟签署停战协议时,诺森伯兰吓得立马加入最激进的议会派,同意让苏格兰介入,因为这是确保国王彻底失败的必要之恶。同样,霍兰深恶痛绝与爱尔兰天主教达成任何妥协，于是他再次回到伦敦加入议会派。四个追随他的投诚贵族之后很快效仿他回到了伦敦加入议会派。[37]

主战派如今在议会里权势日盛。皮姆因患癌症气息奄奄，模样看起来"惨不忍睹"。即便如此，他还是努力完成与苏格兰誓约派的谈判。作为对苏格兰军事干涉的回报，议会同意所有年满18岁的英格兰人都要签订新的《庄严同盟与圣约》（Solemn League and Covenant）。根据《圣约》，在英格兰和爱尔兰强制推行苏格兰建立的长老会制。

1644年1月，勒文伯爵麾下的部队渡过特威德河，苏格兰加入英格兰内战。为了与议会取得联系，阻止席卷三个王国的内战，查理召集两院所有议员在牛津召开议会，就前进方向展开讨论。绝大多数上院议员和大约三分之一的下院议员来到了牛津。但是，当得知苏格兰军队加入内战给了议会军事上的优势时，留在伦敦的议员一脚踢开了牛津议会重开和平谈判的建议。霍兰的影响甚微。他在议会的声望再也回不到投诚牛津之前了。春天带来的不是和平而是新一轮的战争，是更多的战役和更多的杀戮。

亨丽埃塔·玛丽亚怀孕了，她对一个朋友说，她"不仅厌倦了战争，甚至连战争的消息都不想听到"。[38]1644年3月29日，前面提到的查理那参加过决斗的年轻堂弟约翰·斯图亚特勋爵，在温切斯特（Winchester）附近的切里顿战役（Battle of Cheriton）

中阵亡。保王党成功袭击伦敦的一切希望彻底破灭,这也意味着议会军很快就会集中兵力进攻牛津。亨丽埃塔·玛丽亚想要去更安全的地方把孩子生下来。

4月17日,查理在牛津8英里(约9.6千米)外的阿宾登(Abingdon)送别了虚弱的妻子。他把她搂在怀里,安慰说:"夫人,极端的罪恶当行非常之措施。"一切对亨丽埃塔·玛丽亚而言似乎并不真实,她回忆道:"直到我走了30英里(约48千米)远,我才意识到离开了他。"[39]她从一个城镇到另一个城镇,东躲西藏了两个月。这是一次艰难的怀孕,有时候她痛苦得都以为自己要死了。最后,查理请求他们信任的一位老医生"为了我的爱……去找我的妻子吧"。6月16日,她在埃克塞特(Exeter)生下了一个女婴,老医生陪在她身旁。查理向鲁珀特亲王吐露心声:"感谢上帝,我的妻子生产顺利。"[40]他指示亨丽埃塔·玛丽亚:"正如他们所说,我最年幼最漂亮的女儿,如果小宝宝身体允许的话,应该与我的其他孩子一样,在[埃克塞特]大教堂洗礼。"[41]6月21日,他的愿望实现了,他们的女儿在仆人面前接受洗礼,取名亨丽埃塔。

亨丽埃塔·玛丽亚需要逃离这座城市。随着埃塞克斯军队的逼近,她被迫离开刚出生的孩子。法国似乎是最好的选择。黎塞留已经于1642年去世,路易十三也在1643年5月去世。[42]奥地利的安妮为5岁的路易十四摄政。安妮非常同情同为王后的亨丽埃塔·玛丽亚，借给她两万英镑。[43]

7月13日，亨丽埃塔·玛丽亚在法尔茅斯的海边给查理写信："别了，我亲爱的心肝。如果我死了，你将失去一个完全属于你的人。"[44]在场的一位见证人将此形容为"我所见过的最悲惨的一幕"。[45]沃里克伯爵又一次派船追捕她。这一次他们用100门加农炮朝王后的小船开火。[46]如果被俘，她不希望查理为了救自己而做出妥协，所以，她命令船长，一旦他们被攻陷，立刻引爆火药。让船上的人都高兴的是，她的船逃过了追击。亨丽埃塔·玛丽亚在布列塔尼一个荒芜岩滩登陆，她半盲，可能是肺结核的症状，还因为乳房胀肿而痛苦不堪。她后来回忆说，她的身边是衣衫褴褛的英国侍女，还有宠臣亨利·杰明，小矮人杰弗里·赫德森，她看起来更像是一个传奇故事中的流浪公主，而不是真正的王后。

然而，当亨丽埃塔·玛丽亚缓慢向巴黎进发，经过一个又一个城镇时，她受到了盛大的欢迎，就像1625年她离开法国时一样。礼炮响起，她在金色雨篷下前进，沿街两旁挤满了人，他们急切地向亨利四世勇敢的女儿欢呼。

她在波旁拉尔尚博（Bourbon-l'Archambault）停下来进行温泉疗养，恢复体力。[47]奥地利的安妮以前的宠臣谢夫勒斯夫人也在镇上，但是统治法国的安妮现在对谢夫勒斯夫人的看法和黎塞留变得一致：一个搬弄是非的人。有人私下要求亨丽埃塔·玛丽亚不要"接见与王后陛下不合的人"，因此她礼貌地拒绝了谢夫勒斯

第三部 变节的仆人　　217

的觐见。[48]*

亨丽埃塔·玛丽亚在11月到达巴黎，托工匠制作一艘银船献给巴黎圣母院大教堂（Cathedral of Notre Dame），感谢上帝让她平安渡过英吉利海峡。[49]但她"非常虚弱，病得很严重，就像一个油尽灯枯之人"。[50]

亨丽埃塔·玛丽亚离开罗浮宫已经20年了。那时候，她是一个地地道道的法国人，现在，她住的屋子挂着英国的莫特莱克产的挂毯，仆人也是英国人。她变了——法国也变了。在路易十三治下，政府变得越来越集权，越来越专制，法西战争期间赋税异常繁重。如今，两个外人统治着法国——哈布斯堡家族的安妮和她的首席大臣，即生于意大利的贵族、红衣大主教马萨林（Cardinal Mazarin），据传闻，他也是安妮的情人。在这种情况下，这些赋税将更加令人反感。

不过，亨丽埃塔·玛丽亚关注的仍是发生在不列颠的事件。她不顾糟糕的健康，一边为丈夫筹集军火，一边为他们的儿子寻

---

* 1644年10月，亨丽埃塔·玛丽亚抵达讷韦尔(Nevers)，她的小矮人杰弗里·赫德森向她卫队长的兄弟发起决斗，决斗方式是马上射击。这名骑士并没有把决斗当真，只带了一支巨大的水枪，打算"奚落"携带火药的赫德森，让他在巨大的水枪下相形见绌。赫德森打中了他的头部。亨丽埃塔·玛丽亚在赫德森7岁的时候就收养了他，当时他从一个馅饼里跳出来，只有18英寸（45.72厘米），身材匀称。在亨丽埃塔·玛丽亚的请求下，他被赦免了谋杀罪，但他必须离开她的府邸。她再也没见过他。他在海上被柏柏里（Barbary）海盗抓获，接下来做了25年的奴隶。后来，他从穆斯林俘虏手中获得了自由，与其他英国奴隶一起被卖走。不过，回到英格兰后，他于1676年因信仰天主教入狱，虽然最终在1680年获释，但两年后就去世了。

觅有钱的新娘。她将奥地利的安妮给她的绝大部分收入都给了查理，安慰他说："虽然我在此地受到款待，但这丝毫无减我回到英格兰的渴望。这里没有而英格兰却有的，就是你。"[51]

事实上，亨丽埃塔·玛丽亚此生再也没见到查理。她后来对长子说："我根本不应该离开我的陛下和我的丈夫。"[52]查理所要面对的一切，必须独自去面对。亨丽埃塔已经不在他的身边了。

第十七章

克伦威尔出场

在约克郡的马斯顿荒原，内战迄今最大的一场战役即将打响。1644年7月2日，三万英格兰-苏格兰联军在苏格兰勒文伯爵和代表议会的曼彻斯特伯爵（Earl of Manchester）率领下与两万王军对垒，王军方面的指挥官是查理的外甥鲁珀特王子和威尔士亲王的前任管家纽卡斯尔侯爵威廉·卡文迪什（William Cavendish, Marquess of Newcastle）。据说，纽卡斯尔"没有宗教信仰，神魔无惧，不信天堂也不信地狱"。[1]他因作战英勇无畏而出名。不过，一场战斗结束后，他会退回到那属于他的"轻柔的快乐"和音乐之中，拒绝"任何"打扰。[2]这对他的下级军官来说有点儿尴尬，有一次，他长达两天没有理会他们。尽管如此，他的勇敢还是激发起了下属的奉献精神。

一位士兵回忆说，地势低而开阔的荒原，"是我在英国见过的最适合作战的战场"。[3]军队列阵备战，与查理孩童时的玩具排兵布阵一样：步兵在中间，骑兵在两翼。天气寒冷得反常。曾经，玫瑰战争中的陶顿战役（Battle of Towton）也是发生在这样的一天：寒冬的冰雪在盛夏的杜鹃花瓣上蔓延。陶顿战死者的骸骨仍埋在约克郡的地下，等待着向世人展示对他们进行大屠杀的暴行和他们当时的绝望：死者头骨粉碎，前臂断裂，他们在经受残酷的进攻时举起双臂自卫。这是一场殊死搏斗。

当天下午晚些时候，议会军的一次炮轰拉开了马斯顿荒原战役的序幕。6点钟，炮声停止，接着响起人们吟唱圣歌的声音。天突然下起了冰雹，鲁珀特和纽卡斯尔撤进马车用晚饭。歌声也停了。这一天似乎将要在平静中结束，战役会在第二天清晨打响。时至晚上7点半，在淅淅沥沥的雨夹雪下，一声深沉的巨响传来。东部联盟（Eastern Association）*的圆颅党骑兵"秩序井然，带着前所未有的决心"从一座矮丘上奔驰而下，指挥官是45岁的奥利弗·克伦威尔（Oliver Cromwell）。[4]

奥利弗·克伦威尔是亨利八世冷血无情的副主教托马斯·克伦威尔（Thomas Cromwell）妹妹的儿子。这个家族名字改自威廉，奥利弗有时候自称"克伦威尔又名威廉"。克伦威尔虽出身绅士但并不富有，在战前，他更像是自耕农。有段时间他十分压抑，自认为是"首领，罪人的首领"，直到突然有一天，一切都

---

* 由诺福克、萨福克、剑桥、赫特福德和埃塞克斯五郡组成的议会派各郡联盟，后被编入新模范军。——编注

变了,他相信自己是"头胎的信徒",尽管有罪,也是上帝的选民之一。[5]这一确信激励他热情地开展布道,继而令他以剑桥议员的身份跻身议会下院。在下院,他的激情和自信无疑让他从人群中脱颖而出。

一位同届议员记得第一次注意到克伦威尔是在1640年11月的长期议会。他回忆道,"我徒劳地以为自己是一个彬彬有礼的年轻绅士,衣着体面地走进议院",克伦威尔以威廉·普林的仆人身份开始了演讲——清教徒威廉·普林因煽动暗示王后是一个妓女的罪名而被割掉双耳。[6]克伦威尔身材魁梧,秃头,大鼻子,他穿着"一身布衣,衣服似乎出自一个糟糕的乡下裁缝之手。亚麻衬衣朴素无华,不太干净;我记得有一两滴血迹[剃胡须时留下的]在他小[颈]领中上,那领巾比他的领子大不了多少"。尽管如此,克伦威尔依然引人注目,他中等身高,"身侧插着一把剑;他的脸又红又肿;声音尖锐刺耳,说话充满激情"。当这位普林的仆人话音刚落,如果政府不原谅这位仆人的轻率无礼,那么"人们就会相信政府本身将岌岌可危了"。[7]

克伦威尔"辞藻并不华丽,没有任何调动旁观者共情的才华"。[8]但是,一旦时机成熟,事关紧要,他的使命感就能保证"他成为一个伟人"。[9]就在查理在诺丁汉竖起王旗之前,就在他人还犹豫不决之时,克伦威尔果断行动,招兵买马,把武器存放在剑桥城堡里。随着战争发展,他"尤其重视吸纳宗教人士加入他的队伍",不论他们是正统的新教徒与否,也不关心他的军官们出身哪个社会阶层。他曾经写道:"我宁愿要一个朴素的布衣上尉——知道自己为什么而战,热爱他熟悉的人和事,也不要你们口口声声说的绅士——除头衔外一无是处。"这听上去很浪漫,甚至很开明,但他阵营中很多人被断定为狂热分子。

温和派清教徒发现克伦威尔的军中存在狂热分子,为此感到犹豫不决。一位议会军军官抱怨:"军中那些最高职位都给了骄傲自负的狂热分子,他们都是克伦威尔的重要心腹。"[10]克伦威尔麾下指挥官,42岁的曼彻斯特,曾经在东部各郡清洗了劳德派神职人员,并亲自下令销毁十字架等"迷信图像",将之视作可恶之物,对自称虔诚的这些"乌合之众"大失所望——有些"乌合之众"自称看到了异象和启示。[11]不过,在马斯顿荒原,克伦威尔给了他们展示自己作战价值的机会。

克伦威尔率领的骑兵轰隆隆地冲向前来,喊杀声震天响,而昏昏欲睡的王军阵营陷入恐慌。就在这时,身材修长的鲁珀特牵着白色的猎狗勃伊,冲向马去。他朝不知所措的骑士们喊:"你们愣着干吗?跟着我!"他们听令行事,爬上马,振奋起精神攻向圆颅党。一名议会军回忆,"克伦威尔率领的分队遭到鲁珀特最勇敢的士兵攻击,受到很大牵制",双方"拔剑对峙,互相砍杀"。[12]克伦威尔的脖子受伤,流血不止,被迫离开战场,但是苏格兰兵团阻击了王军猛烈的攻势，克伦威尔的人乘机从鲁珀特身下杀死了他的马。

鲁珀特和克伦威尔在东翼丧失了战斗力，王军骑兵正从右翼冲出圆颅党的防线。王军得到纽卡斯尔的"白衣军"支援，白衣军是一支穿着未染色制服的步兵，是亨丽埃塔·玛丽亚在北方几个月期间结识的一群人。在一个保王党人眼中，战场弥漫着喧嚣，"在那天的烈火、浓烟和混乱中，我不知道自己的灵魂该倒向何处"。[13]托马斯·费尔法克斯爵士的骑兵军团被击溃，圆颅党-誓约派联军的第三防线和第四防线的两个兵团也被攻破，有些人甚至一枪未开。一半联军都在溃逃，包括托马斯爵士的父亲费尔法克斯勋爵麾下的人，还有超半数的苏格兰人和曼彻斯特的步兵军团也在溃逃。王军的北方骑兵追了敌人数英里，保王党获胜的消息传了开来。[14]但是，剩下的苏格兰兵团抵挡住了王军的进攻，在克伦威尔的骑兵支援联军右翼之后，战役走向发生了逆转。鲁珀特仍被困在敌军防线之后，无法履行他司令的职责指挥战斗。随后，纽卡斯尔抵达战场，只好像普通军官一样战斗。到了9点钟，克伦威尔的手下夸口道："我们已经扫清了战场上的所有敌人。"

纽卡斯尔逃跑了，白衣军被困在了灌木林中。他们死在阵列和战场里，最后的伤兵仰面躺在地上，向踏过他们身上的战马投掷武器。只有30人活了下来。逃跑的王军被追出了约克1英里（约

英国斯图亚特家族

1.英格兰詹姆士一世,即苏格兰詹姆士六世(James I and VI, 1566—1625)。保罗·范·索梅尔(Paul van Somer)绘,约1620年

2.威尔士亲王亨利·弗雷德里克（Henry Frederick）与约翰·哈林顿爵士（Sir John Harington）在猎场。老罗伯特·皮克（Robert Peake the elder）绘，1603年

3.伊丽莎白·斯图亚特（Elizabeth Stuart），"冬后"，1613年

4. 查理一世（Charles I）。彼得·奥利弗（Peter Olive）绘，约 1625—1632 年

5. 亨丽埃塔·玛丽亚（Henrietta Maria）。约翰·霍斯金斯（John Hoskins）绘，约1632年

6. 查理一世。安东尼·范戴克（Anthony Van Dyck）绘，约1635年

7. 扮演圣凯瑟琳（St Catherine）的亨丽埃塔·玛丽亚。范戴克绘，约17世纪30年代

8. 查理一世、亨丽埃塔·玛丽亚和威尔士亲王（未来的查理二世）在外就餐。赫拉德·霍克基斯特（Gerard Houckgeest）绘，1635年

9.查理一世的五个孩子。范戴克绘,1637年

10.查理一世。范戴克绘,约1636年

11. 英格兰詹姆士二世,即苏格兰詹姆士七世(James II & VII)、伊丽莎白公主(Princess Elizabeth)和格洛斯特公爵亨利(Henry, Duke of Gloucester)。彼得·莱利(Peter Lely)绘,1647年

12. 长公主玛丽。赫里特·范洪特霍斯特（Gerrit Van Honthorst）绘，约1655年

13. 接受审判时的查理一世。爱德华·保尔之后的人所绘，17世纪

14. 已成寡妇的亨丽埃塔·玛丽亚王后。约17世纪50年代

英格兰廷臣

15. 乔治·维利尔斯（George Villiers）。彼得·保罗·鲁本斯（Peter Paul Rubens）绘，约17世纪

16. 罗伯特·里奇（Robert Rich），第2代沃里克伯爵（2nd Earl of Warwick）。老丹尼尔·迈滕斯（Daniel Mytens the elder）绘，1633年

17. 亨利·里奇（Henry Rich），第1代霍兰伯爵（1st Earl of Holland）。丹尼尔·迈滕斯画室绘，约1632—1633年

18.露西·海（Lucy Hay），卡莱尔伯爵夫人（Countess of Carlisle）。阿德里安·汉内曼（Adriaen Hanneman）绘，约1660—1665年

19. 约翰·皮姆（John Pym）。爱德华·保尔（Edward Bower）绘，或其之后的人所绘，约1640年

20. 奥利弗·克伦威尔（Oliver Cromwell）。萨缪尔·库珀（Samuel Cooper）绘，约1653年

21. 托马斯·费尔法克斯（Thomas Fairfax）。罗伯特·沃克（Robert Walker）的圈子绘，17世纪

斯图亚特王朝的姻亲家族及其廷臣

22. 腓力四世（Philip IV）。西班牙画家委拉斯开兹（Diego Rodríguez de Silva y Velázquez）绘，1623—1624年

23. 红衣主教黎塞留（Cardinal Richelieu）。菲利普·德·尚佩涅（Philippe de Champaigne）绘，1642年

24. 玛丽·德·美第奇（Marie de' Medici）在马赛上岸。彼得·保罗·鲁本斯绘，1623年

25.玛丽·德·罗昂（Marie de Rohan），谢夫勒斯女公爵，1621年

26. 威廉二世，奥兰治亲王（William II, Prince of Orange）和他的新娘玛丽·斯图亚特。范戴克绘，1641年

其他

27. 婚姻寓意画。提香（Tiziano Vecellio）绘，1576年

28. 接过拉罗谢尔（La Rochelle）钥匙的路易十三（Louis XIII），约17世纪

29. 奥地利的安妮（Anne of Austri），法国王后，身边是幼子路易十四（Louis XIV），1639年

30. 普法尔茨的鲁珀特亲王（Prince Rupert of the Rhine）。赫里特·范洪特霍斯特绘，约1630—1656年

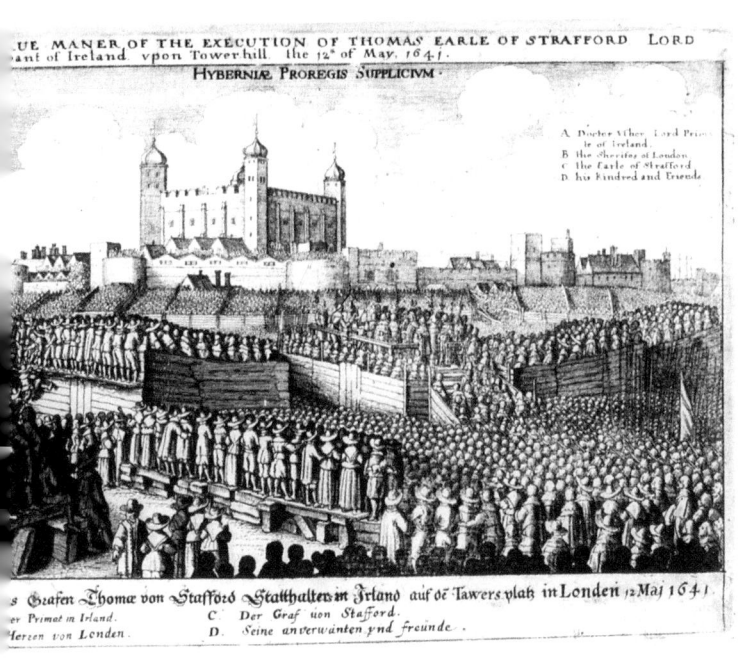

处决斯特拉福德(Strafford)。文策斯劳斯·霍拉(Wenceslaus Hollar)绘,约1641—1677年

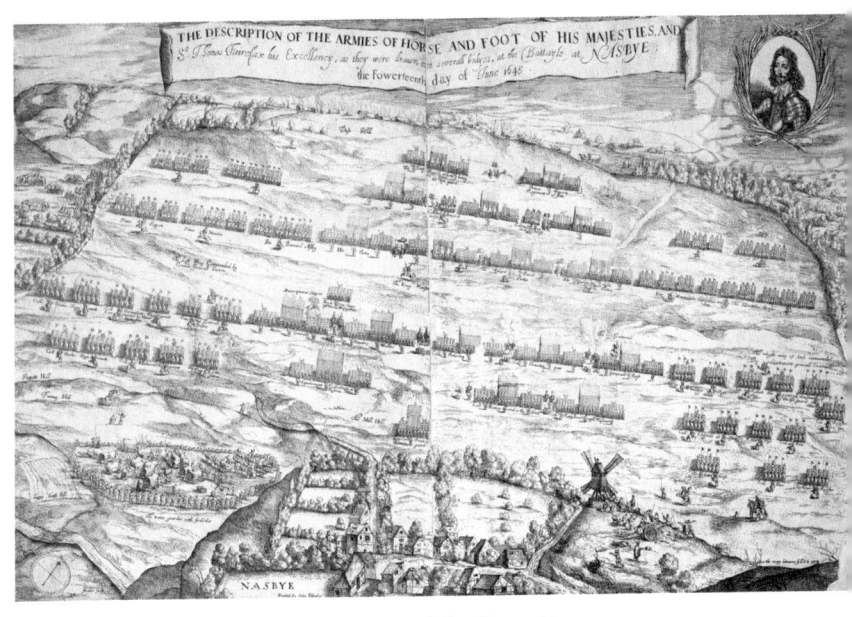

32.纳斯比战役。罗伯特·斯特里特(Robert Streete)绘,约1645年

33. 国王查理一世佩戴的珍珠耳环一枚。查理被砍头后,他的耳环也随之被取了下来

34.《圣容》(*Eikon Basilike*)的扉画。文策斯劳斯·霍拉绘,1649年

1.6千米），满月让屠杀得以持续了数小时，尸体散落在路上，长达3英里（约4.8千米）。[15]克伦威尔不无满足地说："上帝让他们成为我剑尖的麦茬。"曼彻斯特的感受却不同，他让部下感谢上帝庇佑他们获胜。但是，他通过这场1642年以来最残酷的屠杀确信了一点——这场可怕的内战毫无神圣可言。

第二天，太阳升起，照耀着阴森恐怖的景象："成千上万的人躺在地上，有的死了，有的还没有完全死去。"[16]露出白骨的尸身扭曲到变形，衣物和值钱的东西被剥得一干二净，他们一动不动的样子与生前热血奋战的样子形成强烈对比。费尔法克斯勋爵已经失去了小儿子查尔斯，而他的大儿子托马斯的脸被剑锋划开。费尔法克斯本人还不如他的儿子们勇敢。迅速离开战场后，他始终与战役保持距离。此时，他让部下追捕保王党的"色彩"（象征保王党各部荣誉的旗帜）。他发信给伦敦："突然之间，我们从士兵手里接到了大量彩旗，他们认为保留这些彩旗是一种荣誉。"[17]

鲁珀特王子跟纽卡斯尔一样幸免于难，但他的白狗勃伊，就没那么幸运了。

在一本保王党用来戏谑清教徒的小册子《鲁珀特的白狗勃伊观察录》中，这只生在水洼的大猎狗成了传奇。这本小册子是在1643年印刷出版的，在它之前有一首关于勃伊的诗，目的也是嘲讽清教徒决心根除教皇派"迷信"活动，表现在小册子里就是保王党写手们认为清教徒的上述行为正是因为其自身处于对巫术的恐惧中。在这份恶作剧的小册子中，勃伊是鲁珀特的密友，拥有让亲王刀枪不入的魔力。然而，这些保王党开的玩笑却适得其反。1643年9月纽伯里战役前夕，圆颅党士兵杀死了一个当地的女人，把她当作女巫，认为她为鲁珀特工作。这些圆颅党人拿勃伊的故事来证明鲁珀特乃至国王与魔鬼为伍有事实依据。*

有人看见勃伊在鲁珀特的马被击中后，跃起来追赶主人，可惜它没能最终来到鲁珀特藏身的豆田。圆颅党人得意忘形地欢呼说，一个"会巫术"的清教徒士兵用一枚魔法弹击倒了勃伊。大量的木刻画被印了出来，上面通常画着这只猎狗毫无生气地躺在豆田旁的尸体。在一些画中，一位女巫站在死狗旁边，哭泣得仿佛它是自己的孩子一样。[18]勃伊死了，但是，女巫似乎还活着。

在牛津，人们点燃篝火庆祝保王党在马斯顿荒原即将取得的胜利。[19]几天后，真相逐渐明朗：国王失去了北方。根据议会派报纸报道，鲁珀特将克伦威尔称为"铁人"，这一绰号源自王军对克伦威尔的骑兵一次失败的侧翼攻击。从此之后，克伦威尔的军队赢得了他们著名的称号"铁军"（Ironsides）。

不过，议会派的埃塞克斯伯爵并没有加入胜利的欢庆：在竞

---

* 他们的苏格兰盟友是狂热的女巫焚烧者。国王詹姆士一世在苏格兰烧死了许多女巫，甚至还撰写了一篇著名的女巫论。查理以英格兰人特有的蔑视来看待这种痴迷。伊丽莎白时代的普通法将巫术定为死罪，有好几起针对天主教名流乃至王室的指控以失败告终。在天主教的爱尔兰，焚烧女巫的事件也有一些，但相对较少。

争对手的战绩面前，自己的表现相形见绌，对手的辉煌也正在削弱他的影响力，他的声望已经开始急速下滑。伦敦街头出现了涂鸦，把他画成了一个懒惰的贪食者，手中拿着一杯酒。他急需一场属于自己的胜利。埃塞克斯向西进发，进入英格兰保王党根基最深的康沃尔郡。查理则从米德兰德出发，紧随其后。6月，保王党在牛津郡克罗普雷迪桥之战（Battle of Cropredy Bridge）中取胜，查理在南部的运势重新好转。在西部康沃尔茂密的灌木林中，两军交战了八天。埃塞克斯的军队遭到一次又一次压制，作战空间和人员所剩无几。

1644年9月2日，埃塞克斯军队残存的6000步兵向国王投降，埃塞克斯本人则仓皇乘坐渔船逃跑了。他承认，所谓的洛斯特威西尔战役（Battle of Lostwithiel）"是我们遭遇的最惨重打击"。查理缴获了5000多支火枪和手枪，上百把剑，42门炮，数辆装满火药和火柴的马车。[20]被俘的人"罕见地又脏又乱，愁眉苦脸"。[21]他们还要面临进一步的羞辱。长时间作战的消耗，让王军也苦不堪言，他们"辱骂、嘲笑、推搡、撕扯和踢踹俘虏，将许多人身上的衣服剥得一干二净"。王军军官用剑腹敲打伤痕累累的圆颅党俘虏。当地的康沃尔人也加入进来。一队人逮住一个三天前刚生下孩子的圆颅党随军女眷，"扯掉她的头发，把她扔进河里"。查理以谋杀罪绞死了这些凶徒。然而，他无法阻止贫穷的康沃尔人掠夺圆颅党女眷的衣服和财物。[22]

第三部 变节的仆人　　　　　　　　　　　　　　227

在前誓约派成员，32岁的蒙特罗斯侯爵詹姆斯·格雷厄姆（James Graham, Marquess of Montrose）的率领下，查理取得又一次胜利。[23] 议会党邀请苏格兰人参战的本意是迅速打败查理，结束战争。苏格兰军队帮助议会军赢下了马斯顿荒原之战，但也将战争带到了苏格兰境内。蒙特罗斯的追随者来自阿尔斯特和西部高地，人数远远少于誓约派，但他们都是一流的勇士。他们卓越的战斗力阻止了誓约派协助议会军对南部保王党展开决定性攻击，而那恰恰是消灭查理的必要条件。英格兰境内的苏格兰军队不得不守在边境附近，准备随时进入苏格兰境内与蒙特罗斯开战。

议会党还担心查理会和他们一样，将外部势力引入英格兰。沃里克下令海军对在海上俘虏的爱尔兰士兵格杀勿论。[24] 紧接着，10月24日，议会做出了一项有史以来最可耻的决定：英格兰和威尔士境内不准收容爱尔兰天主教徒。虽然议会党和王军都犯了谋杀罪甚至屠杀罪，但以法律的形式批准基于种族和宗教的屠杀还是破天荒头一次。* 大多数来自爱尔兰的士兵（七比一）实际上出生在英格兰，1641年后才被送到爱尔兰镇压当地的叛乱。[25] 因此，

---

* 保王党5月28日在被称为北方日内瓦的博尔顿（Bolton）有过一次臭名昭著的大屠杀。议会派称，鲁珀特袭击小镇后，屠杀了1600名护卫军。教区只登记了78名死者，并没有列入来自小镇之外的士兵。死者中确实包括两名女性。保王党称，一名为国王服务、参加镇压爱尔兰叛乱的士兵被圆颅党当成教皇派绞死了，这起事件激怒了他们。王军中不少人是在兰开夏郡长大的，郡内仍有许多天主教徒。7月11日晚些时候，在多切斯特遭遇战后，议会军逮捕了8名"爱尔兰人"。7人被绞死，第8人因"行刑绞死同袍"而被释放。这继而刺激保王党更多的报复性屠杀俘虏的行为；参见 http://www.british-history.ac.uk/rushworth-papers/vol5/pp677-748。

议会法令的受害者将会是英格兰的天主教徒和威尔士讲盖尔语的人；如果受害人恰巧是女性，境遇更糟。

* * *

查理的将军们和顾问们常常争吵不休。他尽力权衡出最好的建议。"如果你知道我过的什么日子，"查理在一封信中向亨丽埃塔·玛丽亚感叹道，"我敢说你肯定会同情我，因为有的人太聪明，有的人太愚蠢，有的人太忙碌，有的又太沉默，还有很多人异想天开。"[26]他试图平衡谨小慎微与大胆冒进，但做到这一点很不容易，查理自身并不具备卓越的军事才能，但不管怎样，他很有韧性。同时，他还是一个能激发将士忠心的英勇战士。因此，尽管议会军控制了伦敦，尽管他们掌握了财富之城，尽管他们的盟友苏格兰军在人数上占优势，查理仍是一个难以战胜的对手。

议会通过"不收容"法令三天后，查理在第二次纽伯里战役中成功甩掉了兵力远胜于王军的议会军。曼彻斯特的部队已精疲力尽，但是，1644年9月9日，眼看与国王在伯克郡（Berkshire）再次交锋的时机稍纵即逝，克伦威尔在战争委员会（Council of War）上站出来要求作战。克伦威尔警告说，战争季马上就要结束，如果他们现在不追击国王，等到来年春天，他们面对的将是王后派来支持保王党的法军。曼彻斯特提出异议——法国在欧洲忙于应付哈布斯堡王朝，没空儿介入英格兰，此刻求战是一个错误决定。纽伯里战役后,部队十分疲惫,战败对将士们来说会是灾难性的打击。"即便我们打败了国王这么多次,[甚至]即便有上百次,他仍是国王,他的后嗣也将仍然为王,"曼彻斯特提醒克伦威尔,"但只要他打败我们一次,我们所有人就都完蛋了。"换句话说,战争的目的不过是成功地与查理达成和平协议。一旦议会军失败,他们将会以叛国罪被送上绞刑架。

克伦威尔反驳说,曼彻斯特"也曾说过,我们有决心在任何条件下实现和平"。[27]与伯爵不同,在他想象的未来中,不一定继续保留查理作为国王,也不一定让他的后嗣继承王位。休·彼得,这位来自马萨诸塞的激进分子,在议会军中担任随军牧师,他赞同克伦威尔的说法。为什么要念念不忘地追求与国王达成协议,"难道我们离了这个就活不了吗?"[28]

曼彻斯特的观点在战争委员会占上风,但随着战争季结束,将领之间的分歧转移到了威斯敏斯特大厦内下院与上院的议席上。埃及山战役后,秘密政治团体中主战派与主和派的分裂消失了,这些派系演变成英格兰最早的两个政党。[29]

克伦威尔的党派被称为独立派。他们团结在彻底击败国王这一目标之下,成员包括(但不限于)原主战派的诸多成员。[30]这些人起初答应苏格兰他们会在英格兰推行长老会制,是为了争取苏格兰的军事支援,这是打败查理必须付出的代价。鉴于苏格兰人没有完成这一任务,独立派改变了他们的宗教和外交政策,不再支持苏格兰及其长老会制。相反，他们寄望于克伦威尔这样极其冷酷无情的英格兰将领，克伦威尔之流支持独立派清教徒会众，而后者却被苏格兰人视为异教和内乱的祸源。

曼彻斯特属于第二个党派"长老派"，倾向与查理达成和平协议，成员里有埃塞克斯。长老派担心在独立派统治下，英格兰将陷入宗教的无政府状态和社会动荡。霍兰也是党魁之一。同时，他的哥哥沃里克虽然不是彻头彻尾的"长老派"，但必然也不是独立派狂热分子。其中还有一层国际因素。苏格兰誓约派向来亲近法国——法国是苏格兰的传统盟友，也是西班牙的大敌——沃里克一生都在致力于毁灭西班牙，因此他偏向于苏格兰人。[31]虽然沃里克曾独领一时之风骚，但现在却被甩在了埃塞克斯、曼彻斯特及正在崛起的对手奥利弗·克伦威尔的身后。

虽然两个党派有各自的宗教标签，但他们的主要目标大体上是世俗的。[32]独立派和长老派都想掌握必要的政治权力和军事权力，推行与国王及其君主制达成和平的协定。两党领导人或者说党魁都希望恢复君主制，他们在其中担任高级官职。区别在于，长老派准备根据和平协议，由国王自主地向他们分配职务，而独立派则想要摧毁查理的军队，将他降格成一个傀儡国王。

两党的权力斗争开始于1644年11月19日，议会的英格兰-苏格兰执行机构两王国委员会（Committee of Both Kingdoms）考虑如何最佳改革或重塑节节败退的议会军。其目的是精简军

第三部　变节的仆人　　　　　　　　　　　　　　　231

令，令行禁止。下院通过了一项新的《自抑法》(Self-Denying Ordinance)，据此，上院和下院成员可以辞去军中的职务。这样就可以清理牌局了。沃里克不出所料地失去了海军职务，埃塞克斯和曼彻斯特则在1645年4月2日辞去了军务。[33] 克伦威尔也被迫辞职。接替人是33岁的托马斯·费尔法克斯爵士，由他统一指挥军队。托马斯·费尔法克斯的指挥能力有目共睹，也是独立派党魁诺森伯兰伯爵的世交好友。虽然诺森伯兰伯爵以前是主和派支持者，但自从查理一世与爱尔兰天主教联盟停战后，他便对查理丧失了信心，开始与克伦威尔结盟。

独立派赢得了这一轮权力斗争。克伦威尔很快就不受《自抑法》的约束，有了豁免权，并担任费尔法克斯骑兵的中将。内战此时将进入更加残酷的阶段。

埃塞克斯注意到，费尔法克斯1645年接到的委任状与他本人1642年接到的委任状有关键区别。"保护王的人身"这一要求被省略了。埃塞克斯努力地想要重申这个要求，但没有成功。曾经，想象国王的死都是叛国罪，但今非昔比。查理向亨丽埃塔·玛丽亚预言："今年夏天必将是战事最为白热化的季节。"[34]

第十八章

邪恶的女人

1645年1月10日，身材矮小的坎特伯雷大主教威廉·劳德穿着他惯穿的黑衣死去了。劳德是查理无议会统治政策的主要支持者。他早已预料迟早有一天自己要面临被审判的命运。然而，在死亡来临之前，是漫长的等待。他在伦敦塔被关了四年，在塔里写着回忆录，还为主教制和国教祈祷书起草辩词。要不是必须由他按照议会要求任命新主教，他可能早就被遗忘在塔里了。劳德拒绝任命一个曾被国王否决的人，这倒是提醒他那些在议会的敌人，在他身上还有未完成的事。

对劳德来说，英国国教是基督教社会的支柱，它与王权和完善的社会等级制可以共同保护弱者免受强者欺凌。其他人则将劳德视作专政的辩护人和上帝的敌人。在审判劳德时，教皇主义是他的主要罪名，他尽力为自己辩护。他告诉法官，他"所做一切，都只是为了捍卫虔敬上帝的外在仪式"。清教徒对敬神场所的忽视是一种亵渎行为，仪式和典礼一并"构成了一道篱墙，保护宗教的内核不受亵渎，何况渎神已经司空见惯了"。因为宗教仪式的本质是全体会众都参与其中，因此，整合并统一社区的宗教是他改革的核心。总而言之，贯彻这一改革就会与王室权威紧密相连。[1]

正是因为藐视王室权威，劳德的控方律师、清教徒威廉·普林失去了双耳，脸上也被打了烙印，而对议会权威的藐视，却要威廉·劳德以命相偿。

和斯特拉福德一样，控方在审判中未能定罪。劳德受到议会的谴责。1645年1月4日，议会通过《剥夺权利法》（Act of Attainder）；同一天，议会废除了《公祷书》（Book of Common Prayer），还废除了伊丽莎白和詹姆士一世时期英格兰国教会古老的礼拜仪式。六天后，这个71岁的老人被押送伦敦塔山。这个白发苍苍的老头在前往断头台的一路上，遭到暴徒的谩骂和攻击。即便在这儿，折磨他的人还很多，他们堵住了他的去路。*劳德冷冷地说："我确实认为我可能还有死的余地。"尽管周围嘈杂，他还是"以非凡的毅力"走到了生命尽头。[2]

查理坚信上帝定会惩罚议会的所作所为。他认为自己的不幸是上帝对他的报应，惩罚他在1641年5月同意把无辜的斯特拉福德送上断头台。查理并不能为劳德的死承担这种责任，因为这次

---

* 充满敌意的人群中有约翰·克洛特沃西爵士，他毁了亨丽埃塔·玛丽亚的礼拜堂收藏的鲁本斯作品。

《剥夺权利法》没有经过他签字。查理向亨丽埃塔·玛丽亚保证，这次要轮到议会遭受上帝的报应了，"他们终究要血债血偿"。[3]

查理必须彻底赢得这场战争，否则将一败涂地。他向亨丽埃塔·玛丽亚吐露，和平谈判已经毫无实现的希望了。独立派希望他牺牲宗教信仰，否定神圣王权，否定他对合法武力的垄断。同样，他下定决心"绝不放弃主教制，也绝不放弃上帝交给我的剑"。[4]然而，为了战胜敌人，他必须获得爱尔兰军队的支持。虽然他曾在赋予爱尔兰天主教徒与新教徒平等的信仰权利上有所区别对待，但是现在他打算废除针对爱尔兰天主教徒的刑事法规，以换取他们的支持。与爱尔兰的谈判仍在继续，始终强烈反对他引入外国军队的顾问们只好靠边站。有几位顾问被任命为14岁威尔士亲王的辅臣。查理任命亲王统领保王党在西部的军队，他解释说，"他和王子在同一阵地风险太大"，因为一旦都被俘，"两个人都会丧命"。[5]独立派可以立王子为篡位君，就像当年的国王詹姆士一世被用来作为母亲的王位的篡位者。威尔士亲王及其辅臣按计划于3月离开牛津前往西部。同时，查理准备继续进攻米德兰德。

1645年5月20日，莱斯特的拂晓被炮声打破。被围困的镇民向修筑重炮台的王军开火。过去的一个月里，镇民已经加固了莱斯特防御工事的薄弱处，修固了倒塌的城墙。苏格兰士兵和当地

第三部　变节的仆人

的新兵都加入了城中已有的900多名适龄军人的队伍。尽管如此,莱斯特的武器装备仍然不足,有人形容招募的新兵"穷凶极恶,其中许多人并不打算参战"。[6]

1点钟,国王的大炮朝莱斯特发射了两枚炮弹,以示震慑——如果镇委会不接受投降条件,这就是接下来将会发生的场景。镇民进一步加固防御工事,而镇委会则尽可能地拖延谈判。3点钟,鲁珀特亲王失去了耐心,保王党的炮火开始在城墙"上演"。小镇护城军用大炮和火枪猛烈回击。6点钟,王军大炮轰垮了莱斯特南面的城墙。[7]居民们发疯似的挖土,抓起羊毛袋填补缺口,"女人和孩子也积极无畏地帮忙"。他们花了六个小时才补好缺口,而王军又开始攻打另外两侧。

护城军"以极大的勇气和决心"予以反击。查理向妻子承认,"我们被击退了三次"。然而,到了午夜,王军冲破了防御工事,冲入城门。[8]在黑暗中,攻防双方在每条街巷中贴身肉搏,不分彼此。[9]一位王军指挥官回忆:"每个女人……都各司其职……她们从窗子、屋顶朝我们开火,还扔下瓷砖砸士兵的头。"凌晨2点,抵抗结束,尸体遍地,鲁珀特的黑旗帜在炮台升起。[10]然而,杀戮并没有停止。被俘的镇议员被冷血地枪杀或绞死。最后,劫掠开始了。

许多王军来自威尔士中部的贫困山区,他们毫不留情地掠夺了莱斯特。教堂、医院和家舍都成了"贪婪愤怒的士兵的猎场"。[11]几年后，一位居民称看见查理全副武装地骑马穿过镇子，对被袭击的无辜镇民漠不关心，竟然声称："我不在乎他们是被砍了三次还是几次，因为他们是我的敌人。"然而，一家议会派报纸也承认，平民仅死于战争的混乱和愤怒，并非死于"蓄意杀戮"。[12]这些对查理的控诉，真正反映出的恰恰是这次围攻战的惨痛后遗症。

镇民威廉·萨默斯失去了房子和全部财产，儿子被杀，他目睹了妻子因悲痛而发疯的全过程。[13]究竟还有多少人死于战火或悲痛欲绝，只要看一看从镇上掠夺的140车战利品就可以推断出来。根据教区登记册的统计，围城战结束后马上出现了709座新坟。但是，不管莱斯特之战多么可怕可怖，最终，战争的结束似乎就在眼前。"倘蒙上帝庇佑，"查理致信亨丽埃塔·玛丽亚说，"下个冬天我们就能看到伦敦了。"[14]几天后，苏格兰的捷报传来，蒙特罗斯又打了一次胜仗，查理的精神振奋了些。"自叛乱以来，我的事从来没有显得如此公平和充满希望。"[15]上帝好像真的站在了国王这一边。

议会命令费尔法克斯为莱斯特复仇。他的14000人的军队比查理的军队多了至少5000人。克伦威尔再次被授权指挥费尔法克斯骑兵。国王并没有重视这支被保王党称为"新模范军"的军队。这支军队由之前埃塞克斯伯爵的议会军、东部联军（原隶属于曼彻斯特伯爵）和南部联军组成。此外还有来自议会控制区的贫民。

即便改组清除了旧的领导层，也仍有谣言说新模范军士气低落。士兵塞缪尔·卢克爵士（Sir Samuel Luke）在6月9日写道，"就我一生见过的普通士兵而言，这支军队有最勇猛的士兵、战马和最厉害的武器"，但是很多军官缺乏作战经验。卢克担心军官与士兵几乎没有区别。[16]

1645年6月14日，查理收到消息，有人目击费尔法克斯的军队在向查理位于莱斯特郡的马基特哈伯勒（Market Harborough）指挥部移动。王军兵力不足，最好可以抓住机会先发制人，打敌人一个措手不及，之后再将敌军猛烈扫出战场。[17]考虑到这一点，鲁珀特将王军主力部署在面朝北安普敦郡纳斯比村的尘山（Dust Hill），王军骑兵在两翼，步兵在中间，另外两支步兵军团作为预备部队。

上午10点左右，战役打响了。"鲁珀特亲王率领自己和莫里斯亲王的部队——骑兵右翼，发起了第一波冲锋。"骑兵们"以不可思议的勇气和怒火"向前冲去，击溃了敌人至少两支骑兵团。[18]接着，他们掉头冲向敌军右翼后卫，遭到大约3000名新模范军狙击手和火枪手的阻击。鲁珀特被困，无法指挥预备军。同时，王军骑兵左翼也向兵力碾压他们的敌人发起冲锋。尽管"遭遇敌军猛攻"，王军骑兵仍坚守阵地，直到敌人获得了"更多的圆颅党支援，[王军]才被彻底击溃"。[19]

查理眼见着克伦威尔的骑兵追击着溃不成军的王军左翼，于是率领一支队伍发动反击。这让他直接暴露在费尔法克斯步兵团的火力之下。卡恩沃思伯爵（Earl of Carnwath）[*]抓住国王的马缰绳，骂了几句地道的苏格兰咒语，警告他："你这不是去送死吗？"[20]查理突然勒住了缰绳，停了下来，整个冲锋队也颠簸地停了下来。查理下令士兵向右转，迎接他们的却是一支庞大的圆颅党军。他们又惊慌失措地转身逃跑，使劲"扎着马刺，似乎它们可以像人一样自己行走"。[21]

尽管右翼一片混乱，开始溃逃，但是中部的王军步兵还是重创了新模范军。不幸的是，鲁珀特和查理都没能发出命令，预备部队根本没有向前推进。步兵因寡不敌众而精疲力尽，克伦威尔利用骑兵预备部队彻底击败了王军。[22]一个抵抗到最后的步兵团少尉被费尔法克斯亲手杀死。[23]

查理和鲁珀特竭尽全力重整支离破碎的部队，但为时已晚。到了下午1点，战场上的王军不是被俘就是被杀。查理是敌军目标搜索的中心，尸体堆得"最高的地方，是山上国王所在之处"。[24]残余部队仍在溃逃，国王也在其中，艰难地驰向莱斯特。在郡界，查理的逃亡之路被士兵阻挡，他打马蹚过一条小溪，从目瞪口呆的圆颅党中穿过，侥幸逃脱。

---

[*] 根据维多利亚时代莫布雷·莫里斯（Mowbray Morris）写的一部关于蒙特罗斯历史作品里有一段野史：卡恩沃思的私生女前年率领一支骑兵与蒙特罗斯并肩作战。皮尔森夫人，又名弗朗西丝·达尔泽尔上尉（Captain Frances Dalzel）的马标上画着一个裸体男人悬挂在绞刑架上，座右铭是"我敢"。令人失望的是，故事过于理想化，有些不真实。

第三部　变节的仆人

别的地方，在纳斯比（Naseby）与东法恩登村（East Farndon）之间的一片田野上，约有500名随王军行李车队步行的女人。她们就没有这么幸运了。这些女人手无寸铁，惨遭屠杀。

纳斯比有100至400名妇女被杀。剩下的女人遭到毁伤，脸被刀割成"妓女的面具"，鼻子被割掉，嘴巴被割伤。这不是通常意义上的大屠杀。[25]只有这些非战斗人员——洗衣妇、王军士兵的妻子和情人被残忍杀害。

内战伊始，议会派的小册子就宣传说，大批信仰天主教的爱尔兰和威尔士妓女带着刀跟随国王的军队，另外还有一些是女巫。[26]勃伊的故事更是助长人们对神秘和魔法的兴趣。种族主义和宗教仇恨现在集合起来，在这些宣传小册子里一并得到了充分表达。议会派出版物报道了这次屠杀，认为这些女人"表情冷酷"，罪有应得，是在偿还康沃尔郡议会军随军家眷遭受被剥光衣服的凌辱。

不过，纳斯比的随军家眷并不是唯一在这个夏天被大量屠杀的妇女。三天后，另一场大屠杀随之而来。36人，其中绝大多数是女人，在埃塞克斯郡巡回法庭被判使用巫术。她们脆弱、无力，与传统不符，已然树敌若干却无人为其强力辩护。其中近半数已经60多岁。尽管议会及其主要支持者针对女巫没有形成一致政策，但掌管埃塞克斯地区的沃里克伯爵，似乎对公共秩序的崩溃也毫无作为。暴民被视为祸乱公共秩序的源头。只有一个被控使用巫术的人被判无罪。一下午就有18人被绞死。1645年总共约有100

个"女巫"被处死：这一人数比此前整个英格兰历史上死于这一罪名的人数还要多。

与此同时，1645年6月21日，纳斯比事件一周后，被俘的王军士兵在伦敦军团绿黄两部押送下穿过伦敦。费尔法克斯摧毁了查理西部之外的主要野战军。国王在威尔士的拉格伦城堡（Raglan Castle）舔舐伤口时，新模范军开始向西进发。7月10日，他们在布里斯托尔南部的兰波特战役（Battle of Langport）击败了国王的主要野战军。全新的打击即将紧随其后。

一家议会派的报纸报道，事实证明，在纳斯比截获的国王通信"比我们得到的所有财物和士兵"[27]对议会都更有价值。截获的200封信件包括许多查理与亨丽埃塔·玛丽亚之间的通信。查理在给她的信中经常讨论国家大事，但全都充满甜言蜜语。她是他的"亲爱的心肝"，他也"永远"是她的。报纸谨慎地挑选出37封书信进行翻译和誊抄。这些书信出版时还附有评论，起了一个充满色情意味的书名——《国王的开放密室》（*The King's Cabinet Opened*）。据说，这暴露了国王的黑暗秘密：这些证据表明，是他而不是他的"佞臣"要对政策负责，而且他还是外国天主教徒妻子的附庸。

《国王的开放密室》把亨丽埃塔·玛丽亚塑造成了一个天性扭曲的变性人，议会评论道，她在内战期间展现出令人震惊的男

第三部　变节的仆人　241

子气概，例如，"她走在军队最前面，自称大将军！"那些亨丽埃塔·玛丽亚表达只想为丈夫效劳的信则被剔除出《国王的开放密室》之外。凡是查理担心她糟糕的身体状况的内容，都被小心地删除了。查理定期从法国收到关于她绝望的健康状况的消息，这更让他对王后有一种保护欲。[28]查理批评王后意见的内容被刻意模糊处理，而他赞同她观点的内容却被处理得显而易见，并附上了议会评论加以强调："显然，国王的意见完全受王后左右。"对查理不利的材料是他或许会答应妻子允许天主教臣民自由信奉天主教的愿望。[29]一个议会派记者写道："就是这个亲爱的心肝，让他付出了三个王国的代价。"她才是"真正握有实权的人"。

不过，查理对《国王的开放密室》公开的反应与其说是尴尬，不如说是感到恶心。将他的私人信件暴露在公众视野之下，简直是"卑鄙无耻"，他们"丧失了每个人都应该具备的文明和教养"，而他只不过损失了几张纸。如正直的人们所说，这些根本不会令他蒙羞，因为"蜘蛛吮吸毒液的地方，正是蜜蜂采蜜之处"。[30]保王党澄清说，亨丽埃塔·玛丽亚没做过任何逾越"妻子本分"的事。女人向丈夫提供建议是自然而然的事情，身为英格兰国王的妻子，身为英格兰王座继承人的母亲，她是真正的英国人。然而，这只表明保王党心虚了。因为在这些信中，比起蜜蜂寻找蜂蜜，吮吸毒液的蜘蛛更多。[31]

议会派的宣传建立在根深蒂固的性别歧视和宗教偏见之上，

其影响年深日久。在大众的记忆中，亨丽埃塔·玛丽亚还是《国王的开放密室》里那个歇斯底里、专横无理的悍妻，至今大众依然认为应该由她为查理丧失三个王国而承担责任。

* * *

查理的主要将领鲁珀特亲王接受了现实，最近的战场失利意味着国王不再有赢得战争的希望。他建议查理开始和平谈判。查理愤怒地拒绝了。他告诉鲁珀特，他十分清楚，"除非我死，否则绝无和谈的可能"。他无论如何都不会接受任何一条伤害"我的宗教、王座和朋友"的条约。他提醒鲁珀特："身为基督徒，我必须告诉你，上帝不会忍受叛逆者得逞，也不会忍受我的基业被推翻。"[32] 他始终坚信上帝将会庇佑他取得最后的胜利，尽管他承认胜利可能在他死后才会到来，至于他，要么战死，要么被暗杀。他写信给他的继承人："现在是时候做最坏的打算了。"威尔士亲王需要自保。查理建议他，一旦有落在叛军手里的危险，他要立即逃离英格兰前往法国。[33] 后来，查理改变了主意，建议亲王去信仰新教的丹麦。

接下来，接二连三的军事失利像铁锤一样砸了下来。1645年9月10日，鲁珀特在布里斯托尔投降。9月13日，蒙特罗斯的军队在苏格兰的菲利普霍赫（Philiphaugh）战败。随后，10月14日，奥利弗·克伦威尔抵达北汉普郡（Hampshire）被围困已久的贝

第三部　变节的仆人

辛宫（Basing House），这是天主教徒温切斯特侯爵（Marquess of Winchester）的据点，一座重要的保王党城堡。

克伦威尔的军队拥有7000名骁勇善战的士兵。贝辛宫里有300名护卫，包括神职人员、教士、演员和艺术家，女人和孩子。72岁的伊尼戈·琼斯发挥他建筑师的才能，协助规划防御工事。女人们带头从屋顶开枪。他们把贝辛宫称为"忠诚之宫"，还在窗玻璃上刻下这些字。克伦威尔则把它看成"天主教徒的老巢"。[34]

克伦威尔的第一炮炸死了温切斯特侯爵夫人的两名侍女，很快，他的大部队压进贝辛宫。上百名幸存者当场被杀，"其中很多士兵杀人时麻木不仁。"[35]一份议会报纸辩解道："必须记住他们是些什么人，绝大多数人是教皇派分子；因此我们的火枪和我们的剑绝不要犹豫。"[36]6名天主教司铎被杀，其余4名留下活口，为的是把他们拖到公共场地进行肢解。但是，受害人不全是天主教徒。一名身受重伤的新教神职人员目睹女儿的头被剑劈开，因为她辱骂克伦威尔的人是圆颅党和叛徒。过去侮辱过清教徒的人也要付出代价。一个来自德鲁里巷的喜剧演员因在演出中嘲笑清教徒，被替"上帝工作"的圆颅党杀死。[37]查理曾说，虽然无聊的喜剧该骂，机智则更可恨。[38]这位来自德鲁里巷的喜剧演员过于机智了。

杀戮结束后，房子里著名的财富被掠夺一空，剩下的平民被抢光了一切值钱的东西，包括衣服。沃里克以前的门客休·彼得，如今已是新模范军第一随军牧师和宣传家，他看到"八九个有衔贵妇一起向前奔跑",她们好像被圆颅党士兵抓住扒光了衣服。接着,一场大火烧了起来,这个辉煌的府邸和其中的艺术品被付之一炬。伊尼戈·琼斯被人裹在毯子里,从滚滚浓烟中抬了出来。同时,在地窖里,残余的抵抗人员在烈火中被活活烧死。休·彼得报告,巢穴被最终捣毁之前,天主教徒最后徒劳地哭号了一刻钟。[39]

这个夏天的胜利者,并不代表1641年选出的长期议会全体人员,甚至也不代表1642年后反对查理的那部分议会。他们只代表一个党派——独立派。独立派控制了新模范军,这支队伍已经发展成一支纪律严明的作战部队,更重要的是,他们的军饷有保障,因此不像埃塞克斯的军队那样会被随意解散。[40]不过,议会和伦敦城基本上都保留着一个长老派,许多人担心在独立派鼓动下,"异端邪说、宗派分子和分裂愈演愈烈"。[41]苏格兰人、英格兰长老派,以及霍兰,联合向查理提供了一份秘密和平协议。他们同意查理可以保留许多权力。不过,反过来,他必须接受誓约派。亨丽埃塔·玛丽亚劝丈夫接受这个提议,但查理并没有答应。他对新教主教制神圣起源的信念绝不含糊其词。

查理回到他的战时首都牛津,准备挑拨长老派与独立派互斗,从而为自己争取时间,然后听天由命。

第三部 变节的仆人

第十九章

金球

查理已有若干年没有穿戏服参演假面剧了。这次,他又一次扮装上演一个角色。1646年4月27日午夜,国王的堂弟里士满和内廷近侍约翰·阿什伯纳姆帮他修剪胡须,还剪掉了他的垂发。查理扮成马夫,戴了一顶尖顶的猎人帽遮住脸。牛津危机四伏,他需要潜逃。凌晨3点,钟声敲响,他骑马过了玛格德林桥(Magdalen Bridge)。一个朋友向他道别"再见,哈利"——"哈利"是他为这次行程给自己起的化名。随后,他与阿什伯纳姆和王室牧师迈克尔·赫德森(Michael Hudson)一起离开了牛津,踏上了魔法旅程。[1]

查理留下了12岁的约克公爵詹姆士,詹姆士只吃半份口粮,以声援城里常住的保王党平民。路上遍布独立派的军队,查理也得到警告,如果他被俘,他们"会毫不留情地对待他"。他不希望儿子冒此风险。

查理的选择有限。他最后一支有生力量3月在山地斯托（Stow-on-the-Wold）被击败。无论如何，他都要打好手里剩下的牌。"我拼命赶往伦敦，"他向朋友解释，"只要还有希望，我都会拉拢长老派或独立派的其中一派，摧毁另一派。"如果失败了，"请你告诉我所有的朋友，如果我不能以国王的身份活下去，那么我会像绅士一样体面地死去"。[2]

独立派十分焦虑地料到查理可能会返回伦敦。他们清楚查理的到来将会引发一场支持他的伦敦起义。人们渴望生活恢复正常，因此，视查理的回归为恢复秩序的必要条件。在独立派看来，他的露面至少能"吸引民心"。

查理在伦敦西部徘徊等待情报。支持王后的法国盟友向查理保证，苏格兰人会热情接待他，就在这时，情报员报告说，不要指望能在伦敦获得有利的条件，于是，查理决定投靠苏格兰驻扎在米德兰德纽瓦克附近绍斯韦尔（Southwell）的驻军。[3]

为了避免暴露，查理和随从迂回前进，绕过韦尔沼泽，从亨廷登（Huntingdon）骑马向西北前进。他们在柯平福德（Coppingford）路边的农舍过夜，用的是化名。查理躺在客栈地板上睡觉，但掌柜的鼾声吵得他无法入睡。第二天，疲惫不堪的国王继续前进以免被俘，直到1646年5月5日，他才在苏格兰驻军营地下马。他们的指挥官向伦敦报告称，查理的突然出现"让我们感到惊奇，简直像在做梦"。[4]国王宣布投靠时，他们几乎不敢相

第三部　变节的仆人　247

信自己的运气。

相反，独立派听到这个消息时都"垂头丧气"。拥有国王，对任何一派而言都是至关重要的政治筹码。没有国王的同意，就不可能达成和解，而现在与他和谈的是长老派。[5]

苏格兰人随即带查理北上去纽卡斯尔。查理知道这是一个拥有上万人口的美丽城市，英格兰人这样形容它："除了伦敦和布里斯托尔，没有哪个城市的财富和建筑比得上它。"[6]但是，令查理感到害怕的是，他一到，苏格兰人就带走了他的仆人，并将他关在总督府邸，窗下还派有卫兵。之前他误以为自己是苏格兰尊贵的客人，其实是他们的俘虏。

查理如今同意签署《誓约》，这对苏格兰人至关重要。这个3月，英国议会已经在英格兰推行长老会制。英国国教的教区将由牧师和长老取代国王及其任命的主教进行管理。继而，教区被置于议会管理之下。苏格兰人将这种世俗控制称为"瘸腿……长老会"，但总比完全没有长老会要好——一个不签署《誓约》的国王总会对长老会构成威胁。只有查理承认主教制是非法的教会管理制度，苏格兰长老会的未来才能真正不受王室的威胁。

1646年5月19日，查理下令残余部队放下武器。他准备承认自己战败。内战结束了，王国血流成河，白骨累累，战死和病死的人数占总人口的比例，甚至高于第一次世界大战中死于战壕的人数占总人口的比例。外国人发现战后英国人的个性都变了：他们变得麻木不仁，愤世嫉俗。几乎每个人都认为查理现在会同意《誓约》。然而，他虽然打算放弃军队，却不会放弃他的良心。苏格兰国教会全体代表声泪俱下地逐个房间追着查理，说服他在关键问题上让步。有些人相信国王需要的只是适当地接受正确的信仰教育。不过，查理却对牧师们的布道无动于衷。一次在餐桌上，失去耐心的国王用叉子捅了下肉，结束了他们的布道。还有一次在教堂，布道结束后，他唤会众唱起《诗篇》第56篇——祈祷你们从苦难中解脱。据说，人们已经许多年没有高声唱歌了。

亨丽埃塔·玛丽亚和苏格兰人一同恳求查理签署《誓约》。王后认为，用议会里新教主教的职位去交换伦敦很划算。这只会刺激查理反感妻子，他斥责她的苏格兰朋友做的是"假仁假义"的交易，斥责他们"凶残利用"他。不过，当着他们的面他没有大发脾气，只是与狱卒一起打高尔夫，请求他们把詹姆士送到他身边。

查理很后悔他的次子在精力充沛的年纪因为战争而错过了学习。他是国王，更是一位父亲，真心希望有一天詹姆士可以"少玩枪多读书"。此外，他也必须考虑，如果威尔士亲王成功地逃到法国（他将在6月实行这一计划），那么詹姆士就可以代替他成为国王了。查理希望詹姆士要么像哥哥一样出国，要么由他亲自照顾。不过，詹姆士暂时还是留在了牛津，因为牛津投降的谈判仍在继续。

第三部 变节的仆人　　249

5月30日,被围的牛津驻军还在与费尔法克斯的军队交火。王军开了200枪,杀死了一名圆颅党上校和一个给军队送食物的人。圆颅党"用炮火猛烈轰城,极大地扰乱牛津人的防御工事和研究工作"。[7]当天晚些时候,双方同意停止"大规模射击"。为了鼓励牛津继续投降谈判,费尔法克斯给詹姆士送去了"一对雄鹿,两只羊,两只小牛,两只羊羔和六只阉鸡",提醒他城里居民的粮食日益短缺。[8]詹姆士没有回应,但是,在查理一封写给牛津的密码佚信中,他要求支持者在达成最后的投降条件时,要"特别关照"大学,并"想办法把约克公爵送到我这里"。[9]后来证明,这不可能实现。

6月17日,双方全面停火,占领军与王军陶醉在彼此亲如兄弟般的感情里,与此同时,保王党和圆颅党庆祝战争结束。三天后,牛津正式投降,詹姆士被交给了费尔法克斯,后者命4辆马车和6匹马把他送到圣詹姆士宫,由诺森伯兰伯爵监护。詹姆士的幼弟亨利和幼妹伊丽莎白也在伯爵的监护之下,三个孩子已经四年没见过面了。查理的战时首都恢复了之前大学镇的角色。6月24日,多达3000名王军离开牛津,900名负伤的王军行进在玛格德林桥上,桥两侧是叛军的队列。王军离开后,三个兵团的圆颅党步兵和清教徒士兵征用了之前骑士党驻扎的房屋。

7月,国王得知,起码王室最年幼的孩子,2岁的亨丽埃塔摆脱了议会的控制。她的教母达尔基思夫人(Lady Dalkeith)在宫仆的默许下，带着她从萨里郡的奥特兰兹宫溜走了。这个漂亮的幼女被打扮成一个男孩，穿着打补丁的衣服，化名"彼得"。小公主对此事愤愤不已。在她登上开往法国的船之前，公主旦旦地告诉人们她不是什么"彼得"，她的衣服也不是自己的。[10]在巴黎，亨丽埃塔·玛丽亚对她的小女儿"日思夜想"，当她见到亨丽埃塔时，"一次又一次地拥抱这个王室幼儿"。[11]亨丽埃塔日后将成为路易十四宫中耀眼群星里的一颗星。查理只在1644年7月的埃克塞特仓促地见过洗礼后的亨丽埃塔一面，他现在肯定想知道是否还能再次见到小女儿。

恢复查理英格兰和苏格兰王位的最新条款，由独立派和长老派反复讨论后议定，7月28日由议会提交给在纽卡斯尔的查理。查理声明，这些条款违背他的"良心，王冠和荣誉"。[12]查理必须同意废除主教制，交出日后20年的军权，并交出56名支持者（注定被处死）。他已经准备接受在主教问题和军权问题上暂时妥协，但是不愿意承认主教制在本质上是错误的。*他也不接受处死他的56个朋友，哪怕处死一个都不行。斯特拉福德的死始终像梦魇一样缠绕在他心头。

支持纽卡斯尔提案的苏格兰人对查理失去了耐心。但他们此

---

* 他准备同意维持英格兰的长老会宗教现状三年（甚至五年）。但是，需要20名长老会成员，20名独立派成员以及他自己挑选的20名神学家来研究教会的未来。研究意见将提交国王和议会。他准备放弃军权十年，甚至可以一辈子都放弃军权，只要在他死后，传统的王权可以回归到他儿子的手里。

第三部 变节的仆人

时也不敢将军队留在英格兰。苏格兰军队出现在英格兰，让英格兰人深恶痛绝，这损害了埃塞克斯伯爵领导的长老派在议会的地位。因此，他们心不甘情不愿地将查理交给了分裂的英格兰议会并从英格兰边境撤军。他们要依靠埃塞克斯继续在议会为他们争取利益。

但是，就在议会同意向苏格兰支付40万英镑酬谢他们协助赢得战争之后，埃塞克斯严重中风了。四天后，1646年9月14日，埃塞克斯去世，他的表兄兼政治同道亨利·霍兰陪着他走完了最后一程。[13]

埃塞克斯的葬礼规格盛大，参照查理的哥哥1612年的标准，在威斯敏斯特大教堂举行。大批群众冒雨观看送葬队伍穿过街巷。埃塞克斯遗容端庄，躺在棺木中，穿着淡黄色的军装、猩红色的马裤和议员长袍。埃塞克斯把一生献给了他视为贵族美德的运动，即贵族应该致力于公众利益，捍卫自由和"真正的"信仰。他从来不认同克伦威尔的盟友宗派分子，怀疑他们坚持的所谓自由，不过是其为所欲为的自由。

埃塞克斯死后，苏格兰人因把查理交给一个不稳定的议会而前所未有地焦虑万分。1647年初，长老派在上院和下院已经获得了多数议席。不过，这并不是因为下院议员普遍认同长老会制，而只是因为议员们断定，要想对付更糟糕的问题，支持长老派是最有效的方法。这个更糟糕的问题，就是不断高涨的宗教政治极端主义浪潮。但是，独立派仍然可以压制长老派，国王之后会落入他们之手。因此，苏格兰人要求议会保证给予国王尊贵待遇，保证和谈不会有损苏格兰的利益。有消息传回来，议会将按自己的意见处置事务，独立派还提到苏格兰女王玛丽的命运，作为他们可以行使权力的先例。这是对查理的威胁，而他本人对这个威胁也非常重视。

如果查理被弑，他的儿子威尔士亲王将继承王位。查理清楚，他的继承人聪明能干，但在旁人看来，"他［威尔士亲王］似乎对于宗教并不敏感"。[14]神学并不是他的前任管家纽卡斯尔侯爵优先考虑的问题，相反，在他的指导下，亲王的舞技和骑术十分精湛，并且热爱文学。亲王后来可能需要接受教育来纠正这一点，但在战争期间不可能。相反，亲王经历的创伤，为未来的查理二世塑造了一个魅力十足的人格，并且令他深深地愤世嫉俗。现在，亲王在法国受到王后党派的影响，认为查理要想恢复王位，就必须接受长老会制。英国国教要想保住主教，查理就必须保住自己的性命。

国王最大的希望就是逃跑。他秘密写信给15岁的女儿玛丽，请求她派一艘战船接他去荷兰。在1640—1641年那个危机重重的冬天，查理为玛丽安排的与奥兰治的联姻，其实并不是特别幸福。1642年，她离开英格兰时，查理指示她的家庭教师，至少在玛丽14岁前他们不能圆房。但是，1644年2月，玛丽还只有12岁，奥

第三部　变节的仆人　　253

兰治亲王强行进入她的房间与他的小新娘发生了性关系。玛丽对这个自私的人从来没有好感，但对父亲忠心耿耿。1646年11月，一艘装备着34门大炮的荷兰战船如约抵达泰恩河。镀金的船尾上雕画着玛丽和威廉·奥兰治的形象，在他们中间有一棵橘子树，上面结满了果实，象征着他们未来的孩子。一个约克郡女人利用这个场景假扮玛丽。这个女骗子把自己安置在一间精致的屋子里，当地的人都跑过来吻她的手，直到真相大白，她被赶出镇子。同时，荷兰海军上将见到了查理，表面上是为了把他女儿的信呈给他，实际上是为了策划查理逃亡。

不幸的是，就在圣诞节前夕，在圣詹姆士宫发现了一封查理催促詹姆士逃跑的信。詹姆士接受问讯，这个场景让人想起维多利亚时期画家W.F.伊姆斯（W. F.Yeames）的作品《你最后一次见你父亲是什么时候？》，画中，一个身穿丝绸衣服的金发小男孩面对着一群黑衣议员，类似詹姆士面对的真实场景。他们质问詹姆士为什么要把他父亲的信藏起来。他回答，这样做"是出于对国王的服从，以及对父亲的孝心"，并提醒他们"他有义务服从亲爱的父亲，替他保守秘密"。[15]

查理的公寓外安排了守卫，1647年1月30日，在支付了40万镑的第一笔10万镑定金后不久，苏格兰军队将查理交给了英格兰议会，离开了纽卡斯尔回到苏格兰。查理评论道，誓约派"把他廉价地卖掉了"。[16]没有查理的话，苏格兰在英格兰就失去了所有筹码，他们将为"出卖我的安全和荣誉换取自己的利益"[17]而遭人蔑视。他这两种估计都没错。就连一个苏格兰誓约派成员都警告说，他们拿国王的命换钱的做法"连流浪狗都会朝他们撒尿的"。[18]苏格兰人返乡时，纽卡斯尔居民在背后朝他们扔石头。2月3日，在英格兰议会委员的监护下，查理离开了镇子，更多民众跑了出来，但这次是出来欢呼。

对议会请来的苏格兰盟友的仇恨，再一次激发了北方民众的保王情感。在一路向南的沿途，民众将淋巴结核病人带来让查理触摸治愈，就像基督治愈麻风病人一样。不过，民众的热情不仅是因为他们相信国王是上帝拣选的，更是因为他们发自内心地渴望和平。人们怨声载道，他们各方面的状况"都比这个［永久］议会召开之前的状况更加糟糕"。[19]在英格兰，即便那些没有遭受战争和掠夺的地区，也因重税而不堪重负。单是议会每个月征收的战时税，就比查理17世纪30年代备受争议的船税高10倍，对许多日用品征收的消费税（仿照荷兰的做法），让穷人的日子过得更加窘迫。

英格兰急切地想要回到国王统治议会这条"古老的、传统的道路"。但是，战争开始时的问题仍然没有解决：在英国的混合君主政体中，如何平衡国王与议会的权力？

查理的新监狱位于北安普敦郡伊丽莎白时代的行宫霍尔姆比

第三部　变节的仆人

城堡（Holdenby House），里面有"悦目、独特和优美"的花园，有散步道、果园、鱼塘和保龄球馆。[20] 长老派主宰的议会不允许他使用被禁的《公祷书》，但他可以打猎，接受当地乡绅的款待。1647年6月3日，这些快乐随着500多名新模范骑兵的突然出现戛然而止，他们的人数足以震慑议会派驻的五六十人卫戍军。查理只能猜测发生了什么，不过查理的保王党情报人员一直在向他报告伦敦政局发生的重大变化，这些变化暗示着伦敦可能会发生政变。

占议会多数的长老派掌握的武装力量不足，无法逼迫独立派接受他们想要与查理达成的协定。为此，他们正在着手建立一支听命于自己的军队。长老派计划"以其人之道还治其人之身"，独立派1646年如何对待埃塞克斯、沃勒和曼彻斯特的军队，长老派也会如此对付新模范军。计划破产了，他们想要替换掉的指挥官——独立派的奥利弗·克伦威尔退休了。5月25日，议会正式宣布解散新模范军新兵连，仅支付了士兵两个月的欠饷。议会眼看就要破产，军队不再享有固定薪资。议会支付的军饷远少于欠饷。随后，在接下来的几天里，大批宗教激进分子和新模范军军官聚在了克伦威尔德鲁巷的府邸里。克伦威尔夫人用面包和黄油搭配小杯啤酒招待丈夫的访客，男人们高谈阔论，开始密谋布局。5月31日，他们招纳了一个最低级别的号令官，名叫乔治·乔伊斯（George Joyce），29岁。正是这个号令官指挥骑兵出现在了霍尔姆比城堡。

不知道下一刻会发生什么，这样的等待异常煎熬。第二天晚上，门外的争吵声扰醒了查理。或许，暗杀他的时间到了。这是被废黜的英格兰国王的一贯命运。他的仆人不让乔伊斯进门。查理担心仆人们的安全，于是命令他们让乔伊斯进来。站在查理面前的是一个身材粗壮的伦敦佬，这位曾经的裁缝留着一头时髦的棕色长发。乔伊斯要求国王同他一起离开城堡。这个年轻的极端分子料到卫戍军指挥官已去寻找外援，因此必须将查理转到独立派军队控制的地方才更保险。查理答应，如果乔伊斯保证他的人身安全，允许仆人陪伴他，并允许他坚持自己的信仰，就随他一起离开。乔伊斯接受了他的条件。*

第二天早上6点，查理走出霍尔姆比城堡，站在6月天空下的草地上。乔伊斯让他的士兵整队列阵，命令部下大声喊出前一个晚上做出的承诺。这种奇怪的民主让查理意识到乔伊斯还没有给他看过书面指令，于是问道："你受谁的命令来保护我？"乔伊斯咆哮起来。查理坚持问道："你有没有你的将军托马斯·费尔法克斯爵士的书面指令，准许你来做这件事？"查理还是没有得到直接回复，于是他进一步施压："我请问你，乔伊斯先生，"他要求，"你受谁的命令？"乔伊斯挥了挥手，"这就是我的命

---

* 费尔法克斯和克伦威尔都会否认曾命令乔伊斯将查理从霍尔姆比城堡转移，似乎他们只是命令他控制霍尔姆比城堡。

第三部　变节的仆人

令！""在哪里？"查理困惑地问道。随后，乔伊斯在马鞍上转过身，指着他的士兵们："就在我身后。"查理冷冷地说："这是我生平见过的最公平、最完善的一份书面指令。"[21]之后他随乔伊斯一起踏上了旅程，没有再做进一步抗议，"总好过被抬着脖子和脚后跟走。"他说。[22]

用费尔法克斯的话来说，国王"是两个党派之间争夺的金球"，谁控制了查理，谁就掌控了和平的进程。现在，新模范军得到了查理，他们打算充分利用这一战利品。

第二十章

乌云笼罩的陛下

1647年6月7日,查理在纽马基特外见到了费尔法克斯和克伦威尔。费尔法克斯吻了吻国王的手。他肤色黝黑,人称"黑汤姆",在战场上中过两枪,一处在肩膀,一处在手腕,脸上还有在马斯顿荒原战役中被剑砍伤的刺眼伤疤。这个沉默寡言的约克郡人,是军中战争委员会里"唯一的法官"。然而,克伦威尔在未经过他授权的情况下,做出了将国王从霍尔姆比城堡带走的决定。[1]克伦威尔也向国王低头致意。这是查理第一次见到未来将终结他生命的人。

新模范军的主要将领是议会独立派的支持者,也都纷纷与部下感同身受,情绪激进。长老派给军队的待遇较差,士兵怨声载道。曾经,新模范军可以容纳持有不同政治立场的军官和士兵,而今,这一特点荡然无存,长老派军官、同情王党者以及前王党分子都被逐出了新模范军。三天前,在费尔法克斯主持下,新模范军总委员会(General Council)开始起草一项政治纲领。该委员会由高级军官和选举出来的低阶代表组成，后者就是熟知的调节员（Adjutator）或鼓动员（Agitator）。低阶代表由每团选举两名军官，全军选举两名普通士兵产生。6月14日，在费尔法克斯和克伦威尔与国王会面的一周后，总委员会准备宣布他们的公开"声明"。

军队强调，"我们不是一支仅为一国独裁政权而效劳的雇佣军"，而是一群"受到议会宣言的召唤集结而来，捍卫我们自己和人民的正当权利和自由的人"。鉴于议会未能保障这些权利，因此在这样的绝境下，为了保障人民的安全，军队"现在将以我们自己和王国的名义采取行动"。"腐败"的议员将被清理出议会，解散议会的日期已确定。届时将进行新的定期选举。[2]

几乎可以确定，这份声明是由军需负责人兼首席执笔亨利·艾尔顿（Henry Ireton）撰写的，他是克伦威尔的女婿。艾尔顿不仅威胁议会（清除腐败议员并解散议会），还提出从议会手里挽救议会（重新定期选举）。

声明发表之后，新模范军将他们宝贵的俘虏转移到了伦敦附近。

6月25日，查理抵达索尔兹伯里伯爵（Earl of Salisbury）的哈特菲尔德宫（Hatfield House），在这里他可以有自己的牧师，并使用《公祷书》。7月3日，他被转移到巨富克雷文勋爵（Lord Craven）在泰晤士河畔卡弗舍姆（Caversham）的府邸。次日，查理与克伦威尔进一步接触,这一次费尔法克斯并不在场。[3]

这位清教徒将军习惯于聆听别人谈话,这样他可以"了解他们内心最深处的企图",而查理却习惯于掩藏内心深处的意图。克伦威尔似乎对查理印象深刻,他向查理身边的一个仆人说,查理是"三个王国中最正直、最勤勉的人"。军队需要查理的支持和配合,以便达成他们想要的和平方案。[4]因此,克伦威尔不仅恭维查理,还承诺让查理的三个孩子来见他。听到这里,查理再也无法掩饰心中的喜悦。[5]他已经五年没有见过伊丽莎白和亨利了。

查理并没有留下对克伦威尔第一印象的记录,但是在见到克伦威尔的同一天,他写信给詹姆士说,"我希望他们可以准许你同弟弟和妹妹一起,在这里〔卡弗舍姆〕与伦敦之间的某个地方,我们能见一面"。他建议詹姆士去申请许可,见他"一两个晚上。不过,我宁可见不到你,也希望你能到一个方便的地方吃顿饭,然后晚上再回去"。他的签名是"挚爱你的父亲",还添上一句附言,"尽快回复我"。[6]

虽然不允许过夜,但12天后,一驾马车载着查理的三个孩子来到了卡弗舍姆的灰狗客栈。一个小时后,上午11点,他们的父亲被护送至客栈。克伦威尔形容这次团聚是"他见过的最温柔的一幕"[7]。查理问7岁的格洛斯特公爵亨利:"你认识我吗,孩子?"亨利一脸茫然地回答:"不认识。"查理向他解释:"我是你的父亲,孩子,很不幸,我把你和你的兄弟姐妹带到了这个世界与我

第三部 变节的仆人

共同承担痛苦。"[8]詹姆士和伊丽莎白哭了起来。

查理把年幼的孩子抱到腿上并安抚着伊丽莎白。她现在11岁，但不再是他记忆中那个活力十足的女儿了。三年前，她跑跳穿过一个房间时摔断了腿。在室内养伤的几个月里，她开始学习。她现在会用法语读写，还懂一些意大利语、拉丁语、希腊语和希伯来语。她也长成了一个"善解人意……洞察人和事"的女儿。抓获她的人说，她"节制克己"，一边观察他们，一边做出自己的判断。

脸上带着伤疤的费尔法克斯走进了屋子，伊丽莎白问他是谁。查理曾称费尔法克斯是叛军里的"野蛮将军"[9]。但是，当伊丽莎白得知他是费尔法克斯时，她真诚地感谢他让她"十分幸福"，可以见到"亲爱的父亲"，如果可以的话，她会还他这个人情。[10]

然而，只有查理才能给费尔法克斯想要的东西。

总委员会与盟友议会独立派开始起草和平协议。其实，这些被称为《军队建议纲目》的条款已经非常宽容了。按照协议，十年后查理可以重掌军权，任命自己的顾问大臣。他们甚至允许保留主教制，只要其他新教徒可以按照自己的方式践行信仰。为了提升这场交易的吸引力，独立派主导的税收委员会甚至利用公共资金向国王提供奢侈品、马匹和衣服，将自己和军队粉饰成国王忠诚慷慨的朝臣，恭候国王复位。[11]

亨丽埃塔·玛丽亚已经对苏格兰人失去了信任，希望尽快与独立派达成和解。许多保王党赞成她的意见。[12]查理却在质疑与军队达成的协议是否具备法律效力。正如查理提醒克伦威尔的："议会的力量来自他们对抗的力量。"[13]他似乎仍希冀从长老派那里获取更多支持。

伦敦的长老派领袖，包括亨利·霍兰在内，定期在怀特霍尔宫露西·卡莱尔的房间会面，密谋如何重新将国王控制在他们手里。[14]内战时期，保王党贵族在牛津狭窄屋子里艰难度日的时候，露西·卡莱尔却继续在议会派控制的伦敦城过着相对光鲜舒适的生活。不过，没有宫廷生活的怀特霍尔宫不同于往昔了。顾虑到军中存在激进的低阶士兵，露西也不再像霍兰那样信任军队了，转而投身长老派阵营，与已故的表兄埃塞克斯伯爵的追随者们站在了一起。长老派仍然控制着伦敦城的市政和教会管理机构，在伦敦城里有不少有实力的支持者。

1647年7月26日，长老派召集了一大批学徒和散兵组成的暴徒闯入议会。他们命令议长投票邀请查理来伦敦缔结私人条约。心惊胆战的下院议员屈服了。在这场可怕的代议制闹剧中，几个暴民加入了投票。

两天后，当军方正式将《军队建议纲目》提交给查理时，国王听说伦敦卫戍军重新集结起来对抗新模范军，并且苏格兰人为支持他复辟准备作战，而不是眼看着独立派获胜。军方处于下风，

第三部 变节的仆人　　263

查理变得强硬起来。他提出两个条件。第一，保护王党主要领袖。他以"尖锐""刻薄"的口吻再一次提起斯特拉福德的厄运，并且说"他不会再让一个人因为他而遭此痛苦"。第二，重新恢复英国国教。军方需要他，查理提醒他们："你们不能没有我。如果我不支持你们，你们就完了。"[15]

与查理会面的军方代表是37岁的上校托马斯·雷恩博罗威（Thomas Rainborowe）。他的样子不太讨喜。他摘帽致敬，几缕金发从他光秃的头顶垂落到肩上。他出生在沃平（Wapping），做过水手，还贩卖过加仑子。现在他成了军中普通士兵里极具煽动力的领袖。雷恩博罗威与新模范军其他军官一起，花了三小时努力说服查理同意《军队建议纲目》。但是，他提前离开了会议，他的结论是——是时候迫使国王接受协议了。

事实证明，查理将希望寄托在伦敦长老派身上，是放错了地方。到了1647年，政治权力更加取决于军事实力。8月6日，费尔法克斯率领他的人马开进伦敦。他手下1.4万名身经百战的新模范军，轻而易举就控制住了4万伦敦人。克伦威尔骑马走在骑兵最前面，费尔法克斯和克伦威尔夫人一起坐在马车里。长老派贵族及其支持者要么纷纷逃离伦敦，要么被关进了监狱。但是，露西·卡莱尔没有逃走，她仍在密谋抵抗这支她瞧不上的军队。

费尔法克斯和克伦威尔把查理转移到伦敦附近的汉普顿宫。他们迫切希望查理接受《军队建议纲目》，而且要尽快，要赶在雷恩博罗威这样的激进分子要求彻底改革宪法，强制国王同意协议之前。士兵们日益受到伦敦激进分子运动的影响，这些激进分子被称为"平等派"（Levellers）。"平等派"一词源于17世纪初农民反抗圈地运动的历史背景，当时指的是平整树篱，现在则寓意渴望消弭英格兰政治上的等级制。平等派希望议会、国王、司法机构和教会机构都服从于一部新宪法，一部所有生而自由的英格兰人都一致赞同的宪法。[16]平等派的主张在新模范军主要将领和更多普通民众中间激起了相当大的恐慌，他们担心平等派将民主等同于暴民统治。

圣詹姆士宫马厩暴发瘟疫，王子和公主们被转移至诺森伯兰伯爵在汉普顿宫附近的西恩府。[17]他们继续按时被带去与父亲见面，经常"长时间待在花园里，在国王面前奔跑嬉戏"。晚餐时，詹姆士坐在查理的右边，"所有孩子都很敬爱……陛下"，尤其是伊丽莎白，"常被他抱在怀里"。[18]

现存一张这个时期查理的素描，是诺森伯兰委托画家彼得·莱利（Peter Lely）创作的肖像画。画中，十几岁的詹姆士脸颊饱满，一身绸缎，双手伸向他的父亲，而他的父亲看上去比实际年龄要老得多。莱利作品的一个仰慕者认为，画家完美地捕捉到了处于"乌云笼罩"时刻的国王。查理的脸上呈现出"无泪的悲伤……"，表情"谦虚而坚韧"。[19]查理还希望在和谈中保全他最看重的东西——保存主教制的英国国教，他朋友们的性命，以及

第三部　变节的仆人

未来继承人统领军队的权力。但是，他有可能先死于谋杀。

查理在与孩子们单独相处时提醒他们，万一他死了，要谨记他们的宗教责任和王室责任。他告诉他们，要忠于英国国教会，忠于他们的长兄威尔士亲王查理。他警告伊丽莎白，不能未经亲王或她母亲亨丽埃塔·玛丽亚同意就嫁人。他叫詹姆士逃往荷兰，告诉小亨利，万一亲王查理遭遇什么不幸，他必须忠于顺位继承人詹姆士。

汉普顿宫来了一名不受欢迎的客人，他是背叛家族的典型。此人就是查理的大外甥查理·路易，普法尔茨亲王，他于1644年8月返回英格兰，要求议会向他支付查理不再支付给他的经费。他暂时住进了怀特霍尔宫并签署了《誓约》。他的两个弟弟鲁珀特和莫里斯，在为国王长久作战后，获准返回欧洲。查理·路易则选择留下来，督促舅舅妥协。查理怒气冲冲地回复说，在他看来，查理·路易什么事情都干得出来，无论这件事多么卑鄙，只要他盘里"能再多一块肉"。

为了争取更好的条件而坚持，这一策略进行得很顺利。查理有充分的理由相信，在他的支持下，三个王国重新实现联盟是有可能的。在苏格兰人和爱尔兰人看来，新模范军的军事实力和政治实力，加上独立派坚持的民族主义和帝国主义，都增加了英格兰统治三个王国的危险。

苏格兰人还担心英格兰的宗派分子和其他激进分子会威胁苏格兰王国的长老会制。由汉密尔顿公爵（Duke of Hamilton）领导的誓约派里的温和派，现在控制了爱丁堡议会，准备在查理不签署《誓约》的前提下与其达成协议。温和派里的许多人在1644—1646年都曾反对介入英格兰内战。

在爱尔兰，英格兰议会派遣的官员实行高压政策，这促成了爱尔兰长老会、主教制支持者与天主教徒再一次结盟，他们有可能军事支援查理。国王曾经的驻爱尔兰总督，即加尔文宗信徒奥蒙德侯爵詹姆斯（James, Marquess of Ormonde）到汉普顿宫拜访了他，随后很快前往法国，开展进一步计划。

同时，在英格兰本土，军队以及供养军队的税收，让普通百姓越来越深感愤怒，军队本身的团结也在逐渐瓦解。

1647年10月18日，受平等派影响，激进士兵们发表了一份新宣言，名为《军队事业》（The Case of the Army Truly Stated）。总委员会和主要将领们并没有同意这份宣言。宣言提出，协议的宗旨不应该是确保议会的权力，而应该以人权即每个人与生俱来的权利为出发点。因此，人民有权决定由谁代表他们。《军队事业》要求扩大选举权，每两年召集一次议会，并强迫查理接受协议。参与宣言的士兵里有雷恩博罗韦上校，他曾参与劝说国王接受《军队建议纲目》，并由此得出结论：国王在复位协议上不应再有发言权。

费尔法克斯、克伦威尔和艾尔顿都对《军队事业》的主张感到恐惧。他们不相信，除了生命权，还有其他与生俱来的权利。一切政治权利和自由都应通过议会确立，经过时间的淘洗，议会形成了法律和惯例。法律和惯例赋予人们拥有财产的权利，并赋予人们享有基于财产的权利和特权，其中包括投票权，因为人们通过财产所有权从王国获得"固定利息"，也就意味着接受了国家的惯例和法律。没有财产的人则被视为容易操控的人，太危险，太不可预测，不能被授予选举权。[20]

10月28日，新模范军的将军们与激进派代表在帕特尼（Putney）圣母教堂正面交锋。军事委员会对《军队事业》展开辩论。然而，代表下级军官和士兵的鼓动员开始大声朗读新的文件《人民公约》（The Agreement of the People），《军队事业》被暂时搁置一旁。[21]《人民公约》要求废除上院，并在宪法中规定议会选举名额"按照人口比例分配"。雷恩博罗威用激荡人心的话语表达了这一民主观："我真诚地相信，在英格兰，最穷的人能像最伟大的人一样生活。因此，先生们，我真心地认为，每一个生活在政府管辖下的人，显然首先应通过他的顾问将自己置于政府管辖之下。"

艾尔顿的回复带有警告色彩，《人民公约》将会导向无政府状态和共产主义。如果选举权是天赋人权，那么，艾尔顿认为，"根据同一权利，每个人都有同等权利去享受所见的任何事物：肉、酒、衣服，直接拿来维持生计；拥有土地的自由，占有它，使用它，耕作它；拥有一切事物的自由"。[22] 一个士兵反过来提醒将军们，委员会6月14日发表的声明阐明了战斗是"为了捍卫我们自己和人民的正当权利和自由"，他和他的战友们"在这个国度出生入死，全都是为了：恢复我们作为英格兰人与生俱来的权利和特权"；然而，"除非在这个国家拥有固定地产，否则在这里似乎就没有权利。我怀疑我们被彻底欺骗了"。[23]

论辩可能会惹起全英格兰对军队里激进主义的反感，将领们于是封锁了消息，甚至销毁了关于论辩的内部记录。残存的文献证实，似乎多数人支持扩大选举权，但也赞同必须由议会开始和解。最深的分歧在于，是否处置国王，以什么为依据？有的人想目睹上院和君主制的瓦解。最愤慨的人要求"立即严审"内战的罪魁祸首——国王。[24] 帕特尼论辩一结束，克伦威尔和费尔法克斯就要求每个士兵签署一份效忠声明，内容包括接受《军队建议纲目》和委员会声明中对国王提出的条件。

下一次军队大会，将于11月15日在赫特福德郡韦尔附近的科克布什菲尔德（Corkbush Field）举行，这次会议将决定克伦威尔和费尔法克斯是否能控制军中受平等派影响的少数人，重建团结。只有费尔法克斯和克伦威尔获胜，他们才能兑现对查理的承诺。查理以为，如果激进的平等派"打垮他们"，那么"他们就必须请求国王确保他们的安全"。[25]

第三部 变节的仆人

在帕特尼已经有人提出查理应作为"流人血的凶手"接受审判。这句话出自《圣经》："若有在地上流人血的，非流那杀人者的血，那地就不得洁净。"[26]提这个要求的人想要查理被定罪并被处死。11月9日，有报道称，休·彼得信誓旦旦地向鼓动员保证，国王"不过是一条死狗"。[27]

此时，谋杀仍是除掉查理最简单的方法。历史上没有审判英格兰国王的先例。审判苏格兰女王玛丽的英格兰法官提出的理由如下：长时间以来，英格兰国王对苏格兰拥有宗主权，因此，玛丽是伊丽莎白的臣民，背叛伊丽莎白就是犯下了"叛国罪"。伪装成意外或厄运的谋杀，不会引发任何潜在的法律难题，英格兰历史上有大量弑君的先例——亨利六世，上一位在内战中失败的英格兰国王，就是这个下场。

11月11日，克伦威尔给汉普顿宫发信，提醒管家有人可能计划暗杀查理。他写道："当心你的卫兵。可能要发生最可怕的事。"[28]查理在房间收到一封信，警告他一场暗杀即将到来。他不愿意逃离汉普顿宫，因为那意味着违背誓言和承诺。他被控制在军方手里也有一个好处，即向苏格兰的汉密尔顿派施加压力，让他们与他达成协议。保王党与苏格兰人的条约"快要缔结了"。[29]不过，如果他被谋杀，这个条约对他而言也就没有什么意义了。

星期四，查理按惯例在卧室向海外写信。几个小时后，人们才发现他消失了。这是不容错失的好机会。傍晚6点钟左右，查理和三个随从经地窖楼梯进入花园，再从花园骑马前往河边。终于，一个卫兵意识到国王"独自待在房间里的时间过长了"，于是打开门,[30]结果发现，查理不见了。

第二十一章

保王党起义

查理与同伴在冷雨中驰向暗夜。伦敦南部萨顿（Sutton）的一家客栈有供他们换乘的新马，客栈建在北部丘陵的小山坡上。他们在暗夜里迷了一段路，耽误了时间，在1647年11月12日破晓时分才到达。此时，一场本地郡议会委员会议正在客栈召开。此地太危险，不能停留。查理换了新马，顾不上休息立即出发。下一站是南汉普郡的普雷斯宫（Place House），保王党南安普敦伯爵的据点。[1]

查理在汉普顿宫卧室留下了两封信。在一封信中，他感谢狱卒的照顾，并请他们照顾他的两条爱犬，一条名叫吉普赛的灰狗，一条名叫罗格的猎犬。另一封信中，他告知议会，他逃离汉普顿宫是为了"凭着自由、光荣和安全而发声"，为了"表示自己做好了成为人民之父（Pater Patriae）的准备"。[2]问题在于，他能在何处"凭着自由、光荣和安全而发声"？尽管查理需要找个能确保人身安全的地方，但他的一些支持者仍然建议说，逃到法国或苏格兰是不爱国的行为，他需要待在英格兰。查理却认为英格兰已经没有一处真正安全的地方了。

南安普敦的母亲非常期待国王到来，亲自站在高高的塔楼门前迎接他。普雷斯宫是曾经的蒂奇菲尔德修道院（Abbey of Titchfield），一直以来都是前往法国的停歇点。但是，查理得知，这里没有可用的船。在这里要不了多久他就会暴露。[3] "深得国王欢心和信任"的近侍约翰·阿什伯纳姆暗示查理，怀特岛（Isle of Wight）的年轻长官，即议会派的罗伯特·哈蒙德（Robert Hammond）上校，或许会支持国王。哈蒙德的叔叔是忠心耿耿的王室牧师，哈蒙德也绝不是独立派成员。[4]查理同意这条路可以一试。阿什伯纳姆与查理的另一名忠心侍从——40岁的约翰·伯克利爵士（Sir John Berkeley）立即出发。

到了怀特岛，当阿什伯纳姆和伯克利向哈蒙德递交国王的庇护申请时，他的脸刷白了下来。这意味着要么背叛议会，要么背叛国王。哈蒙德浑身颤抖，伯克利觉得他都要从马上摔下来了。他同意提供帮助，但他说服阿什伯纳姆最好是让国王自己放弃，而不是冒着被更危险的人抓住的风险。阿什伯纳姆和伯克利随哈蒙德及其一小队护卫兵及时地返回了普雷斯宫。伯克利与哈蒙德在楼下等着，阿什伯纳姆上楼通知查理。国王惊呼："杰克，你们把我毁了！"

14岁的约克公爵詹姆士在锡永宫（Syon House）得知父亲被

第三部　变节的仆人　　273

抓获时，大声咒骂起来。诺森伯兰的一个仆人斥责了他，他举起了长弓，旁人不得不将他摁倒在地。詹姆士知道而阿什伯纳姆不知道的事实是——他父亲陷入了前所未有的危险。

1647年11月19日，查理在戒备森严的中世纪要塞卡里斯布鲁克城堡（Carisbrooke Castle）度过了他的47岁生日。他用距伦敦一箭之遥的汉普顿宫交换了偏远的怀特岛。"他去的地方糟糕得不能再糟糕了，"当地的一位绅士约翰·奥格兰德爵士如是观。

如今，与查理谈判的是一支重整军心的军队。在科克布什菲尔德军事会议上，费尔法克斯和克伦威尔对抗并惩戒了叛乱分子，二人骑马冲进帽带上贴着《人民公约》宣传单的普通士兵中间，用剑背击打他们，让他们把宣传单扔掉。三名闹事头目被处死，通过掷骰子决定，其中一名被当场击毙。这标志着平等派的命运——或许这也是查理的结局。

军方将领及其盟友将采取更强硬的谈判立场。查理违背誓言辜负了他们的信任，又顽固不化地拒绝接受《军队建议纲目》，导致激进派势力反弹，险些将保护有产阶级的宪法置于险境。随着圣诞节临近，查理宠信的近侍被议会指派的间谍取代。他的活动范围只能是卡里斯布鲁克的外围防线。[5]查理每天都会沿着城堡外沿遛他的两条狗吉普赛和罗格（被带到了卡里斯布鲁克）。从这里可以看到"悦目的海陆风景"——体验着他失去了的自由。在合适的时候，玩玩草地滚球或许有助于打发时间，但查理把更多的时间用来阅读，他在一本莎士比亚戏剧集的副本里写道："只要我一息尚存，我希望。"('*Dum spiro, spero*')[6]阅读喜剧能让他振奋精神。[7]

议会最新的提议在圣诞前夜送达。提议要求查理永远不再掌握军权。只有接受这一条，议会才会与他交涉其他有争议的问题。查理假装考虑提议，其实暗中继续与苏格兰人谈判，并借考虑提议之机向苏格兰人施压。12月26日，查理如愿以偿。苏格兰与他签订了被称为《约定书》（*Engagement*）的秘密协议。协议承诺苏格兰联手奥蒙德侯爵指挥的爱尔兰军，对英格兰进行武力干涉。作为回报，查理同意在英格兰推行三年的长老会制，粉碎英格兰激进的新教教派，致力于建立保留苏格兰自治权的联合王国。[8]第二次内战的舞台已经搭好了。只需英格兰王军的一次起义，就可以点燃这条导火索。

议会对清教的风俗改革最令人反感。含蓄鼓励周日娱乐活动的《关于体育运动的布告》（*Book of Sports*）被弃用已久。但是，在这年夏天，天主教的传统节日圣诞节以及饮酒、游戏和舞蹈也被废除了。*结果证明，对英格兰平民的传统和娱乐的干预过多，

---

* 1640年，苏格兰长老会禁止过圣诞节；英格兰议会在1647年6月也发布禁令，同时禁止的还有复活节和圣灵降临节。我们通过美国的感恩节和苏格兰的除夕日就可以得知，美国的清教居民和践行长老会制的苏格兰人直至进入现代才开始过圣诞节。在美国，圣诞节直到1879年才成为公共节日，在苏格兰则迟至1958年。

第三部　变节的仆人

人们难以忍受。12月，英格兰诺里奇（Norwich）、伊普斯威奇（Ipswich）和牛津多地发生暴力事件，引发严重骚乱。不过，最引人关注的是发生在肯特郡坎特伯雷的骚乱。

1647年12月22日，坎特伯雷镇长尽职地重申，圣诞日是正常的工作日，"凡在门前悬挂迷迭香、冬青、月桂等迷信花草的人，将依去年相关条例接受惩处。凡带头制作梅子汤和耶稣降生果派的人，亦违反上述条例，特此警告"。人们依旧我行我素，烘焙非法肉馅饼，用非法的冬青枝装饰房子。12月25日，清教徒镇长看到几个店主关了店门，于是决定以示惩戒。他下令将这些店主关进仓库过夜。要不是愤怒的人群堵着不让人带走几位店主，他们很可能已经被冻死了。人们不停地推搡镇长，镇长大声地怒斥他们。事实证明，这成为一场城镇暴动的导火索。镇长被撞倒，有人抓着他的脚踝，将他拖进排水沟。足球赛在坎特伯雷两端的尽头处开始，球被踢进清教徒家的窗户。两天后，圣诞节造反者控制了城镇，用冬青枝装饰门廊，并附上标语"献给上帝、国王查理和肯特郡"。

12月29日，坎特伯雷骚乱蔓延至邻近村庄，一位名叫伯利（Burley）的前保王党军官，试图对怀特岛的卡里斯布鲁克城堡发起突袭。他失败了，到了12月底，军队已经控制了英格兰圣诞节骚乱。1648年2月，伯利被分尸，后来有流言说他是神圣的殉道士，"他停驻的地方是鲜血的源泉"。[9]肯特郡再次躁动起来，新的骚乱出现了，这一次是在伦敦。

与此同时，查理继续动员詹姆士出逃。他与詹姆士的通信再次落入了议会手里，议会威胁要把詹姆士投入伦敦塔。男孩惊恐地交出了他与国王通信的密码，但拒绝出卖同谋，其中包括12岁的妹妹伊丽莎白的一名侍女。作为替代，他写了一封信给议会，发誓"我以我的名誉和信念保证再也不做这种事了"。[10]议会提高了他的零花钱额度，每年500英镑，仅限于他的消遣和野外运动。这表示对国王背信弃义，就可以尝到生活的甜头。[11]

1648年3月20日，查理本人试图逃跑。有人送了守卫一瓶酒，趁他喝醉之际，查理从窗户栅栏间挤出去，准备拉着丝绸绳子滑下去。不幸的是，即便他身材苗条，铁栏空隙还是太窄了，"他的胸部和肩膀被死死卡住，进也不行，退也不行"。经过许久的痛苦挣扎，国王叹气退回了房间。[12]随后，查理毫不气馁地找来硝酸和锯子要弄掉铁栏。4月20日，詹姆士在圣詹姆士宫消失，议会意识到要加强对查理的看守。

詹姆士在圣詹姆士宫利用捉迷藏游戏掩护一场秘密会面。他和弟弟以及诺森伯兰的孩子们在一起玩耍，其间趁机躲进灌木丛，与保王党间谍约瑟夫·班普菲尔德（Joseph Bampfield）接头。他们约定晚上再见。天黑后，詹姆士假装上床睡觉，其实是向妹妹伊丽莎白告别。他带着她的小黑狗回到房间，把狗关在里面，自

第三部 变节的仆人　　277

己从后面的楼梯下到花园。黑暗中他绊倒了,心想撞击声肯定被人听到了,于是冲回房间,假装读书。见没人过来,他再一次出发,下楼,从后门进入花园,从花园跑进圣詹姆士公园。

班普菲尔德拿着假发和斗篷在那里等着他,马车载着詹姆士到了一个安全屋,班普菲尔德夫人带着另一套行头等着给詹姆士换装。"快点,快点!给我穿上,"男孩要求。她立即给詹姆士系上一件女士马甲,配一条猩红的衬裙,再披上一件特制的马海毛长外套。夫人"觉得他穿这身儿很漂亮"。[13]詹姆士从这里前往泰晤士河。渔船的灯火暗淡下来,当船滑过泰晤士河的蒂尔伯里-格雷夫森德碉堡(Tilbury-Gravesend)时,詹姆士知道自己自由了。他的面前是通向荷兰的开阔海面。他后来回忆道,与妹妹玛丽的重逢,简直让我"感慨万千,心绪难以言表"。[14]

起义的枪声打响了。在南威尔士,1648年3月23日,一名前议会军少将及其上校发动兵变,宣布效忠国王。还有若干前议会军加入王军,对抗新模范军和独立派。在英格兰北部,4月28日、29日,贝里克和卡莱尔被王军攻占。

请愿书也在全国各地流传,呼吁与国王订立私人条约,结束高额赋税,镇压宗派分子。5月4日,此前坚定地站在议会一方的埃塞克斯郡,向威斯敏斯特递交了一份请愿书,上有2万人签名,紧随其后有2000人的游行。同月,肯特的圣诞骚乱审判结束，陪审团驳回指控。一场保王党起义就此爆发。5月27日，起义军控制了罗切斯特（Rochester）、锡廷伯恩（Sittingbourne）、法弗舍姆（Faversham）和桑威奇（Sandwich）。起义继而触发了唐斯海军基地的保王党兵变。1645年，根据《自抑法》，沃里克被迫辞去了海军司令职务，此时又被重新起用。[15] 然而，即便是他，也无法赢回兵变分子的心。议会的九艘战船加入了规模不大的王党海军。沃里克的海员面对的大部分敌人都是曾经的战友。

费尔法克斯率领一支4000人的新模范军迅速粉碎了肯特叛乱，但有1500名王军渡过泰晤士河逃到了埃塞克斯。6月，议会军在英格兰全境镇压起义，血流遍野。曾任王室牧师的迈克尔·赫德森在林肯郡发动起义，最后被逼到了木厅的屋顶。议会军将他和他仅剩的一名同伴扔下屋顶，赫德森拼命抓住排水口，却被剑斩断了手指。他掉进了下面的护城河，被发现时还没有死。最后赫德森被杀死，尸体被肢解。

一周后，费尔法克斯将埃塞克斯的王军追赶到科尔彻斯特（Colchester）城墙后，包围了小镇。到目前为止，费尔法克斯在这次叛乱中伤亡500人，预计之后还会有更多伤亡，因为新模范军很快要对战苏格兰军，也许还有爱尔兰军。在温莎的一次祷告会上，通过了一项重大决议。如果新模范军赢了这场新的《约定书》战争，他们将会责成"查理·斯图亚特，这个'流人血的凶

第三部　变节的仆人

手',为他导致的流血"做出解释。

然而,在怀特岛隔绝的查理并不是王军的指挥中心。取而代之的是身在法国体弱多病的38岁王后。亨丽埃塔·玛丽亚已经病得瘦脱了相,整张脸似乎只剩下一张大嘴。法国大臣莫特维尔（Mme de Motteville）回忆,"她和颜悦色,每个人都很喜欢她",但他也承认,"再也不能一睹她昔日的美貌了"。她的青春韶华"待了一个早晨,在正午时分就离开了她"。[16]无论如何,病中的亨丽埃塔·玛丽亚必须展现力量。为了给王军筹款,她必须让债主们相信,总有一天她能偿还债务。

亨丽埃塔·玛丽亚尽力扮演伟大的法国女儿的角色,她身后是波旁亲族的支持,他们一直支持她,直到查理取得最终胜利。她盛装出席巴黎的王室庆典,在宫廷宴乐中表现得风趣迷人。她童年接受的教育有限,但在莫特维尔看来,"她的不幸弥补了这个不足,因为痛苦的经历丰富了她"。亨丽埃塔·玛丽亚收获了"广博的智慧和明智的头脑"。[17]她运用出色的社交能力为查理筹集了大笔资金。一位名叫卡纳特里尼（Canatrini）的巴黎银行家开出了一张八万荷兰弗罗林的汇票；另一位名叫雅克·毛奇亚斯（Jacques Mauchias）的人开出了1.06万法国里弗赫的汇票。她用这两笔钱为奥蒙德的爱尔兰军队购置武器。[18]

1648年7月,莫特维尔在加尔默罗会女修道院见到了王后,当时，亨丽埃塔·玛丽亚正忙着写"事关重大"的信件。*除彭布罗克城堡（Pembroke Castle）外，威尔士全境都重新回到了议会手中，苏格兰军逼近英格兰以支持查理的计划，降低了北方对王室事业的热情。但是，威尔士亲王正率领新近壮大的王党海军前来支援他的父亲。现在，威尔士亲王已经是18岁的成年人了。亨丽埃塔·玛丽亚希望，倘若英格兰东南部按计划起义、王党海军按计划在伦敦港抛锚停泊，以及苏格兰按计划武力干涉，在三方的配合下，保王党依然有可能分化并摧毁新模范军。

亨丽埃塔·玛丽亚一边轻抿小金杯的茶，一边与莫特维尔说话。她告诉这位朋友，这个金杯是她仅剩的金子了，仆人们轮番找她要钱。[19]不过，她与以前的宠臣保持定期通信，如两面派的表兄妹亨利·霍兰和露西·卡莱尔，他们一直在为下一次至关重要的起义集结兵力。

露西卖掉一条价值1500英镑的珍珠项链，给"军官们支付军饷，购买粮草"。[20]同时，霍兰也在物色帮手，其中就找到了死于谋杀的白金汉公爵的两个年轻儿子——一个是20岁的第二代白金汉公爵乔治·维利尔斯，一个是已年满18岁的弗朗西斯·维利尔斯（Francis Villiers），他是公爵的遗腹子，他们都继承了父亲那

---

* 沃里克郡私人档案馆保存的一封尚无记录的亨丽埃塔·玛丽亚的信件便是其中一例。日期为8月3日，信中要求为威廉·杜格达尔爵士及其手下和行李（由他向英格兰运送物资）离开法国开放免费通道。

第三部　变节的仆人　　281

"惊人的美貌"。[21]他们小时候与威尔士亲王和约克公爵一同长大，后来并没有参加战争，现在刚刚结束两年的欧陆游学，回到了英格兰。在寻找世故老成的同道时，他们"轻易地与霍兰伯爵成了朋友"，并轻易被伯爵说服，"开始了冒险之旅"。[22]霍兰相信，"将我们的国家从现在的苦难和奴役中拯救出来，是一件仁善而虔诚的事"。[23]

7月2日，霍兰向国内走私大量马匹的事情败露。他无法等到苏格兰按计划干涉的那一天了，决定推动南部起义，赌它能引发一场伦敦大起义。他带着维利尔斯兄弟一道向西南前行，7月5日，他们一行五六百人，抵达萨里郡泰晤士河畔的金斯顿（Kingston）。很快，更多人马加入了进来。[24]两天后，他们在瑟比顿公共区（Surbiton Common）遭遇了致命的小规模冲突。18岁的弗朗西斯·维利尔斯的马在他身下被杀，但他继续战斗，最后被围在树篱中击倒。敌人割掉了他精致面庞上的鼻子。[25]7月9日，霍兰和年轻的白金汉等300名残兵，逃到87英里（约140千米）外剑桥郡的圣尼茨（St Neots）。

57岁的霍兰"筋疲力尽，浑身关节发颤，他更想躺上床而不想上马"。当晚，他在当地的一家客栈住了下来。黎明前，追兵赶上了他们。骑士们大声喊着"上马！上马！"白金汉与200名骑兵奋力突围。大约12名骑士被杀，其余的被俘。霍兰在客栈被俘。俘房他的人称，他上厕所需要很长时间，抓住他的时候他只穿了内衣。[26]没收的霍兰私人物品包括他的圣乔治勋章——嘉德骑士徽章,勋章装饰着蓝色丝带,花纹是圣乔治屠杀巨龙。

第二次内战对变节者的惩罚极其严厉。*不过,霍兰的命保住了,故此"他可以再变节一次",敌方的报道讽刺道。[27]事实上,他的哥哥沃里克议会军海军司令的身份暂时保住了他的命。然而霍兰仍不知悔改。他在狱中安慰妻女说:"无愧于心,无愧于行。"[28]独立派和军队"靠的是强力而不是爱,靠的是铁棒统治"。[29]

一位友人给露西·卡莱尔的信中写道:"苏格兰,只有苏格兰才能拯救国王和英格兰。"[30]等候多时的干涉终于到了,4000匹战马和1万名苏格兰步兵越过边境进入了英格兰。

---

* 在威尔士,前议会军军官接受军法处置并被枪决。后来的报道证实,埃塞克斯伯爵的前军需负责人,一个叫多比尔(Dolbier)的荷兰人,在圣尼茨被俘后也是同样的下场。

第三部 变节的仆人

Part Four

天　罚

第二十二章　红发情妇

第二十三章　审判国王

第二十四章　执行死刑

第二十五章　国王复活

第二十二章

红发情妇

雨下个不停，浇坏了田里的麦子，渗进衣服，滴落卡里斯布鲁克的石墙。查理是个精力充沛的人，他承认自己受不了"被关在卑鄙的监狱里严加看管"。他私下里唯一能接触到的是一个给他倒便盆的不识字女人，也是她帮他偷送信件。1648年7月9日圣尼茨灾难之后，他给露西·卡莱尔写了一封信。有人指责她要对查理越狱计划的泄露负责，还有人提醒查理，过往种种已经"证明她不可靠"。然而，查理说："我认为她现在是希望我好起来的。"[1] 露西·卡莱尔的确证明了她的价值。尽管南部起义失败，她仍在尽力说服议会派的海军中将威廉·巴滕（William Batten）带着他的战舰"忠诚的沃里克"号（Constant Warwick）投诚保王党。不久后，她目的达到了。

正在此时，查理收到一封红发女间谍的来信，她想做他的情妇。38岁的简·维尔伍德（Jane Whorwood）妩媚动人，"身材高挑，举止得体，谈吐不凡，脸蛋圆润"，历经沧桑。[2] 在从事险象环生的保王党间谍活动之前，她还罹患过天花，有一个暴虐的丈夫。她协助过国王春天的出逃，现在正待在纽波特（Newport）。查理为她的幽会建议所引诱。照王室标准来看，他一直以来都是一个极其忠诚的丈夫，并且仍爱着亨丽埃塔·玛丽亚。他把她的画像放在圣乔治勋章的小盒子里，一直带在身边。但是，他很享受性爱，现在却享受不到。*他已经四年没见过亨丽埃塔·玛丽亚了：他知道可能再也见不到她了。所以，当简在信中写道，她希望查理可以"满足"她的"渴望"时，查理迫切地应允了。

这不是一桩公开的恋情，不会产生众所周知的私生子威胁威尔士亲王的合法继承权。这只是一次露水情缘，追求一个"不能提及名字的"女人，是他年轻时的消遣。[3] "甜心，"他告诉她，"从我这里得到快感［性爱］只有一种可行的办法。"他进晚餐时，倒便盆的女仆把简偷偷带进卧室内的盥洗室。在伪装成仆人的间谍回来之前，"我大概有三个小时可以拥抱你，啃咬你"。几天后，他又提出另一项计划。她可以安排与某位军官在城堡共进晚餐。然后，他突然出现，"我半推半就地将你单独带进房间，用亲吻让简·维尔伍德窒息"。[4] 当时，这种精心策划的邂逅只是绝望的幻想罢了。结局越来越近了。

圣尼茨事件两天后，坚持抵抗的王军在西威尔士的彭布罗克

---

* 亨丽埃塔·玛丽亚的神父禁止查理在宗教节日进入她的卧室，查理对此非常生气，而他们为数不少的孩子证明生理因素对于他们婚姻的重要性。

城堡被击溃，克伦威尔遂向北进发，迎战苏格兰军。他坚信上帝会保佑他获胜。不过，他在威斯敏斯特的支持者们却不这么乐观。皇家舰队和威尔士亲王已经抵达泰晤士河口，伦敦的保王情绪高涨。7月12日，一群伦敦暴民放走了从圣尼茨抓捕的几名支持国王的平民俘虏。市政厅向议会施压，要求无条件与国王签订协议。7月28日，议员们同意与国王展开无条件谈判。

对查理的看管比以往任何时候都要严格。不过，他与简的通信仍在继续。8月17日，在兰开夏郡，克伦威尔铁军与苏格兰军和英格兰王军展开了普雷斯顿战役（Battle of Preston），就在这一天，查理还给简送了两封信。苏格兰军队装备简陋，士兵缺乏训练。更何况，苏格兰军与王军中以前的敌人之间也没有多少信任可言。尽管如此，苏格兰军和英格兰王军在溃败之前，与克伦威尔铁军激烈交战。在这场战役及其后续中，至少1000人死亡，4000多人被俘。

克伦威尔向爱丁堡进发的路上，捷报连连，被围困的科尔彻斯特镇在得到普雷斯顿之战失利的消息后信心丧失，投降了铁军。8月28日，费尔法克斯接受投降。随后，王军指挥官查尔斯·卢卡斯爵士（Sir Charles Lucas）和乔治·莱尔爵士（Sir George Lisle）被告知，他们将被枪决。在第一次内战结束时，两位指挥官承诺不再拿起武器。违背承诺，也就意味着放弃被饶恕的权利。他们被带到庭院，院内站着三列火枪手行刑队。火枪手开始第一轮射

第四部　天罚　289

击，查尔斯爵士中弹身亡。莱尔奔向他，"拥抱他、亲吻他"。随后，莱尔面向火枪手，让他们靠近一些，这样可以百发百中。其中一个火枪手说："我警告你，先生，我们会打中你的。"莱尔微笑着说："朋友们，我曾经在距离你们更近的地方，你们也没打中我。"[5]第二轮射击随之而来，莱尔爵士倒下了。*

王军对泰晤士河口的短暂封锁很快就被解除了。事实证明，保王党海军内部分歧严重，起不到任何实际作用。长老派和保王党（包括王后在内）想让舰队将威尔士亲王带到苏格兰，让他领导汉密尔顿的军队。其他人则更倾向让舰队去爱尔兰的奥蒙德军队，爱尔兰人更忠于推行主教制的英国国教会。由于没能和实力不如自己的议会军小舰队交战，保王党海军返回了荷兰。[6]

《约定书》战争以新模范军在英格兰和苏格兰的胜利而告终。爱尔兰仍处于武装状态，英格兰和威尔士的绝大多数平民也都希望和平，回到国王和议会共治的时代。由于恐惧压倒了一切，再加上新模范军满腹牢骚，让查理同意议和在此时变得更加迫切。为了争取他的合作，下院议员再次放松了对他的看管。

科尔彻斯特投降后的第二天，查理获准与简独处，从她那里获得他能获得的安慰。随后的两周，他几次获准去见她。9月15日纽

---

* 第三名军官眼看要轮到自己，早已经把他的紧身上衣扔在一旁，准备接受枪决，却被告知他可以免于一死。因为他是佛罗伦萨人，议员们不希望自己的亲友在意大利旅行时遭到报复性袭击。

波特正式和谈前不久，简离开了怀特岛。查理希望，在他与议会代表敲定复辟条件期间，她能监视威斯敏斯特和伦敦市政厅的情绪。

查理坐在华盖下的王座上开始谈判，两侧坐着他的几位前大臣：堂弟里士满公爵，在第一次内战中失去了三个弟弟；保王党赫特福德侯爵，已故埃塞克斯伯爵的妹夫；南安普敦伯爵，查理在他家中被俘；还有林齐伯爵，他的父亲在埃吉山被杀。

这些自打国王从汉普顿宫逃走后就再也没见过他的议员们，现在被国王的外表震惊了。他的头发完全变灰了，"面容悲伤"。[7]现在，议会给查理的条件非常苛刻。他必须承担战争责任和废除主教制的责任；他将被剥夺军权；由议会决定廷臣的任免。

不过，查理还是决定拖延进程，尽管可能性微乎其微。他写了一份辩护书为自己这几年的行为辩解。这份辩护书由牧师约翰·高登（John Gauden）做专业编辑、改写、扩充和修订。查理要做的只是修改和批准发行。这份辩护书被称作"国王的叹息，王室的吁求"。9月底，查理通知出版商准备印发。[8]同时，奥蒙德正在成功地推进签订一项有利于爱尔兰天主教徒的宽容条约，以图建立一个保王党同盟。对新模范军来说，要面对一支爱尔兰天主教徒和新教徒联合起来的军队，加上威尔士亲王在海上的支持，想想都可怕。查理希望利用这一威胁增强实力。

然而，新模范军对谈判已经没有兴趣了。查理违背誓言出逃汉普顿宫，随后发动《约定书》战争，军方上下一致决定，应该正式清算查理。11月13日，星期一，简从伦敦派出一位信使，紧急提醒查理这一情况。军方准备了一份抗辩书，提出以查理向人民发动战争之罪名，审判查理及其成年的儿子们。[9]不出简所料，11月20日，军方将抗辩书提交议会。抗辩书几乎要求斩首查理，呼吁"彪炳正义，对近期战争的……主犯执行死刑"。[10]不过，这份抗辩书并没有获得英格兰人民的支持。议会将其搁置不议，下院议员们含蓄地拒绝了审判的要求。

查理以为军方会像去年一样，在议会激怒军队后采取行动。他们会把他从卡里斯布鲁克抓走，就像1647年6月把他从霍尔姆比城堡抓走一样。只不过，这一次他的命运不会那么安稳了。

11月28日，谈判暂停，查理在纽波特市政厅向议会委员正式告别。他接受了议会提出的38项要求，但坚持保留他支持主教制的承诺，并拒绝将支持者交给议会。议会希望能就这些问题继续协商，但查理发表的告别演说预见了协商再无可能。他对议员们说，他不相信彼此会再见面了，他已经准备好接受上帝"希望人民对我做"的处置。国王与议会联合统治的"古老传统"即将终结。在这种情况下，他提醒说，议会也将面临危机，"大人们，你们必定清楚，我的陨落和毁灭，预示着你们自己的陨落和毁灭"。[11]在场的许多人都落泪了。

第二天，查理致信威尔士亲王。查理建议他的继承人寻求和平，并告诉他，当成为国王时，握有的权力仅够造福臣民即可，多余的一概不要——"这些思考将使你成为一位伟大君主，而你的父亲现在还不够格。"[12]

1648年11月30日夜，一队特遣兵在呼啸的寒风中抵达卡里斯布鲁克。消息很快传到查理耳中——军方计划将他转移。里士满和林齐竭力劝说查理即刻逃走，他断然拒绝了。再次逃跑有失尊严，并且他怀疑就算逃跑也不会成功。次日早饭前，逮捕他的军官到了。他们没有说要把他带到哪里，只是告知他可以去跟里士满告别。国王和里士满都感到心烦意乱。

查理乘马车被带到海岸，又乘船到了海浪不断拍打的要塞赫斯特城堡（Hurst Castle）。他被囚禁在这个弹丸之地，"对一位显赫君主而言，这是个惨淡的容身之所"。*为国王准备的房间又小又暗，中午就需要点蜡烛。他还是努力给女儿伊丽莎白写了信，她一直在询问他的近况，这让查理想起在政治之外他还拥有家庭。他向女儿解释，"我不是因为无情才很少写信"，而是因为"我不愿在缺乏幽默感时给我爱的人写信，以免让我想取悦的人平添烦恼"。他没有说太多，后来还是补充了一句，"但是，上帝在保佑你！"他请女儿代他"亲吻"弟弟亨利并祝福他。[13]

尽管查理接受的和平条约并未满足下院议员们的期待，但是

---

* 即便今天，从怀特岛出海接近这座城堡时，沿途景象依然十分恐怖。

议会12月5日依然确认这些条约为下一步的协商奠定了基础。这不是军方想听的消息。某天夜里，查理听到吊桥坠落的声音，怀疑是不是等待已久的暗杀终于到来了。[14]其实，是军队在交战。1648年12月6日狂风大作的早晨7点钟，军队的一个团在街上向伦敦人大喊："回家看好你们的商铺……和老婆。"[15]到了8点，士兵们进驻新宫苑、威斯敏斯特大厦、良心法庭，下院的楼梯和大厅站满了士兵。其他士兵则在附近的街上巡逻。

陆续抵达的议员上楼来到下院时，发现托马斯·普赖德上校（Colonel Thomas Pride）挥舞着一份议员名单。他是费尔法克斯、克伦威尔和艾尔顿非常信赖的人，奉他们的命令行事。名单上的议员被带走看押。威廉·普林，很久前因攻击王后而被割掉了双耳，现在被普赖德挡住了去路，他提醒普赖德上校，"他是下院议员，要进去履行职责"。普林向普赖德逼近了几步，立刻被其他士兵推倒在地，随后被拖走，他大喊："这严重侵犯了议会的特权。"[16]其他被捕的议员质问随军牧师休·彼得，他们有什么权力可以逮捕他们，得到的回答简单直白："以剑的权力。"[17]

* * *

1647年6月14日，军队在《致议会声明》（Declaration to Parliament）里要求举行选举，清洗"腐败"议员。英格兰从未有过这种选举的先例。参与起草1648年11月抗辩书的艾尔顿，认为这些"腐败"议员有意与一个不值得信任的国王谈判，这已经威胁到了英格兰人民的安全。基于这种假想的对公共安全构成的威胁，军队有正当理由清洗议员。随着清洗的实行，现在有必要重申议会的权威，查理也应接受议会对公开审判拥有至高权。但是为达此目的，需要的不仅仅是占领议会——军队还需要占领市政厅。下一步是操纵伦敦城的投票资格和职务任免。这改变了市政当局的权力平衡——权力开始向独立派和激进分子倾斜。

查理再一次被转移，12月23日抵达温莎。对国王来说，看到嘉德小教堂物是人非，想必十分痛苦。多年来，他委托工匠制作了一系列华丽精美的宗教瓷盘，现在却都被当作偶像崇拜物摔碎了。珍品中包括一部纯金封面的祈祷书。封面的一面画着"正在疗愈淋巴结核病人的国王"：这个奇迹，象征国王是上帝在尘世的代表。封面另一面画着《启示录》中的香坛天使，他把圣徒的祝福（"降临你的王国"）化为毁灭尘世的烈火。这些奇迹被视为英国国教的古老遗产，信徒的祷告可以追溯至第一批基督徒和使徒，据称英国国教的主教是这批人的后裔。[18]

查理尽可能地庆祝被禁的圣诞宴。12月25日，他穿上新衣在华盖下用餐。晚餐没有传统的肉馅饼和梅子布丁，但是，他自己从被禁的《公祷书》中朗读了这一仪式。

在某个地方，艾尔顿和其他军方领袖在讨论如何处置国王。大家一致同意，查理必须接受审判，"休·彼得非常严肃地说明了这一必要性"。[19]他们希望查理能够遵照审判程序,以此真正地接受议会的权威。伦敦有传闻说,议会派的登比伯爵(Earl of Denbigh)前往温莎向查理解释,如果他同意做无权君主就可以保命。[20]不过,就算登比伯爵身在温莎,查理也绝对没有见过他。

查理享有的君臣之礼被剥夺了,这标志着他的地位下降。议会下令禁止对他行屈膝礼,仆人的数量也减少了。[21]同时,《国王的叹息》主要编纂者高登博士还附上了一篇查理被拒绝提供牧师的文章。查理所编辑和扩写的作品集被仓促地改名为 *Eikon Basilike*(希腊语"圣容"),[22]仿若国王已经去世。不过,查理还没有殉道,他下令推迟出版。

1648年10月,随着《威斯特伐利亚和约》最后一项条款的签订,欧洲三十年战争告一段落。战争起源地波希米亚仍受哈布斯堡王朝统治,但冬后如愿以偿,让丈夫的继承人(查理·路易)重新获得了普法尔茨地区这一缩水的遗产,这里的人口已是战前的十分之一。西班牙承认尼德兰联省共和国主权国地位,法国则获得了阿尔萨斯-洛林(Alsace-Lorraine)的大部分地区。从欧洲战场脱身的法国和荷兰,现在可以从英格兰的脆弱和混乱中渔利了。

不列颠仍能感受到三十年战争的余震。斯图亚特王国曾是独一无二的和平国度,但是外国人说"这里的冬天流了太多的眼泪",英格兰"有一种骇人的狂野自由……法律专断、信仰专制,效忠对象变来变去",以前这里的人习惯说"国王无错",现在则说"君无戏言"。[23]

不过，如果英格兰的欧洲竞争者介入英格兰事务的话，爱尔兰将爆发一场能轻易蔓延到英格兰的战争，而只有查理才能阻止这场战争。他确信，即便是现在，这种隐患的存在也能够让他争取到他想要的和平条约。

1649年1月1日，清洗后剩余的下院议员通过一项设立高等法院的条例。条例宣布英格兰国王"向议会和英格兰王国发动战争"是叛国罪。上院否决了这一条例。"究竟是国王先对议会发动战争，还是议会对他发动战争，对于这个问题，二十个英格兰人中就会有一个持不同意见；此外，即便是国王首先发动战争，我们也没有现成的法律将之定为叛国罪。"[24] 独立派领袖诺森伯兰伯爵说了上述一番话，但他的话在此时无关紧要。普赖德清洗之前，上院议员依然拥有政治实力，然而现在风光不再。议会里唯一有分量的是获得军队允许坐在下院的议员们。

1月4日，下院宣布："上帝之下，人民是一切正义力量的泉源。"[25] 作为人民的代表，下院议员托管这一权力，他们的行为本身具有法律效力。该宣言一举打破了传统的国王、上院和下院宪法上三位一体结构。但是，空白之处由谁取而代之呢？普赖德的人马看守着威斯敏斯特，走廊里还有士兵巡逻，他们配着火枪和剑，在此情境下，下院的绝对权力看上去异常地不堪一击。

第四部 天罚

第二十三章

审判国王

威斯敏斯特宫的彩绘室堪称13世纪的奇迹。画面取自《旧约》，它们曾鼓舞十字军东征反对入侵圣地的穆斯林。画笔如蕾丝般精致细腻，鲜艳夺目的青金石蓝和朱红颜料，银色和金色熠熠生辉。但是，闪亮的骑士铠甲已经褪色，褪色的图像被挂毯遮挡起来。1649年1月8日，身穿军大衣和清教徒布衣的人们坐在搁板桌旁争论着国王的命运。中世纪的世界就这样侵入了新世界。

两天前，最高法院已经组建，将首次也是唯一一次审判一位英格兰国王。从实际角度来看这很合理，以阻止国王引发进一步"暴动、叛乱和入侵"；从原则上看：国王不应免于法律制裁。由下院指派的135位审判委员（法官），绝大多数是军官和激进派议员。其中83位出席了第一次会议，包括费尔法克斯和克伦威尔将军。

一条法律意见呈到了克伦威尔面前，意见认为罢黜国王是叛国罪。[1]然而，他反驳说，审判国王并非"一个人蓄意罢黜国王的行为"，而是上帝意志的表达。"我不得不服从上帝。"他说。[2]

查理被指控"恶意图谋颠覆国家的基本法和自由,并代之以专制和残暴的统治:这表明,这些罪行应当受到适当惩罚,以儆效尤"。换句话就是死刑。[3]然而,判处国王死刑的后果谁也拿不准。处死国王有可能引发外交报复,引起又一次叛乱或海军的再次兵变。另一方面,如果查理承认特别法庭的合法性,实际上就是接受了他没有"否定声音"——这是当时的术语,指的是可以反对或延缓下院议案的否决权。没有否决权意味着查理可以恢复王位而不对议会构成威胁:"总有一把剑悬在他头上,他只能在苦难的教训里度过余生。"[4]但是,法官们还面临一个严峻的事实:正如传闻中克伦威尔向他们发出的警告一样,如果国王拒绝申辩,那么为了确认下院的最高权力,他们就必须"砍掉他戴着王冠的头"。

这个结果出乎费尔法克斯的预料。他的妻子安妮是一名长老会信徒,强烈反对通过审判决定国王的生死,另一名被清洗的议员也恳请他阻止审判,并引用《圣经》做出警告:"谁伸手反对上帝的受膏者,还能清白无罪?"[5]军队12月关于审判的讨论,让费尔法克斯以为,克伦威尔支持他寻求一个不至于处死查理的结果,即便查理拒绝申辩。有传言说,查理被罢黜指日可待,年轻的格洛斯特公爵亨利将会接替查理成为国王。费尔法克斯觉得自己被背叛了。他再也不会出席法官会议了。无论如何,即便别人再怎么催促他阻止审判,费尔法克斯也不想这样做,因为如此一来有可能导致他深爱的军队走向分裂。把查理交付给法官审判后,他便洗手不干，以免后患。

亨丽埃塔·玛丽亚写了一封致费尔法克斯以及两院议长的信，请求允许她见见丈夫。然而，这封信根本就没有被拆开。

剩下的法官选举资深的伦敦激进分子，即彻斯特的首席法官约翰·布拉德肖（John Bradshawe），担任国务会议议长（Lord President），并同意在威斯敏斯特宫审判查理。由于无法预料人民对颠覆宪法和攻击国王会做何反应，议会根据戒严令，将不同政见者拘禁，封锁了彩绘室地库搜到的火药，关闭了伦敦的印刷所，销毁了第一版《圣容》。保王党很快在伦敦城外又开设了一家新的印刷所。[6]1649年1月19日，查理被以最严密的押解规格从温莎带往伦敦，此时第二版《圣容》正在准备。很少有人意识到，国王回到了他1642年就逃离的首都。

在圣詹姆士宫过了一夜后，查理乘驳船被带到威斯敏斯特宫旁的一家私宅。[7]天气冰冷刺骨，船在河中行进时冰撞击着船体两侧。受审期间，查理在房间里没有丝毫的隐私。房子由30人看守，定期更换守卫，只要愿意，看守们可以随时打开他的房门。实际上，卧室内就安排了两个看守，他们甚至可以在里面喝酒抽烟。[8]楼下还有200名士兵站岗。威斯敏斯特宫的南角为法官们搭建了一座高台。高台上摆着铺红布的长凳、一把高椅和一张桌子。高台的对面是一把覆盖着红色天鹅绒的椅子——这是查理的座位。

对国王而言，他和斯特拉福德在同一个地点受审似乎很合适。威斯敏斯特大厅曾经挤满了围观审判的人——这下将又一次挤满等着围观审判国王的观众。

下午2点，查理被从住处后门护送出来，20名士兵走在他前面，更多士兵跟在他身后。他们穿过私人花园，走在威斯敏斯特宫建筑的间隙里，又沿着一条条甬道走下来。最后，从法官座位近旁的通道进入大厅。

大厅里的人先是听到了靴子行进的声音，之后看到一个穿着黑色丝绸衣衫的瘦小身影。查理戴着一顶高帽子，脖子上系着嘉德骑士的蓝丝带，丝带上挂着他的圣乔治勋章，圣乔治和巨龙以玛瑙雕成，镶嵌着钻石。在他胳膊肘的位置，嘉德勋章的银线闪闪发光。他的胡子又长又密。据说，他拒绝了议会给他指定的理发师，以防理发师是一名刺客，受命割断他的喉咙。[9]

法庭卫官将查理带到一个护栏围起来的区域，即所谓的被告席。查理戴着高帽子站在里面。所有人都清清楚楚地看到高高的帽子在他的头上。这是一个十分鲜明的提醒：无人能与他平等，因此，在法律上没人能够做他的法官。

查理的目光先是直视法庭，转而看着从一堵墙延伸到另一堵墙的木隔断。在它后面几英尺处是一道坚固的围栏和一列手持长戟的警卫。在他们后面很多士兵排列在旁观者之间的走道，剩余的空间都被观众填满了。查理没有看他们，而是看向大厅最远的

第四部 天罚

角落,那里是通向私人住宅的楼座出口。这里坐满了位高权重的人,也有警卫。传说国务会议议长布拉德肖的帽子镶了铅,以防狙击手袭击。[10]查理打算坐下来,似乎又想了想,再一次转身,目光扫过低处的观众,然后再次面向法庭。

《英格兰国王查理·斯图亚特审判状》宣读完毕,查理被控"暴君、叛国者、杀人犯以及英格兰共同体不可饶恕的公敌"。法官点名随即开始。出席的每位法官被点到名字时都要起立。很多法官选择不出席审判,以沉默回应点名——除了费尔法克斯。当叫到费尔法克斯的名字时,一个戴面具的女人在楼座喊道:"他聪明得很,不会来这儿!"据说这是他的妻子安妮。克伦威尔和许多委员听出了她的声音。

这是一个令人不安的开局,但布拉德肖保持了镇定。他从椅子上站起来,对国王说:"查理·斯图亚特,英格兰国王,英格兰下院在议会集结,深感这个国家经历的浩劫(这一切都归咎于始作俑者的你),决定对血债进行清算。"为此,他们"组建了这个最高法庭,将你带到这里"。

站在查理右边的是长相干净的40岁公诉律师约翰·库克(John Cooke)。当他准备发言时,查理用手杖拍拍他的肩膀,"等等,"他说。库克继续时,查理又拍了拍他,"等等!"布拉德肖催促库克继续,于是库克要求宣读指控。法庭书记员开始宣读时,查理又说了一次"等等!"这一次,他用手杖狠狠地敲打库克,力气大到手杖的银柱头摔在了地上。银柱头在地上滚动的时候,大厅内一片寂静。查理等着有人把它捡起来。没有人去捡。于是，他自己弯腰向前捡起来，放进口袋里。查理怀疑休·彼得故意弄松了柱头。[11]

书记员继续宣读时，查理站起来环顾四周，然后坐下来轻蔑地笑了起来。接下来，布拉德肖要求查理回答指控。查理本来可以辩解称一切都是为了自卫，但他没有上钩。他质问："我想知道是什么力量把我召唤至此。"他提醒法庭，他即将与议会达成最终协议，在这种情况下，他们的权力又是什么："我的意思是，合法的权力——世界上有很多非法的权力——如大路上的小偷和强盗——但我想知道的是，我是被什么权力带到了这里。"他演讲时没有一点儿口吃的老毛病。"记住，我是你们的国王，你们的合法国王，"他继续道，"好好想想吧。"[12]

布拉德肖反驳说，查理"正在接受英格兰人民的审判，是他们选你为这个国家的王"。"不，"查理回复，"近千年来，英格兰的国王从来都不是选举产生的，而是世袭的，因此，告诉我凭什么权力将我召唤至此；我比在此假装成审判我的法官更加捍卫我人民的自由。"[13]* 查理想知道，如果人民由议会代表，而议会成为

---

* 英格兰一千年来都是世袭制王国，这是真的吗？都铎王朝的第一位国王亨利七世不是世袭国王。他根本没有世袭权。亨利七世宣称，他的权利来自上帝的旨意。他的权利（从未做出说明）于1485年由议会制定法令加以确认。伊丽莎白一世，法律上的私生女，根据法令登上王位。詹姆士一世国王根据世袭制继承上一位都铎王朝的王位，但是他1603年的宣言经由贵族、绅士和顾问代表的签字和同意。如果没有这些支持，詹姆士一世当不了国王，而且，普遍认为在接下来的几年中有必要在法律上确认詹姆士一世权利的合法性。英格兰不是一个完全的选举制君主国，但也不仅仅是世袭制王国。

第四部 天 罚

法庭，那么议会在哪里？"在这里我没看见构成议会的上院。"实际上，他指出："你们没有合法的权力说服任何有理智的人。""这只是你的理解，"布拉德肖厉声说道，"我们对审判你的法官很满意。"查理反驳说："这不是我的理解也不是你的理解可以决定的。"

休庭时，布拉德肖下令卫兵"把犯人带下去"。查理纠正说："你指的是，国王。"当他被护送离开大厅时，观众爆发出"上帝保佑国王！"的呼声。卫兵们则反驳道："正义！正义！"[14]

当晚，查理要求卫兵调离卧室才肯上床睡觉。这是一次小小的胜利。另外还有一次胜利。奥蒙德已经与爱尔兰天主教联盟达成了协定。爱尔兰保王党这个查理用来讨价还价的筹码更具有实质意义了。

星期一，查理返回法庭。布拉德肖再次要求他申辩。查理再次质问对方凭什么权威来审判他，"因为，"他说，"如果非法的权力可以制定法律，［那么］我不知道哪个臣民还能在英格兰性命无忧，还能拥有称作是属于自己的什么东西。"布拉德肖重复说，法官是由下院授权委派的。"我否认。给我看看先例，"查理问道，"英格兰的下院从来都不是司法法庭。我想知道它是如何变成了法庭的。"[15]

布拉德肖叫卫兵把他带下去。查理说，他需要更多时间解释他为何不申辩。"先生，犯人没有资格提要求。"布拉德肖冷笑道。

"先生，我不是普通的犯人。"查理说。"士官，"布拉德肖继续说，"把犯人带走！"查理还要继续说话，布拉德肖发起了脾气，"你过去究竟是如何与法律和人民的自由做朋友的，就让英格兰和世界来裁决吧！"查理顿时愣住了。他说，"正是为了臣民的解放、自由和法律我才拿起……"他说着说着便停了下来，意识到如果说他拿起武器，这将被理解为他承认自己主动挑起了内战。他很快自行纠正："……拿起武器自卫。我从没有对人民举起武器，而是为了法律。"布拉德肖尖锐地下令，"必须服从法庭命令！"查理被赶了出去，喘着气说："好吧，先生！"

审判第三天，查理还是被要求申辩。他再次反过来质问凭什么权威召唤他。显然，布拉德肖对查理声称自己捍卫臣民的自由和特权感到非常愤怒。"实际上，先生，"他对查理说，"人的意愿应该从他的行为来判断；而你用血的文字在整个王国写下了你的意图。"当士兵过来护送查理离开时，布拉德肖重申："你面前的是正义法庭！"看着武装士兵的粗暴武力，查理冷冷地说"我只看到了一种力量"，说着从椅子上起身离开。

审判承受的压力越来越大。牧师们在布道坛上猛烈抨击弑君的罪行，苏格兰、法国和荷兰大使要求释放查理，并含蓄地威胁处决他的后果。毕竟，查理是苏格兰的国王，法国国王的姑父，以及现在的奥兰治亲王的岳父。查理自己也相信，他的法官必须识时务，跟他谈谈条件。只有他才能结束爱尔兰战争危机，阻止不止一种欧洲势力的干涉。

查理的拒绝申辩让控方律师约翰·库克十分沮丧。库克曾指望针对诸多问题，他可以在审判中引用王室宠臣白金汉对詹姆士一世的"谋杀"罪状。在整个内战中，查理本人也被指控涉嫌用药水和药膏毒害詹姆士一世。查理如果涉嫌谋杀生父，将有助于证明处死国王的合法性。毕竟，根据英格兰法律，叛国罪指的是背叛国王，而不是背叛"共同体"。根据议会主权至上，查理有可能被判刑，但鉴于他的善行，这个被清理后留下来的议会可能会对其予以减刑。但是，查理没有申辩。

这天夜里，库克以前的一位学徒在他回家的路上拦住他，拉住他的衣袖。学徒想知道在审判的紧要关头会发生什么，库克咬牙切齿地回答："国王必须死，君主制必须同他一起埋葬。"拒绝法庭对他的审判，查理也就相当于否认了下院在王国拥有最高权力。让查理活着的代价比让他死更大。除了砍掉他的头，查理让他们别无选择。

现任法官们的盟友当晚一直忙到第二天破晓，想尽办法说服费尔法克斯与他们一起列席法庭，以展示他们更加稳固的统一战线。费尔法克斯拒绝了，但他也不会阻止审判。即便他仍主张王室缓刑权，他也没有太多高级军官可以依靠，其结果是他的军队发生兵变或重新爆发内战。然而，他一直以来都"思绪万千，一天一个主意"。[16]

* * *

法官们在彩绘室审查证据和33份证词。第二天，这些证词在会场公开宣读，辅助证明接下来发生的事情的合法性。证言包括莱斯特市民的陈述，称查理下令他的军队屠杀镇里手无寸铁的平民。克伦威尔和他的盟友要求法官按既定方针进行。第二天，1月26日，法官最终同意查理被处以死刑——如果他拒绝最后一次申辩的机会。死刑执行令拟好了，下一步是收集签名。

1月27日星期六早晨，查理被带回威斯敏斯特，休·彼得下令卫兵起立高喊："死刑！正义！死刑！"查理试图发言却被打断。身穿红袍的布拉德肖提醒法庭，查理已经被带到他们面前，他被指控犯了"叛国罪及其他重罪"，而且审判是"以英格兰人民的名义"进行的。此时，楼座中响起一个女人的声音，"不到一半，连四分之一的英格兰人民都不到！奥利弗·克伦威尔是叛国者！"一个火枪队军官嘟哝道："是哪个娼妇？"他的手下举起武器对准一个戴面具的女人，她身边另一个戴面具的女人一直劝她克制。这声音仍然出自安妮·费尔法克斯，坐在她身边的女人是另一个未出席的法官的姐姐。[17]楼座里的卫兵把这两个女人拖了出去。

布拉德肖给了查理最后一次机会接受法官的审判，并为自己辩护。查理却提出:"我只会在彩绘室面对上院和下院时为自己辩护。"查理以为谈判的时候终于到了。然而,他要求面对上院和下院,就是再次否定下院的至高权力。[18]宣判的时刻到了。犯人被剥夺了称号,只能被称作"查理·斯图亚特","暴君、叛国者、杀人犯和公敌",据此,他的"死只能以他献上自己头颅的方式实现"。[19]法庭全体起立。

查理开始慌了。他突然意识到不会再有谈判了。他们真的要砍掉他的头。他现在不得不为他的后代辩护。"你们能听我说句话吗,先生?"他问道。"不能,先生,"布拉德肖回答,"判决之后你不能再发言。""不能吗,先生?"查理又问。"不能,先生,"布拉德肖重复,"卫兵,把犯人带下去。"查理愤然道:"在宣判之后我还能再说话吗?"卫兵开始动作。"恕我直言,暂缓判决,先生,"查理坚持说,"我说,先生,我能说话。"

他转向起立的观众。"若我不能说话,"他说,"还期待其他人能得到什么正义?"

在大厅后面的过道里,士兵们沿途排列,叼着烟斗朝他脸上喷烟,对他奚落嘲笑。多年前,查理还是王子时,詹姆士一世在他最后一部政治著作中向儿子描绘过这样的场景。这本书献给查理,名为《国王加冕礼典范》,詹姆士一世向他儿子评述了加冕礼的重要性和意义。他回溯了基督在被钉上十字架之前最后几个小时的苦难,"在施展正义的公共场合"大厅里,"士兵们嘲笑我们的救世主,将国王的饰品戴在他身上",给他戴上荆棘头冠。詹姆士一世提醒查理要为自己"做最坏的"打算,这样他才有资格进入天国。

在印刷商那里,《圣容》的封面改成了查理头戴荆棘冠的画像。画中,他仰望他所向往的天穹,世间的王冠被留在他脚下。[*] 这幅画意在传达一个强有力的信息:败坏的议会正在处决基督君王在世间的使者。

---

[*] 画中右上角的王冠是 *beatam & aeternam*(祝福与永恒),与国王脚下现世的王冠 *splendidam & gravem*(华丽与沉重)形成鲜明对比。他手里拿着殉道者的荆棘冠 *asperam & levem*(苦痛与轻逸)。

第二十四章

执行死刑

查理乘坐封闭的轿子被从威斯敏斯特抬到了白厅。他与他的人民被迫隔离开来,"好似他们患有瘟疫"。[1]见证者将不会忘记,国王街(King Street)上站立着一排排沉默的士兵,人们从家里的窗户和商店的橱窗向外望着,许多人泪流满面。

几分钟后,查理就抵达了白厅,这座他曾打算更新的都铎时期的宫殿。即便是被关在卡里斯布鲁克城堡时,他也仍在规划设计一座庞大的新古典主义宫殿:一座英格兰的凡尔赛宫,一座令路易十四也会眼红的宫殿。建筑师伊尼戈·琼斯在焚毁贝辛宫的大火中逃过一劫,带着设计图来到了怀特岛。艺术的世界是令查理感到最幸福的世界:在这个美好而安宁的世界中,他有时间冷静、理智地做出选择。这里还充满人情温暖。私底下的查理与公众眼中冷淡而高贵的他大不相同。除了与家人相处之外,最能让他放松的活动是与富有创造力和学识的平民交往。有人回忆说:"他能与任何艺术家和出色的机械师、旅行家或学者侃侃而谈。"

他很有兴趣向他们学习，也会提供自己的经历，"启发他们的艺术和知识"。[2]

然而现在，就连查理在白厅修建的剧场也被关闭了。议会已经在全英格兰禁止上演戏剧。他为小礼拜堂购买的华丽风琴被变卖，他寝宫内的艺术藏品也被撤走。[3]挂在寝宫里的查理的妻子、哥哥和姐姐的全身画也被挂出来待售。他私人藏书室的书暂时还属于他。其中有多卷本《嘉德骑士》，有的用紫色天鹅绒装帧，有的用绿色皮革装订。许多书还是他做威尔士亲王时母亲送他的礼物。查理现在根本没有时间享受阅读。[4]

查理抵达白厅两小时后又被再次转移，[5]为的是不让他听到宴会厅外搭建刑台的声音。他被带去了圣詹姆士宫，他收藏在这里的很多贵重艺术藏品还保留着，不过这些画也等着售卖。家庭肖像组画里有一幅他的姐姐和她的孩子们的画像。"一大桌猴子和我本人，"1629年她把画送给查理时玩笑地写道。[6]

查理的大外甥查理·路易，还在伦敦。查理猜想他会像自己的许多朋友一样要见自己最后一面。他谁也不想见。"我的时间短暂又宝贵，"他对一位仆人说，"希望他们不要浪费我的时间，除了我的孩子，谁都不要放进来。"[7]随后，查理向议会要求见见13岁的公主伊丽莎白和8岁的格洛斯特公爵亨利。

查理知道他再也见不到他的其他孩子了。

第四部 天罚

几天前，15岁的约克公爵詹姆士经海牙抵达巴黎与母亲重逢。债主们扣押了詹姆士的行李，荷兰政府不得不出面赎回。詹姆士发现母亲的境遇也很糟糕。奥地利的安妮此前为支持三十年战争而征收的高额赋税，在巴黎引发了长达数月的暴力事件，标志着被称为"投石党运动"（Fronde）的法国内战的开始。安妮已带着10岁的路易十四逃出了巴黎，但亨丽埃塔·玛丽亚带着斯图亚特王室最年幼的孩子，4岁的亨丽埃塔，留在了罗浮宫。天气酷寒逼人，他们没有炭火取暖，巴黎的商人们不再向亨丽埃塔·玛丽亚赊账。

威尔士亲王以姐姐玛丽和姐夫的客人身份留在了海牙，却也没有什么"可以维持生计"。他不得不遣散了许多随从，"深居简出，静候形势出现转机"。[8] 亲王给父亲写了一封信，信使于当天傍晚抵达圣詹姆士宫。信使吻着国王的手，哭泣着抱着他的双膝。查理安慰了他，给了他两封信，请他一封交给亲王，另一封交给亨丽埃塔·玛丽亚。查理在信中请求亲王祝福他，并愿竭尽所能得到他的祝福。[9] "我宁愿你是凡人查理，而不是非凡查理，安顺比伟大好，"他想要儿子明白，"但愿上帝护佑你兼而得之。""后会有期，若在人间不复相见，那就在天堂重逢。"[10]

当天剩余的大部分时间，查理与66岁的伦敦主教威廉·贾克森（William Juxon）一起祷告。这位对狩猎的爱与对上帝的爱相差无几的老人，在审判期间一直陪着查理，奇迹般地没有引起下院的不满,即使是那些据说"时刻警惕的"议员"听到抱怨后,也没有不满"。[11] 查理的祷告这天晚上只暂停了一会儿。他考虑了一下要送给孩子们的最后礼物。议会可以了解并掌握他们派到查理身边的间谍收集的所有细节。在议会间谍的包围中,他向其中最讨好他的寝宫侍从托马斯·赫伯特(Thomas Herbert)寻求帮助。他想要赫伯特去拜访他的一位传信人,伊丽莎白·惠勒夫人(Lady Elizabeth Wheeler)。惠勒夫人替他保留了一些对他来说依然珍贵的东西。查理给赫伯特写了一封推荐信以换取他的帮助。*

赫伯特离开圣詹姆士宫时,天已经黑了,守卫非常严密。"白厅附近的住宅、花园、公园、国王街和其他地方"都有卫兵把守。[12] 不过,赫伯特可以自由出入任何地方。他在国王街后的一条狭窄巷子里的房子里找到了惠勒夫人,巷子里还有一个臭名昭著的酒馆。惠勒夫人将查理的物品放在小匣子里,把小匣子交给了赫伯特。

第二天早上,查理打开匣子,一些珠宝掉了出来,有几枚圣乔治勋章,其中有几枚似乎损坏了。"你看,"查理伤感地说,"这是我现在权力范围内能给两个孩子的所有财产了。"[13]

早上,休·彼得在王室小教堂为查理主持了一次"临终"布

---

* 有一天这个东西会变得非常有用。

道。他选择的布道文是"对巴比伦王的严厉斥责":"列国的君王俱各在自己阴宅的荣耀中安睡。唯独你被抛弃,不得入你的坟墓,好像可憎的枝子。以被杀的人为衣,就是被刀刺透,坠落坑中石头那里的;你又像被践踏的尸首一样。"[14]

即便此刻,还有人在四处奔走挽救查理的性命,据威尼斯共和国大使反映,苏格兰还对此抱有极大希望。他们主张在宣判前,英格兰议会应当就有关他们国王的命运问题征求爱丁堡议会的意见。威尼斯大使说:"两年前因为几个钱就把国王卖给了英格兰,他们或许是后悔了,但为时已晚。"[15]荷兰大使与费尔法克斯在1月29日进行了会谈,他适时地敦促他的战争委员会推迟执行处决,但是没有成功。

查理把这天剩下的时间都花在焚烧文件和密码本上,然后为孩子们的到来准备祷告。最后,伊丽莎白被带进房间,伤心地哭着。她把当晚的一切写了下来:查理如何祝福她,还告诉她,"他很高兴我来了……虽然他没时间多说什么,但有些话他必须对我说"。查理要求她提醒詹姆士要以长兄为尊,告诉她兄妹之间应该彼此相爱,原谅他们的敌人,但永远不要相信他们。他停了一下,又对哭泣的女儿说,"亲爱的,你会忘记这件事的"。她向他承诺:"只要我活着,就永远不会忘记。"他试着安抚她,"不要悲伤,不要为我伤身,因为我死得光荣,因为我是为这片土地上的法律、自由和新教信仰而死的"。他预见上帝将王冠戴在威尔士亲王的头上,并告诉她,到那时候他们会很幸福。查理知道伊丽莎白喜欢读书,于是从手头有的书里挑选出几本建议她阅读,其中一本是劳德批判天主教殉道者约翰·费希尔(John Fisher)的著作,以便"支持我对抗教皇主义"。他请求伊丽莎白替他祝福她的其他兄弟姐妹,并告诉她的母亲"他无时无刻不在牵挂着她,他对她的爱至死不渝"。然后,查理把8岁的亨利抱到膝上。

由于查理的两个大儿子被议会谴责为叛国者,因此亨利可能成为他们扶植的傀儡国王。男孩像他姐姐一样哭着,但查理对他说的话却尽可能直截了当。"亲爱的,"他说,"他们现在要砍掉你父亲的头。"听到这里,亨利坚定地看着他。"他们要砍掉我的头,或许会让你做国王;但是记住我的话。只要你的哥哥查理和詹姆士还活着,你就绝不能成为国王;因为他们将会砍掉你哥哥们的头(一旦他们被抓住),最后也会砍掉你的头,因此我叮嘱你,不能在他们的扶助下戴上王冠。"亨利回复:"如果这样,我宁可先被碎尸万段。"小男孩的激烈反应让国王微笑了起来。最后他不得不跟他们道永别。查理把全部珠宝都给了伊丽莎白和亨利,除了一枚有他们母亲画像的玛瑙圣乔治勋章。然后,他流着"喜悦和爱"的眼泪,吻了吻孩子们。

孩子们被带出寝室大门时,伊丽莎白哭得肝肠寸断,"令那些铁石心肠的人都为之动容"。查理靠窗站着,实在忍不住了,冲向孩子们,最后一次拥抱他们,亲吻他们,给他们祝福。[16]他们走后,

第四部 天罚

他昏倒了，不得不上床休息。[17]

贾克森主教一直陪查理待到很晚，并承诺行刑当天一早回来。查理勉强休息了四个小时，在天亮前几个小时起来。他的房间像往常一样，用银盘盛着蜡烛照明。他拉开窗帘，向睡在床边垫子上的赫伯特说，他"今天有大事要做"。外面冷得要死，他向赫伯特多要了一件衬衣。"这个季节冷得让我发抖，"他说，"旁人会以为我是因为害怕而发抖。我不想给人留下这样的印象。我不怕死！"[18]

贾克森在查理穿好衣服后不久就到了。费尔法克斯去了白厅，试图推迟行刑。他的努力失败了。国王整理好最后的遗物。他想把他用的《圣经》留给威尔士亲王——未来的查理二世，书的空白处有他的亲笔批注。至于他的次子，未来的詹姆士二世，他留给他一些实用品——一把银质圆尺，查理小时候就很擅长数学。留给伊丽莎白的是宗教书籍，给亨利的则是教理问答书。还有两份送给朋友的礼物：给林齐伯爵的一本骑士故事，在埃吉山战役中，林齐伯爵担任禁卫步兵的指挥官；给里士满公爵夫人的一块金怀表，这是国王詹姆士一世留给查理的，里士满公爵夫人是查理那被谋杀的朋友和导师白金汉公爵的女儿。查理还记得她小时候玩这块金怀表的场景。

之后，查理领了圣餐，准备出发。他获准选择自己的行刑时间。[19]时间到了,他朝贾克森微笑。"来吧,我们走,"他说,牵起了主教的手。

查理走过霜冻的花园进入圣詹姆士公园,主教陪在他的右侧,道路两旁各有一队步兵,兵士们神采奕奕。一队持戟兵走在他前面,其他的跟在他身后。他们没有戴帽子,以示轻蔑。查理试图朝走在他左边的上校说几句话,但鼓声太大,没有人能听见别人说话。抵达白厅后,查理沿着枢密院的楼座登上楼梯。透过这儿的窗户可以看到宴会厅外面等候着他的断头台,断头台被黑布罩着。查理被带到楼座南边的一个小房间里。从这个房间看到的是不同的景观:他加冕的威斯敏斯特大教堂,那里有他的两院议会,也是他受审的地方。查理最后喝了一点儿红酒,吃了些面包,以防晕倒。

查理经枢密院楼座被带回宴会厅时,时间刚过下午2点。他走在鲁本斯绘的穹顶画之下,它颂扬了久违的和平和斯图亚特王朝,而后者即将成为过去。议会宣布,查理死后另立新君是非法的。一队士兵排满了房间,拦住了汹涌而来的人潮。查理从卫兵中间走过,他们身后的群众大声地祷告。查理朝他的人民微笑,人们发现,虽然只有48岁,但他的胡子"又长又灰,头发变白了,看起来很苍老"。[20]在房间的北端,一扇窗户的横梁和竖框被拆除并改成了一扇门。他从那里走到断头台的黑色木板上。在他的左膝,吊袜带的412颗钻石闪闪发光。贾克森一直在他身边。一个在附

第四部 天罚　　　　　　　　　　　　　　　　　　317

近屋顶上围观的观众说,查理表现出的"忧虑和举止一如往常",就像当年他参加宴会厅的"假面剧之夜"一样。[21]

无论有多焦虑,查理都在用演技将其隐藏起来。断头台是他表演死亡的舞台:他做的每一个动作,接下来的每一个细节,都会被铭记,并影响他的继承人继位的机会。他站在寒冷的耀眼阳光下,望向观众。

把他送上断头台的人,没几个来看他的结局。费尔法克斯在参加一个祷告会。休·彼得生病卧床。克伦威尔在什么地方,查不到记录。查理可以看到步兵队列和他们身后的骑兵。群众被推离得很远,所以,他们听不到查理在说些什么。有限的空间也保证了人数不多。其他地方的商店还开着——政府鼓励伦敦人正常做生意。断头台上的士兵更多,但行刑人和他的助手一目了然。他们戴着假发,穿着水手服,脸上罩着渔网。行刑人甚至还加了一副假胡子,以确保绝无可能被认出来。

据说,就连伦敦臭名昭著的行刑人都拒绝砍他们国王的头,并赌咒"自己宁可被击毙……也不愿行刑"。[22]给查理行刑的人被称为"小格雷戈里"(Young Gregory)——跟他的父亲,也就是上一任行刑人同姓,这个"小格雷戈里"斩首过斯特拉福德和劳德,对艰巨的工作已经非常熟练。一位观看过苏格兰女王玛丽行刑的法国医生沮丧地指出,英格兰斩刑用的斧头原本用来砍凿木头,刀锋上有一个斜面,用于刮木头;如果不知道怎么用这种斧头，就无法砍准，斧头有可能会落在头骨或背上。国王的生命将轻易地终结在野蛮屠宰中。

查理走向刑场中间，"非常认真地"看了看木墩。上面还有绳子和铁链以防他挣扎。木墩本身不过是地上的一个木桩，长18英寸（约45厘米），高6英寸（约15厘米）。[23] 他不得不躺平。查理有些犹豫，问道："还有没有高一点儿的木桩？"[24] 有人解释说，这就是有效的木桩的样子。得到安抚后，他拿出发言稿。他对刑台上的人说，"这里没有人能听到我说话，故此，我要向你们说几句话"。他还是希望完成他在法庭上被拒绝的最后申辩。他说，他并非有意挑起战争，向上帝保证，他从未想过夺取议会的特权。相反，议会夺取了他的特权，从剥夺军权开始。上帝惩罚他，不是因为战争，而是因为他在另一桩不公正的判决中扮演的角色，"我被迫批准"。他没有提斯特拉福德的名字。他不需要提。

至于他自己的死，他原谅那些"主要肇事者……上帝知道他们是谁。我不想知道"。然而，他希望他们能悔过，"因为他们犯下了重罪"：不仅背叛神授的统治者，还弑君。

查理说话的时候，一个士兵不停地变换姿势，磨着斧头。查理停下来，转过身，责备他："别弄坏要伤我的斧头。"一把钝刀，即便握在老手的手里，也会在行刑人的劈砍中终结。苏格兰女王玛丽就是这样的命运，她的侍女亲眼看到行刑人用斧头磨断头与肩膀之间的最后一块肌腱。

第四部 天罚

查理在接下来的演讲中，重提1642年内战爆发前夕在诺丁汉升王旗时的口号：恺撒的归恺撒。"上帝不会让你们繁盛，除非上帝的归上帝，国王的归国王（国王继承人的归国王继承人），人民的归人民……我对人民的解放和自由的渴望，不亚于任何人"，但是，"我必须告诉你们，真正的解放和自由在于法治，通过法律，他们的生命和福祉才是他们自己的。先生们，这不是为了分享政府，这与人民无关。臣民和君主是完全不同的"。不过，如果是为了臣民，他可以去死："我是人民的殉道者。"

查理说完停了下来，贾克森提醒他，还必须对英国国教说些什么。"我差点儿忘了！"查理惊呼，像一个小学生马上要结束他的演讲一样，松了一口气。"我在你们所有人面前宣布，根据我父亲留给我的英国国教教义，我将以基督徒的身份死去。"查理转向主持死刑的军官，对他说，"烦请他们不要让我受罪"。

接着，他转向又开始笨拙地磨着斧头的第二个士兵，这一次他的担忧更明显了。他重复说："留心斧头，拜托，留心斧头。"然后，他示意行刑人："我先做一个短暂的祷告，再伸出我的双手。"查理叫贾克森把睡帽给他，他戴上睡帽。"我的头发会妨碍你吗？"他问行刑人。确实妨碍，行刑人把他的头发束好。查理似乎不介意杀他的人触碰他。"还差最后一个步骤，"贾克森向国王再次保证。查理说："我将从一个腐败的王国前往没有动乱的洁净王国。""这是个好交易，"贾克森表示了肯定。查理准备好了。

他的临终遗言只留给贾克森一个人听。

查理脱下斗篷,把他的玛瑙圣乔治勋章交给主教。每个骑士在授衔时都会接受训诫,"在所有正义的战争和战场上……坚定不移,奋勇战斗,光荣地赢得胜利"。寻求胜利现在成了他的继承人的重任。"别忘了,"他对贾克森说,那枚描绘了斩杀叛乱巨龙的圣乔治勋章要传给嘉德骑士团的新团长。

查理平躺下来,把头放在低矮的木墩上。一个医生能清楚地看到刑场,他说,他看到了国王的眼睛,他的眼神"敏捷而灵活"。[25] 过了一会儿,查理伸出他的手。渔网只是稍微遮挡行刑人的视线。斧头干净地落下。他的助手捡起滚落的头颅,举了起来,"照惯例说出:看,叛国者的头"。[26]

很久以后,一本保王党的著述里说,人群放声"哀号,我以前从未听过,以后也永远不想再听到了"。实际上,并不是每个人都为国王悲伤。士兵们看起来很喜悦,拿起他们的战利品,"绕着卫队/拍着他们血腥的手"。[27] 一位军官把钻石袜带从查理的左腿上割了下来。查理的头发被剪掉。士兵们把剑浸在他的血泊里,向他的身体发誓。[28] 查理的尸体被带进白厅后面的房间进行防腐处理,士兵们拆除刑场的木头,希望能把沾满血迹的木块连同查理的发束拿去卖,不管是当作猎奇的异宝还是圣徒的遗骸,他们不太在乎是哪种。[29]

其他士兵驱散了人群,行刑人被用驳船匆忙地偷偷带离。船工记得这个人好像吓坏了,"他的每个关节都在发抖"。他的姓名还是一个谜,但从处置查理时的专业性来看,就是"小格雷戈里"本人。

他们的父亲被砍头时,伊丽莎白公主和小亨利待在诺森伯兰伯爵的西恩府。他们的姐姐、奥兰治王妃玛丽派遣荷兰使节来探望他们,给伤心的孩子们带来莫大的安慰。使节在西恩府没有看到任何哀悼的迹象,只有孩子们身穿黑衣。伯爵夫人穿戴得像往常一样迎接使节。[30]间谍托马斯·赫伯特向他的上级传递情报称,查理留给伊丽莎白和亨利的任何有价值的东西确保都会被没收并被出售,包括查理留给下一任国王查理二世的玛瑙圣乔治勋章。*大件物品等候拍卖,例如查理收藏的画作、家具和挂毯,它们被堆在丹麦宫,这是士兵、教士、律师和其他平民第一次看到伟大的欧洲艺术品。

人们还能看到这些艺术品的收藏者——国王的尸体。议会和军队必须确认查理是真的死去了。过去,一直都有人猜测被推翻的君主的命运。1400年,理查二世在庞蒂弗拉克特城堡(Pontefract Castle)的监禁中活下来了吗?1483年,王子从伦敦塔里逃走了

---

* 查理留给伊丽莎白和亨利的印章也在出售清单中。参加了处决国王的一名军官汤姆林森上校以70英镑的价格将圣乔治勋章卖给了查理二世。克伦威尔女婿的一个哥哥花了205英镑买下了查理在刑场上挂在膝盖上的袜带,而原价为160英镑。袜带上的412颗钻石被拆分并转售。

吗？这些问题点燃了反对后继君主的叛乱。因此，议会请了一名外科医生对国王的尸体进行防腐处理，并将他的头缝回原处。医生把这个工作形容为把头缝回鹅身上。花半便士就可以去白厅参观查理的藏品和他的尸体。[31]接下来的几天，人们在圣詹姆士宫排队观看。[32]

当时的一幅画中，一张床单被拉到查理的下颌处，仿佛他躺在床上。18世纪出现了一则奇思妙想的故事，说克伦威尔某天夜里也来看了尸体，有人还听到他低喃"残酷的必要性"。当时的目击者后来编了另一个传说，称死去的国王的微笑"栩栩如生"。[33]实际上，他脸上非但没有微笑，反而伤痕累累。行刑者的助手拎着断掉的头颅给人群观看时，头颅重重地掉在了地上。[34]但是，据说殉道者的身体是对他们残酷结局的蔑视，这个目击者把国王当作了殉道者来纪念。

查理最后的证词《圣容》在大街小巷飞速印刷出版。第一版已经开售，将他塑造为"人民的殉道者"，为自由和新教信仰而牺牲。这本书大量销售。1649年，仅在英格兰就印刷发行了40次，还有拉丁语、荷兰语、法语、德语和丹麦语等语种20种版本。

当亨丽埃塔·玛丽亚得知"亲爱的心肝"死去的时候，正在罗浮宫进晚餐。这个打击让她目瞪口呆。她坐着"不说一句话，一动不动，像一尊雕像"，她的侍女围在她身边哭泣，直到夜幕降临。她与国王在罗浮宫的相遇已经是四分之一个世纪之前的事情了。现在,作为查理的遗孀,她"已经可以看到她失去的一切,还有深爱着她的国王留给她的记忆"。[35]当烛光渐弱,她的弟妹旺多姆公爵夫人(Duchesse de Vendôme)终于把她搀扶起来,领她离开房间。[36]

未来的詹姆士二世此时跟在母亲身边,他对当时发生的事情没有留下只言片语,即便是在他写的关于内战的回忆录中也没有留下此事的痕迹。这些事情太切身,太痛苦了。据说,在海牙的玛丽哀恸万分。而她的长兄,新国王查理二世在被唤以新称号时才得知父亲已经死了,崩溃得痛哭。

第二十五章

国王复活

议会判断，把查理葬在威斯敏斯特大教堂"既不安全也不方便"，这里还葬着他的父母国王詹姆士一世和丹麦的安妮，以及他和亨丽埃塔·玛丽亚夭折的婴儿。把他安葬在这样一个公共场合，很容易使这里成为朝圣地。[1]因此，1649年2月7日，查理的尸体被"悄无声息地"送出伦敦，背上罩着黑色天鹅绒的六匹马拉着他的简朴灵柩前往温莎的卫戍城堡。[2]查理的灵柩被放在他昔日的寝殿过夜。第二天，为安全起见，下院议员批准四位担任查理家仆的贵族前往圣乔治教堂监督葬礼：林齐伯爵、南安普敦伯爵、赫特福德侯爵和查理的堂弟里士满公爵。

里士满13岁的时候就担任寝宫近侍，并成为查理宫中最有魅力的一员。范戴克多次为里士满画像，其中两幅画了他跟他的爱犬在一起的画面，这只爱犬体格较大，脸型锋利，很是优雅，画中的它仰视着它的主人。狗象征忠诚，里士满毫无疑问地证明了他对查理的忠心，正是他经历的一切让他来到了这里。他的三个弟弟在战争中丧生，而且仅仅36岁的他，便已经身患重疾，注定早逝。

四位贵族获准每人携带三个仆人和最多500英镑丧葬费，这笔数目是1646年议会派将军埃塞克斯葬礼费用的十分之一。[3]他们与威廉·贾克森下午抵达温莎。里士满佩戴着嘉德骑士的徽章。嘉德骑士的美德是骑士们在上帝引领下与他们的君王勠力同心，这一直是查理王权观的核心。佩戴自己的圣乔治勋章是查理每天早起的第一个动作，而取下勋章是他生命中最后一个动作。

当人们进入骑士团举办庆典的教堂时，会看到查理的祖先爱德华四世醒目的开放坟墓。[4]进入这个墓穴很容易，对守卫城堡的军官惠奇科特上校（Colonel Whitchcote）来说，这里是墓地的合适选址。不过，议会最新的命令是，将查理以更隐匿的方式安葬，"葬在亨利八世的小教堂或小礼拜堂里"。[5]

亨利八世曾打算在这里为自己建一座壮丽的陵墓。他生前引起的动荡和恐怖连同他的肉体一起消亡，随之消亡的还有他的命令。在被称为亨利八世的"小教堂"的杂物小屋里，堆放着为他的陵寝专门设计的罗马天主教的雕塑和铁制品。1646年，这些物件或是被出售或是被毁坏。此外，亨利八世的尸体被葬在一个没有标志的墓穴里，在礼拜室隔间之间的石头地面之下，但确切的地点早已被遗忘。贵族们到了之后，帮着在礼拜室狭窄的空间里寻找亨利遗失的坟墓，有人用工具敲击着地板，其他人则用靴子踩踏。最后,他们发现了一个中空的圆环。移走石头和泥土后,里士满迈步走下地道。

在火把的照耀下,里士满看到两副彼此相依的棺椁,"一副是古典样式的大型棺椁,另一副略小"。很明显,里面安葬的分别是亨利八世和他的第三任王后简·西摩——他儿子的母亲。两个人都盖着天鹅绒布料,尸体保存完好。[6]

里士满为查理的灵柩定制了一条铅带,刻着"国王查理"和他死亡的年份。接着,他们要求教堂司事确保当晚封锁教堂。

第二天早上,查理的灵柩被带入圣乔治礼堂,准备下葬。随后发现有人前一夜闯入墓穴,于是下葬推迟了一段时间。后来发现,卫戍军中的一个士兵偷拿了一块亨利八世的骸骨,他本打算把骨头雕刻成刀柄。[7]战争让劫掠变成了一种谋生方式。就连惠奇科特上校也从小教堂拿走了几幅嘉德骑士徽章的画像。[8]

查理的灵柩最后被抬出礼堂时已接近下午3点。据托马斯·赫伯特回忆,"在这个宁静而晴朗的日子","默哀的高贵绅士"抬着灵柩,四位贵族抬着黑天鹅绒灵柩罩布。[9]贾克森领着他们的仆人组成了一支短短的送葬队跟在后面。就在他们前往王室小教堂的路上,天开始下雪,很快,旋转的雪片"迅速飘落,等他们抵达王室小教堂西侧时,黑色天鹅绒灵柩罩布一片雪白"。[10]后来,赫伯特将那片雪白描绘成"天真无辜的颜色",这个颜色让人回忆起"白王"查理,据说他身穿白袍被授予冠冕。议会的忠仆当然绝不会相信查理是无辜的,下雪或许只是一个神话。*不过,赫伯特描绘的画面倒是填补了后人回忆里的空白,在其他人口中,当时只有缓慢前行的送葬队。查理没有葬礼,只是被埋葬了。惠奇科特上校不允许贾克森使用英国国教《公祷书》,提醒他《公祷书》已经被议会"禁用"了。

悼念查理的人聚在教堂,但没有人诵念祷词,他的灵柩在寂静中降入幽暗的墓穴里。

查理下葬两天后,针对霍兰伯爵亨利·里奇的审判开始了。霍兰一度是王室宠臣白金汉公爵乔治·维利尔斯的扈从,后来是查理最亲近的侍从。但是,他在第一次内战爆发时带头背叛了查理。霍兰两度回到国王的阵营。现在看来,最后一次回归似乎要他付出生命的代价。年老病弱的霍兰被控叛国罪,但他坚持对变节议会不感到后悔,一如他对早年背叛国王并不感到后悔一样。

1642年,霍兰加入的反对国王的叛乱是一次保守的叛乱,领导人是他的表弟,即伊丽莎白一世最后的宠臣第二代埃塞克斯伯爵的政治继承人。霍兰坚称他的生涯是以忠于"公众尤其是议会"为标志的,不能打上背叛的印记。他曾经希望议会军能立即确保议会在"混合君主制"下的权利,恢复英国国教中加尔文宗的色

---

* 托马斯·赫伯特描述的著名暴风雪画面是在复辟后未经证实的证词中出现的。同微笑的尸首的传说一样,他的传说佐证了查理的最后证词《圣容》中的说法——查理是殉道人,这是保王党多年后一直坚持的观点。

彩。然而，事态的进展发生了改变。他承认，随着事态演变得越来越激进，"离我所想的理性越来越远，于是我便彻底离开了议会派"，"但是，我所说的、所做的或所宣称的，无一不是持久而明确的……为国王、议会和信仰服务"。[11]

3月6日，对霍兰的审判以有罪判决结束。有两段经历对他很不利："十一年暴政"期间，他通过森林法罚款为国王筹集资金，从而协助查理争取无议会统治；1643年"失足"，背弃议会去牛津投奔查理，然而他违背了不再背叛议会的誓言，于1648年尝试集结军队。宣判国王死刑的约翰·布拉德肖，也宣判了霍兰的死刑。

接下来三天，霍兰以祈祷迎接死亡。沃里克、费尔法克斯将军，霍兰的妻子和朋友都替他向下院议员求情。一位亲属悲伤地记录说，最后他的死刑判决只得到了一小部分人的确认：他的生命就这样在那一小撮人的呼吸之间被夺走了。[12]1649年3月9日，霍兰被押送至新宫苑威斯敏斯特宫外的刑场。他站在上午早些时候苏格兰指挥官汉密尔顿公爵被砍头的血泊中发表演讲，解释他的所作所为。

以衣着优雅而出名的霍兰穿着考究的衣服，已经准备好"勇敢赴死"。售卖犯人的衣服是行刑人的特权。不过，霍兰已经考虑到了这点。"拿着，我的朋友，"他对行刑人说，并递给对方一袋金币，"不要动我的衣服和尸体。这10英镑给你。[13]钱肯定比我的

第四部　天　罚　　　　　　　　　　　　　　　　　　　329

衣服好。"准备躺在低矮的木墩上之前,他又对行刑人说:"朋友,你听到我说的话吗,取走我的头,但不要摘下我的帽子。"他马上就要失去他的脑袋了,但他不想他的脑袋失去他的帽子。

霍兰平躺在矮木墩上,腹部前前后后挪了几下,直到准确地找到行刑人想要的位置。他面朝"正义的礼堂",正是在那里,国王被宣判有罪。霍兰念了一句祷词,伸出双手向行刑人示意。行刑人犹豫了一下。"就现在!就现在!"霍兰喊道,最后一声还没喊出口,他的头就被砍掉了。[14]

作为霍兰的朋友和表妹,露西·卡莱尔的性命也一度处于危险中。有关她带头参与《约定书》战争的证据出现在对霍兰的审判中。霍兰被处决后不到一周,一队卫兵在她姐姐莱斯特伯爵夫人的宅邸将她逮捕。她躲在卧室里不肯出来,卫队指挥官、弑君者托马斯·哈里森上校(Colonel Thomas Harrison)知道她在屋里,叫她出来。他们在大厅宣读了她的逮捕令,把她押了出去。她姐姐想对她说几句话,却被推到了一边。

露西因叛国罪嫌疑接受盘问,3月21日被带往伦敦塔"严加看管"。她许多有权势的近亲最终在1651年夏天弄到了她的释放令。很快,露西又继续她的保王事业,这次是为了查理二世,他即将领导一场对英格兰的进攻。

不再像父亲一样背负着对主教制英国国教的炽热信仰,查理二世变成了一个（名义上的）长老会信徒。他得到的回报是在爱丁堡举行加冕礼，以及一支用以夺回他的英格兰王座的苏格兰军队。对他而言，这并没有派上一点儿用场。1651年9月3日，查理二世在伍斯特战役（Battle of Worcester）中战败，再次流亡海外。

在伍斯特战场附近缴获的一批王室行李中，发现了露西1648年写给当时还是威尔士亲王的查理二世的一捆信。更危险的是，一个保王党透露了露西如何密谋恢复王党统治。克伦威尔、新模范军以及他们的同盟都忙着将对手绳之以法，无论是保守的保王党还是激进的平等派。露西被视为旧日的叛军，1652年3月，她的自由受到了限制。

旧日的一位廷臣有一次见到被迫休养的露西独自站在里士满山顶，低头凝望着泰晤士河。在他看来，她似乎比"以往肆意煊赫"的日子里的那个她更加自在了。[15] 更可能的是，她正在渴望地回想当年狂妄张扬的岁月。1638年夏天，她和亦敌亦友的谢夫勒斯夫人在泰晤士河游泳，引来众人围观。[16] 现在，谢夫勒斯夫人跟露西一样，红颜老去，远离政治。巴黎流传的一张路易十四宫廷"地图"的讽刺画，把谢夫勒斯夫人画成了"一个巨大的、老旧的堡垒"，外面看着还"气势恢宏，但里面颓败得可悲"。[17]

与此同时，露西只是英吉利共和国高层政治的一个旁观者而已。君主制已经在1649年被废除了，古老的加冕礼器和忏悔者爱德华的王冠——象征人民对国王的爱，一并被毁掉了。除了一把

第四部 天罚　　　　　　　　　　　　　　　　　　　331

小小的12世纪涂膏匙，什么都没有留下。但是战争还在继续。爱尔兰和苏格兰降格成了共和国的新省份。苏格兰一度不能实行自己的法律制度，丧失了民族尊严。爱尔兰的损失更大：四分之一的人口死于饥荒和疾病，大批爱尔兰人被送到加勒比殖民地为奴，有的被当成契约奴仆到新英格兰做工。就这样，爱尔兰天主教徒如休·彼得所说，被"教会了什么是自由"。[18]

清教徒和贵族殖民者始终保持着长久以来将英格兰帝国的版图扩展至美洲的野心。冒险旅行已经开始，英格兰在1652—1654年战胜了对手荷兰。费尔法克斯拒绝领军入侵苏格兰，于1650年卸任，而克伦威尔在1653年就任护国公，实际上成为没有国王称号的国王。克伦威尔的妻子被称为"殿下"，他的女儿们则成了所谓的"公主"。1657年6月26日，在克伦威尔第二次盛大的护国公就职仪式（实质是加冕礼）上，沃里克执国权之剑。两大家族甚至联姻了。1657年11月14日，克伦威尔的女儿弗朗西丝公主与沃里克的继承人罗伯特·里奇结婚。

次年春天，沃里克去世。他一生推动的反西班牙战争最后没有取得他希望的成功。但是，他本人的殖民活动却成为他的遗产。沃里克，罗德岛，沃里克郡和沃里克河，弗吉尼亚州，这些都只是今日美国这片土地上以他名字命名的一部分地名。他曾经是内战的高层人物之一。

克伦威尔于1658年9月逝世。查理一世的姐姐冬后得知他的死讯后喜不自禁，称他为"《启示录》里的畜生"，她早就希望他"尽快自食恶果"。[19]不过，这个消息并没有给在法国的查理一世遗孀亨丽埃塔·玛丽亚带去快乐。她给一个朋友写信说，"我至今看不出这对我们有多大的好处"。无论克伦威尔在或不在，保王党已经一败涂地了。克伦威尔的儿子理查德继承父亲的事业，试图模仿旧的世袭君主制并确保其稳定性。然而，如果查理二世无法赢回英格兰王位，清教共和国迟早会垮台，遗留下的问题，是英国人对政治激进主义长期的不信任。

事实证明，新生共和国征收税金比起查理一世时期更加随意，自由受到更大限制，议会的权利被忽略，同时强制推行的清教虔信风俗改革仍然令人反感。理查德缺少他父亲的才能和魄力，于1659年5月辞去护国公一职。在占领苏格兰的将军蒙克（General Monck）的支持下，新的议会及时请回了查理二世。1660年5月19日，国王在他30岁生日那天进入伦敦，民众一片欢呼。

1660年10月，10名参与弑杀国王查理一世的人受审并被处死，另外19名被判终身监禁。罪犯中有休·彼得，他没能像早期清教徒那样成功地逃回新英格兰。*次年，克伦威尔和其他弑君者的尸体被挖出来斩首分尸，一如查理诞生那天苏格兰的鲁思文兄弟的尸首。他们干枯的头颅为国王的故事做了一个残酷的结尾。

---

* 前马萨诸塞的总督，小亨利·范内爵士，也在适当的时间躺在了木墩上。

第四部 天 罚

1660年11月2日，亨丽埃塔·玛丽亚回到伦敦，迎接她的船队簇拥着她的驳船驶入泰晤士河。比起1625年她初次进入英格兰的场景——当时两岸挤满了欢欣的人群，这次回归十分低调。这位为丈夫百折不挠的天主教王后，仍是一个有争议的人物。没有隆重的欢迎仪式，她低调地经由枢密院楼座进入王宫，被安顿在一间重新装修过的套房里。她的儿子从王室衣橱中给她送来塔夫绸和斯图亚特红天鹅绒，用以装饰她会用到的马车，为她缝制时兴的衣服。[20]

王太后准备好接见旧臣后，露西·卡莱尔迫切想再见一次昔日的女主人。这是自1642年以来她们的首次重逢，当时亨丽埃塔·玛丽亚与国王正准备逃离伦敦，露西没能说服他们留下来。11月5日，露西在斯特兰德大街租的房子里享用了一顿愉快的晚餐，预订了轿子送她入宫，然后开始梳洗打扮。临出门前，她拿出一条新丝带准备佩戴去觐见王太后。她没能佩戴这条丝带。她发生了严重中风，还没说出一个字就死了，[21]享年61岁。

亨丽埃塔·玛丽亚没有留下对这位前侍女之死的评论记录。在丈夫度过最后时光的宫殿里接见好奇的朝臣们时，她心里一直惦念着其他亡人。她常跟朋友说，她不知道如何"熬过"查理被斩首的"打击"。[22]自那以后，他们的两个孩子也死了——机警的伊丽莎白于1650年9月在卡里斯布鲁克城堡去世，年仅14岁；20岁的亨利1660年9月死于天花；1660年12月，他们的女儿玛丽——

露西·卡莱尔的教女——在英格兰也因患天花去世。

亨丽埃塔·玛丽亚令以前在伦敦见过她的人大失所望。日记作家塞缪尔·佩皮斯将她形容成"一个非常平凡的老妇人"。她曾经是剧场的革新者，军火买手，统帅雄师的勇士，不过她"此时已毫无可敬的风采，与普通妇人一般无二"。然而，这种观点将随着时间发生改变：猩红的塔夫绸被制成了新的长袍，亨丽埃塔·玛丽亚不可抵挡的魅力再次绽放。王太后的宫殿成为英格兰最高雅的场所，亨丽埃塔·玛丽亚拿她与白金汉争宠的故事和她战火中带在身边的小狗的故事逗笑取乐。她甚至向姐姐克里斯蒂娜声称，自己又一次"成为世界上最心满意足的人"。[23]

新的画作补充了一部分查理伟大的艺术藏品，这些藏品早已经流散到欧洲和不列颠各处。一幅达·芬奇的圣约翰肖像画只卖了140里弗赫，相当于11英镑多一点儿（只比霍兰付给行刑人赎他血衣的钱多1英镑）。*克伦威尔自己留下了达·芬奇的其他画作（他尤其偏好意大利画家），在他的宫殿里挂上查理收藏的色情裸体画。[24]不过，不只是权贵大人们瓜分到了查理的画作及其他珍品，他的普通臣民也组团投资他的艺术藏品，共和国则用艺术品偿还债务。一个购买团帮一个小公务员购买了两幅拉斐尔的画，一个水管工则得到了一幅提香的作品，作为他修缮宫殿的部分报酬。

---

* 作为对比，已故白金汉公爵1625年在巴黎穿的白色外套估价4000英镑。

实际上，伦敦各家各户都可能挂着范戴克、鲁本斯和卡拉瓦乔为宫殿和王宫绘制的作品。[25]有些画已由藏家自愿归还国家，但有些藏家并不太愿意归还；还有许多藏品散落在全球的私人收藏和博物馆中。

1662年9月，佩皮斯在宫中又一次见到亨丽埃塔·玛丽亚，身边坐着查理二世和他的王后、他当时的情妇卡斯特曼夫人（Lady Castlemaine），以及他与露西·沃尔特（Lucy Walter）的私生子，这个私生子不久后被封为蒙茅斯公爵（Duke of Monmouth）[26]。亨丽埃塔·玛丽亚对国王们的性癖好见怪不怪。她的小儿子詹姆士也是一个声名狼藉的滥情者。查理二世羡慕詹姆士对女人的追求甚至超过了他本人在这方面的成绩。不过，国王对忠心耿耿的红发女间谍简·维尔伍德并不怎么体恤。查理一世被处决后，她又回到了残暴的丈夫身边，这个野蛮的配偶屡次重伤她。因担心有性命之忧，她离开了他，随后正式离异，但是她的丈夫从未向她支付法庭规定的赡养费，她一直过着贫困潦倒的生活直到1684年去世，终年72岁。

1665年春，亨丽埃塔·玛丽亚最终回到法国。她希望与她最小的孩子亨丽埃塔在一起，这个孩子出生在内战逃亡期间，是唯一在她身边长大的孩子。西班牙国王腓力四世于1665年去世，将王位传给他第二任妻子暨外甥女奥地利的玛丽安娜（Mariana of Austria）所生的儿子。由于世代近亲繁殖，西班牙的卡洛斯二世

（Charles II of Spain）在精神和肉体上都有残疾，没有生育能力。相比之下，法国的路易十四正忙于创建欧洲最伟大的绝对君主制：新时代最强大的势力不属于西班牙，而属于太阳王治下的法国。

路易十四的母亲奥地利的安妮将查理一世的死称为"一次理应令所有国王都颤抖的灾难"。路易十四不会忘记这场灾难，他非常尊重他的姑姑。1669年9月10日，亨丽埃塔·玛丽亚去世，他出资为她举行了国葬。虽然她的名声因陈旧的偏见至今仍有瑕疵，但她不逊于亨利八世的任何一位杰出的妻女，而她们的名誉已得到普遍重估。英格兰大使派代表团前往罗浮宫取回她的遗物。他们在一个玉盒里发现了一幅查理一世的微型画像。这是她保留的查理唯一一幅肖像画。这幅肖像画绘于1623年，这一年她在罗浮宫与他初见；画中人不是殉道者也不是杀人犯，只是一名"英勇的骑士"，他还有梦想要实现，他所有的伟大冒险就在前方。

后 记

与他的父亲不同，查理不喜欢著书立说。他既不是一个沉迷的作家也不是热情的演说家。他有着电影般的想象力，他的眼中远不止墙上挂的画作。他将视觉——庆典、仪式和美的场所——运用到宫廷和教会，改革和塑造一个尊卑有序、等级森严的社会，以适应君权神授君主制和神圣王权。

对于我们而言，"尊卑有序"暗示着奴性地讨好那些带着不劳而获和不公正优越感的势利小人。今天，我们致力于创造一种"精英政治"，人们可以凭借努力发挥自己的潜力。不过，还有另一种观点。精英政治也暗示着不成功的人在道德上不如优秀的人，以及成功的人不是依靠运气和不成功的人的协助，而是完全靠自己的努力和才能取得成功的。我们的自我肯定机制同样滋生了一种应得的权利意识。

查理想象中的等级社会以基督自我牺牲的典范为基础。每个人都有为高于他们的人（平民对贵族，贵族对国王，国王对上帝）

服务的义务,也有照顾低于他们的人的责任,包括保护弱小,提拔有才华和勇敢的人。理论上是如此。查理希望它能变成现实。这并非卑劣的野心。不过,他的雄心壮志以惊人的失败而告终,而这正是他的悲剧所在。

在私生活中,查理是"最好的主人,最好的朋友,最好的丈夫和最好的父亲"。[1]他很有爱心也深受爱戴,但他并不相信这种情感的力量,部分原因是他听取了父亲关于"民粹主义"(他指的是煽动民情)具有危险性的教训,另外也是因为他自身不具备这种天分。他无法放任自流:面对臣民的惊叹和恐惧,他无法任由自己的心绪和热情向他们倾泻。他觉得人民很难解读,而他在理解人民的行为和感情上的无力常常让他又愤怒又沮丧。在某一方面,他对框架和秩序调控下的关系感到安心。同样地,对框架和秩序的挑战让他感到极大的威胁。

查理认同与议会合作大有好处,但是,跟他的父亲一样,他从来没有真正理解议会对英格兰人民的意义和重要性。他既不能克服自身能力的不足,给予下院议员更多的信任,更加相信自己有能力约束和威吓他们,也不接受混乱的政治运作时需要王权做出妥协和忍受怠慢。他的确常常自以为是,却极少冷酷无情。

人们记忆中陨落的国王,拥有"对大自然的怜悯之情,因此他不会做任何铁石心肠的事"。[2]他的敌人们,因为害怕三十年战争期间加尔文宗失势,笃信自己是在为加尔文宗的存在而战,所以并不感到内疚。

小册子、新闻传单、布道和政治演讲等新兴媒体，都有助于构建某种叙事，将叛乱和外国干预描述成对抗"教皇主义"的必要防御手段。虔信的贵族和他们的清教徒盟友，不断煽动民族和宗教仇恨，以便制造恐怖气氛，这些行为也被视作必要的防御手段。

有目的、有组织的暴民暴力被用来恐吓英格兰下院议员，对女性的厌恶，促使人们将亨丽埃塔·玛丽亚妖魔化成一个教皇党头子。从砍掉她小教堂里的"教皇派"绘画，到砍掉"教皇派荡妇"们（在纳斯比跟着王军行李车的洗衣女工和家眷）的脸，这中间不过是短短的一小步。

然而，不是所有保王党人士都关注圣洁而仁慈的"白王"形象。虽然，完全过着"纯洁而善良的生活"很好，但是，他们指出，这让查理暴露在"灾难性毁灭中"。[3]1628年，私刑处死白金汉的占星师拉姆的罪犯并未受到惩罚，这反而进一步鼓励了暴力，因为它证明了"国王有足够的耐心忍受这种折辱，而不是决心报复他们"。同样，在处置1637年发生在爱丁堡圣吉尔斯大教堂的反对苏格兰祈祷书的骚乱时，"如果国王处死了骚乱的主要头目"，就不会埋下主教战争的引线。[4]1641年斯特拉福德被处死后，大主教劳德对查理的批评可能是保王党人做出的最严厉谴责："一个温文尔雅的王子，却不知道如何成为伟人或成就伟大。"[5]

不过，有一点需要记住，不能杀伐果决或许是一种政治上的弱点，但不是道德缺陷。即便战争开始了，查理仍在无序中寻找有序，在埃吉山之后的几周中，他抽时间阅读自己收藏的一套四开大小的剧本，并尝试修改剧情。剧本是博蒙特和弗莱彻（Beaumont and Fletcher）合写的。他虽不能控制活生生的臣民，却能控制剧中的角色和故事。*但是，查理变得越来越勇敢坚忍，也越来越顽固。他在内战中展示出非凡的领导能力，并激发出士兵巨大的忠诚。议会控制了伦敦和英格兰大部分的财富和人口，也曾得到苏格兰的支持，然而，尽管拥有这些优势，但他们也花了四年时间才在军事上打败了查理。战场上的查理"英勇无畏"，就连被俘后遭受磨难时都展现了同样的勇气。[6]

1646年被俘后，查理从未放弃为复辟争取尽可能最好的条件。在普赖德清洗之前与议会的最后一次谈判中，他最后仍在坚持拒绝背叛他的上帝、拒绝否定主教制，并拒绝背叛生死与共的战友，把他们交出来接受审判。直到审判的最后一天，他仍希望能争取达成协议。但他总是低估敌人的冷酷无情。

此时议会已经变成了自我吞噬的怪物。老清教徒威廉·普林，在17世纪30年代被割了双耳，曾担任威廉·劳德的控方律师，却也是1648年被清洗的下院议员之一，以新模范军及其朋友们的口

---

* 查理对戏剧的兴趣超出普遍想象，而且不那么循规蹈矩。他参与詹姆斯·雪利的辛辣戏剧《赌徒》（*The Gamester*）的剧情创作，1643年此剧在宫中演出时，他对演出效果非常满意。Percy Simpson, 'King Charles I as Dramatic Critic', The Bodleian Quarterly Record, Vol. VIII, No. 92, pp. 257-262.

后 记

味而言，他太过温和，过于迁就查理。在之后的几年里，不列颠王国臣服于一个实质上的军事独裁者，普林甚至被看作骑士党英雄人物。

今天，查理的主要遗产是英国国教及其主教与合唱乐，甚至在我们这个世俗化时代，对于许多非圣公会教徒而言，他的遗产仍与这个王国的文化交织在一起。每年温莎的圣乔治教堂在查理忌日的晚祷上都会献上花圈。嘉德骑士的旗帜悬挂在祷告室上方，唱诗班合唱，纪念嘉德骑士团的前团长。身为一个有缺陷的王子，查理严于律己，勇敢无畏，相较于一国之君，他更是骑士典范。

附录

米莱狄·德·温特与露西·卡莱尔

1625年，白金汉出使法国；次年，英法展开贸易战，这两件事为许多虚构小说和绯闻提供了迷人的政治和外交背景，而这些小说和绯闻经常被当成事实，启发了大仲马的小说《三个火枪手》。

让我们来回顾一下这些早期的描述（有些可追溯至17世纪晚期，还有一些是19世纪伪造的17世纪的回忆录）：它们讲述了黎塞留阴谋诋毁白金汉和法国王后奥地利的安妮的名誉。故事起源于1625年白金汉对安妮献殷勤。早期故事里的露西·卡莱尔对白金汉讨好安妮非常嫉妒，于是同意为黎塞留做事。露西要偷安妮送给白金汉的钻石吊坠，这些钻石是从她丈夫路易十三送给她的项链上取下来的。露西在温莎的一场舞会中找到了机会。白金汉戴着他的嘉德饰带，别着安妮送给他的钻石。露西与他跳舞，偷偷地摘下两颗钻石。白金汉发现钻石被偷后，猜到了背后的阴谋。身为海军司令的他封锁了英吉利海峡港口，并找人切割新的钻石及时地送给安妮，让她在舞会上佩戴完整的项链，黎塞留的计划受挫。[1]

  大仲马改写了上述故事，用虚构的米莱狄·德·温特这个角色重新塑造露西。在现实中，据我们所知，白金汉在法国获赠的唯一一颗钻石来自路易十三。[2]白金汉与露西·"米莱狄"·卡莱尔远不是死敌，反而惺惺相惜，但他的亲属们厌恶她。

注　释

缩写

BL	British Library
CSPD	Calendar of State Papers, Domestic
CSPV	Calendar of State Papers relating to Venice
HLRO	House of Lords Record Office
HMC	Historical Manuscripts Commission
MHS	Massachusetts Historical Society
ODNB	*Oxford Dictionary of National Biography*
PRO	Public Records Office
TNA	The National Archives

作者按语

1　Sir Simonds d'Ewes 引自 Alastair Bellany and Thomas Cogswell, *The Murder of King James I* (2015), p. 9; David Nichol Smith, *Characters from the Histories and Memoirs of the Seventeenth Century* (1918), p. 9.

序言　冒险骑士

1. 关于宗教改革和战争的最佳论述，参见 Peter Marshall's *The Reformation, A Very Short Introduction* (2009)，英格兰宗教改革的完整历史则参阅他的 *Heretics and Believers* (2017)。
2. 归正宗信奉茨温利（Huldrych Zwingli）和后来的加尔文（John Calvin）的信条。
3. "胡格诺派"一词的源头并不确定。胡格诺教徒在幕后支持了长达三十余年的法国内战，内战的顶峰是路易十三那信奉胡格诺派的父亲亨利·德·波旁成为法国王位继承人。由于巴黎人宁死也不会接受一个新教国王，亨利在加冕成为亨利四世之前转信天主教，有人给他杜撰了"巴黎值一场弥撒"这句话。
4. 亨利八世的儿子爱德华六世在英格兰推行加尔文宗改革，他死后，加尔文宗便被他同父异母的天主教姐姐玛丽·都铎（"血腥玛丽"）清扫一空。如果她有子嗣，而不是新教徒伊丽莎白作为继位人的话，那么在他们统治下，英格兰很可能继续信奉天主教。
5. 一名耶稣会士在一本小册子《论下任继位者》中宣称君主制的本质是选举制，并以都铎王朝为标榜，詹姆士对此忧心忡忡。
6. 戈弗雷·古德曼（Godfrey Goodman）在其关于詹姆士一世宫廷的历史中描述了一次枢密院会议，这次会议在1603年伊丽莎白去世几个小时后举行。会上讨论了枢密院致詹姆士的信的措辞。塞西尔提供了一张第二代埃塞克斯伯爵写的短笺："致几位密友，一旦时机成熟，可以有条件地接受苏格兰国王继承王位。"会议上支持限制国王权力的动议被否决了。有关此事的更多信息，参见本人所著《伊丽莎白之后》（*After Elizabeth*, 2005），第131页。
7. CSPD 12补遗（407）。
8. Julia Pardoe, *Life and Memoirs of Marie de' Medici* (1852), Vol. III, p. 218.
9. 法国有2000万左右人口，是英格兰、苏格兰和爱尔兰人口总和的3倍。
10. 1610年亨利四世有意介入神圣罗马帝国两处领地继承权的争端。亨利尽管是天主教徒，但他支持的候选人是两个新教徒，以反对波旁王朝的欧洲对手的选择——哈布斯堡家族。他的马车停在巴黎狭窄的街道上，一个高大的红发男子跳上了靠窗的车轮。厚重的皮窗帘被扯下来，男子朝亨利的胸口刺了两刀。马车飞奔赶回罗浮宫，到达时，国王已经死了。目击者说，"当时的情景简直无法形容"。"王宫上下震惊悲痛，像雕塑般呆呆地站着，一言不发。"亨利四世的遗孀，带着路易，守着床上的尸体不停哭泣。对凶手弗朗索瓦·拉瓦亚克的严刑拷打和处决残忍至极，骇人听闻，即便在本书中也无法描述，虽然本书描写了许多人的惨死。Bibliothèque nationale, Charles de la Roncière, *Catalogue des manuscrits de la collection des Cinq-Cents de Colbert* (1908), pp. 12ff, 64–96; *Oeuvres d'Etienne Pasquier* (1723), Vol. II, col. 1063–4.

11　Baron Edward Herbert of Cherbury, *The Life of Edward, Lord Herbert of Cherbury* (2012), p. 37.

12　*Letters of King Charles I*, ed. Sir Charles Petrie (1935), p. 8.

13　身为英格兰王后的亨丽埃塔·玛丽，在很短一段时间里被称为亨丽，后来改称玛丽。

14　*Letters of King Charles I*, ed. Petrie (1935), p. 9.

15　同上。

16　他们在圣雅克路的旅馆订了房间。这条路是今天拉丁区的一条后街，在当时是出巴黎城的主路之一。

17　CSPV 1619–21 (576).

18　到了世纪末，新教的范围缩减到只占欧洲大陆的五分之一。

第一章　"最亲爱的儿子"

1　哈克特主教（Bishop Hackett）引自 Philippe Erlanger, *George Villiers, Duke of Buckingham* (1951), p. 49。

2　克拉伦登伯爵爱德华·海德（Edward Hyde, Earl of Clarendon）引自 David Nichol Smith, *Characters from the Histories and Memoirs of the Seventeenth Century* (1918), pp. 12, 13–14, 15。

3　临近新年，詹姆士一世送给安娜（只有他称她安妮）一件价值1333苏格兰镑的精美首饰作为赏赐，参见 Leanda de Lisle, *After Elizabeth* (2005), p. 71 及注释。

4　感谢埃琳·格里菲（Erin Griffey）提供的参考：弗雷德里克·德文（Frederick Devon）编，《税收分配》（*Issues of the Exchequer*）（摘自羊皮纸卷宗，詹姆士一世下院议事日程簿,1837年),第10页。

5　CSPD 1603–10 (264).

6　菲利普·沃里克爵士(Sir Philip Warwick)引自 Smith,第53页。

7　Pauline Gregg, *Charles I* (2000), p. 295.

8　感谢埃琳·格里菲提供的参考及信息:德文(Frederick Devon)编,《税收分配》,第48页。

9　Carola Oman, *The Winter Queen* (1938, revd edn 2000), p. 36.

10　Mark Kishlansky, *Charles I* (2014), p. 12.

11　近30年后,查理还留着一匹曾让亨利羡慕的褐色踱步马,他把它带到亨利临终的床前哄他开心。

12　Oman, p. 63. 这艘船起名"皇家王子"号,取自亨利之名,或许这艘船为莎士比亚的《暴风雨》提供了灵感。

13　"国王加冕礼典范",参见 *James VI and I: Political Works*, ed. J. P. Sommerville (2006), p. 229。

14　贡多马尔(Gondomar)引自 Gregg, p. 33。

15　Francis Bacon, *Of the Advancement and Proficience of Learning* (BL, Humanities, C.46.i.1.),查理一世批注;感谢莎拉·波因廷(Sarah Poynting)提供的参考和抄本。

16　"Si vis omnia subicere, te subice rationi"(这句引自塞涅卡的话有误,在"omnia"后面应该有"tibi")。感谢莎拉·波因廷提供的信息。

17　克拉伦登伯爵爱德华·海德发现查理具有"冒险的天性"。Glyn Redworth, *The Prince and the Infanta: The Cultural Politics of the Spanish Match* (2003), p. 75;有关"极端的决定"参见 Dorset to Salisbury[York], 27 June 1642, HMC Hatfield, xxii, 372。

18　William Benchley Rye, *England as seen by Foreigners* (1865, revd edn 2000), p. 133; Andrew Thrush, http://www.historyofparliamentonline.org/periods/stuarts/death-prince-henry-and-succession-crisis-1612-1614.

19　Ronald Lightbown, 'Charles I and the Art of the Goldsmith' in Arthur MacGregor (ed.), *The Late King's Goods* (1989), pp. 233–55.

20　人们常说查理说话带苏格兰口音,尽管当时没有人对此发表评论。我与莎拉·波因廷就此有过讨论,她正在编一本关于查理著作的综合性作品。除了一些苏格兰语拼写的蛛丝马迹——如把"has"写成"hes",她没有发现确凿的证据。不过,我确实认为,这暗示着查理偶然流露出苏格兰语口音的痕迹。

21 我能找到的最早提到默里是一个替罪羊(whipping boy)的说法,是Gilbert Burnet, *History of My Own Times* (1724/1833), Vol. I, p. 436, 这本书距离查理死去时已经很久了。早些时候,托马斯·富勒(Thomas Fuller)的《教会史》(1655年)曾称巴纳比·菲茨帕特里克是爱德华六世的替罪羊。这(在我看来似乎)受到了Samuel Rowley 1605年戏剧《见我即知我》(*To See Me is to Know Me*)的影响,剧中亨利八世提到自己曾有一个替罪羊。这部剧是在詹姆士一世的君权神授论小册子在英格兰出版不久后写成的。我没有找到这类故事更早的版本。

22 1616年,詹姆士一世把他的论著赠给了查理。

23 《圣容》(*Eikon Basilike*),第167页; Richard Cust, *Charles I: A Political Life* (2007), p.13.

24 John Jewel 的话引自 Leanda de Lisle, *The Sisters Who Would be Queen* (2008), p. 196; Ronald G. Asch, *Sacral Kingship Between Disenchantment and Re-Enchantment* (2014), p. 65.

25 *Mémoires de Madame de Motteville*, tr. Katherine Wormeley, Vol. II (1902), p. 84.

26 在伊丽莎白统治的前十年中,她受到的来自新教的威胁并不比天主教的小多少,且理由充分。爱德华六世的枢密院——在他11岁时就将第一部新教祈祷书强加给了英格兰——对她的态度恶劣。1553年爱德华去世后,议员们支持将伊丽莎白和她天主教同父异母的姐姐玛丽排除在继承名单之外,转而支持她婚的表外甥女简·格雷(达德利女爵)。由于担心枢密院到今天还是倾向于一个已婚的女王,伊丽莎白将她已婚的继承人——简的妹妹凯瑟琳·格雷(西摩女爵)关进监狱,并怠慢她的孩子。直到1568年凯瑟琳死后,苏格兰女王玛丽才成了伊丽莎白最大的威胁。参见 Lisle, *Sisters*, 或 Leanda de Lisle, *Tudor: The Family Story* (2013) 的相关章节。

27 De Lisle, *Tudor*, p. 356.

28 De Lisle, *After Elizabeth*, p. 29.

29 这也是英格兰战胜天主教敌基督的关键。

30 由于伊丽莎白从来都不信任贵族,无论是新教还是天主教贵族,因此她努力经营与平民阶层的关系。不幸的是,她伟大的臣民们已经意识到,他们也可以利用公众舆论——这给她的斯图亚特继任者留下了一份危险的遗产。埃塞克斯被当作抗击西班牙的英雄深受爱戴,他还非常擅长自我推销。与之相比,他的主要对手,伊丽莎白的国务大臣(Secretary of State)罗伯特·塞西尔(Robert Cecil)则不受欢迎。伊丽莎白总是让她的大臣替她为不受欢迎的决策受过。最终的结果,是人们将政府的失败归咎于塞西尔而不是女王。

31 歌颂埃塞克斯的歌谣在当时的日报上已有报道;参见 de Lisle, *After Elizabeth*, p. 8。

32 传统上,英格兰国王应该依靠自己的资源生活。只有特殊情况下,议会才会提高所谓补贴金的税收,支付王室的额外开支。这个中世纪设计的系统已不再适用。估税和征税中的通货膨胀和腐败,意味着议会征收的补贴金只有都铎王朝时期的零头。曾有一次,从伊丽莎白末期的13万英镑暴降至16世纪20年代初的5.5万英镑,这还没算通货膨胀的影响。Robert Brenner, *Merchants and Revolution* (2003), p. 200.

33 Katie Whitaker, *A Royal Passion* (2010), p. 28.

34 克拉伦登引自 Smith, pp. 13-14。

35 BL, Add. MS 19368, f. 112.

36 *James VI and I: Political Works*, ed. Sommerville, p. 230.

37 "国王加冕礼典范",同上,p. 249。

38 Jonathan Scott, *England's Troubles* (2000), p. 151.

第二章　成为国王

1 *The Letters of Elizabeth, Queen of Bohemia*, ed. L. M. Baker (1953), p. 54.

2 John Rushworth, *Historical Collections of Private Passages of State*, Vol. I (1721), p. 40.

3 尤其有人尽力证明都铎公主凯瑟琳·格雷夫人的长孙赫特福德伯爵威廉·西摩继位的合法性。为了保护自己的孩子不受强大的斯图亚特的潜在竞争,亨利八世降低了他姐姐玛格丽特的继承顺位。他提升他的妹妹的后代取代斯图亚特家族的位置。1554年,玛丽一世以叛国罪处死了都铎家族的长女,即所谓的九日女王简·格雷女爵。简被假想成一个新教徒殉道士。次女凯瑟琳是伊丽莎白的继承人,但伊丽莎白一世视其为威胁,拒绝承认她与第一代赫特福德伯爵的婚姻,这使得威廉·西摩的父亲成为私生子,从而保证了斯图亚特家族的继承权。在詹姆士一世统治早期,赫特福德曾通过迎娶詹姆士一世的堂妹阿贝拉·斯图亚特,联合亨利八世的两个姐妹势力,恢复他受损的王室血统。他从逃亡的地方被送进伦敦塔,而阿贝拉1615年饿死在了那里。后来,赫特福德娶了第三代埃塞克斯伯爵最喜欢的小妹弗朗西丝。1621年6月,第二代埃塞克斯伯爵的密友,南安普敦伯爵亨利·赖奥思利(Earl of Sothampton, Henry Wriothesley)曾努力证明他的正统性;Henry Ellis (ed.), *Original Letters Illustrative of English History*, Vol. III (1824), p. 239. 同一年,赫特福德开始在索尔兹伯里大教堂为他的祖父母修建一座巨大的坟墓,向世人宣告伊丽莎白一世对他们的不公。赫特福德还托人扩制了巨幅的凯瑟琳的小像,当时,他父亲在伦敦塔里还是婴儿。他还保留了一幅姨奶奶简·格雷女爵的画像,一幅他的第一任妻子阿贝拉·斯图亚特的画像。(Longleat House, Seymour Papers, Vol. 6, f. 241, 弗朗西丝·西摩[Frances Seymour]的遗嘱, 1674年:"我还将留给上文提到的孙女[原文如此]弗朗西丝·蒂恩……挂在餐厅墙上的我亲爱的丈夫的第一任妻子阿贝拉的画像和挂在我的寝宫里的王后简·格雷的画像与凯瑟琳的画像。" 感谢Stephan Edwards博士提供资料。)

4 Francis Bacon, *Of the Advancement and Proficience of Learning* (BL, Humanities, C.46. i.1.); Loquacity, XXXI, p. 315, Rr2r. Contra. 感谢莎拉·波因廷提供资料并抄录。

5 Sir Simonds d'Ewes 的话转引自 Alastair Bellany and Thomas Cogswell, *The Murder of King James I* (2015), p. 9。

6 Michael C. Questier (ed.), *Stuart Dynastic Policy and Religious Politics, 1621—1625* (2009), p. 41.

7 Zahira Veliz, 'Signs of Identity in *Lady with a Fan* by Diego Velázquez: Costume and Likeness Reconsidered', *Art Bulletin*, Vol. 86, No. 1 (March 2004), p. 87.

8 西班牙圣地亚哥-德孔波斯特拉大学运用腓力四世的儿子卡洛斯二世和他的3000个亲戚及祖先的家谱信息,统计了哈布斯堡家族16代中每个人的近亲繁殖系数。近亲繁殖系数意味着个体染色体上的某一特定位置因父母的亲缘关系而获得两个相同基因的可能性。到了腓力的最终继承人卡洛斯二世出生时(精神和身体都不健全),近亲繁殖系数经几代显著增加,从腓力一世的0.025升至卡洛斯二世的0.254——几乎与亲子或兄妹婚姻的后代系数一样高。

9 Jonathan Brown and J. H. Elliott, *A Palace for a King* (1980), pp. 31, 32.

10 同上, p. 41。

11 鲁本斯致瓦拉维兹爵士帕拉梅德·德·法布里的信，1625年1月10日：Fiona Donovan, *Rubens and England* (2004), p. 61. 我此处将"最伟大的业余画家"改译成了现代人听起来更顺耳的表达；另参见Donovan关于詹姆士一世与艺术的论著，第86页。

12 Bellany and Cogswell, p. 11.

13 John Colin Dunlop (ed.), *Memoirs of Spain during the Reign of Philip IV and Charles II*, Vol. I, p. 30（打印件）.

14 尽管白金汉公爵称一旦"握住了你的床柱就绝不松手"，但是他说的可能并不是指性关系，而是渴望恢复与国王的身体接触，以此获得荣誉、恩赏和权力。拥抱国王的双腿向他致意这类的表达并不少见。不管怎样，还是很难想象有人会写这样的信给国王，比如亨利八世。Bellany and Cogswell, pp. 12, 13.

15 Jonathan Scott, *England's Troubles* (2000), p. 84.

16 同上，第104页。

17 Mark Charles Fissel (ed.), *War and Government in Britain, 1598-1650* (1991), pp. 111, 112; Geoffrey Parker, *Global Crisis: War, Climate Change and Catastrophe in the Seventeenth Century* (2013), p. 32.

18 战争政策不乏反对者。下院和上院的议员们对没能与西班牙结盟感到遗憾。他们认为，西班牙可以遏制荷兰日益增长的海上势力，从而减轻荷兰对英格兰商业利益构成的威胁。同时，主战派在达成目的采用何种策略方面存在分歧。一些人主张用雇佣兵进攻西班牙的弗兰德斯，从而迫使哈布斯堡从普法尔茨撤军。另一些人则希望王室支持他们在美洲的私掠和殖民活动。

19 Bellany and Cogswell, p. xxiv.

20 同上，p.219。

21 同上，p.84。

22 CSPD 27 March 1625 (2).

23 Ellis (ed.), Vol. III, p. 244.

第三章 婚姻联盟

1 自1625年起，出租马车需获得营业执照，并向议会缴纳规定费用。

2 CSPV April 1625 (17).
3 有传闻说，查理已故的母亲安妮是天主教的改宗者。但安妮的弟弟是信奉路德宗的丹麦国王克里斯蒂安四世，不是法国国王，而安妮在三十年战争初期，就已适时地死去了。
4 转引自 Mark Kishlansky, *Charles I* (2014), p. 18。
5 Charles Cotolendi, *La Vie de très-haute et très-puissante princesse, Henriette-Marie de France, reyne de la Grande-Bretagne* (1690), pp. 10ff; Gesa Stedman, *Cultural Exchange in Seventeenth Century France and England* (2013), p. 30 和注释。
6 Cotolendi, pp. 10ff; Stedman, p. 30 and note; CSPV 1625–6 (61).
7 CSPV 16 May (61); Erin Griffey, *On Display* (2015), p. 36.
8 *A True Discourse of all the Royal Passages, Tryumphs and Ceremonies, observed at the Contract and Mariage of the High and flighty CHARLES, King of Great Britain, and the most Excellentest of Ladies, the Lady HENRIETTA MARIA of Burbon, sister to the most Christian King of FRANCE* (1625), p. 8.
9 CSPV 9 May (47).
10 Griffey, p. 52.
11 CSPD 14 May 1625：例如，查理向菲尔丁一家借了一笔钱，菲尔丁一家还保留了他们支付的丧葬费收据。
12 他的马鞭、佩剑、腰带和帽带上还有更多闪闪发光的钻石，他帽子上的羽饰镶满了钻石。*Mémoires de Madame de Motteville*, tr. Katherine Wormeley, Vol. I (1886), pp. 31-7; *Collection des Mémoires Relatifs a l'histoire de France*, ed. A. Petitot (1824), Vol. XXXVI, pp. 342-9; Richelieu, *Mémoires*, ed. A. Petitot (1823), Vol. V, p. 89.
13 *Mémoires de P. de la Porte*, eds. Petitot and Monmarque, Series II, Vol. LIX (1817), pp. 297-9.
14 Laura Knoppers, *Politicizing Domesticity from Henrietta Maria to Milton's Eve* (2011), pp. 29, 30.
15 Sir Philip Warwick, *Memories of the Reigne of Charles I* (1701), p. 14; 查理向他父亲的许多旧臣表示诚意，保住了他们原有的官职。这令所有想要改组和晋升的人大失所望。

16 全名是：Armand Jean du Plessis, Cardinal-Duc de Richelieu et de Fronsac。关于花园，参见 *Diary of John Evelyn*, 27 February 1644。
17 据说这些花园是整个王国最好的花园之一。
18 沃里克伯爵的头衔最初由他们的父亲持有，此前一直由达德利家族持有。由此，里奇家族与达德利家族的历史联系了起来：反西班牙的清教徒领袖莱斯特伯爵罗伯特·达德利（Robert Dudley, Earl of Leicester）是第二代埃塞克斯伯爵的继父，莱斯特的父亲在爱德华六世时期发起了清教改革，这场改革的高潮是1552年发行第二版《公祷书》事件。由此一来，里奇家族与清教改革运动有了联系。最为人所知的是，这个称号之前属于金雀花王朝，由15世纪的"造王者"第一代沃里克伯爵（Warwick the Kingmaker）所有。
19 1612年，沃里克加入弗吉尼亚公司，成为其最大的股东。弗吉尼亚公司近期（1624年）刚刚停止运营。他还是1614年成立的萨默斯岛（百慕大）公司的创始人之一和最大的股东。更多的殖民企业相继建立起来。
20 相当于英格兰国王的马桶随扈。
21 同代人对她的描述，参见 Zahira Veliz, 'Signs of Identity in *Lady with a Fan* by Diego Velázquez: Costume and Likeness Reconsidered', *Art Bulletin*, Vol. 86, No. 1 (March 2004), pp. 75–95; Richelieu, Vol. IV, p. 74. 注释36。
22 A. Lloyd Moote, *Louis XIII* (1989), p. 193.
23 有观察家相信白金汉的殷勤已逾越了得体的本分，据称，路易听说后大为恼火。
24 女隐修院和隐修院发挥的功用类似现代的所谓"正念"及其他治疗焦虑之类的场所，在当时一样受欢迎。
25 CSPV 1625-6 (92).
26 参见 Griffey, Appendix I, pp. 40–1。
27 Katie Whitaker, *A Royal Passion* (2010), p.51, note 36.
28 CSPV 1625-6 (153).
29 Griffey, pp. 40–1.
30 *Letters of Queen Henrietta Maria*, ed. Mary Anne Everett Green (1857), p. 9.
31 Griffey, p. 40.
32 CSPV 1625-6 (117); Gordon Albion, *Charles I and the Court of Rome* (1935), p. 77 和

注释2。

33 *Letters of King Charles I*, ed. Sir Charles Petrie (1935), p. 239. 这封书信存在长短两个版本，可能是同一时间交给了亨丽埃塔·玛丽亚的。短的版本存有细微差异，以两份手稿的形式保存了下来，现保存在巴黎国家档案馆"玛丽·德·美第奇王后"的指示条目下。长版本的信有可能经过了红衣主教贝吕勒（Cardinal de Bérulle）的增补，保存在法国国家图书馆的"玛丽·德·美第奇及女儿英格兰王后亨丽埃塔的指示"条目下。我引用的是长版本。关于这封信（及其他）的进一步细节，参看利兹大学Karen Britland精彩的博士论文，'Neoplatonic identities: Literary Representation and the politics of Henrietta Maria's Court Circle'(2000), esp. pp. 41, 42。

34 *Mémoires de Madame de Motteville*, Vol. II (1902), p. 86.

35 CSPD 9 June 1625.

第四章 "在基督教世界的眼皮底下"

1 Karen Britland, 'Neoplatonic identities: Literary Representation and the politics of Henrietta Maria's Court Circle', PhD thesis, University of Leeds (2000), pp. 43, 44. 这一段是笔者从一篇匿名小短文翻译而来的，据说是1625年王后在离开法国前夕所写的。

2 Celia Fiennes, http://digital.library.upenn.edu/women/fiennes/saddle/saddle.html.

3 亨丽埃塔·玛丽亚患有脊柱侧弯——脊柱弯曲影响了她的身高。Dominic Pearce, *Henrietta Maria* (2015), p. 40.

4 Thomas Birch, *The Court and Times of Charles I* (1849), Vol. I, p. 30.

5 *Basilikon Doron* in *James VI and I: Political Works*, ed. J. P. Sommerville (2006), p. 42.

6 当时，谢夫勒斯夫人到了妊娠末期，在返回法国之前诞下一个女儿，查理成为女婴的教父。

7 BL, Add. MS 72331, No. 174, Wooley (17 June 1625); Alastair Bellany and Thomas Cogswell, *The Murder of King James I* (2015), p. 198.

8 CSPD 25 June (91); Birch, p. 35.

9 源自西班牙的一种三米舞（three-metre dance），含有相当的色情意味。法国宫廷将它改编成缓慢的舞蹈。

10 Thoinot Arbeau in 1599.

11 Karen Britland, *Drama at the Courts of Queen Henrietta Maria* (2006), p. 15; 实际上，亨丽埃塔·玛丽亚好几年都没有怀孕，15岁的她身体可能还未成熟到可以怀孕。

12 David Scott, *Leviathan: The Rise of Britain as a World Power* (2013), p. 108.

13 James Larkin, *Stuart Royal Proclamations* (1983), p. 34.

14 Birch, p. 31.

15 同上, p. 30。

16 这里提到的一个法国人疑似是圣西蒙公爵，时间为1698年。尽管亨丽埃塔的很多传记都描述了她在丹麦宫度过一夜，但我找不到任何当时人的记录。有几部传记提到了白厅；See Birch, pp. 31, 33; 'Whitehall Palace: Buildings' in Montagu H. Cox and Philip Norman (eds.), *Survey of London: Volume 13, St Margaret, Westminster, Part II: Whitehall I* (1930), pp. 41–115, http://www.british-history.ac.uk/survey-london/vol13/pt2/pp41.

17 Leanda de Lisle, *After Elizabeth* (2005), p. 265.

18 Kevin Sharpe, 'The Image of Virtue: The Court and Household of Charles I, 1625–42' in Kevin Sharpe and Peter Lake (eds.), *Culture and Politics in Early Stuart England* (1994), p. 244; John Adamson, 'The Tudor and Stuart Courts' in John Adamson (ed.), *The Princely Courts of Europe* (1999), p. 112.

19 CSPV 1625–6 (25).

20 *The Speeches of the Lord Digby in the High Court of Parliament* (1641), p. 24 (BL, E196/6, 7).

21 Tim Harris, *Rebellion: Britain's First Stuart Kings* (2014), p. 25, quoting Derek Hirst, *The Representative of the People?* (2005), pp. 104–5.

22 Jonathan Scott, *England's Troubles* (2000), p. 105.

23 Chris Kyle, *Theatre of State* (2012), pp. 109–10; 亨利八世购买的挂毯图案是欢庆罗穆卢斯（Romulus）和雷穆斯（Remus）在内战后给罗马带来和平；quotations from *Journal of the House of Lords*, Vol. III.

24 Edward Hyde, Earl of Clarendon quoted in David Nichol Smith, *Characters from the*

Histories and Memoirs of the Seventeenth Century (1918), p. 161.

25　Scott, Leviathan, p. 157.

26　这一地区边缘延伸到萨福克郡和剑桥郡两个相邻的郡。Robert Brenner, Merchants and Revolution (2003), p. 262.

27　这些旧商人包括冒险家商业人（Merchant Adventures），他们长期控制着与德意志和低地国家的布料贸易。黎凡特公司和东印度公司主要控制与南欧、地中海以及近东和远东的贸易。这些公司常常与国王有密切合作。他们与国王直接协商纳税，不受议会控制，并以此作为交换获得贸易特许和有限成员资格。

28　美国人需要风险投资来生产老大贸易公司不愿意生产的产品。新兴商人参与了包括烟草贸易和后来的蔗糖贸易在内的贸易活动，并率先在非洲、西印度、弗吉尼亚和新英格兰开拓奴隶贸易、经济作物贸易和粮食贸易。Brenner, pp. 685-6; 他们所说的"godly"意思是上帝选中的，预定进入天堂的人。

29　有人说，罗宾在伊顿读书时，斧子落在他父亲头上那刻他从床上滚了下来，哭喊着"父亲被杀了，父亲死了"。德弗罗的头衔和财产又回到了王室手里，直到1603年詹姆士一世继位。然后，作为詹姆士一世的"殉道士"的后代，他从一无所有——既无头衔又无财产——崛起为斯图亚特新时代的英雄。不幸的是，后来詹姆士一世为埃塞克斯安排了一场灾难性的婚姻，让他娶了邪恶的弗朗西丝·霍华德，一位宠臣的女儿。埃塞克斯身上因天花而留下疤痕，他的新娘很厌恶他，给他戴绿帽子，还试图毒死他。下毒失败后，她又以他性无能为由宣布他们的婚姻无效。之后，她成功毒害了一位骑士，因为他威胁到她与情人罗伯特·卡尔（Robert Carr）结婚的计划，卡尔是在白金汉之前的王室宠臣。关于这件公案的更多信息参见 Anne Somerset, Unnatural Murder: Poison in the Court of James I (1998)。

30　Scott, Leviathan, p. 157.

31　CSPV 1625-6 (138).

32　Charles Creighton, A History of Epidemics in Britain, Vol. I (1891), p. 513.

33　Malcolm Smuts, 'Political Thought in Early Stuart Britain' in Barry Coward (ed.), A Companion to Stuart Britain (2003), p. 283.

34　Scott, England's Troubles, p. 108.

35　即便支持战争的人，对轻重缓急的判断也与查理一世不同。对国王来说，这是王朝要务：他姐姐是他的继承人，她的长子将继承普法尔茨，有一天可能成为英格兰和苏格兰的国王。其他人则将收复普法尔茨视作一次新教的十字军东征，如果不疏远潜在的欧洲天主教同盟，查理是不可能唤起他们的同情的。

36　Scott, *England's Troubles*, p. 97.

37　Birch, p. 33.

38　1628年，查理送给她一枚钻石图章，上面刻着花体字母HM（字母M从H中间穿过）。自然，她从来没有把自己视为玛丽！

39　诗人约翰·杜恩（John Donne）。

40　Sir Simonds d'Ewes, *Autobiography and Correspondence*, Vol. I (1845), p. 272.

41　Birch, p. 40.

42　*Walter Devereux: Letters of the Earl of Essex*, Vol. III (1853), p. 296.

43　"水上诗人"约翰·泰勒（John Taylor）在诗中评论道："伦敦人更坏，坏过闯私宅的强盗，坏过偷钱包的窃贼。" Creighton, p. 518.

44　克里斯蒂安四世虽然宣扬以宗教之名开战，但也希望以哈布斯堡家族为代价扩展自己的领地。

45　*Letters of King Charles I*, ed. Sir Charles Petrie (1935), p. 43; 亨丽埃塔·玛丽亚的布施人芒șć主教，是她宫中的宗教事务主管，他听说白金汉想通过驱逐她的家仆，恢复对天主教的迫害来改善自己的名声。

46　Edward, Earl of Clarendon, *The History of the Rebellion and Civil Wars in England*, ed. W. D. Macray (1888), Vol. I, p. 48. 这个威胁可不是随便说说吓唬人的，都铎王朝有四位王后被处死，其中三位都与法国有紧密关系。安妮·博林结婚之前，一直在法国宫廷做侍女，最后死于亨利八世的震怒之下。简·格雷被处死时只比亨丽埃塔·玛丽亚大一岁，她曾与法国结盟对抗亲西班牙的玛丽·都铎。苏格兰女王玛丽是半个法国人，又是法国国王的遗孀，在法国，她被认为近乎一个殉道士，被伊丽莎白的新教仆人们追杀至死。

47　*The Correspondence of Elizabeth Stuart, Queen of Bohemia, Volume I: 1603—1631*, ed. Nadine Akkerman (2015), p. 574, note 6.

48　Fiona Donovan, *Rubens and England* (2004), p. 17, Rubens to Palamede de Fabri sieur de Valavez, 26 December 1625.

49　Quoted in Bellany and Cogswell, p. 198.
50　Clarendon, Vol. I, p. 49.
51　Malcolm Smuts, 'Force, Love and Authority in Caroline Political Culture' in Ian Atherton and Julie Sanders (eds.), *The 1630s: Interdisciplinary Essays on Culture and Politics in the Caroline Era* (2006), p. 39.
52　Donovan, p. 17, Rubens to Valavez, 26 December 1625.

第五章　露西·卡莱尔伯爵夫人登场

1　正如查理的婚礼代表在婚礼后缺席弥撒一样，查理与亨丽埃塔之间的信仰分歧再一次彰显。亨丽埃塔也拒绝出席嘉德骑士和洗礼的庆典仪式。另见路易十三的观点，CSPV 1625-6 (454)。
2　William Lilly, *A Prophecy of the White King and Dreadful Dead Man Explained*, quoted in Jerome Friedman, *The Battle of the Frogs and Fairford's Flies: Miracles and the Pulp Press During the English Revolution* (1993), p. 73.
3　*The Autobiography and Correspondence of Sir Simonds d'Ewes*, openlibrary.org, p. 176, https://archive.org/stream/autobio-graphyan01hallgoog#page/n192/mode/2up.
4　关于詹姆士一世加冕礼的详细讨论和描述，参见 Leanda de Lisle, *After Elizabeth* (2005), pp. 261-8。
5　加尔文宗信徒相信基督只是为时间开始之前就预选进入天堂的灵魂而死。阿明尼乌教徒反对这一观点，提出犯了罪有可能失掉上帝的恩典。这激怒了加尔文宗信徒，他们认为这太近似于天主教的自由意志论——我们生前的选择（善或恶）将影响到死后的归处（天堂或地狱）。
6　Psalm 96.
7　他们的小册子中有一部分是事实。白金汉确实有杀害詹姆士一世的动机和手段。此外，这并不是詹姆士一世宫廷中发生的第一起中毒事件。另一起是詹姆士一世的宠臣罗伯特·卡尔（Robert Carr），被指控伙同妻子（埃塞克斯前妻弗朗西丝·霍华德）毒杀一名男子。See Anne Somerset, *Unnatural Murder: Poison in the Court of James* I (1998).
8　Alastair Bellany and Thomas Cogswell, *The Murder of King James I* (2015), p. 225.

9 Edward Hyde, Earl of Clarendon quoted in David Nichol Smith, *Characters from the Histories and Memoirs of the Seventeenth Century* (1918), p. 1323.

10 皮姆9月份抵押了他的财产，成为沃里克的受托人。他还支持沃里克的亲戚纳撒尼亚尔·里奇（Nathaniel Rich）在下院提交的一项议案。提案建议将战争私有化，在百慕大建立私人海军基地，军饷由私人捐款支付，据此，可以攻击西班牙船队，阻断其从西印度群岛获取财富。如此，这支舰队无须依靠常规税收，而战争委员会实际上成为运作查理外交政策的机构，服务于一群政治精英和贵族的利益。事实证明，提案过于激进无法继续讨论下去，当务之急是讨论对白金汉的弹劾；Christopher Thompson, 'The Origins of the Politics of the Parliamentary Middle Group, 1625–1629', *Transactions of the Royal Historical Society*, Vol. 22 (1972), p 80.

11 William Cobbett, *Cobbett's Complete Collection of State Trials* (1809–26), eds. Thomas Bayly Howell et al., Vol. II, p. 1324 (Impeachment of Buckingham, 1626).

12 Bellany and Cogswell, p. 238.

13 *Letters of King Charles I*, ed. Sir Charles Petrie (1935), pp. 42–5.

14 芒德主教致红衣主教黎塞留信，7月24日，引自 Sara J. Wolfson, 'The Female Bedchamber of Queen Henrietta Maria' in Nadine Akkerman and Birgit Houben (eds.), *The Politics of Female Households: 4 (Rulers & Elites)* (2013), p. 318。

15 据说，安妮·博林的眼睛"可以读出男人内心的秘密"; Leanda de Lisle, *The Sisters Who Would be Queen* (2008), p. 9 and note 16; Raymond A. Anselment, 'The Countess of Carlisle and Caroline Praise: Convention and Reality', *Studies in Philology*, Vol. 82, No. 2 (Spring 1985), p. 215.

16 Julie Sanders, 'Caroline Salon Culture and Female Agency: The Countess of Carlisle, Henrietta Maria, and Public Theatre', *Theatre Journal*, Vol. 52, No. 4 (Women/History, December 2000), pp. 449–64.

17 Wolfson, p. 317.

18 CSPV 1626 (680).

19 *Letters of King Charles I*, ed. Petrie, p. 45.

20 CSPV 1626 (712).

21 我将这份手稿抄录于下，希望有助于无法查找原稿的学者，我尽量不进行翻译，以免错漏。Belvoir MSS QZ/6/12/1626（日期是另一种笔迹）：'Monsieur demande je de robe se tant que je peu pour vous escrire sen me tant come prisonniere que je ne peut pas parle a personne ny se tans descrire mes malheurs ny de me p [re] taundre seullement au non de dieu ay espetie dune pauure prinssese audessos poir et faite quelque chose a mon mal je suis la plus affligee du monde parles a ta Royne mamere de moy et lyuy montres mes maleurs je vous Aisa dieu et a tous mes pauures offisiers et a mon amie st gorge a la contesse de tilare [?] et tous fammes et filles qui ne mou blie pas je ne les oublieres pas aussy il sontes quelque remede a mon mal ou je me noeurs je ne puis je adieu cruel adieu qui me fera morir si dieu na pitie de moy au pere sauues [?] qui prie dieu pour moy et ammie que je tenus tousjours.'

我的翻译为了达意而做了现代化和改编的处理。这份信件的抄写稿收录于珍贵的Alfred Morrison, *Catalogue of the Collection of Autograph Letters* etc., (1885), Vol. II。

22　Comte de Tillierès, *Mémoires* (1863), p. 135.

23　1623年西班牙国王赠给詹姆斯5匹骆驼。或许有人向伊丽莎白形容过它们长得像卡莱尔；或许她1613年之前就在王室动物园见过骆驼，或许是1613年后在欧洲某地见过骆驼。

24　Victor Tapie, *France in the Age of Louis XIII and Richelieu* (1984), p. 180.

25　ODNB, Charles I.

26　参见附录《米莱狄·德·温特与露西·卡莱尔》。

27　Clarendon quoted in David Nichol Smith, *Characters from the Histories and Memoirs of the Seventeenth Century* (1918), p. 165.

28　Michael P. Winship, 'Godly Republicanism and the Origins of the Massachusetts Polity', *William and Mary Quarterly*, Third Series, Vol. 63, No. 3 (July 2006), p. 440.

29　Robert Brenner, *Merchants and Revolution* (2003), p. 226.

30　TNA SP 16/75; Wolfson, p. 321.

31　Smith, p. 14.

32　亨利八世把他的朋友亨利·诺里斯（Henry Norris）送上断头台，只是为了帮自己摆脱一个麻烦的妻子，其过程彰显了他的自恋（亨利·诺里斯被塑造成亚瑟王身边的骑士兰斯洛特）。伊丽莎白一世深谙将不受欢迎的决策的责任转嫁给她的仆人之道。威廉·戴维森（William Davidson）就是一个臭名昭著的例子，她（假）称这个人在她不知情的情况下，下达了苏格兰女王玛丽的处决令。

33 CSPV 1626–8 (542).

第六章　白金汉退场

1 *Proceedings in Parliament 1628*, Vol. 2, p. 58.

2 Ibid., p. 8.

3 实际上，直到1789年三级会议才重新召开。

4 Quoted in Blair Worden, *The English Civil Wars* (2009), p. 19. 五分之一下院议员拒绝这项贷款。Robert Brenner, *Merchants and Revolution* (2003), p. 226.

5 Jonathan Scott, *England's Troubles* (2000), p. 111, quoting Sir Robert Phelips; R. C. Johnson and M. J. Cole (eds.), *Commons Debates 1628* (1977), p. 40.

6 Robert Lockyer (ed.), *The Trial of Charles I: A Contemporary Account Taken from the Memoirs of Sir Thomas Herbert and John Rushworth* (1974), p. 439.

7 Alastair Bellany and Thomas Cogswell, *The Murder of King James I* (2015), p. 326.

8 *Acts of the Privy Council*, Vol. 43 (1617–28), pp. 492, 505.

9 CSPV 1628 (738).

10 王后很有可能在5月、6月和10月相继命人给以下三位女士送出三个版本的画像：乳母（或"女仆"，弗朗索瓦丝·德·蒙博迪亚克，王后身边第一批法国天主教侍女之一）、萨克森公爵夫人和查理的姐姐伊丽莎白（波希米亚的"冬后"）。感谢埃琳·格里菲提供的信息。

11 Erin Griffey, *On Display* (2015), pp. 80, 81.

12 散信，贝尔沃，'La Reine dAngleterre a la Reine sa mere 53 1628（编号和日期为另一种笔迹）: Madame je nay voulu lesser partir garnier desy sans assurer vostre Maieste de mon tres humble seruise lors que mr de beaulieu estoit ysy yl me dit que vostre maiest [?]desiroit auoir mon pourtraict mes yl ne foit pas fait asses tost pour qui lenportasse maintenant que sette aucation sest presantee je dit a garnier qui le danit a mr de beaulieu pour le presantir a uostre Majeste je null jamais puisse [?]entreprandre a luy envoyer sans

le commandemant que jaue reseu de sa part estant sy tard que jay honte que lon le voye mis vostre Majeste ny pranderapas parte ny a labillemantque le pentre asy malfait que jesupliray vostre Majeste de le fere la beler elle le regarde seullemant commes tres humble seruante qui nauiltre pasy on aumon de que salle que vous lastentes toute sa vie comme elle est Madame Vostre tres humble et tres obeisante fille et seruante Henriette Marie'. 加尼尔是她的侍女弗朗索瓦丝·德·蒙博迪亚克,她是白金汉的盟友,柏里欧先生则是英格兰侍臣。这封信的部分译文(我没有使用)见于 Alfred Morrison, *Catalogue of the Collection of Autograph Letters* etc. (1885), Vol II。另一个关于亨丽埃塔·玛丽亚对画家没有正确处理她的衣服表示不满的例子,发生在十年之后。科尼利厄斯·约翰逊(Cornelius Johnson)与艺术家赫拉德·霍克基斯特(Gerard Hoockgeest)绘制亨丽埃塔·玛丽亚的全身微型肖像画的经历可佐证,画中她在弹奏曼陀林,一只猎犬在她脚下嬉戏。(2016年在伦敦韦斯画廊展出。)约翰逊尤其擅长画服饰,但是即便他在画中呈现出了衣袂翩翩和丝绸的光泽,也没能打动王后。由国王画品检核员编订的1639年目录中,这幅画备注为未完成品,被束之高阁。

13 CSPD 1628-9 (267-81). 刺死白金汉的匕首如今由他妹妹的高级继承人亚历山大·菲尔丁,第十二代登比伯爵(Alexander Fielding, 12th Earl of Denbigh)保管。

14 散信,贝尔沃,1628年8月23日,有关白金汉之死:'je nay peu rettenir du four je suplie vostre Majeste de croyre que je fait tout se qui esttoit en mon pouuoir a cause que vostre Majeste me lauoit commande et que je desire de luy obeir en tout de puis ma lettre escrite mr le duc de Bukingham et mort je croy que vostre Majeste le saura aues non pas comme yl a estte tue avec un couteau aumilieu de lieux sans hommes et est tumbe otit mort sans dire rien du tout que je suis mort et lhomme qui la fait dit toujours quil a fort bien fait yl est ariue ysy vn abe quy est fransois sest le plus mechant homme de la terre des choses quil dit et des aranques quil escrit yl serante de auoir fait les aferes sous mr le cardinal mes yl en est malcontant a ce mis est amuse de seu il est venu ysy. A la Royne Madame ma mere.' 信件副本/说明见于 Alfred Morrison, *Catalogue of the Collection of Autograph Letters* etc. (1885), Vol. II。

15 散信,贝尔沃,来自法国王太后玛丽:'30 aoust 1628 Mon cousin Je uous en uoye una lettre que ma fille la Rayne d'anglesttere ma escreite pour mo[n]strer au Roy

注 释 363

uous uerres en que estat ella est et en que missez' ella c'troue [?] digne de compassion Roxane uous dire des nouelles plus particvlieres estant le derniere quil a [?], e c'que l'on croine' a c'bien desebellas [?] Vous bai seres les mains au Roy de ma pearle et que ce le prie de ne concerne c'bones graces, et a uous mon cousin ie uous prie de croyre que uous n'aues persone qui soit plus que moy Vostre affectionne cousina Marie de Tours le trentieme aoust [in left-hand margin, written sideways] La contess' de la Hoye et morte La Rayne desire Madame de Leuen' pour dame d'Honor et pour dame d atour la Mony a luy ay dict que pour la mony le Roy nonli accuselera iamais.'

16 Edward, Earl of Clarendon, *The History of the Rebellion and Civil Wars in England*, ed. W. D. Macray (1888), Vol. I, p. 37.
17 Edward Hyde, Earl of Clarendon quoted in David Nichol Smith, *Characters from the Histories and Memoirs of the Seventeenth Century* (1918), pp. 14, 15, 16.
18 TNA: PRO SP 16/116 f. 4.
19 CSPD 22 November (34); CSPV 21 (603).
20 8月24日，他申请担任温莎总管或汉普顿宫的警卫；CSPD 1628–9 (267).
21 Scott, pp. 110, 111.
22 Malcolm Smuts, 'Force, Love and Authority in Caroline Political Culture' in Ian Atherton and Julie Sanders (eds.), *The 1630s: Interdisciplinary Essays on Culture and Politics in the Caroline Era* (2006), p. 37.
23 王室小礼拜堂的圣餐桌自伊丽莎白统治起便放在祭坛的位置，白厅的圣餐桌在詹姆士一世末期也被护栏围了起来。不过，教区教堂没有这么做。圣餐桌问题成为标志性事件，祭坛是犹太人和罗马人祭祀的地方。这是天主教仪式的核心，因为在弥撒中，祝圣之时也就是基督的牺牲进行之时。面饼和红酒被奉为基督的肉体和鲜血，加尔文宗将这种信念定为偶像崇拜。
24 此处提到的清教徒是彼得·斯马特（Peter Smart），他后来因发表评论而被罚款。
25 还有其他显赫贵族，如沃里克伯爵，塞伊–塞尔子爵及其女婿林肯伯爵，以及21岁的布鲁克勋爵罗伯特·格雷维尔（Robert Greville），也有来自东英吉利亚地区和英格兰西南部诸郡的小乡绅，以及底层的伦敦市民和激进的牧师。Brenner, pp. 169, 272.

26　Diane Purkiss, *The English Civil War: A People's History* (2006), p. 92.
27　TNA: PRO, SP 16/106/55 quoted in *ODNB*.
28　Richard Cust, *Charles I: A Political Life* (2007), pp. 117, 118.
29　*Letters of King Charles I*, ed. Sir Charles Petrie (1935), pp. 76, 78.

第七章　"和平光环笼罩下的快乐"

1　Thomas Birch, *The Court and Times of Charles I* (1849), Vol. I, p. 356.
2　这封信是在贝尔沃的一个文件夹里发现的，上面标着第九代拉特兰公爵（9th Duke of Rutland）"赛尔"（Sell）。1629年，亨丽埃塔·玛丽亚致信红衣主教黎塞留：'Mon cousin je reseus si viuement les obligations que je vous et toujours vne et selle que je sois maintenent de la part que vous prenes en lafliction qui mest ariuee que je croyois esttre ingrate sy je ne vous ren Remersiois par le sieur danery vous assurant que vous nobligeres jamais personne qui en toutes amations vous temoygnera avec plus daffection que moy quelle est Vostre affectionee cousine Henriette Marie.' 注：在这封仓促写就的信中，她的签名省略了字母"R"。
3　Belvoir MSS QZ/6 f. 7.
4　CSPV 1630 (366); Carolyn Harris, *Queenship and Revolution* (2016), pp. 128–9.
5　Belvoir MSS QZ/6/8. 1630年5月29日，查理王子出生日，国王查理一世和亨丽埃塔·玛丽亚致法国王太后的信：'Madame La joye que j'ay, joint avec le haste de vous mander bien promtement de l'heureuxe acouchement de ma famme, ne me permett, que de vous dire, que Dieu mercie, la Mere & le fils se portent fort bien, remettant le reste a ce Porteur Mr Montague j'espere que vostre joye pour ces nouvelles ne serest plus indubitable, que vostre confience en moy que je suis Madame Vostre tresaffectionne fils et serviteur Charles R Ma femme pour vous monstré qu'elle se port bien a voulu que je escrive ce ci au son nom, affin que sa main vous tesmoinge cest verite V [ost] re tres humble et tres obeisante fille et servante Henriette Marie.' 文本中的翻译是现代法语。原件的摹本见于 Alfred Morrison, *Catalogue of the Collection of Autograph Letters* etc. (1885), Vol. I.

6 Thomas Dekker, *Seven Deadly Sins of London* (1606), pp. 24-9; 查理的姐夫腓特烈和小舅子路易十三是小查理的教父，玛丽·德·美第奇是教母。

7 Letter to Madame St George: *Letters of Queen Henrietta Maria*, ed. Mary Anne Everett Green (1857), pp. 14, 15.

8 John Adamson, 'Policy and Pomegranates: Art, Iconography, and Counsel in Rubens' Anglo-Spanish Diplomacy of 1629-30' in Luc Duerloo and Malcolm Smuts (eds.), *The Age of Rubens: Diplomacy, Dynastic Politics and the Visual Arts in Seventeenth-Century Europe* (2016), p. 2.

9 Sara J. Wolfson, 'The Female Bedchamber of Queen Henrietta Maria' in Nadine Akkerman and Birgit Houben (eds.), *The Politics of Female Households: 4 (Rulers & Elites)* (2013), p. 323.

10 Fiona Donovan, *Rubens and England* (2004), p. 1.

11 Jonathan Brown and J. H. Elliott, *A Palace for a King* (1980), p. 49.

12 Donovan, p. 1.

13 Adamson, p. 37.

14 对于抵抗力差的人，如老人或十几岁的少年，女人的性欲甚至有可能致命。15岁的亚瑟·都铎，是英格兰最后一位天主教王后阿拉贡的凯瑟琳（Katherine of Aragon）的第一任丈夫，据说他就是因满足妻子的性欲力竭而亡的。另外，有人说亨利八世的妹妹玛丽·都铎以相同的方式无意中害死了年迈的法国国王路易十二。

15 Raymond A. Anselment, 'The Countess of Carlisle and Caroline Praise: Convention and Reality', *Studies in Philology*, Vol. 82, No. 2 (Spring 1985), p. 218.

16 CSPV 1629-32 (209), (337); Sara J. Wolfson, 'The Female Bedchamber of Queen Henrietta Maria' in Nadine Akkerman and Birgit Houben (eds.), *The Politics of Female Households: 4 (Rulers & Elites)* (2013), p. 327.

17 HMC 45: Buccleuch Vol. III, p. 347.

18 这笔钱足以支付荷兰军队下一年1629年与西班牙的战争费用；Adamson, p. 45.

19 Adamson, p. 57.

20 给鲁本斯的奖赏有一句拉丁文："红色底子上有一只金狮"，这"取自我们自己的王室盾形纹章的图案"；同上，p. 58。

21 1631年。"马桶随扈"字面意思指在国王如厕时服侍他的人，可以说是国王最亲近的侍从——译者注。

22 Jonathan Scott, *England's Troubles* (2000), p. 100.

23 BL, Add. MS 4181.

24 出自马格德堡市长奥托·居里克（Otto Guericke, 1602—1686）撰写的编年史。1632年2月的一份统计显示，只有449名市民在这片沦为废墟的城里活了下来。

25 一份16世纪的炼金术文本预言：一头狮子或一名英雄将"从午夜（指北方）出发"，去"追捕老鹰（哈布斯堡王朝的象征）"，"不久将战胜它"。这份文本参见 Theophrastus Paracelsus (1493—1541), *Magischer Propheceyung vnnd Beschreibung, von Entdeckung der 3. Schätzen Theophrasti Paracelsi* (1549),后由 Johan Nordström 补充翻印: *Lejonet från Norden. Samlaren. Tidskrift för svensk litteraturhistorisk forskning N. F. 15* (1934), pp. 37–9。

26 Carola Oman, *The Winter Queen* (1938, revd edn 2000), p. 82; Birch, pp. 225–8.

27 *The Letters of Elizabeth, Queen of Bohemia*, ed. L. M. Baker (1953), pp. 86–8; *Letters of Queen Henrietta Maria*, ed. Green, pp. 301, 302.

28 致托马斯·罗爵士（Sir Thomas Roe）的信，引自 Oman, p. 329。

29 *The Correspondence of Elizabeth Stuart, Queen of Bohemia, Volume II: 1632-1642*, ed. Nadine Akkerman (2011), p. 3.

30 Quoted in David Scott, *Leviathan: The Rise of Britain as a World Power (2013)*, p. 146；1633年10月，查理命人删除了《公祷书》中"特用短祷文"部分和王室家庭祈祷部分所有涉及他姐姐和她孩子的内容。

31 John Adamson, 'Chivalry and Political Culture in Caroline England' in Kevin Sharpe and Peter Lake (eds.), *Culture and Politics in Early Stuart England* (1994), pp. 170–1.

第八章 谢夫勒斯夫人归来

1 Diane Purkiss, *The English Civil War: A People's History* (2006), p. 67.

2 HMC, Lord de L'Isle and Dudley MSS, Vol. VI, p. 94.

3 Julie Sanders, 'Caroline Salon Culture and Female Agency: The Countess of Carlisle,

Henrietta Maria, and Public Theatre', *Theatre Journal*, Vol. 52, No. 4, Women/History (December 2000), pp. 454, 456, 463.

4 HMC, Lord de L'Isle and Dudley MSS, Vol. VI, p. 94.

5 Barbara Donagan, 'A Courtier's Progress: Greed and Consistency in the Life of the Earl of Holland', *Historical Journal*, Vol. 19, No. 2 (June 1976), p. 328.

6 爱尔兰总督温特沃思（Wentworth）随后被查理封为斯特拉福德伯爵。

7 HMC, Lord de L'Isle and Dudley MSS, Vol. VI, pp. 67, 94.

8 Sanders, p. 455.

9 William Prynne, *On the Unloveliness of Lovelocks* (1628).

10 Quoted in John Adamson, 'Chivalry and Political Culture in Caroline England' in Kevin Sharpe and Peter Lake (eds.), *Culture and Politics in Early Stuart England* (1994), p. 174; see also Richard Cust, 'Charles I and the Order of the Garter', *Journal of British Studies*, Vol. 52, No. 2 (2013), p. 353.

11 CSPV October 1637 (329).

12 *Letters of Queen Henrietta Maria*, ed. Mary Anne Everett Green (1857), pp. 15, 16.

13 TNA PRO 31/9/7B.

14 Cust, 'Charles I and the Order of the Garter', p. 343.

15 James Callow, *The Making of James II* (2000), pp. 33, 34.

16 Quoted in Richard Cust, *Charles I: A Political Life* (2007), p. 149.

17 Robin Blake, *Anthony Van Dyck* (1999), p. 325; 其中一件围裙由私人收藏，绣着一个人在做园艺的黑色剪影。它属于前王室衣橱管家的后代所有。

18 埃莉诺，苏塞克斯伯爵夫人（Eleanor, Countess of Sussex），引自同上，p. 331。

19 内科医生兼博物学家马丁·利斯特（Martin Lister）抱怨道，宫廷的大小姐们"都乐于被画得半露不露"，这让"当时英格兰最好的画家科尼利厄斯·约翰逊被迫停业"。

20 Gregorio Panzini quoted in Fiona Donovan, *Rubens and England* (2004), p. 53.

21 PRO C82/2096 f. 28.

22 直到19世纪，它才变成今天的样子，外墙是灰白色的波特兰岛石。

23 1638年，范戴克还在为一组挂毯绘制油画素描，画的是嘉德骑士勋章的历史和庆典。它们将挂在宴会厅的墙上。

24 被称为"附加税"的关税,长久以来被王室视为特权,在17世纪最初十年,每年净收入7万英镑。到了此时,附加税抬高至21.8万英镑。Robert Brenner, *Merchants and Revolution* (2003), pp. 282, 241.

25 他是塞布鲁克公司(Saybrook Company)的成员,该公司在今康涅狄格州建立据点。公司起源于1632年沃里克将一块土地分给塞伊-塞尔子爵、布鲁克勋爵,以及约翰·汉普登、约翰·皮姆等人。布鲁克的姐夫亚瑟·赫希里奇爵士(Sir Arthur Hesirlige)后来也参与了康涅狄格州据点的活动,成为之后反对查理的关键人物之一。

26 Geoffrey Parker, *Global Crisis: War, Climate Change and Catastrophe in the Seventeenth Century* (2013), p. 331.

27 CSPV October 1637 (329).

28 同上。

29 Edward, Earl of Clarendon, *The History of the Rebellion and Civil Wars in England*, ed. W. D. Macray (1888), Vol. I, pp. 129–32, 196; Sir Philip Warwick, *Memories of the Reign of Charles I* (1701), pp. 78–82; Sir Bulstrode Whitelocke, *Memorials of the English Affairs* etc. (1853), Vol. I, p. 99.

30 约翰·温思罗普在1630年的一次布道中首次使用了这个短语。

31 Laura Knoppers, *Politicizing Domesticity from Henrietta Maria to Milton's Eve* (2011), p. 37.

32 Sir Philip Warwick quoted in David Nichol Smith, *Characters from the Histories and Memoirs of the Seventeenth Century* (1918), p. 56.

33 CSPV October 1637 (329).

34 David Scott, *Politics and War in the Three Stuart Kingdoms, 1637-49* (2004), p. 16.

35 对于黎塞留而言,对外与新教徒联合抵抗哈布斯堡,对内宽容异端胡格诺教徒,完全符合他的主人"[天主教]教会长子"的利益。在他看来,路易作为受膏的国王,意味着他的敌人就是上帝的敌人。他还镇压一切旨在独立于王室权威之外的天主教精神复兴运动。国王詹姆士一世想必会认同他的做法。Ronald G. Asch, *Sacral Kingship Between Disenchantment and Re-Enchantment* (2014), pp. 76, 79.

36 查理差点儿就成为法国的同盟,但在1637年这种关系淡化了,因为他担心如果西属尼德兰遭到致命打击,敦刻尔克会落入法国手中;Caroline M. Hibbard, *Charles I*

注 释 369

and the Popish Plot (1983), p. 75.

37 Zahira Veliz, 'Signs of Identity in *Lady with a Fan* by Diego Velázquez: Costume and Likeness Reconsidered', *Art Bulletin*, Vol. 86, No. 1 (March 2004), p. 91, figure 19 and note 101.

38 CSPV 1636–9 (432).

39 CSPV 1636–9 (438).

40 'Upon Madam Chevereuze swimming over the Thames'
I was calm, and yet the Thames touch'd heaven to day,
The water did find out the Milky way,
When Madam Chevereuze by swimming down,
Did the faire Thames the Queen of Rivers crown.
The humble Willows on the shore grew proud
To see her in their shade her body shroud;
And meeting her the Swan (wont to presume)
Bow'd to her whiter neck his sullyed Plume . . .
Bright Chevereuze the whole difference ends,
Adding so great a treasure to the waves,
As the whole earth seemes useless, but for graves.

(*Musarum Delicice: OR The MUSES RECREATION*, 1656).

41 Ben Jonson's *Expostulation with Inigo Jones*.

42 Earl of Strafford, *Letters and Dispatches* (1739), Vol. II, p. 194; 时间是1638年5月。

43 Jonathan Scott, *England's Troubles* (2000), p. 117.

44 CSPV 1636–9 (447).

45 William Laud, *Works* (1847–60), Vol. VII, pp. 452–3, Vol. VI, pp. 379–80, Vol. IV, p. 114.

第九章 "最可怕的事"

1 CSPV 1636–9 (528).

2　A. Lloyd Moote, *Louis XIII, The Just* (1989), p. 27; 从她的拼写能看出她的口音。

3　Thomas Birch, *The Court and Times of Charles I* (1849), Vol. II, p. 343.

4　CSPV 1636–9 (534).

5　TNA SO 3/12 November 1638.

6　在《圣容》中，查理认为，有人发现英格兰《公祷书》中"最大的失败"是"教导他们为我经常祈祷"。

7　威尼斯公爵（总督）甚至不可以在没有官员监督时拆封海外邮件；John Rushworth, *Historical Collections of Private Passages of State*, Vol. II (1721), p. 83; Geoffrey Parker, *Global Crisis: War, Climate Change and Catastrophe in the Seventeenth Century* (2013), p. 335; David Scott, *Politics and War in the Three Stuart Kingdoms, 1637-49* (2004), pp. 15–19.

8　*An Allegory of Marriage, in Honour of Alfonso d'Avalos, Marchese del Vasto*. 范戴克在为南安普敦伯爵夫人绘制的肖像画中用了相同的象征。关于这幅画的更多信息参见 Michael Jaffé, 'Van Dyck Studies II: La belle & vertueuse Huguenotte', *Burlington Magazine*, Vol. 126, No. 979 (October 1984), pp. 602–9, 611。

9　有趣的是，现在的登比伯爵（Earl of Denbigh）有一大批范戴克委托的收藏，还有一幅出自这些"工作坊"，画中戎装的查理手放在一个透明的球体上。

10　Sir Henry Slingsby, *Diary* (1836), p. 10.

11　Gilbert Burnet, *The memoires of the lives and actions of James and William, dukes of Hamilton and Castleherald* (1677), p. 55.

12　Christopher Thompson, 'Centre, Colony and Country: The Second Earl of Warwick and the "Double Crisis" of Politics in Early Stuart England', unpublished thesis, pp. 47, 48; BL, Egerton MS 2648, ff.1r–2r. See *The Winthrop Papers*, 7 vols (1928–47), Vol. III, ed. Stewart Mitchell (1943), p. 230. Cf. Francis J. Bremer, *John Winthrop: America's Forgotten Founding Father* (2003), pp. 232–8.

13　Malcolm Smuts, 'Religion, European Politics and Henrietta Maria's Circle 1625–41' in Erin Griffey (ed.), *Henrietta Maria: Piety, Politics, Patronage* (2008), p. 31.

14　查理和亨丽埃塔·玛丽亚命人创作了一卷纪念挽歌和诗歌；Carolyn Harris, *Queenship and Revolution* (2016), p. 128.

15　Slingsby, p. 11.

16 Slingsby, p. 30.

17 Diane Purkiss, *The English Civil War: A People's History* (2006), p. 84; Parker, p. 336.

18 Sarah Poynting, 'The King's Correspondence during the Personal Rule in the 1630s' in Ian Atherton and Julie Sanders (eds.), *The 1630s: Interdisciplinary Essays on Culture and Politics in the Caroline Era* (2006), p. 87.

19 假若1639年打败了苏格兰人，那么查理的未来和他的王国的未来将会截然不同，也就不会有第二次主教战争，查理也不用被迫重新召集议会。三十年战争已经到了高潮。1640年，西班牙将因国内叛乱而衰弱，新教信仰在欧洲的未来显得更光明，清教狂热可能会消退。难怪沃里克及其他反对派开始为移民马萨诸塞做准备。关于此事更多信息参见John Adamson, 'England Without Cromwell' in Niall Ferguson (ed.), *Virtual History* (1997)。

20 Karen Britland, *Drama at the Courts of Queen Henrietta Maria* (2006), pp. 178–86; Purkiss, pp. 163–4.

21 温特沃思也被任命为爱尔兰总督，以便让他在缺席时可以通过副手进行管理；ODNB.

22 David Nichol Smith, *Characters from the Histories and Memoirs of the Seventeenth Century* (1918), quoting Sir Philip Warwick, p. 66; Edward, Earl of Clarendon, *The History of the Rebellion and Civil Wars in England*, ed. W. D. Macray (1888), Vol. I, pp. 197, 341–2. 弓背是由斜方肌持续紧张引起的。

23 Malcolm Smuts, 'Force, Love and Authority in Caroline Political Culture' in Ian Atherton and Julie Sanders (eds.), *The 1630s: Interdisciplinary Essays on Culture and Politics in the Caroline Era* (2006), p. 31.

24 同上, p. 32。

25 沃里克引自Smith, p. 66; Clarendon, Vol. I, pp. 197, 341–2.

26 John Forster, *Eminent British Statesmen* (1836), Vol. II, p. 352.

27 露西已故的丈夫留给她一笔爱尔兰进口酒品关税补助金。

28 HMC, Lord de L'Isle and Dudley MSS, Vol. VI, p. 157; John Adamson, 'Policy and Pomegranates: Art, Iconography, and Counsel in Rubens' Anglo–Spanish Diplomacy of 1629–30' in Luc Duerloo and Malcolm Smuts (eds.), *The Age of Rubens: Diplomacy,*

Dynastic Politics and the Visual Arts in Seventeenth-Century Europe (2016), p. 18.

29 谢夫勒斯夫人此时也忙着密谋在拉罗谢尔策动胡格诺叛乱。J. H. Elliott, 'The Year of the Three Ambassadors' in Hugh Lloyd Jones, Valerie Pearl and Blair Worden (eds.), *History and Imagination* (1981), p. 169; R. M. Smuts, 'The Puritan Followers of Henrietta Maria in the 1630s', *English Historical Review*, Vol. 93, No. 366 (January 1978), p. 42.

30 Edward Hyde, Earl of Clarendon quoted in Smith, p. 133.

31 Brian Manning, 'The Aristocracy and the Downfall of Charles I' in Brian Manning (ed.), *Politics, Religion and the English Civil War* (1973), p. 40. 诺森伯兰在埃塞克斯府邸出生，此时担任海军上将。

32 John Adamson, *The Noble Revolt: The Overthrow of Charles I* (2007), p. 18.

33 D. Gardiner (ed.), *The Oxinden Letters of 1607-42* (1933), p.173; 实际上，主教们将神圣君权与他们声称的担任神职联系起来。

34 CSPV 1640–2 (64). 1克朗值5先令，相当于一个威尼斯达克特。

35 CSPV 1640–2 (69).

36 同上。

37 CSPV 10 January 1642 (318). "mob"（暴徒）一词来自拉丁语 *"mobile vulgus"*，被发明用于描述在伦敦变得习以为常的场景。

38 CSPD XVI (152–6).

39 沃里克引自 Smith, p. 61。

40 Adamson, p. 31.

41 萨里历史中心有一张MS，列出了17个名字，LM/1331/50。CSPD中提到的有12个名字，但沃里克等人的名字在CSPD 1640年8月（16）和（19）两份请愿书中都有。

42 他的妻子弗朗西丝是埃塞克斯最喜欢的妹妹，她在范戴克为她画的肖像画中戴着一绺头发，是她父亲1601年被处决时剪下来的，这绺头发象征着王室的不公。

第十章 "破碎的杯子"

1 John Adamson, *The Noble Revolt: The Overthrow of Charles I* (2007), pp. 89–90.

2　Robert Brenner, *Merchants and Revolution* (2003), p. 369.

3　Adamson, p. 82.

4　Caroline M. Hibbard, *Charles I and the Popish Plot* (1983), p. 166; CSPV 1640–2 (126).

5　David Scott, *Leviathan: The Rise of Britain as a World Power* (2013), p. 156; BL, Add. MS 70002, f. 313.

6　Adamson, p. 62 和注释。

7　Sarah Poynting, 'The King's Correspondence During the Personal Rule in the 1630s' in Ian Atherton and Julie Sanders (eds.), *The 1630s: Interdisciplinary Essays on Culture and Politics in the Caroline Era* (2006), p. 81.

8　Edward Hyde, Earl of Clarendon quoted in David Nichol Smith, *Characters from the Histories and Memoirs of the Seventeenth Century* (1918), p. 133.

9　Hibbard, p. 174.

10　Diane Purkiss, *The English Civil War: A People's History* (2006), pp. 106, 107. 清教徒在新英格兰殖民地同样用字母来区别犯了特定罪行的人。用红色的字母"A"标记通奸罪，这在19世纪霍桑的小说中被永久地记录了下来。

11　Samuel Rawson Gardiner, *History of England* (1863), Vol. IX, p. 199.

12　CSPD Charles I, XVI (278).

13　*Mémoires de Madame de Motteville*, tr. Katherine Wormeley, Vol. I (1886), pp. 196, 197; Adamson, pp. 110, 113.

14　HMC, Lord de L'Isle and Dudley MSS, Vol. VI, p. 343: 11月25日，斯特拉福德被关进伦敦塔。

15　CSPV 1640–2 (131).

16　CSPV 1640–2 (140).

17　CSPV 1640–2 (138).

18　Belvoir MSS QZ/22/1: 'La Reine d Angleterre Feur. 1641 Monsieur de chauigny ayant envoye fester a mon cousin le cardinal de richelieu pour luy faire entan dre lestat presant ou je suis et luy demander son assistance: jay cru que mayant temoygne toujours beaucoup daffection comme vous aues fait en tout ce qui me conserne: que maintenant vous massisteries dans me afaires ou il y va de [xxx][xxx] ma ruine entierre ou de mon bien etre comme les affaires iront maintenant quy je natans que . . . quasy sans resource et fautre je lespere par lassistance du Roy mon frere: je ne vous ay pas escrit quant sorter est alle car jay me suis misse entierremant a suiure les ordres que mon dit Cousin ordonneroit quoy que . . . ordonne forter de [xxx] desirer de luy que vous pensies estre de sette affaire: vous ayant toujours recongnu sy [xxx] prompt a mobliger que jay eru que dans sette afaire [xxx] vous ne me refuseries pas vostre asistance et que vous garderies le secret qui est tres necesaire je vous prie donc de le faire et de croyre que je [xxx] suis sy recongnoisante dessangs que vous mains despe temoynges de vostre affection que je chercheray les moyens de vous faire paroistre que je suis Vostre bien bonne amie Henriette Marie R.' 很想把这封信的日期定在1642年2月——该年岁首为3月25日（"圣母领报节"），尤其是她当时正准备逃离英格兰，但由于她的其他信件日期都是从1月开始的，所以我还是定为1641年。她正在写信给沙维尼伯爵莱昂·布蒂利耶（Léon Bouthillier, Comte de Chavigny）。

19 Leanda de Lisle, *After Elizabeth* (2005), p. 264.
20 David Scott, *Politics and War in the Three Stuart Kingdoms, 1637-49* (2004), pp. 25–9; Brenner, p. 319.
21 关于二者之间的分歧，近年分析最精彩的书是John Adamson的 *The Noble Revolt*。有关这个时代的更多分歧，请见pp. 158-63。
22 重建伊丽莎白时代风格的混合君主制和教会，对地主非常有利。贵族和乡绅控制着教会捐赠、进入议会的通道、郡委员会和民兵组织。对普通的伦敦人则是另一回事了，他们没有参政的途径，他们想要拥有这种途径。
23 Brenner, pp. 324, 329, 331.
24 *The Correspondence of Elizabeth Stuart, Queen of Bohemia, Volume II: 1632—1642*, ed. Nadine Akkerman (2011), p. 946.

第十一章　审判斯特拉福德

1 CSPV 1640-2 (168).
2 John Adamson, *The Noble Revolt: The Overthrow of Charles I* (2007), pp. 216, 223, 224.

3   John H. Timmis, *Thine is the Kingdom* (1974), pp. 64, 65; Adamson, pp. 221, 222, 225.

4   Adamson, pp. 224–5.

5   HMC, Lord de L'Isle and Dudley MSS, Vol. VI, p. 374.

6   克拉伦登伯爵爱德华·海德引自 David Nichol Smith, *Characters from the Histories and Memoirs of the Seventeenth Century* (1918), p. 134。

7   John Rushworth, *The Trial of Thomas, Earl of Strafford* (1680), pp. 658–9.

8   HMC Various, Vol. II, p. 261; C. V. Wedgwood, *Thomas Wentworth* (1961), p. 153.

9   克拉伦登引自 Smith, p. 134。

10 北方的英格兰军官怨声载道,抱怨不得不靠人民养活,"这违背了我们的性格,降低了生活质量"。他们发布通告说,在反抗苏格兰人的行动中"我们很清楚,我们国家的荣誉不幸受损",并警告,"只要某些图谋不轨的行为没有伤害到我们,我们还是希望能够处理好剩下的事情,我们未来的行动既不会受到世人的指责,也不会受到质疑"。HLRO Main Papers 20/3/41 ff. 78–82.

11 Timmis, pp. 126, 127.

12 莱斯特郡下院议员,塞布鲁克公司成员; Christopher Thompson, 'Centre, Colony and Country: The Second Earl of Warwick and the "Double Crisis" of Politics in Early Stuart England', 未发表论文。

13 出人意料的是,斯塔皮尔顿的妻子是天主教徒。他将在内战中为议会而战,但他本人是温和派。

14 Richard Cust, *Charles I: A Political Life* (2007), pp. 282, 283.

15 凯尔斯子爵(Viscount Kells)致托马斯·阿斯顿爵士(Sir Thomas Aston)信,1641年3月20日;BL, Add. MS 36914, f. 199.

16 *Letters of King Charles I*, ed. Sir Charles Petrie (1935), p. 115.

17 她还请大主教帮助照顾查理一位逃往法国的天主教仆人。霍兰称宫中她想庇护的只有两名天主教徒,并特意将曼彻斯特伯爵的儿子沃特·蒙塔古(Wat Montagu)排除在外。曼彻斯特伯爵一直在努力扩大驱逐令的豁免人数,驱逐令要求所有神父必须在4月7日前离开英格兰,否则将被捕;Caroline M. Hibbard, *Charles I and the Popish Plot* (1983), p. 191. 不过,贝尔沃档案馆的一封佚信流露出她的真实想法。在给黎塞留的一封信中,她举荐了持信人,称赞他"为国王服务时表现出的美德和忠诚"。"他在法国参加了我的婚礼"（跟蒙塔古一样），现在"被迫逃离降临在这片土地上天主教徒身上的暴风雨"。Belvoir MSS QZ/6 f. 16 1641: 'Mon cousin seluy que vous randra sette lettre estant constraint de sen aler pour fuir lorage qui tombe sur les pauures catoliques de se peis je ne luy ay peu refuser de le vous recomman der car son merite et sa fidellite quil a fait paroistre au seruise du Roy monseigneur me ont conuiee sest pour je vous prie de le vouloir fauoriser et reseuoir de bon oeill comme une personne qui veritablemant se merite: je croy quil vous ait sy bien congnu ayant estte en france au tamps de mon mariage et fort affectione a la france qui sela ne nuira pas a ma recommandation: puis que vous obligeres une personne en le ferant qui est et sera toujours veritablemant Mon cousin Vostre bien affectionnee cousine Henriette Marie R.' 致：我的红衣主教黎塞留卿。

18 *Mémoires de Madame de Motteville*, tr. Katherine Wormeley, Vol. I (1886), pp. 196, 197.
19 Edward, Earl of Clarendon, *The History of the Rebellion and Civil Wars in England*, ed. W. D. Macray (1888), Vol. I, p. 320.
20 Adamson, pp. 249–52.
21 关于这件事和其他评论参见 Brian Manning, *The English People and the English Revolution* (1976), pp. 91–2。
22 Gilbert Burnet, *The memoires of the lives and actions of James and William, dukes of Hamilton and Castleherald* (1677), pp. 232–3.
23 CSPV 1640–2 (181).
24 John Rushworth, *Historical Collections of Private Passages of State*, Vol. 8 (1721), p. 166; Vernon F. Snow, *Essex the Rebel* (1970), p. 263.
25 Dorset to Salisbury, [York] 27 June 1642, HMC Hatfield, XXII, 372.

第十二章　前功尽弃

1 John Adamson, *The Noble Revolt: The Overthrow of Charles I* (2007), p. 283.
2 萨克林手下的一名军官和温特沃思有过交情，名叫威廉·比林斯利上尉（Captain

William Billingsley)。

3 John Aubrey, *Brief Lives* (1999), p. 289. 他发明了克里巴奇牌戏（cribbage）。

4 他说："在我们过去的王子中没有人比理查三世更得民心了，与其说人民是出于恐惧，不如说是臣服于理查的智慧。难道要最坏的国王而不是最好的国王为赢取民心而奋斗吗？" *The Works of Sir John Suckling,* ed. A. Hamilton Thompson (1910), pp. 322–4; Brian Manning, 'The Aristocracy and the Downfall of Charles I' in Brian Manning (ed.), *Politics, Religion and the English Civil War* (1973), p. 54.

5 伯爵夫人还要照顾5岁的伊丽莎白公主和他们的小弟弟亨利。

6 CSPV 1640-2, 17 January 1641.

7 *Journal of the House of Commons,* Vol. II, p. 143.

8 CSPV 1640-2 (181).

9 Diane Purkiss, *The English Civil War: A People's History* (2006), p. 197; *Lettres de Henriette-Marie de France, reine d'Angleterre, à sa soeur Christine, duchesse de Savoie, Vol. V,* ed. Hermann Ferrero (1881), p. 57.

10 *Ceremonies of Charles I: The Notebooks of John Finet, 1628—1641,* ed. Albert J. Loomie (1988), pp. 311–13.

11 这不是他第一次访问伦敦。他此前来过英格兰两次：第一次是1635年，刚满18岁的他在宫里寻欢作乐，甚至有了私生子。

12 贝尔沃档案馆查理未公布的信件，1638年5月8日，致姐姐伊丽莎白，其中提到可能让查理·路易与瑞典联姻，还提到路易的弟弟"罗伯特"（更为人知的名字是普法尔茨的鲁珀特亲王）未来的新娘，但没有提及名字。Belvoir MSS reference QZ/6/9: 查理一世致波希米亚王后，1638年5月8日。我亲爱的唯一的姐姐，我唯一需要说明的是我给这位信使（他急于求成，但其品德值得信赖）的指示。首先是我与丹麦国王之间的账目清算问题；其次是与瑞典人的联姻，但希望渺茫；最后是你的儿子罗伯特的联姻。如果这位信使以我的名义说别的话，我请你相信他的诚实而不是我的记忆；请你放心，你挚爱的弟弟为你效劳，查理·R，于白厅，1638年5月8日。

13 CSPV 1640-2 (188).

14 HMC, Lord de L'Isle and Dudley MSS, Vol. VI, p. 403.

15 Purkiss, p. 193; Guillaume Groen van Prinsterer, *Archives ou Correspondance Inédite de la Maison d'Orange Nassau* (1857), Vol. III, pp. 460, 463.

16 这项措施背后是伦敦的激进市民反对派的势力，这个群体与沃里克圈子关系密切。他们说服温和派议员，议会的财政债权人必须得到保证，在债务还清之前，查理不能解散议会。Robert Brenner, *Merchants and Revolution* (2003), p. 341.

17 忠于国王的人承认，对于国王而言，反对派"在印刷宣传方面的手段太灵活了"，因为国王没有做出灵活的回应，因此只能任由"普通人相信给他们留下印象的第一个故事"；David Scott, *Leviathan: The Rise of Britain as a World Power* (2013), p. 158.

18 Edward, Earl of Clarendon, *The History of the Rebellion and Civil Wars in England*, ed. W. D. Macray (1888), Vol. I, p. 337.

19 同上。

20 CSPV 1640–2 (188).

21 Clarendon, Vol. I, p. 338.

22 *The Correspondence of Elizabeth Stuart, Queen of Bohemia, Volume II: 1632—1642*, ed. Nadine Akkerman (2011), p. 957.

23 同上。

24 Peter Heylyn quoted in John Milton, *Observations Upon the Articles of Peace* (1649), p. 95.

25 *Journal of the House of Lords*, Vol. IV, p. 245.

26 *Eikon Basilike*, p. 9.

第十三章　茫茫血海

1 Fynes Moryson quoted in Leanda de Lisle, *After Elizabeth* (2005), p. 45.

2 《伦敦条约》(The Treaty of London)。

3 Robert Brenner, *Merchants and Revolution* (2003), p. 354.

4 *Eikon Basilike*, p. 48.

5 Caroline M. Hibbard, *Charles I and the Popish Plot* (1983), p. 198.

6 她说："从至高的幸福"，"坠入无法想象的痛苦中"；Diane Purkiss, *The English*

Civil War: A People's History (2006), p. 198; Lettres de Henriette-Marie de France, reine d'Angleterre, à sa soeur Christine, duchesse de Savoie, Vol. V, ed. Hermann Ferrero (1881), p. 57.

7　Letters of Queen Henrietta Maria, ed. Mary Anne Everett Green (1857), p. 40.
8　同上, p. 32。
9　Charles Carlton, Charles I: The Personal Monarch (1995), p. 223.
10　Thomas Carte, The Life of James, Duke of Ormonde (6 vols., 1851), Vol. V, p. 281.
11　Geoffrey Parker, Global Crisis: War, Climate Change and Catastrophe in the Seventeenth Century (2013), pp. 349–51.
12　Diane Purkiss, The English Civil War: A People's History (2006), p. 138.
13　Mark Charles Fissel (ed.), War and Government in Britain, 1598—1650 (1991), p. 243.
14　Sir Philip Warwick, Memories of the Reigne of Charles I (1701), p. 225.
15　Malcolm Smuts, 'Force, Love and Authority in Caroline Political Culture' in Ian Atherton and Julie Sanders (eds.), The 1630s: Interdisciplinary Essays on Culture and Politics in the Caroline Era (2006), p. 42; Alnwick MS 15 28v, 29.
16　Samuel Rawson Gardiner, The Constitutional Documents of the Puritan Revolution, 1628—1660 (1889/1979), pp. 206–7; Jonathan Scott, England's Troubles (2000), p. 147.
17　CSPV 1640–2 (279) (284).
18　CSPV 1640–2 (279).
19　1554年，面对怀亚特叛乱（Wyatt revolt），玛丽在伦敦发表演说，向她的臣民保证她是他们的母亲。这帮助她打败了叛军。1601年，伊丽莎白多次发表类似的演讲，这有助于坚定人民在埃塞克斯叛乱时期对她的忠心。
20　这时候，查理已经到了赫特福德郡的韦尔（Ware），他走在市场的人群中间，乡绅们吻了吻他的手。
21　Edward Hyde, Earl of Clarendon quoted in Tim Harris, Rebellion: Britain's First Stuart Kings (2014), p. 440.
22　爱德华·迪林爵士（Sir Edward Dering）的演讲，1641年11月22日。
23　CSPV 1640–1 (296).
24　John Adamson, The Noble Revolt: The Overthrow of Charles I (2007), p. 445 及注释。

25 当时，英国22%的印刷品都是关于这种暴行的报道。
26 Harris, p. 439.
27 Belvoir MSS QZ/22/5. 一名保王党人在一封信中抱怨说，爱尔兰出生的顾问狄龙子爵托马斯（Thomas, Lord Dillon）从爱尔兰给国王带来的文件，在查理到达韦尔之前被扣留交给了秘密政治团体。Belvoir MSS QZ/22/6. 同时，回到伦敦后，秘密政治团体的宣传在12月21日得到了回报，庶民议会选举管理伦敦城的下级机构时，出现了向清教徒利益倾斜的趋势。这为秘密政治团体赢得了伦敦城的8000名民兵。
28 CSPD 1641-3 (185-221).
29 其余两人交由黑仗侍卫（Black Rod）拘押；Adamson, p. 484.
30 Richard Cust, *Charles I: A Political Life* (2007), p. 320.
31 *Letters of Queen Henrietta Maria*, ed. Green, p. 71.
32 *Mémoires de Madame de Motteville*, tr. Katherine Wormeley, Vol. I (1886), p. 207.
33 Samuel Rawson Gardiner, *History of England* (1863), Vol. X, p. 136.
34 据推测，露西给皮姆送了信，但议员的名字并不确定。William Cobbett, *Cobbett's Complete Collection of State Trials* (1809-26), eds. Thomas Bayly Howell et al., Vol. IV, pp. 89-90.
35 Edward, Earl of Clarendon, *The History of the Rebellion and Civil Wars in England*, ed. W. D. Macray (1888), Vol. I, p. 483.
36 Adamson, pp. 495-7.
37 Clarendon, Vol. I, pp. 496-7; Scott, p. 148.
38 Clarendon, Vol. I, p. 434.【342】
39 *Eikon Basilike*, p. 26.
40 同上, pp. 15, 21。
41 Clarendon, Vol. I, p. 507.

第十四章 "恺撒的归恺撒"

1 CSPV 1642-3 (8); Thomas Birch, *The Court and Times of Charles I* (1849), Vol. II, p. 349.
2 CSPV 1642-3 (8); Birch, p. 349.

3 *Letters of Queen Henrietta Maria*, ed. Mary Anne Everett Green (1857), p. 72.

4 CSPV 1642–3 (8); Birch, p. 349.

5 CSPV 1640–2 (344).

6 Henry Ellis (ed.), *Original Letters Illustrative of English History*, Vol. IV (1825), p. 2.

7 Peter Heylyn, *The Works of Charles I* etc. (2010), p. 58.

8 Ellis (ed.), Vol. IV, p. 2.

9 *The Correspondence of Elizabeth Stuart, Queen of Bohemia, Volume II: 1632—1642*, ed. Nadine Akkerman (2011), p. 1033.

10 Edward Hyde, Earl of Clarendon quoted in David Nichol Smith, *Characters from the Histories and Memoirs of the Seventeenth Century* (1918), p. 51.

11 *Eikon Basilike*.

12 Heylyn, p. 60. 用来形容这里的语气的词是"严正声明"。

13 所谓的《致命的死人》的预言：一个白衣王子将"在全世界的眼中以及人民的挚爱和真情中迷失"：William Lilly, *A Prophecy of the White King and Dreadful Dead Man Explained*, 引自 Jerome Friedman, *The Battle of the Frogs and Fairford's Flies: Miracles and the Pulp Press During the English Revolution* (1993), p. 73。

14 Thomas Knyvett quoted in David Cressy, *Charles I and the People of England* (2015), p. 292.

15 在新挖掘的沉船里发现了一条丝绸连衣裙，这是最值得注意的物品，属于王后的侍女，可能是罗克斯伯勒伯爵夫人。

16 Diane Purkiss, *The English Civil War: A People's History* (2006), p. 213.

17 *Correspondence of Elizabeth Stuart, Vol. II*, ed. Akkerman, p. 1032.

18 同上，p. 1031。

19 *Journal of the House of Commons*, Vol. II, p. 619.

20 这期间贝尔沃档案馆中王后的多封书信都在 *Letters of Queen Henrietta Maria*, ed. Green 中，但没有这封信。Belvoir MSS QZ/22/8A: 'Ma cher coeur jestois sy hastee a vous en voyer heron pour vous dire de ne pas demeurer a aler a hull et de vous donner quelque raisons de la nessesite quil y auat pour cela que je nus pas loysire de vous proposer quel que chose en cas que vous le manquasies ayant de puis relue vostre lettre sur ce subject ray veu que vous en estties en doute et donnies iassy vostre magazin

comme perdu: ce que en passant yl fault que je vous dire a estte une tres grande faulte de auoir ofert a la voir et et ne pas poursuiure car vous aues donne tamps au parlement de envoyer leurs ordres et de faire ce quils voudront pour enpecher que vous ne layes yl ne fault jamais faire les choses a demi et sest ce que vous aues toujours fait bien commance et mal ailane [?] mais lafaire est faite yl nia plus rien a dire la desus mais en cas que uostre magasin soit perd u yl fault sonner [very faint, uncertain reading] a ce que tout a afayre et se resou dre a un chemin recourir et le suiure mais mieux que bien nafait son dernier car sy vous lusies suiui esex oroit la gabiolle asette heure voysy la sec onde foy u manquee garde la troy si esme: je crois quil est a propos de enuoyer a vostre oncle pour dusecours car sy vos mu nitions sont parties vous naues plus de quoy faire la guere et yl est tres euidant que sans cela vous nores pas ce que bien doit auoir sest pour quoy yl fault songer aux moyens pour recouuri de toute ses choses et pour sette effect yl fault sasister de nos amis vostre oncle est le plus propre ayant une armee et point de guerre sest pour quoy sil vous plaist de manuoyer une le tre pour luy yl seullement decroyance a celuy qui luy donnera carlile trouuera quelcun ou elle est a enuoyer et aussy je acheteray de la poudre et munotions et canons ysy et je ne fais nul doute que vous ores de abundant et nauires pour transport et et ofisiers pour seruir sy vous voules: yl nia que a ce mestre entra in: sy esex a ses munitions de la gabiolle son affaire est faite sy vous naues pas yl fault pouruoir car abulament yl fault uenir a un coup et puis que vous trouues les peuples en prenes shier afection nes yl ne faut point perdre de tamps et toujours vous assurer de la gabi olle pour vostre retrayte en cas de nes esite et auoir un regimant des gar des aupres de tout et deux conpagnies de caualerie autremant bien nest pas en seurete ny personne de seux qui sont au pres de tout car quant paris voudra yl les ost era ou par force ou par craint yl nia que a commances assurement esex trouuera beaucoup de personnes affectionnes: touchant vostre onc le je croy que ce que celuy qui yra doit dire est de sauoir sy yl veut assi ster tout de caualeriee et des nau ires pour les transporter cela est tout comme je crois sur sette affaire sy yl vous plaist aussy de manuoyer un warrant soubs vostre main ou vous me donnies un plain pouuoir de engager mes pierreries a cause que les marchants disent que une famme ne peut uandre ses pierre ries durant la uie de son mary despeches de man voyer ses deux choses la que je vous demande jatans de vos nouuelles auec grande impasiance afin de voir ce quil fault faire je escris a holand me longe lettre vous la veres adieu mon cher coeur je suis sylasse que je naie puis plus ce 4/14 may.' 地址：Au Roy Monsegneur；国王亲笔签名："我的妻子，1642年5月4日"，另一种笔迹签写："来自王后。1642年5月4日。"

21 BL, Harl. MSS 7379, f. 86;这封信收录在 *Letters of Queen Henrietta Maria*, ed. Green, p. 64。

22 Belvoir MSS QZ/22/30: 'The Queen of England La Hage. 8 Sept. 1642 Monsieur de chauigny ayant seu par le jantilhomme que jay envoye au Roy monsieur mon frere: les temoy gnages que vous luy aues donnees de vostre affection en vers moy jay voulu vous en remercier et en mesme tamps vous demander en demander en core des preuues sur une affaire la quelle est sy importante pour le Roy monseigneur et par consequant pour moy [xxx] et sy juste que je ne doute point de reseuoir la satisfaction que je y puis desirer sest que les rebelles dangletaire soubs le nom de seux du parlement ont en voye ysy un agent de leur part et au nom du Royaume dengletaire pour desirer ses estats de se joindre auec eux pour la conseruation de la religion protestante comme yl pretande et pour la ruine de la q catolique disant que le Roy monseigneur et moy sauons voulu restablir et mesme se sont seruis du nom de mon cousin le cardinal de richelieu pour leur temoynge comme monteque vous fera en tandre plus au long qui est me . . . que je tiens tres faulce et alaquelle je na porte nul croyance: jantans que yls ont dispeche aussy en france assurement unitera pas sur le mesme pretexte de religion: mais sur quel quil soit jespere que yl ne sera pas escouste nil reseu venant de la part du personnes rebelles a dieu et a leur roy : et qui ont estte desilarees telle: je ne laise pourtant de demander vostre assistance la dedans afin que sette personne resoiue le traitement quil merite en estant pas escouste: se servit [xxx] coupre les trets entre les deux couronnes: [xxx] que de faire autrement quant yl nioroit pour de mon particulier estant se que je suis alafrance je me fu tant au bon naturel du Roy monsieur mon frere et a la generosite de mon cousin le cardinal de richelieu que dans sette consideration la jan atans des effets selon mes desirs: je ne diray donc? dauantage sur ce subject que vous prier de prandre lafaire

dans vostre protection et de croyre que se nest pas seullemant moy qui vous obliges la dedans: mais la juste cause de dieu par la religion et que je seray toujours, Vostre bien bonne amie Henriette Marie R. Monsieur de chauigny La Hage ce 8 sept'. Endorsed: 'Monsieur de Chauigny The Queen of England 8th Septr'. An abbreviated translation appears in Alfred Morrison, *Catalogue of the Collection of Autograph Letters* etc. (1885), Vol. II.签名:"沙维尼先生(Monsieur de Chauigny),英格兰王后,9月8日",缩略翻译见Alfred Morrison, *Catalogue of the Collection of Autograph Letters* etc. (1885), Vol. II。

23　Belvoir MSS QZ/22/14: 'The Queen of England La Hage. 8 Juill. 1642 Monsieur de chauigny en voyant ce jantil homme trouuer le Roy monsieur mon frere pour le remersier de lhonneur quil ma fait par mr de qressy je saie lobligation que je vous ay dans le soing que vous aues pris de mobliger en toutes occations: sest pour quoy jay com mande a arpe de vous voir de ma part et vous en remersier: ce que je fais encore par sette lettre moy mesme vous conjura ac de vouloir continuer [xxx][xxx] dans les occations et de croyre que vous me trouue res tres sensible des seruices que vous me randres quoy que tres incapable de le vous faire paroistre mes se ne sera pas la volonte qui fallira mes le manque de [xxx] pour lexeniter et sy jan ramonore jamais les occations vous veres que se que je vous dis est veritable et combien je suis Vostre bien bonne amie Henriette Marie R. La Hage ce 8 juillett'.签名:"英格兰王后。"关于这封信简述见Morrison, Vol II。

24　Belvoir MSS QZ/22/30: "'The Queen of England La Hage. 26 Oct. 1642 Monsieur de chauigny parmy toute les preuues que jay reseues de vostre affection selles que leuesque dangoulesme ma randue me sont sy sensible que je nay pas voulu tarder auons en remersier particulierement dans linsertitu de que lestat presant de nos affaires me tient ne pouuant en core resoudre de quil reste le bien des affaires du Roy monseigneur mapelle ra la conjoncture presante samble deman der fort mon retour en engletaire se que ja prehanderois plus que tout les autres haza rds sy je ne croyois conseruer la mesme part dans laffection du Roy monsieur mon frere et de mon cousin le cardinal de richelieu qui me temoygnent par lesuesque dangoules me mais quant les aduantages du Roy monseigneur seront uses euidantes pour justifier mes paines je ne dois pas craindre que sela puire diminuer lestime des personnes sy affection nees et sy prudantes aussy tost que joray pris ma resolution se que respere dans peu de jours je la seray sauoir par une expres du Roy monsieur mon frere et a mon cousin le cardinal de richelieu je ne dois pas douter de la continuation de vos offises dans tout les besoings que jan pour rois auoir je en ay ases dassurances par ce que vous aues fait touchant la reseption dangier et la rest des armes preparees pour les rebelles dont je vous remersie extrememant vous priant de continuer vos soings en ce particulier car yls se font fort de tirer grand aduantages par la jespere un jour de vous pouuoir temoygner plus selon mes souest combien je suis / Monsieur de chauigny / Vostre bien bonne amie Henriette Marie R".这封信的抄本见 Morrison, Vol. II。

25　87岁的牧师约翰·洛克伍德的脊椎被行刑人切断,断了的脊椎还保存在伦敦的泰伯恩修道院。

26　Richard Cust, 'Charles I and the Order of the Garter', *Journal of British Studies*, Vol. 52, No. 2 (2013), p. 366.

27　CSPD 1641-3, 20 April 1642.

28　丢失的军火中包括7238支火枪、3729把剑、906桶火药,超过2000支手枪和几千发炮弹; PRO SP16/490/77.

29　Belvoir MSS QZ/22/8A (抄写本见上面)。

30　Belvoir MSS QZ/22 f. 7, 1642年4月30日。

31　"1642年5月12日陛下致约克绅士演讲",参见 Heylyn, p. 62。

32　*Eikon Basilike*, p. 43. 他还赋予议会在合适的时机召集士兵的权力,放弃自己赞同立法和选择官员的权力。

33　TNA SP 16/491/21; Richard Cust, *Charles I and the Aristocracy 1625—1642* (2013), p. 282.

34　Geoffrey Parker, *Global Crisis: War, Climate Change and Catastrophe in the Seventeenth Century* (2013), p. 363.

35　这笔钱通过国家安全委员会筹集。

36　至少10名来自马萨诸塞的人在议会军中晋升为少校及以上军衔。

37　伦敦市政厅的宪政改革让市议院法院丧失了下院和市议会决议的否决权,市长也失去了召集和解散他们的会议的权力。改革使伦敦自由民可以自由地在选举中投票。保王党市长被免职、审判；代替他的是市议员艾萨克·潘宁顿；Robert Brenner, *Merchants and Revolution (2003)*, p. 372.

38 Diane Purkiss, *The English Civil War: A People's History* (2006), p. 138.
39 William Lily, *Several Observations on the Life and Death of Charles I* (1651), p. 239.
40 *Journal of the House of Lords*, Vol. V, p. 185.
41 Roger Hudson (ed.), *The Grand Quarrel: Women's Memoirs of the English Civil War* (2000), p. 53.
42 同上。
43 例如，加尔文宗保王党与劳迪安保王党有分歧，议会派长老会与支持会众自治的议会派独立党有分歧。有些人准备给查理这种权力，但有些人不想给他任何权力。
44 爱德华·尼古拉斯爵士（Sir Edward Nicholas）致托马斯·罗爵士（Sir Thomas Roe），6月15日；CSPD 1641–3 (340)。查理的委员会分裂成主战派与主和派。
45 David Scott, *Politics and War in the Three Stuart Kingdoms, 1637-49* (2004), p. 38.
46 10月，查理·路易和他的母亲冬伊丽莎白发表联合声明，对他弟弟们的行为表示失望，并呼吁查理与议会讲和。
47 Edward, Earl of Clarendon, *The History of the Rebellion and Civil Wars in England*, ed. W. D. Macray (1888), Vol. II, p. 290.
48 Marquess of Hertford to Henrietta Maria, 11 July 1642, *Journal of the House of Lords*, Vol. V, pp. 264b–265a.
49 *Letters of Queen Henrietta Maria*, ed. Green, p. 101.
50 Slingsby, pp. 13, 14.

第十五章 埃吉山

1 CSPD 1641–3, 30 September 1642 (28).
2 Cumbria RO, Sir Philip Musgrave Corr D/Mus/Corr/4/28 (Sir Robert Strickland to 'Madam', 5 October 1642).
3 Carola Oman, *The Winter Queen* (1938, revd edn 2000), p. 354.

4　Mark Stoyle, *The Black Legend of Prince Rupert's Dog: Witchcraft and Propaganda During the English Civil War* (2011), pp. 22, 23.

5　CSPD 1641–3, 30 September 1642 (28); *Memoirs of Prince Rupert* (1849), Vol. I, p. 401. 鲁珀特给支持议会的查理·路易写了大量的信。查理·路易恳求他的盟友："无论是我还是我的王后母亲，都不可能阻止远在千里外的弟弟们奉献青春和热情……因为超出我们能力范围的事情而责备我们，这对我们来说不公平。"; CSPD 1641–3, 6 October (31).

6　Edward, Earl of Clarendon, *The History of the Rebellion and Civil Wars in England*, ed. W. D. Macray (1888), Vol. II, p. 356.

7　Charles Carlton, 'The Face of Battle in the English Civil Wars' in Mark Charles Fissel (ed.), *War and Government in Britain, 1598—1650* (1991), p. 236.

8　Adrian Tinniswood, *The Verneys* (2007), p. 177; *Memoirs of Prince Rupert*, Vol. II, p. 12.

9　Clarendon, Vol. II, p. 353.

10　同上, p. 352。

11　Mark Kishlansky, *Charles I* (2014), p. 83.

12　BL, TT, E 200 (67), 'Three Speeches'.

13　Henry Ellis (ed.), *Original Letters Illustrative of English History*, Vol. III (1824), p. 303.

14　George Lauder, 'The Scottish Soldier'.

15　Carlton, 'The Face of Battle in the English Civil Wars' in Fissel (ed.), p. 238.

16　Captain Edward Knightley, *A full and true relation of the great battle fought between the King's army, and his Excellency, the Earl of Essex, upon the 23 October last past* (1642).

17　Official Parliamentary Account, *The Account of the Battle at Edgehill* (1642).

18　Diane Purkiss, *The English Civil War: A People's History* (2006), p. 178.

19　Clarendon, Vol. II, p. 353.

20　同上。

21　Clarendon, Vol. II, p. 353.

22　John Vicars, *Jehovah Jireh* (1644), p. 200.

23　Purkiss, p. 180.

24　Clarendon, Vol. II, p. 353.

25 G. Davies and Bernard Stuart, 'The Battle of Edgehill', *English Historical Review*, Vol. 36, No. 141 (January 1921), pp. 36, 37.
26 John Aubrey, *Brief Lives* (1999), pp. 128, 129.
27 Clarendon, Vol. II, pp. 368, 355.
28 Ellis (ed.), Vol. III, p. 304.
29 这指的是登齐尔·霍利斯（Denzil Holles），这位议员在"十一年暴政"之前，精心策划了1629年议会的闭幕式。
30 Clarendon, Vol. II, p. 365.
31 Quoted in Jonathan Scott, *England's Troubles* (2000), p. 149.
32 CSPV 1642-3 (171).

第十六章 "虎狼之心"

1 CSPV 1642-3 (239).
2 *Letters of Queen Henrietta Maria*, ed. Mary Anne Everett Green (1857), p. 163.
3 James F. Larkin, *Royal Proclamations of Charles I* (1983), p. 867.
4 Sir Henry Slingsby, *Diary* (1836), pp. 89, 90; *Letters of Queen Henrietta Maria*, ed. Green, p. 163.
5 CSPV 1642-3 (244).
6 1643年2月1日。
7 有关此种评论，参见 BL, Harl. MS 164, ff. 295, 296v, 300, 301v, 302, 308; Harl. MS 1901, f. 58v; Add. MS 18777, ff. 65, 67, 148, 151-3, 158, 158v; *Mercurius Aulicus*, No. 7 (12-18 February 1643), pp. 85-7; No. 8 (19-25 February 1643), p. 95; Laurence Womock, *Sober Sadnes, Or, Hiroticall Observations Upon the Proceedings, Protences, & Designs of a Prevailing Party in both Houses of Parliament* (1643), pp. 16-17; CSPV 1642-3 (215); David Scott, 'Politics in the Long Parliament' in George Southcombe and Grant Tapsell (eds.), *Revolutionary England, c.1630-c.1660: Essays for Clive Holmes* (2016), pp. 32-55。
8 Albert Loomie, 'The Destruction of Rubens's "Crucifixion" in the Queen's Chapel, Somerset House', *Burlington Magazine*, Vol. 140, No. 1147, pp. 680-1.

9   *Letters of Queen Henrietta Maria*, ed. Green, p. 182; *The Works of Charles I*, Vol. I (1766), p. 294.

10 Belvoir MSS QZ/23 f. 16.II.

11 CSPV 1642–3 (268).

12 *Mercurius Aulicus* (22–26 May 1643), p. 280.

13 *Eikon Basilike*, p. 25.

14 CSPV 1642–3 (274).

15 HLRO, Naseby Letters, No. 6.

16 HL/PO/JO/10/1/183 Letter 6; Laura Knoppers, *Politicizing Domesticity from Henrietta Maria to Milton's Eve* (2011), p. 59.

17 Belvoir MSS QZ/23 f. 16.II.

18 当年更有名的纪念章是："孤注一掷的希望"（Forlorn Hope），刻的是查理和他的继承人，这是为所有为他而战的人打制的。纪念章名字的含义是冲锋在前的士兵面对死亡时的无畏和牺牲精神。

19 *Mercurius Civicus*, No. 7 (6–13 July 1643), p. 53 (E60/9); *Mercurius Britanicus*, No. 23 (12–19 February 1644), pp. 175, 177 (E33/21).

20 *Mercurius Britanicus*, No. 23 (12–19 February 1644), pp. 175, 177 (E33/21).

21 Margaret Toynbee and Peter Young, *Strangers in Oxford* (1973), p. 32.

22 Charles Carlton, *Going to the Wars: The Experience of the British Civil Wars, 1638—1651* (1992), p. 93.

23 这发生在1643年3月。Bodl. MS Carte 5, ff. 40r–v. 恩迪米恩·波特（Endymion Porter）担任阿什伯纳姆的副手。

24 BL, Add. MS 18980, ff. 59v–60.

25 Toynbee and Young, p. 10; Ann, Lady Fanshawe, *Memoirs* (1907), p. 56.

26 John Rushworth, *Historical Collections of Private Passages of State*, Vol. 5 (1721), p. 334 (20 June 1643).

27 在幕后，查理承受着保王党内部主战派与主和派分歧的压力。王后身边的主战派想要一场全胜，惩罚敌人，而不是因为推进和平进程而被奖赏。这些人包括一些杰出的天主教徒，但其领袖人物信奉新教，其中就有坚定的加尔文宗信徒鲁珀特亲王。保王党主和派则希望查理做出足够的让步，以提升主和派在议会的影响力，并授权他们压制主战派及其激进拥趸的"嚣张气焰"。他们认为这样一来，查理就可以"光荣而安全"地回到伦敦，"夺回他的权力"。由于保王党在战事中占据上风，因而主战派在查理的幕僚中更有话语权。不过，一些零星的迹象表明，保王党与议会温和派里应外合。在条款更温和的新和平协议下，双方解散各自的军队，议会保留所有的特权，但恢复被驱逐的议员的席位。温和派希望得到埃塞克斯的支持。但这个计划在保王党内部的争斗和嫉恨中破产了。鲁珀特说服查理开除了另一名将军——埃塞克斯的妹夫赫特福德侯爵，他是保王党主和派的领袖。这令埃塞克斯意识到国王重新掌权后他将没有未来。关于所有的细节参见David Scott, 'Rethinking Royalist Politics' in John Adamson (ed.), The English Civil War: Conflict and Contexts, 1640–49 (1973), pp. 46–7。

28 Sir Simonds d'Ewes, *Diary*, BL, Harl. MSS 165, 146b.

29 负责的士兵声称这是枪支意外走火导致的；Samuel Rawson Gardiner, *History of the Great Civil War* (1886/1987), Vol. I, pp. 186, 187.

30 Edward, Earl of Clarendon, *The History of the Rebellion and Civil Wars in England*, ed. W. D. Macray (1888), Vol. III, pp. 194, 195.

31 Sir Edward Nicholas to William Hamilton, Earl of Lanark, NAS GD 406/1/1904.

32 Clarendon, Vol. III, p. 174.

33 Carlton, p. 139.

34 *Journal of Sir Samuel Luke*, ed. I. G. Philip (1950), p. 155.

35 Carlton, p. 227.

36 Clarendon, Vol. III, pp. 194, 195.

37 1643年11月，第一批驻扎在爱尔兰的王军分遣队已乘船抵达英格兰。

38 Michelle Anne White, *Henrietta Maria and the English Civil Wars* (2006), p. 131.

39 同上，p. 133, 注释61。

40 *Memoirs of Prince Rupert* (1849), Vol. II, letter of 22 June, p. 101.

41 CSPD 1644 (46i, ii).

42 亨丽埃塔·玛丽亚与哥哥路易一直不太亲近，但她写信对他的去世表示深深的"遗憾"。Belvoir MSS QZ/23/31: 'La Reyne d'Angleterre sur la mort du Roy. Juillet

1643. Mon cousin lafliction que jay eu de la perte que jay faite du Roy Monsieur mon frere vous sera ditte par le sieur de gressy: comme aussy les resentimants que jay des temoygnages que je resois tout les jours de vostre affection: que je vous prie de continuer vous assurant que vous nobligeres jamais personne qui en soit plus recongnoisante que moy: je me remest au sieur de gressy auous dire beaucoup de choses de ma part sest pour je finiray en disant que je suis Mon cousin. Vostre bien affectionee cousine Henriette Marie R'. 这封信的简述（不是抄写本）参见 Alfred Morrison, *Catalogue of the Collection of Autograph Letters* etc. (1885), Vol. II。

43　10月，安妮派一位外交官协助英格兰王室与议会谈判，以期达成一项体面的和平协议。1644年2月，这位外交官绝望地回到法国。

44　*Letters of Queen Henrietta Maria*, ed. Green, p. 149.

45　同上, pp. 249–50。

46　https://archive.org/stream/ReportTransactionsOfTheDevonshireAssociationVol81876/TDA1876vol8#page/n489/mode/2up.

47　奥地利的安妮得知她的小姑子的病情后，立即给她派了一名医生，医生向她推荐了温泉疗法。让波旁家族得名的"古老而崎岖的城堡"，屹立在"冷硬的石头上"，俯瞰着这座温泉小镇。随她一起抵达的日记作者约翰·伊夫琳（John Evelyn）写道："街巷之间有几处药浴场，其中有些水温极高，这水更多的是用于饮用而不是洗浴……我们的王后因此驻留下来。" *Diary of John Evelyn*, Vol. I, 24 September 1644.

48　Victor Cousin, *Secret History of the French Court Under Richelieu and Mazarin* (1859), p.165.

49　Erin Griffey, *On Display* (2015), p. 154.

50　*Letters of Queen Henrietta Maria*, ed. Green, p. 262.

51　同上, p. 258。

52　White, p. 133, 注释61。

第十七章　克伦威尔出场

1　BL, Add. MS 70499, f. 198v.他一直是威尔士亲王的管家，直到议会把他换掉。他让孩子将精力转移到马术和舞蹈上,亲王在文学、音乐、科学和机械上极有天赋,但神学的天赋寥寥。

2 Edward, Earl of Clarendon, *The History of the Rebellion and Civil Wars in England*, ed. W. D. Macray (1888), Vol. III, p. 383.

3 Charles Carlton, *Going to the Wars: The Experience of the British Civil Wars, 1638—1651* (1992), p. 119.

4 同上,p. 120,出自童子军团长莱昂·沃森(Lion Watson)。

5 ODNB.

6 1644年,普林有了复仇的机会,他在拖延已久的劳德弹劾审判中担任首席检察官。

7 Sir Philip Warwick, *Memories of the Reigne of Charles I* (1701), pp. 247–8.

8 同上,另外John Maidston引自David Nichol Smith, *Characters from the Histories and Memoirs of the Seventeenth Century* (1918), p. 142。

9 Edward Hyde, Earl of Clarendon quoted in Smith, p. 140.

10 Richard Baxter, http://archive.org/stream/englishpuritanis00tull/englishpuritanis00tull_djvu.txt.

11 Tristram Hunt, *The English Civil War at First Hand* (2002), p. 151.

12 同上,pp. 120–39。

13 Thomas Carte, *The Life of James, Duke of Ormonde* (6 vols., 1851), Vol. I, pp. 55–8.

14 Malcolm Wanklyn, *The Warrior Generals* (2010), p. 106.

15 Margaret, Duchess of Newcastle, *The Life of William Cavendish* (1872), p. 154; Hunt, pp. 120–39.

16 Simeon Ashe, *A Continuation of True Intelligence* (1644), p. 7; 大约有4000名保王党成员丧生,是圆颅党人数的二倍。

17 Belvoir MSS QZ/24 f. 55, 费迪南德·费尔法克斯勋爵(Lord Ferdinando Fairfax)致信两王国委员会,1644年7月6日:"我向诸位大人表达万分敬意,我们已夺取敌人的旗帜,并派一位绅士前往,这位绅士执行的任务是夺取多面旗帜,我们还可以从那些将保护旗帜视为荣誉的人那里获利。上帝赐给我们的胜利意义非凡。我们应该义不容辞地推动改善民生的大计和两个王国的利益。你们的朋友和仆人费尔法克斯·曼彻斯特敬祝大安,发自约克同盟,1644年7月6日。我们收到了你们的第三封来函。"

18 关于纽伯里女巫的报道参见 http://roy25booth.blogspot.co.uk/2011/09/witch-at-newbury-1643.html；更多关于勃伊及其传说参见 Mark Stoyle, *The Black Legend of Prince Rupert's Dog: Witchcraft and Propaganda During the English Civil War* (2011)。

19 *The Life, Diary, and Correspondence of Sir William Dugdale*, ed. William Hamper (1827), p. 70.

20 Vernon F. Snow, *Essex the Rebel* (1970), p. 451.

21 Carlton, p. 244.

22 同上。

23 9月份，查理阵营打了两场胜仗。

24 BL, Add. MS 4106, ff. 205r–v., 6 May 1643.

25 1643年10月至1644年3月间，估计有7740名士兵从爱尔兰回到英格兰，其中只有大约1200人是爱尔兰人；see Mark Stoyle, *Soldiers and Strangers* (2005), pp. 53-62 and 209–10.

26 Charles I, *The King's Cabinet Opened: or, Certain Packets of Secret Letters & Papers* (1645), letter 9.

27 CSPD 1644–5 (159).

28 Robert Brenner, *Merchants and Revolution* (2003), p. 506.

29 秘密政治团体在长期议会第一年占主导地位，之后在1642年至1643年冬，分化成主战派与主和派。主和派中有霍兰和诺森伯兰等人，他们想尽快与查理议和。老主战派包括邀请苏格兰人进入英格兰参加1640年主教战争的人，他们希望确保剥夺查理的所有实权，其中有沃里克、埃塞克斯、塞伊－塞尔、皮姆（后来死于癌症）、布鲁克勋爵（1643年被杀）等人。

30 上院中的独立派，既有旧主战派的中坚分子，如塞伊－塞尔子爵，也有主和派的魁首诺森伯兰。

31 同样，西班牙人与一批独立派关系紧密，他们将路易十四治下的法国视为最大的天主教政权和未来的威胁，而像沃里克这样的人仍然停留在昔日伊丽莎白时代的幻想中。

32 许多下院议员对长老会制怀有崇敬之情，但他们仍然支持克伦威尔及其盟友，是因为他们认为后者能够击败国王。同样，许多支持长老会的贵族，并不喜欢由长老会组成的苏格兰式教会治理体系，但乐于利用苏格兰军队去反抗国王。建立长老会制或其他教会治理政体都不是压倒一切的问题。议会里的两派大多数都是国家万能论者。他们准备接受由议会管理的国家意义上的长老会教会，而不是苏格兰式的长老会。伦敦也分化成少数激进派与温和派，前者支持独立派，后者自1642年激进派领导的政府机构宪政改革后控制了庶民议会。这些人想恢复君主制，支持他们的地方行政当局，并相信长老会教会体制和苏格兰式的长老会监督议会将把当地的教会管理权转移到他们手中，以执行纪律和律令。因此，伦敦城的两派区别于议会的"政治层面的长老会"，后者希望由国家管理教会。David Scott, *Politics and War in the Three Stuart Kingdoms, 1637-49* (2004), p. 86; Brenner, p. 462.

33　第二天《自抑法》通过。

34　*The King's Cabinet Opened*, p. 7.

第十八章　邪恶的女人

1　*ODNB*.

2　CSPV 1643-7 (194).

3　Charles I, *The King's Cabinet Opened: or, Certain Packets of Secret Letters & Papers* (1645), p. 24.

4　同上，查理致信亨丽埃塔·玛丽亚，1645年1月9日。

5　Edward, Earl of Clarendon, *The History of the Rebellion and Civil Wars in England*, ed. W. D. Macray (1888), Vol. III, p. 502. 三个幼孩子的命运掌握在议会手中，也在查理的一念之间。伊丽莎白和亨利由议会安排由露西的弟弟诺森伯兰伯爵照看。露西和霍兰一样，都是希望促成和谈的长老派成员。诺森伯兰与独立派结盟，他们希望彻底击败查理，查理由此不信任诺森伯兰，认为他"听信议会的谗言"。

6　Jonathan Wilshire and Susan Green, *The Siege of Leicester 1645* (1970), with images of MS letters, pp. 12, 18.

7　Richard Simmonds, *The Complete Military Diary* (1989), p. 51.

8　Clarendon, Vol. IV, p. 39; *Letters of Queen Henrietta Maria*, ed. Mary Anne Everett

Green (1857), p. 304.
9   Simmonds, p. 52.
10 同上。
11 Clarendon, Vol. IV, p. 39.
12 Samuel Rawson Gardiner, *History of the Great Civil War, 1642—1649* (1886/1987), Vol. II, p. 233.
13 Charles Carlton, *Going to the Wars: The Experience of the British Civil Wars, 1638—1651* (1992), p. 177.
14 *Letters of Queen Henrietta Maria*, ed. Green, p. 304.
15 *The King's Cabinet Opened*, p. 14.
16 H. C. B. Rogers, *Battles and Generals of the Civil Wars* (1968), pp. 208, 209.
17 Malcolm Wanklyn, *The Warrior Generals* (2010), p. 162.
18 Sir Henry Slingsby, *Diary* (1836), p. 152.
19 同上。
20 Clarendon, Vol. IV, p. 45.
21 Wanklyn, p. 165.
22 同上。
23 Gardiner, Vol. II, p. 250.
24 "近乎完美的故事" ('A Most Perfect Relation'), 引自 Glenn Ford, *Naseby* (2004), p. 285。
25 将近1000名王军士兵在这场战役及后续中丧生。四倍于此的士兵被俘虏。
26 BL, E.127 (39), 'A True Declaration of Kingstons Entertainment of the Cavaliers' (22 November 1642); Mark Stoyle, 'The Road to Farndon Field: Explaining the Massacre of the Royalist Women at Naseby', *English Historical Review*, Vol. 123, No. 503 (August 2008), p. 907; Diane Purkiss, *The English Civil War: A People's History* (2006), p. 138.
27 *Parliament's Post*, 14 July 1645.
28 他甚至向她隐瞒自己的精神痛苦，删除了可能会透露太多信息的词句。Sarah Poynting, 'Rhetorical Strategies in the Letters of Charles I' in Jason McElligott and David Smith (eds.), *Royalists and Royalism* (2007), p. 145. Also see Derek Hirst, 'Reading the Royal Romance: Or, Intimacy in a King's Cabinet', *The Seventeenth*

29　Marchamont Nedham, in his newspaper *Mercurius Britanicus*.

30　*Eikon Basilike*.

31　Laura Knoppers, *Politicizing Domesticity from Henrietta Maria to Milton's Eve* (2011), pp. 44–66.

32　Clarendon, Vol. IV, p. 74.

33　同上，p. 78。

34　Gardiner, Vol. II, p. 363.

35　*Mercurius Rusticus* quoted in G. N. Godwin, *The Civil War in Hampshire 1642-45 and the Story of Basing House* (2010), p. 241.

36　*The Kingdom's Weekly Post*, BL, E.304.28.

37　Godwin, p. 142.

38　Francis Bacon, *Of the Advancement and Proficience of Learning* (BL, Humanities, C.46.i.1.), 查理一世注解版。次年，克伦威尔将搬入德鲁里巷的住宅。或许正是这位喜剧演员的死为他腾出了空间。感谢莎拉·波因廷提供参考和抄录。

39　Hugh Peter, *The Fall and Last Relation of Basing House* (1645), pp. 2, 6.

40　确立了新的征税权，还组建了一个独立派支配的执行委员会——军事委员会，负责监管军队的经费和征兵。

41　Robert Brenner, *Merchants and Revolution* (2003), pp. 475, 476. 1642年之后伦敦变成了一个非常与众不同的地方。后来，一次激进运动赶走了参事会上院里富有的保王党市政精英，把权力移交给庶民议会的袜业商、鱼贩、金匠和羊毛商。现在，同一批议员试图粉碎政治和宗教激进主义，以维持他们掌权以来的现状。然而，他们在议会里的盟友并不像他们一样对苏格兰式长老会制充满热情。埃塞克斯领导的"政治层面的长老会"仅仅是由议会取代国王和主教管理教会，从而将地主对教区的控制权扩大为由议员监管（大多数议员来自地主阶层）。参见第17章，注释32。

第十九章　金球

1　*Desiderata Curiosa* ii Lib. IX, p. 20.

2　*Letters of King Charles I*, ed. Sir Charles Petrie (1935), p. 176.

3　大量保王党仍然坚持反对与苏格兰及其盟友法国做任何交易。这些所谓的"爱国派"保王党希望国王依靠英格兰人复辟，急切希望他尽快返回伦敦。王后派不同。实际上，议会派内的分歧映照着保王党内的分歧。议会派分裂为亲苏格兰的长老派和反苏格兰的独立派。保王党则分裂成亲苏格兰的王后派和反对外国干预的爱国派（当然，爱国派与独立派的宗教目标不同）。法国有自己的目的。马萨林大主教想要的是一个软弱的复辟国王，联合王后的保王党、威斯敏斯特的长老派（包括霍兰这样的老亲法派）、苏格兰人以及保王党爱尔兰人（但不是爱尔兰天主教联盟成员，他们在西班牙有许多支持者）一起执政。David Scott, *Politics and War in the Three Stuart Kingdoms, 1637-49* (2004), pp. 111, 113.

4　Lord Lothian, CSPD 5 May 1646 (13).

5　Scott, pp. 118–19.

6　1635, http://www.localhistories.org/newcastle.html.

7　F. J. Varley, *The Siege of Oxford* (1932), pp. 142, 143.

8　同上, p. 142。

9　Belvoir MSS QZ/26: Original Manuscripts 1646 f. 11AA, June 1646.

10　Thomas Birch, *The Court and Times of Charles I* (1849), Vol. II, p. 410.

11　同上, pp. 409, 410。

12　Scott, p. 123.

13　出席葬礼的还有他最喜欢的妹妹弗朗西丝，赫特福德侯爵夫人，她的丈夫是保王党，范戴克给她画的肖像中，她戴着父亲的头发遗物。

14　David Nichol Smith, *Characters from the Histories and Memoirs of the Seventeenth Century* (1918), pp. 218–19.

15　Samuel Rawson Gardiner, *History of the Great Civil War* (1886/1987), Vol. III, p. 186; *Moderate Intelligencer*, 24 December 1646.

16　Patrick Maule, Earl of Panmure to Sir Archibald Johnston, Earl Wariston, 23 January 1647, in Sir David Dalrymple (ed.), *Memorials and Letters Relating to the History of Britain in the Reign of Charles the First* (1766), pp. 190–1.

17　*Eikon Basilike*, p. 56.

18 Earl of Lauderdale quoted in David Scott, *Politics and War in the Three Stuart Kingdoms, 1637-49* (2004), p 129.
19 'Vox Militaris: Or an Apologetical Declaration Concerning the Officers and Soldiers of the Armie, under the Command of his Excellency Sr. Thomas Fairfax', 11 August 1647, p. 2.
20 Described by Parliamentary Commissioners, 1651; http://www.british-history.ac.uk/rchme/northants/vol3/pp103-109.
21 Gardiner, Vol. III, pp. 271, 272.
22 BL, E.391 (8); Robert Ashton, *Counter Revolution* (1994), p. 19.

第二十章　乌云笼罩的陛下

1 乔伊斯在伦敦拜访克伦威尔时，费尔法克斯一直待在贝里圣埃德蒙兹（Bury St Edmunds）。克伦威尔或许以为费尔法克斯稍后会像以往一样赞同他的决定。不过，后来证明，似乎费尔法克斯事前并没有收到国王被带走的提醒，因为克伦威尔已经决定，只需让费尔法克斯知道自己"很乐意为他切肉和嚼肉"就行了，其他的不必知晓。Andrew Hopper, *Black Tom: Sir Thomas Fairfax and the English Revolution* (2007), pp. 212-13.
2 'A Declaration or Representation from his Excellency Sir Thomas Fairfax and the Army under his Command' (14 June), in *Army Book of Declarations* (1647), pp. 37-44.
3 这不是他第一次见到克伦威尔。6月7日那天，他曾一起见过费尔法克斯和克伦威尔。
4 *The Memoirs of Sir John Berkeley* (1699), p. 34.
5 查理明显的反应被一位目击者记录了下来。R. Huntington (ed.), *Sundry reasons inducing Major Robert Huntingdon to lay down his commission* (1648), repr. in Francis Maseres (ed.), Select tracts relating to the civil wars in England etc. (1815), Vol. 2, p. 400.
6 *Letters of King Charles I*, ed. Sir Charles Petrie (1935), p. 231.
7 Maseres (ed.), Vol. I, p. 365; Robert Ashton, *Counter Revolution* (1994), p. 208.
8 Mary Anne Everett Green, *Lives of the Princesses of England* (1850), Vol. 6, p. 355.

9   Hopper, pp. 174-6.

10 *Moderate Intelligencer*, 22 July 1647.

11 David Scott, 'Politics in the Long Parliament' in George Southcombe and Grant Tapsell (eds.), *Revolutionary England, c.1630-c.1660: Essays for Clive Holmes* (2016), pp. 32–55.

12 尤其赞同赶走苏格兰人，恢复英格兰国教会旧《祈祷书》。

13 Huntington (ed.) in Maseres (ed.), Vol. II, p. 399.

14 还包括登齐尔·霍利斯和菲利普·斯塔皮尔顿爵士（Sir Philip Stapilton）在内。

15 *Memoirs of Sir John Berkeley*; Maseres (ed.), Vol. II, p. 368.

16 这不包括妇女、仆人和扈从。平等派由好斗分子组成，他们联合起来反对伦敦的长老派，长老派在伦敦城市政和教会管理中的势力尤其强大。就这一层面而言，他们是独立派里的好斗派。不过，他们现在挑战的是两个党派领导者的权力。

17 *Journal of the House of Lords*, 23 July 1647.

18 *Weekly Intelligencer*, 16 September 1647; Green, Vol. 6, p. 359.

19 理查德·洛夫莱斯（Richard Lovelace）："致我的挚友彼得·莱利大师，您在汉普顿宫廷画了一幅国王陛下和约克公爵的绝妙画作。"

20 关于艾尔顿思想的全面解释参见 Sarah Mortimer, 'Henry Ireton and the Limits of Radicalism' in George Southcombe and Grant Tapsell (eds.), *Revolutionary England, c.1630-c.1660: Essays for Clive Holmes* (2016), pp. 55–73。

21 *The Agreement of the People for a Firm and Present Peace upon Grounds of Common Right*.

22 C. H. Firth (ed.), *The Clarke Papers*, Vol. I (1891), p. 307.

23 同上，p. 322。

24 Samuel Rawson Gardiner, *History of the Great Civil War* (1886/1987), Vol. IV, p. 11; Clarendon MSS 2645.

25 Maseres (ed.), Vol. II, p. 375.

26 《旧约·民数记》35：33。

27 Raymond Phineas Stearns, *Strenuous Puritan: Hugh Peter, 1598—1660* (1954), p. 316.

28 John Fox, *The King's Smuggler* (2011) p. 118.

29 Maseres (ed.), Vol. II, p. 373.

30 CSPV 10 December 1647 (60).

第二十一章　保王党起义

1 南安普敦在国王逃跑前的最后几天一直在照看他；E. Whalley, *A More Full Relation of the Manner and Circumstances of his Majesty's Departure from Hampton Court*, 22 November 1647 (BL, E416/23).

2 John Rushworth, *Historical Collections of Private Passages of State*, Vol. 7 (1721), pp. 871–2.

3 Edward, Earl of Clarendon, *The History of the Rebellion and Civil Wars in England*, ed. W. D. Macray (1888), Vol. IV, p. 264.

4 这里讨论的是王室牧师亨利·哈蒙德博士（Dr Henry Hammond），如果他没在复辟前夕去世的话，将会被任命为主教。

5 起初，查理在怀特岛可以自由行动，他打算好好利用这一自由。12月17日，亨丽埃塔·玛丽亚派船来助他逃走，船停在卡里斯布鲁克城堡附近。查理穿上马靴，"怀着极大的喜悦，跑到窗前看风什么时候停"。天不遂人愿。船困在港口六天，他错失了良机。他逃跑的计划被发现，之后他便失去了自由和朋友。John Ashburnham, *A Narrative by John Ashburnham* etc. (1830), Vol. II, p. 120.

6 Robert Lockyer (ed.), *The Trial of Charles I: A Contemporary Account Taken from the Memoirs of Sir Thomas Herbert and John Rushworth* (1974), p. 36.

7 他在喜欢的剧作（大部分是喜剧）空白处草草写上角色的名字和偏爱的标题。感谢莎拉·波因廷提供这些信息。

8 David Scott, *Politics and War in the Three Stuart Kingdoms, 1637-49* (2004), p. 159.

9 CSPD 2 February 1648.

10 *Journal of the House of Lords*, Vol. X, 24 February 1648.

11 *Journal of the House of Commons*, Vol. V, 16 March 1648.

12 Ashburnham, Vol. II, p. 124.

13 CSPV 1648 (131), (133); *ODNB* Joseph Bampfield and Anne Halkett; Linda Porter, *Royal Renegades* (2016), pp. 184–5.

14 J. S. Clarke (ed.), *The Life of James the Second* (1816), Vol. I, pp. 32-3; 有人向詹姆士保证,他不必遵守向议会做出的不逃走承诺。他还未成年,而且这属于国家事务,他需要国王的同意才能宣誓。

15 在埃塞克斯请愿(他的土地所在郡)后,他还受到独立派的怀疑。

16 关于奥地利的安妮及其宫廷,参见 *Mémoires de Madame de Motteville*, tr. Katherine Wormeley, Vol. I (1886), pp. 286, 122。

17 同上,p. 123。

18 Karen Britland, 'Exile or Homecoming? Henrietta Maria in France, 1644-69' in Philip Mansel and Torsten Riotte (eds.), *Monarchy and Exile* (2011), p. 127.

19 *Mémoires de Madame de Motteville*, Vol. I, p. 286.

20 Clarendon, Vol. IV, p. 414.

21 David Lloyd, *Memoirs of the Lives, Actions, Sufferings and Deaths of Those Noble Personages, that Suffered by Death, Sequestration, Decimation, Or Otherwise, for the Protestant Religion from 1637 to 1660. Continued to 1666. With the Life and Martyrdom of King Charles I* (1668), p. 678; Andrew Marvell, 'An Elegy Upon the Death of My Lord Francis Villiers'.

22 Clarendon, Vol. IV, p. 318. 1647年夏天,军队进入伦敦时,费尔法克斯实际上已经为独立派拿下了英格兰。随胜利而来的,是胜者有权随心所欲立法或违法,即实行专制统治。这就是霍兰所说的奴隶制。

23 Sir Bulstrode Whitelocke, *Memorials of the English Affairs* etc. (1853), Vol. I, p. 328. 自从他1643年短暂地转投牛津后,便不再受信任,甚至不被允许在上院拥有席位。

24 5月,萨里郡的几名男子在向议会递交请求与国王签订条约的请愿书时被杀。

25 他被葬在威斯敏斯特大教堂。

26 霍兰和其他150名俘虏在圣尼茨会合。他那配有蓝色吊袜带的圣乔治勋章——嘉德骑士徽章和他的其他个人物品一并被没收。

27 *A Great victory obtained by Collonell Scroope against the Duke of Buckingham, at Saint Needs in Huntingtonshire. On Munday July the 10th* (1648), p. 5.

28 这些内容见于耶鲁收藏的一封信中。https://beta.worldcat.org/archivegrid/collection/data/702172379.

29 Scott, *Politics and War*, p. 175.

30 Samuel Rawson Gardiner, *History of the Great Civil War* (1886/1987), Vol. IV, p. 162.

第二十二章 红发情妇

1 Lita Rose Betcherman, *Court Lady & Country Wife* (2006), p. 299.

2 *ODNB*.

3 BL, Add. MS 19368, f. 112.

4 Sarah Poynting, 'Deciphering the King: Charles I's Letters to Jane Whorwood', *The Seventeenth Century*, Vol. 21, No. 1 (2006), pp. 128–40.

5 Edward, Earl of Clarendon, *The History of the Rebellion and Civil Wars in England*, ed. W. D. Macray (1888), Vol. IV, p. 388.

6 David Scott, *Politics and War in the Three Stuart Kingdoms, 1637-49* (2004), p. 177.

7 Clarendon, Vol. IV, p. 430.

8 Robert Wilcher, 'What Was the King's Book for?: The Evolution of "Eikon Basilike"', *Yearbook of English Studies*, Vol. 21, Politics, Patronage and Literature in England 1558–1658 Special Number (1991), pp. 218–28.

9 Clarendon, Vol. IV, p. 463.

10 *A Remonstrance of his Excellency Lord Thomas Fairfax* (1648), p. 64.

11 Richard Royston, *The Works of Charles I* (1661), p. 137; C. V. Wedgwood, *The Trial of Charles I* (1964), p. 33.

12 *Letters of King Charles I*, ed. Sir Charles Petrie (1935), p. 241.

13 同上, p. 239。皮特里把查理放在纽波特是一个失误。

14 Robert Lockyer (ed.), *The Trial of Charles I: A Contemporary Account Taken from the Memoirs of Sir Thomas Herbert and John Rushworth* (1974), pp. 53, 57, 58.

15 David Underdown, *Pride's Purge* (1971), p. 143.

16 同上, p. 144。

17 Raymond Phineas Stearns, *Strenuous Puritan: Hugh Peter, 1598—1660* (1954), p. 326.

18 同样失踪的还有查理授予午夜雄狮古斯塔夫二世镶满钻石的圣乔治勋章，以及查理的祖先爱德华四世在玫瑰战争期间穿过的，自1483年以来一直悬挂在他坟墓上的铠甲。亨利八世原打算用以装饰陵墓的青铜天使和其他雕像或被出售或被污损，尽管有些幸存下来。参见 Leanda de Lisle, *Tudor: The Family Story* (2013), p. 487, note 11。

19 Stearns, p. 330.

20 法国在伦敦的间谍格里尼翁（Sieur de Grignon）报告称，议会派成员登比伯爵巴兹尔·费尔丁（Basil Feilding）已经抵达温莎，在克伦威尔支持下与国王做"最后的"交易。据传闻，登比希望国王同意成为傀儡以保全性命。登比的父亲是王室衣橱的总管，保留了一些王子和公主穿过的衣服：一条绣着园丁工作剪影的围裙，一条印有佩斯利花样的黑绸裤，还有都铎时代的一个钱包和一副手套。

21 Sir Bulstrode Whitelocke, *Memorials of the English Affairs* etc. (1853), Vol. I, p. 365.

22 Wilcher, p. 223.

23 'A Winter Dream' quoted in Jonathan Scott, *England's Troubles* (2000), p. 157.

24 Samuel Rawson Gardiner, *History of the Great Civil War* (1886/1987), Vol. IV, p. 289.

25 下院"宣布，在议会中集会，由人民选出并代表人民的英格兰下院，享有这个国家的最高权力：并且要声明，任何由下院在议会中集会制定的或宣布的法律之类的东西，都具有法律效力；无须国王或贵族的同意和否决，所有国民以此为据"。

第二十三章 审判国王

1 1648年12月18日。

2 Boxing Day, 1648: Geoffrey Robertson, *The Tyrannicide Brief* (2005), p. 135.

3 Samuel Rawson Gardiner, *History of the Great Civil War* (1886/1987), Vol. IV, p. 290.

4 Quoted in Sean Kelsey, 'The Trial of Charles I', *English Historical Review*, Vol. 118, No. 477 (June 2003), p. 592.

5 被清洗的下院长老派议员名叫爱德华·斯蒂芬斯（Edward Stephens）。

6 第一批证据在1月14日前已经准备好了。

7 私宅属于亨廷登前下院议员托马斯·科顿爵士（Sir Thomas Cotton）。

8 Edward, Earl of Clarendon, *The History of the Rebellion and Civil Wars in England*, ed. W.

D. Macray (1888), Vol. IV, p. 483.

9   他的专属理发师汤姆·戴维斯（Tom Davies）在1642年被称为"国家敌人"；CSPD 1641–3 (274).

10 有一顶这样的帽子（据说是布拉德肖的）现存于阿什莫林博物馆（Ashmolean Museum）。

11 "这是非常不祥的兆头"，一篇新闻报道这样记录；Sir Philip Warwick, *Memories of the Reigne of Charles I* (1701), pp. 339–40.

12 *King Charles, His Tryall &c* (1649), pp. 5–6.

13 同上。

14 同上, p. 8。

15 同上, pp. 9–15。

16 Gilbert Burnet, *History of My Own Times* (1724/1833), Vol. I, p. 85.

17 纳尔逊夫人（Mrs Nelson），普尔贝克·坦普尔爵士（Sir Purbeck Temple）的姐姐。

18 关于查理对审判的希望和态度，参见 Kelsey, pp. 583–616。

19 *King Charles, His Tryall &c*, pp. 39, 47.

第二十四章　执行死刑

1   Sir Purbeck Temple in William Cobbett, *Cobbett's Complete Collection of State Trials* (1809–26), eds. Thomas Bayly Howell et al., Vol. V, p. 1151.

2   Sir Philip Warwick quoted in David Nichol Smith, *Characters from the Histories and Memoirs of the Seventeenth Century* (1918), p. 54.

3   英格兰中部埃文河畔斯坦福德的圣尼古拉斯小教堂里保存着这一时期的风琴。

4   Ronald Lightbown, 'Charles I and the Art of the Goldsmith' in Arthur MacGregor (ed.), *The Late King's Goods* (1989), pp. 251, 252.

5   托马斯·赫伯特爵士的叙述见 Robert Lockyer (ed.), *The Trial of Charles I: A Contemporary Account Taken from the Memoirs of Sir Thomas Herbert and John Rushworth* (1974), p. 119。

6   画家是赫里特·范洪特霍斯特（Gerrit van Honthorst）；*The Correspondence of Elizabeth*

Stuart, Queen of Bohemia, Volume I: 1603—1631, ed. Nadine Akkerman (2015), p. 507.

7　Herbert in Lockyer (ed.), p. 120.

8　CSPV 1649 (224).

9　信件1月13日送出，由亨利・西摩（Henry Seymour）带来，参见W. Sanderson, Life and Raigne of King Charles (1658), p. 1135。

10　Eikon Basilike.

11　Sir Philip Warwick, quoted in Smith, p. 112.

12　Herbert in Lockyer (ed.), p. 123.

13　同上。

14　Roger Williams to John Winthrop Jr, 26 May 1649, 3, MHS Collection IX, 286; Cobbett, Vol. V, p. 1132; Isaiah 14:19.

15　CSPV 1647–52 (236).

16　Herbert in Lockyer (ed.), p. 124.

17　CSPV 1647–52 (246).

18　Herbert in Lockyer (ed.), p. 126.

19　CSPV 1647–52 (246).

20　同上。

21　这个目击者是菲利普・沃里克爵士的朋友，他记录了查理的故事。

22　HMC, Lord de L'Isle and Dudley MSS, Vol. VI, p. 583.

23　Samuel Rawson Gardiner, History of the Great Civil War (1886/1987), Vol. IV, p. 323.

24　HMC, Lord de L'Isle and Dudley MSS, Vol. VI, p. 583.

25　Sir Ralph Payne–Gallwey, A history of the George worn on the scaffold by Charles I (1908), p. 28.

26　卡里斯布鲁克城堡保留了当时一组描绘处决的云母石画像，下一幅画上是蓝天和盘旋的鸟。George Evelyn to John Evelyn, 30 January 1648, BL, Add. MS 78303, Evelyn Papers: George Evelyn Corr, f. 34.

27　Andrew Marvell,'An Horatian Ode Upon Cromwell's Return from Ireland'.

28　William Dugdale quoted in Robert B. Partridge,'O Horrable Murder': The Trial, Execution and Burial of King Charles I (1998), p. 97.

29 同上，p. 96。查理的尸体在19世纪被挖掘出来，人们发现他后面的头发被剪短了。
30 CSPV 1647–52 (246).
31 Sir Purbeck Temple in Cobbett, Vol. V, p. 1151.
32 Edward, Earl of Clarendon, *The History of the Rebellion and Civil Wars in England*, ed. W. D. Macray (1888), Vol. IV, p. 492.
33 Mica miniature at Carisbrooke Castle; Sir Purbeck Temple in Cobbett, Vol. V, p. 1151.
34 一本当时的日记记录道："那个人把头颅拎起来，然后把它扔了下去"，这样就"擦伤了脸"；*The Life, Diary, and Correspondence of Sir William Dugdale*, ed. William Hamper (1827), p. 96.
35 *Mémoires de Madame de Motteville*, tr. Katherine Wormeley, Vol. II (1902), pp. 84, 86.
36 Thomas Birch, *The Court and Times of Charles I* (1849), Vol. II, pp. 381, 382.

第二十五章　国王复活

1 Sir Thomas Herbert, *Memoirs of the Last Two Years of the Reign of Charles I* (1815), p. 198.
2 Edward, Earl of Clarendon, *The History of the Rebellion and Civil Wars in England*, ed. W. D. Macray (1888), Vol. IV, p. 493; Herbert, p. 199.
3 *Journal of the House of Commons*, 8 February 1649：下院决定中所指的亨利八世的"小教堂"只是为他坟墓专门制作的雕像（1646年被出售并拆毁），以及停放大理石棺椁（至今仍保留的）的房间。
4 圣乔治教堂的牧师大卫·斯托克斯（David Stokes）后来称，查理计划在温莎为他自己和未来的国王修建陵墓。
5 *Journal of the House of Commons*, 8 February 1649.
6 Herbert, p. 203.
7 Allan Fea, *Memoirs of the Martyr King* (1904), pp. 149–50, and note pp. 151–2. 他也拿走了一些天鹅绒。
8 Ronald Lightbown, 'Charles I and the Art of the Goldsmith' in Arthur MacGregor (ed.), *The Late King's Goods* (1989), pp. 252–4.

9 Fea, p. 150.
10 Herbert, pp. 205–6.
11 Barbara Donagan, 'A Courtier's Progress: Greed and Consistency in the Life of the Earl of Holland', *Historical Journal*, Vol. 19, No. 2 (June 1976), p. 352, 引用刑场演讲。
12 HMC, Lord de L'Isle and Dudley MSS, Vol. VI, p. 587.
13 相当于今天的1400英镑。
14 *The Several Speeches of Duke Hamilton Earl of Cambridge, Henry Earl of Holland, and Arthur Lord Capel, Upon the Scaffold Immediately before their Execution, On Friday the 9. of March. Also the several Exhortations, and Conferences with them, upon the Scaffold, by Dr Sibbald, Mr Bolton, & Mr Hodges* (1649).
15 *The Correspondence of Bishop Brian Duppa and Sir Justinian Isham 1650—1660*, ed. Sir Gyles Isham (1955), p. 75.
16 自内战以来，谢夫勒斯夫人只回过英国一次，而且极不情愿。1645年，她又一次被法国驱逐，在英吉利海峡被议会海军逮捕。他们把她带到怀特岛，想把她交给红衣主教马萨林，但他不愿意接受她回国，于是谢夫勒斯夫人只好去了佛兰德。Victor Cousin, *Secret History of the French Court Under Richelieu and Mazarin* (1859), p. 165.
17 Michael Prawdin, *Marie de Rohan* (1971), p. 190.
18 辩护者主张这些事件应该放在三十年战争的背景下来看待。但是，三十年战争几年前就结束了。它应该放在不列颠历史而不是日耳曼历史的语境下来看待。
19 Carola Oman, *The Winter Queen* (1938, revd edn 2000), p. 157.
20 Erin Griffey, *On Display* (2015), p. 186.
21 这些细节都来自当时的书信。HMC, Lord de L'Isle and Dudley MSS, Vol. VI, p. 623.
22 *Mémoires de Madame de Motteville*, tr. Katherine Wormeley, Vol. II (1902), p. 86.
23 *Lettres de Henriette-Marie de France, reine d'Angleterre, à sa soeur Christine, duchesse de Savoie, Vol. V*, ed. Hermann Ferrero (1881), p. 126.
24 然而，在他的保管下，《圣母升天图》中的"升天"部分被裁掉了。
25 Francis Haskell, *The King's Pictures* (2003), pp. 146–50.
26 这个私生子有了自己的宫廷，还是现役海军司令：他父亲在他5岁时授予了他这个头衔。

后记

1 Edward Hyde, Earl of Clarendon quoted in David Nichol Smith, *Characters from the Histories and Memoirs of the Seventeenth Century* (1918), p. 53.
2 Clarendon quoted in ibid., p. 49.
3 Peter Heylyn quoted in John Milton, *Observations Upon the Articles of Peace* (1649), p. 96.
4 同上。
5 William Laud, *Works* (1847–60), Vol. III, p. 443.
6 Clarendon quoted in Smith, p. 51.

附录

1 *Mémoires de M. de La Rochefoucauld, etc. Together with the Memoirs of A. P. de La Rochefoucauld, Duke de Doudeauville, written by himself*, ed. François Claude (1861), Vol. II, pp. 12–13. See also *Mémoires de Louis-Henri de Loménie, Comte de Brienne, secrétaire d'état sous Louis XIV* (1828), Vol. I, pp. 331–45.
2 1625年所提到的唯一的钻石礼物，是白金汉最后觐见安妮时路易送给白金汉的项圈。除法国人的回忆录外，罗杰·科克爵士（Sir Roger Coke）也声称，王后送白金汉的如果不是项链的话，就是她的吊袜带和"极其贵重的珠宝"。Roger Coke, *A detection of the court and state of England during the four last reigns* . . . (1696), p. 234. 关于1625年提到的钻石参见CSPV 1625-6 (153)。在真正的反对黎塞留阴谋中，关键人物是谢夫勒斯夫人，她或许是项链传说的始作俑者，参见http://journal.xmera.org/volume-2-no-1-summer-2010/articles/dobbie.pdf.http://journal.xmera.org/volume-2-no-1-summer-2010/articles/dobbie.pdf。

宗 谱

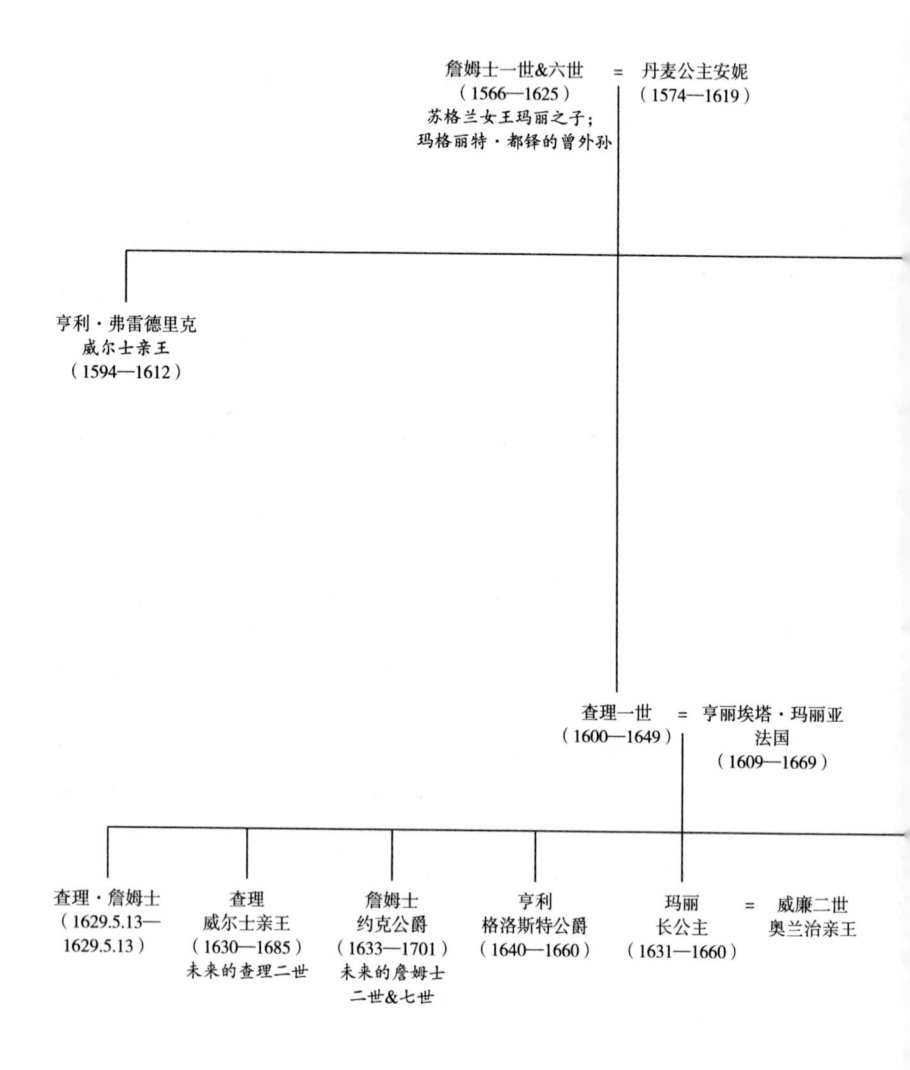

```
                                    詹姆士一世&六世    =    丹麦公主安妮
                                    （1566—1625）         （1574—1619）
                                    苏格兰女王玛丽之子；
                                    玛格丽特·都铎的曾外孙
          ┌─────────────────────────────────┤
   亨利·弗雷德里克                                      
   威尔士亲王                                             
   （1594—1612）                                          
                                           查理一世      =   亨丽埃塔·玛丽亚
                                         （1600—1649）         法国
                                                              （1609—1669）
   ┌──────┬──────┬──────┬──────┬──────┤
查理·詹姆士  查理      詹姆士     亨利        玛丽       =  威廉二世
（1629.5.13— 威尔士亲王 约克公爵  格洛斯特公爵 长公主        奥兰治亲王
  1629.5.13）（1630—1685）（1633—1701）（1640—1660）（1631—1660）
            未来的查理二世 未来的詹姆士
                          二世&七世
```

查理一世

斯图亚特家族（简明版）

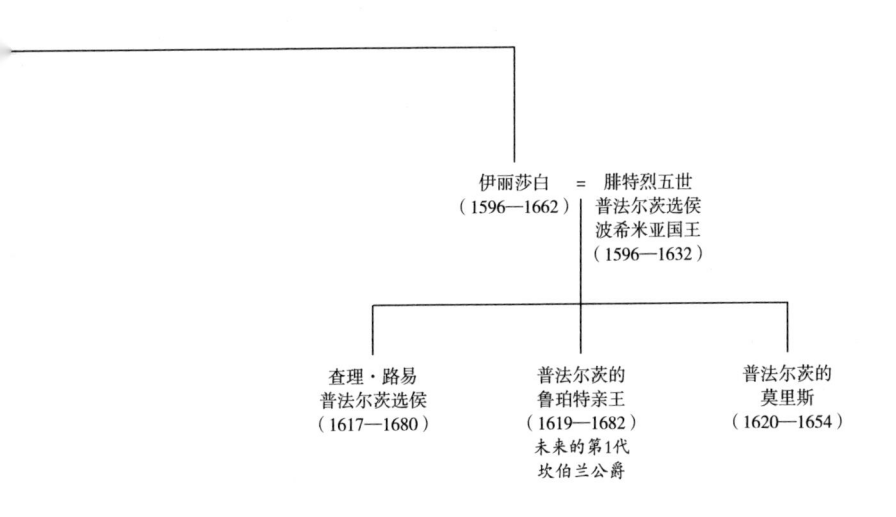

伊丽莎白 ＝ 腓特烈五世
(1596—1662)　普法尔茨选侯
　　　　　　　波希米亚国王
　　　　　　　(1596—1632)

- 查理·路易
  普法尔茨选侯
  (1617—1680)
- 普法尔茨的
  鲁珀特亲王
  (1619—1682)
  未来的第1代
  坎伯兰公爵
- 普法尔茨的
  莫里斯
  (1620—1654)

- 伊丽莎白
  (1635—1650)
- 安妮
  (1636—1640)
- 凯瑟琳
  (1638.1.29—
  1638.1.29)
- 亨丽埃塔·安妮 ＝ 腓力一世
  (1644—1670)　　　 奥尔良公爵

德弗罗家族（简明版）

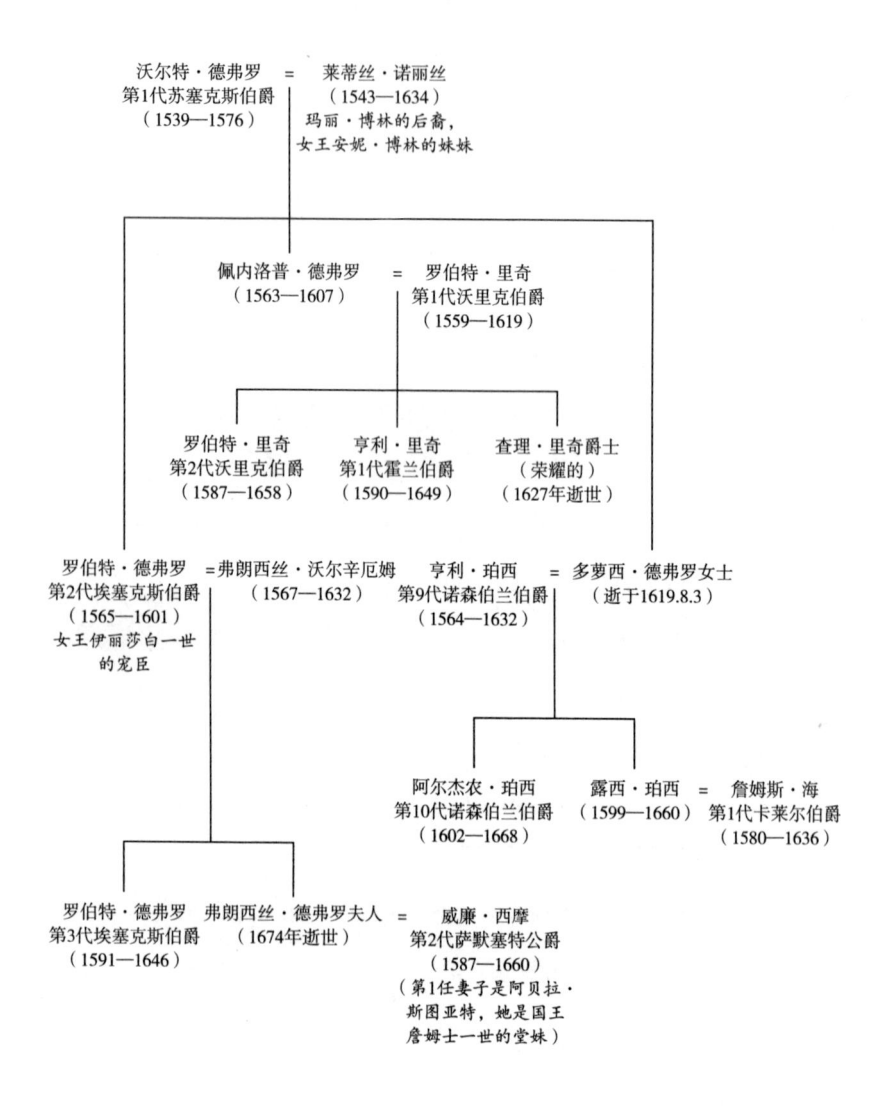

```
沃尔特·德弗罗      =   莱蒂丝·诺丽丝
第1代苏塞克斯伯爵        （1543—1634）
（1539—1576）          玛丽·博林的后裔，
                      女王安妮·博林的妹妹
```

- 佩内洛普·德弗罗 = 罗伯特·里奇
  （1563—1607）   第1代沃里克伯爵
                 （1559—1619）
  - 罗伯特·里奇　　亨利·里奇　　查理·里奇爵士
    第2代沃里克伯爵　第1代霍兰伯爵　（荣耀的）
    （1587—1658）　（1590—1649）　（1627年逝世）

- 罗伯特·德弗罗 = 弗朗西丝·沃尔辛厄姆　　亨利·珀西 = 多萝西·德弗罗女士
  第2代埃塞克斯伯爵　（1567—1632）　　　　第9代诺森伯兰伯爵　（逝于1619.8.3）
  （1565—1601）　　　　　　　　　　　　　（1564—1632）
  女王伊丽莎白一世
  的宠臣
  - 阿尔杰农·珀西　　露西·珀西 = 詹姆斯·海
    第10代诺森伯兰伯爵　（1599—1660）　第1代卡莱尔伯爵
    （1602—1668）　　　　　　　　　　（1580—1636）

- 罗伯特·德弗罗　弗朗西丝·德弗罗夫人 = 威廉·西摩
  第3代埃塞克斯伯爵　（1674年逝世）　　第2代萨默塞特公爵
  （1591—1646）　　　　　　　　　　（1587—1660）
  　　　　　　　　　　　　　　　　（第1任妻子是阿贝拉·
  　　　　　　　　　　　　　　　　斯图亚特，她是国王
  　　　　　　　　　　　　　　　　詹姆士一世的堂妹）

致　谢

用一本书完成查理的传记是件令人生畏的任务，若没有他人的帮助，我是无法完成的。我尤其感谢大卫·斯科特博士（Dr David Scot）以极大的耐心和胸怀审阅我杂乱的草稿。我觉得我不能逼迫他读上一百次，于是我边写边改，过程中很可能用新错误替换旧错误，对此，责任完全在我。我也很感激与其他历史学家的对话和邮件交流。约翰·亚当森（John Adamson，他要我注意露西·卡莱尔这个人物）、莎拉·波因廷（我与她交换笔记，当时她正在编辑一本有关查理一世作品的书）、约翰·盖伊（John Guy）、彼得·马歇尔（Peter Marshall）、德斯蒙德·苏厄德（Desmond Seward）和埃琳·格里菲（Erin Griffey）都对我表现出极大的善意和支持。

感谢档案管理员彼得·福登（Peter Foden）在抄本和译稿方面提供的宝贵帮助，并感谢我的朋友多米尼克·皮尔斯（Dominic Pearce）在其他翻译方面的重要帮助，还要感谢我的公公赫拉德·德·莱尔（Gerard de Lisle）。大英图书馆和伦敦图书馆的工作人员也提供了极大帮助，我想特别感谢伦敦图书馆国家订阅部的工作人员，他们给我寄书并用电子邮件发送扫描件，让我的研究工作有了巨大改变。我还要再次感谢支持我的充满耐心的编辑贝姬·哈迪（Becky Hardie）、彭妮·霍尔（Penny Hoar）、克莱夫·普里德尔（Clive Priddle）和大卫·米尔纳（David Milner），还有一直以来都效率极高的出色经纪人乔治娜·凯普（Georgina Cape）。

我还非常感谢拉特兰公爵（Duke of Rutland）的慷慨，他允许我利用他收藏的大量档案进行研究，还要感谢威廉·达格代尔爵士（Sir William Dugdale）和其他人，他们允许我查阅以前未被记录的王室信件，感谢登比伯爵和伯爵夫人允许我拍摄令人惊叹的斯图亚特遗物。感谢菲利普·莫尔德（Philip Mould）免费借给我的图片，感谢韦斯画廊的弗洛伦斯·埃文斯（Florence Evans），戈策和格温风琴公司（Goetze and Gwynn）的多米尼克·格温（Dominic Gwynn），西蒙·赖特（Simon Wright）和密封结协会（Sealed Knot Society），以及查理一世马鞍的所有者，他很少公开这件来自纳斯比战场的王室遗物图片。最后，感谢特蕾西·多伊尔（Tracey Doyle）和珍妮特·赫伯特（Janette Herbert），以及弗利克·罗德（Flick Rohde）和妮古拉·范恩（Nicola Vann）在家人生病期间提供的巨大支持。

以启蒙创文学，分裂人类时间

天臺文化